U0330095

古典学译丛

阮　炜◎主编

民主的古代先祖

玛里与早期集体治理

【美】丹尼尔·E·弗莱明（Daniel E.Fleming）◎著

杨敬清◎译

华东师范大学出版社

华东师范大学出版社六点分社　策划

总　序

　　我国接触西方古典文明,始于明末清初。耶稣会士来华传教,为了吸引儒生士大夫入基督教,也向他们推销一些希腊罗马学问。但这种学问像"天学"一样,也并没有真正打动中国的读书人。他们中大多数人并不觉得"泰西之学"比中土之学高明。及至清末,中国读书人才开始认真看待"西学",这当然包括有关希腊罗马的学问。及至新文化运动时期,中国人才如饥似渴地学习西方的一切,激情澎湃地引进一切西方思想。正是在这一过程中,我们对希腊罗马文明才有了初步的认识。

　　回头看去,在相当长一段时间里,我们对西方古典学的引进是热情有余,思考不足,而且主要集中在希腊神话和文学(以周作人为代表),后来虽扩展到哲学,再后来又扩大到希腊罗马历史,但对古代西方宗教、政治、社会、经济、艺术、体育、战争等方方面面的关注却滞后,对作为整体的古代西方文明的认知同样滞后。在抗日战争和解放战争期间,我们对希腊罗马文明的认知几乎完全陷于停滞。但从 50 年代起,商务印书馆按统一制订的选题计划,推出了"汉译世界学术名著丛书",其中便有希罗多德的《历史》(王以铸译,1958 年、1978 年)和修昔底德的《伯罗奔尼撒战争史》(上下卷,谢德风译,1960 年、1977 年)。1990 年代以来,该丛书继续推出西方古典学名著。与此同时,中国人民大学出版社出版了《亚里士多德全集》(10卷本,苗力田主编,1990—1997年),人民出版社出版了《柏拉图全集》(4卷本,王晓朝译,2002—2003年)。至此,我们对古代西方的认识似乎进入了快车道。但很显然,这离形成中国视角的古典学仍十分遥远。

近年来,华夏出版社和华东师范大学出版社又推出了"西方传统:经典与解释",其中有不少首次进入汉语世界的希腊原典,如色诺芬《远征记》、《斯巴达政制》等。这套丛书很有规模,很有影响,但也有一特点:有意识地使用带注疏的源语文本,重点翻译有"解经学"特色的古典学著作。在特殊的国情下,这种翻译介绍工作自然有其价值,但是对于包括古希腊罗马(以及埃及、西亚、拜占廷)宗教、神话、哲学、历史、文学、艺术、教育等方面的研究在内的主流古典学来说,毕竟只是一小部分。一两百年来,古典学在西方已然演变为一个庞大的学科领域,西方的大学只要稍稍像样一点,便一定有一个古典学系,但是有"解经学"特色的古典学仅仅只是其一个分支。

因市场追捧,其他出版社也翻译出版了一些古典学著作,但总的说来,这种引进多停留在近乎通俗读物的层次,并不系统、深入,对西方各国近三四十年来较有影响的古典学成果的引介更是十分有限。与此同时,进入新世纪后,中华大地每天都发生着令人目眩的变化,而这种变化最终必将导致全球权力格局发生深刻变化。事实上,在国际经济和政治事务上,中国已经是一个大玩家。据一些机构预测,以购买力平价计算,中国经济总量在2020年以前便将超越美国,成为世界第一大经济体。这一不可逃避的态势必将到来,可是中国学术是否也会有相应的建树呢? 必须承认,三十几年来中国经济建设日新月异,天翻地覆,但学术建设却未能取得相应的进步,而未来中国不仅应是头号经济强国,也应该是一个学术强国。因此,一如晚清和五四时代那样,融汇古今中外的学术成果,开启一种中国视角的西方古典学研究,一种中国视角的古代西方研究,仍是摆在人文学者面前的一个大课题。

要对古代西方作深入的研究,就有必要把西方古典学的最新成果介绍到中文世界来。可是学界目前所做的工作还远远不够。因学术积累有限,更因市场经济和学术体制官僚化条件下的人心浮躁,如今潜心做学问的人太少,这就是为什么我们对希腊罗马文明的认识仍缺乏深度和广度,久久停留在肤浅的介绍层次。虽然近年来我们对西方古典学表现出不小的兴趣,但仍然远未摆脱只知其一不知其二、浅尝辄止、不能深入的状态。甚至一些学术明星对希腊罗马了解也很不准确,会犯下一些不可原谅的常识性错误。

西方古典学界每年都有大量研究成果问世,而且有日益细化的趋势——如某时期某地区妇女的服饰;如西元前4世纪中叶以降的雇佣兵情况;再如练身馆、情公—情伴(lover-the loved)结对关系对教育的影响等。相比之下,我国学界对希腊罗马文明虽有不小的兴趣,但对文明细节的认知仍处在初级阶段。基于为蠹考虑,拟推出"古典学译丛",系统引入西方古典学成果,尤其是近二三十年来较有影响的成果。本译丛将包括以下方面的内容:希腊文明的东方渊源、希腊罗马政治、经济、法律、宗教、哲学(十几年来我国对希腊罗马哲学的译介可谓不遗余力,成果丰硕,故宜选择专题性较强的新近研究成果和明显被忽略的古代著作)、习俗、体育、教育、雄辩术、城市、艺术、建筑、战争,以及妇女、儿童、医学和"蛮族"等。

只有系统地引入西方古典学成果,尤其是新近出版的有较大影响的成果,才有可能带着问题意识去消化这些成果。只有在带着问题意识去消化西方成果的过程中,才有可能开启一种真正中国视角的西方古代研究。

阮炜

2013 年 6 月 29 日

目　录

第一章　导　言

第二章　辛里-利姆的部落世界

第五章　结　论

导读 民主不是希腊的专利

一个谬误存在已久，流传甚广，那就是，在人类文明史上，古代民主或 democratia 只是古希腊才有的一种独特现象，而其他民族的早期政制都是专制主义。然而，这是一个谬误，一个并不难证明的谬误。可是晚至 1980 年代，西方学界仍有人坚持认为希腊民主独一无二。①

事实真相到底如何？丹尼尔·E·弗莱明（Daniel E. Flemming）本着实事求是，有一分证据说一分话的原则，在其《民主的古代先祖：玛里与早期集体治理》②（剑桥大学出版社，2004 年）中给出了一个明确的答案，即古代两河流域不仅存在着民主，而且在时间上比希腊还早 1000 多年。在其论述中，玛里王国的政制也许并非十分明显地具有人民大会、民众法庭一类雅典式的制度安排，但非个人专断的集体决策或协商决策机制是确然存在的，而由资

---

① Christian Meyer，"The Greeks：The Political Revolution in World History"，该文最初用德文发表于 *Saeculum* XXXIII，1982，pp. 133—147，载 P. J. Rhodes（ed. ），*Athenian Democracy*，Oxford（UK）：Oxford University Press，2004，pp. 328—348。

② Daniel E. Fleming，*Democracy's Ancient Ancestors：Mari and Early Collective Governance*，Cambridge：Cambridge University Press，2004，pp. 240—241。

深者组成的议事会来决定共同体重大事务的做法,更是一种标准的希腊式民主制度。这不是民主,是什么?

实际上,氏族形态的民主并非某个民族所独有,更不是希腊人的专利,而是人类历史上的一种普遍现象。1933—1934年,安德列·帕罗(Andre Parrot)领导的一个法国考古队开始对两河流域西北部的玛里王国遗址 Tell Hariri 进行发掘。1935年,一座巨大的宫殿被发现。至第二次世界大战爆发前夕,大部分已知玛里王国档案已经出土。激起学界极大兴趣的是大约两万件楔形文泥板中的3000多封书信(用阿卡德语写成,该语言为通行于古代两河流域东部的一种闪米特语),其中不少是玛里国王与其他地区或城镇的统治者的通信,更有高级官员、地区总督、将军和部落首领写给玛里国王的数以千计的报告。

这些通信和报告提供了有关公元前18世纪早期两河流域社会方方面面的重要情况,[①]其中就包括大量有关古玛里地区集体政体(collective polities)的情况。弗莱明《民主的古代先祖》的一个中心论点是:即便权力高度集中的帝国政体已然在当地产生(毕竟两河流域享有一个适合农耕的大型陆地板块,很容易出现这样的政体),民主性的集体治理仍然是两河流域西北部乃至整个两河流域通行的政治模式。

也就是说,在实际政治管理模式上,被很多西方人视为"专制主义"典型的"东方"帝国实行的是双轨制:一方面是帝国式的权力集中,或者说,各地方城镇或部落统统臣服于一个中央王国,有义务向王国统治者纳税并提供军役;另一方面各地方城镇、部落或小王国依然享有很大程度的自治,其内部运作并非采用权力集中于个人的"专制主义"模式,而总体上遵循了一种以共同体意志为转

---

① Fleming, *Democracy's Ancient Ancestors*, pp. 2—4. 并非所有地下古代文献已出土。从迄于1980年已发表的楔形文文献来看,这很可能只是其中很小一部分。

移的集体治理原则。

这种看法有何具体依据？作为一个专治古代两河流域史的学者，弗莱明给出了语言、宗教、社会政治等多方面的重要证据。

一个极引人注目的现象，或者说证据，是专有地名 GN（Geographic Name，地理名称）加上词尾 ites 以构成诸如 Imarites（伊玛尔人）、Tuttulites（图图尔人）或 Urgisites（乌尔吉斯）一类的词。这种用法的出现频率极高。除此之外，还有另一个出现频率不太高但十分相似的表达法——the sons of NG，即专有地名加上"儿子们"。例如，the sons of Imar，即伊玛尔的儿子们，或 the sons of Tuttul，即图图尔的儿子们。玛里地区的人们用这两种表达法来表示一个城镇、部落在与毗邻的城镇、部落的战争、和平或冲突中的集体行动。①

这些表达法虽能表示一个共同体的集体行动，却并不能够明确表示该共同体的集体决策行为。从出土文献看来，进行集体决策的人常常是"长老们"。"长老"并非头衔，更不表示任何官职，而只泛泛地指共同体的资深者和年长者。他们不仅集体决策，也代表城镇或部落进行一般的对外交涉，尤其与西姆里-利姆（Zimri-Lim）的中央王国的代表交涉。跟世界上所有民族一样，这里的长老除对外交涉外，也负有司法和宗教职能。②

然而，地名加词尾 ites 最多只表示一个共同体的全体成员及其集体行为，长老多用来表示代表一个共同体进行对外交涉的资深者，而更能确切体现集体治理原则的，既不是地名加词尾 ites，也不是长老，而是"塔赫塔蒙"（*tahtamum*）议事会。这种议事会只见于幼发拉底河中游河谷的伊玛尔镇和图图尔镇文献中。由于证

---

① Fleming, *Democracy's Ancient Ancestors*, p. 177, p. 179, pp. 182—188 and pp. 188—190.

② Fleming, *Democracy's Ancient Ancestors*, pp. 191—192.

据不足,其包容程度到底如何仍不清楚,但它是一种具有较大代表范围的集体性的决策机制,却没有疑问。

从一封图图尔人的信件中可以看到,头人拉那苏姆(Lana-sum)召开一次塔赫塔蒙会议之后,"该镇的儿子们"决定提供30名人员参与当地的治安保卫工作。从设好的座位或席位来看,参加会议的人数不多,所以塔赫塔蒙应是一种长老议事会之类的机构。①

从另一封信中可以看到,当西姆里-利姆的中央王国想以掳掠罪逮捕一些图图尔人时,却发现不通过塔赫塔蒙会议,就根本办不到。从另一封信中还可以看到,西姆里-利姆想要图图尔人提供劳役,但被图图尔头人以人手不足为由拒绝了,所给的解释是:"我召开了塔赫塔蒙会,跟他们讲了此事,但他们不从"。更有证据表明,伊玛尔镇和图图尔镇召开这种会议是自主行为,而非出于强迫。②

除塔赫塔蒙议事会外,文献中还常出现 *puḫrum* 和 *riḫṣum* 这两个表示会议的名词及相关动词形式。后者尤其被用来指镇与镇(或部落与部落)之间的协商或会谈(talks)。③

此外,在玛里地区,围绕伊斯塔尔女神节的一系列祭仪也有强烈的团体色彩。祭仪包括伊斯塔尔庆典本身、拉蒙姆(ramum)祭礼(以一块纪念性石头为标志)、奈加尔(Nergal)祭礼,以及其他祭礼。这些活动鼓励全体成员参与,不仅仅有缅怀国王的祖先的意思,更有缅怀整个共同体祖先的意思。节日的主要庆祝活动被认为最初是由共同体的"儿子们"(即全体成年男性)发起。这完全可以视为集体治理政制在文化意识上的表现。④

需要特别注意的是,《民主的古代先祖》并非只讲公元前18世

---

① Fleming, *Democracy's Ancient Ancestors*, pp. 207—208.

② Fleming, *Democracy's Ancient Ancestors*, pp. 210—211.

③ Fleming, *Democracy's Ancient Ancestors*, pp. 208—209.

④ Fleming, *Democracy's Ancient Ancestors*, p. 211, p. 179.

纪早期两河流域西北部玛里地区的集体治理传统。从该书引用的其他研究成果来看,集体治理的政体并非局限于 18 世纪早期两河流域西北地区,其时间和空间范围要大得多,可以说存在于文明萌生以后整个两河流域和古叙利亚社会。

弗莱明提到,雅可布森早在 1943 年的研究便表明,在苏美尔(位于两河流域东南部,这里公元前 3500 至前 2000 年存在的文明为最早的人类文明)时期,各城镇中心便已出现了这样的政治样式:其最高权力并非被少数精英所垄断,而是不论财产、地位和阶级,掌握在"所有自由的成年男性成员手中"。此即雅可布森所谓的"原始民主"。①

另据罗伯特·赖特《非零年代》,在公元前第二个千年,两河流域北部地区出现了"强大的民间贸易力量",有商人把锡和纺织品运到今日土耳其地区贩卖,以换取黄金白银。经济力量往往意味着政治力量,拥有雄厚财力的商人很可能也要分享政治权力。另外,还有证据表明,议事会一类机构不仅裁决案件,还有立法甚至行政的职能。②

里查德·布兰顿及其同事有关古叙利亚(古代叙利亚地区很大,除现叙利亚版图以外,还包括伊拉克北部、约旦、黎巴嫩和以色列)北部的研究(1996)也很值得注意。他们认为该地区一直以来有着一种强大的集体决策传统。这种传统沿自氏族制度,但晚至公元前 3000 年至前 2500 年之间(此时国家已经产生),仍在国家而非氏族部落的政治体系中发挥重要作用。③

① Thorikild Jacobsen, "Primitive Democracy in Ancient Mesopotamia", JNES2, pp. 159—172,参见 Fleming, *Democracy's Ancient Ancestors*, pp. 15—16。

② 罗伯特·赖特,《非零年代:人类命运的逻辑》,李淑珺译,上海:上海人民出版社 2003 年版,第 131 页。

③ Richard E. Blanton, Gary M. Feinman, Stephen A. Kowalewski and Peter N. Peregrine, 1966, "A Dual-Process Theory for the Evolutiuon of Mesoamerican Civilization", *Current Anthropology* 37:1—14,参见 Fleming, *Democracy's Ancient Ancestors*, pp. 178—180.

同样值得注意的是著名的《汉谟拉比法典》的序和跋。从中可以看到,巴比伦王国最高统治者汉谟拉比不仅是一位君主,也是王国内各主要城市及其神祇的守护者。这些主要城市包括他刚刚从西姆里-利姆夺取的玛里。《法典》给人这样的印象:巴比伦国王竭力要在征服者与被征服的小王国、城镇或部落间建立广泛共识,因此与其说汉谟拉比是一个令人畏惧、至高无上的征服者,不如说他是一个受欢迎的神遣的保护者。①

然而,两河流域早于希腊 1000 多年便有民主,并不是一个完全出人意料的看法;而民主不是希腊人的专利这一点,也不是什么伟大的发现。早在《古代社会》(1877)中,摩尔根便基于人类学规律否定了希腊独特论。他认为在国家形成之前的原始条件下,氏族民主是古代人类群落普遍实行的制度,易洛魁人、阿兹台克人甚至有发达的前现代民主。

易洛魁人的"国家"或部落联盟由 5 个地位完全平等的同宗部落组成,虽统辖在一个共同政府之下,但各部落内部事务均由它们自行处理。联盟设立一个首领全权大会或联盟议会为最高权力机构,由各部落选举产生的 50 名首领组成,名额分配有限制,但其级别和权威是平等的。这与公元前 5 世纪雅典十部落各选 50 名代表轮流主持五百人政务会相似。

在联盟大事上,首领全权大会以部落为单位进行投票,每个部落都可以对其他部落的动议投反对票,但各个部落在投票之前必须举行一次内部会议,也可能以投票的方式来做出在全权大会上持何种立场或如何投票的决定。联盟层面的公共法令必须得到联盟会议的一致通过方才生效。任何人都可出席全权大会,在会上

---

① 'Prologue' and 'Epilogue' to *The Code of Hammurabi*, http://www. thenagain. info/Classes/Sources/Hammurabi-Prologue. html;亦可参见 Fleming, *Democracy's Ancient Ancestors*, p. 228。

发表演说,讨论公共问题,但最终决定权却在大会。① 这不是民主,是什么?

至于阿兹台克人的民主,需要特别注意的是其"国家"或部落联盟层面的酋长会议。这是一种随氏族产生的集体决策机制,代表各氏族中的选民,自古以来就拥有政治、经济、军事和宗教权力,是共同体的最高权力机构或统治机构。②

像希腊城邦有军事统帅巴赛勒斯那样,阿兹台克联盟设有"吐克特利",即军事酋长的职位。吐克特利是酋长会议的一员,有时被称为"特拉陶尼"或"议长"。出任此职者由选举产生,也能通过选举罢免。这意味着,最高军事权力仍掌握在人民手中。值得注意的是,吐克特利在战场上的权力虽很大,但重大战略决定则仍由酋长会议决定。③

其实,亚里士多德早在《政治学》一书中便记载,前 8 至前 4 世纪的迦太基便实行与希腊相当的有议事会和人民大会的民主。亚氏固然对贵族政体情有独钟,但在他笔下,迦太基政体不仅是一种选贤任能的"良好政体",而且是一种集贵族制、民主制和寡头制优点于一身的混合政体;当"偏离走向民主政体"时,人民大会的权力非常大,即便王者和长老两方面意见一致,也有权将其意见抛在一边,自行做出"最后的决断";甚至人民大会任何成员都有权反对王者和长老提出的议案。④ 以今日标准看,这不是民主,是什么?

问题是,中国古代有没有民主?

改革开放以来,很多人对文革仍然心有余悸,因此有一种倾

---

① 路易斯·亨利·摩尔根,《古代社会:或人类从蒙昧时代经过野蛮时代到文明时代的发展过程的研究》(单卷本),杨东莼等译,南京:江苏教育出版社 2005 年版,第176 页。

② 摩尔根,《古代社会》,第 163—166 页。

③ 摩尔根,《古代社会》,第 172—175 页。

④ 亚里士多德,《政治学》,1272b 30—1273b 20。此处所用版本为《政治学》,苗力田主编,秦典华译,北京:中国人民大学出版社 1994 年。

向，即不承认 19 世纪以来人类学所发现的人类社会发展的普遍规律，也不承认中国史籍中明明白白记载的事实，而一口咬定夏、商、周早期国家全都是"专制主义"，①全然不顾夏之前曾长期存在禅让制。

只要不拘泥于形式意义上的民主概念，而是将民主理解为一种协商和分权机制，或一种集体性质的决策传统，而非一种个人专权意义上的制度安排，则不仅早期华夏根本不缺乏民主，而且晚至春秋早中期，议事会、人民大会之投票表决意义上的氏族民主仍然存在于华夏世界，尽管很可能没达到前 5 至前 4 世纪雅典式民主的激进程度。②

儒家强调尊卑上下，君臣秩序，但即便在《尚书》中的《尧典》和《皋陶谟》之类被视为上古文献的文典中，也不难发现华夏早期国家统治者聚在一起，和谐平等地集体决策的记载。从这些文典中，可以看到他们召开政务会，畅所欲言地商讨邦国大事；看到他们审慎考察、议定共同体最高职位（即"元后"继承者）的人选，用心良苦地举贤任能；议事者们表达自己意见时无需看"帝"之脸色，而"帝"之采纳他们的意见也并无居高临下之意。这难道不可以视为一种"协商民主"？

以上只讲到汉族的古代民主。我国少数民族有没有他们的民主？

当然有。晚至 20 世纪初，鄂温克人仍保留着氏族形态的原始民主："凡属公社内部的一些重要事情都要由'乌力楞'会议来商讨和决定；会议主要是由各户的老年男女所组成，男子当中以其胡须越长越有权威。"③很明显，这里的"乌力楞"会议就是长老议事会，

---

①　谢维扬，《中国早期国家》，杭州：浙江人民出版社 1995 年版，第 472 页。

②　阮炜，《不自由的希腊民主》，上海：上海三联书店 2009 年版，第 86—98 页。

③　秋浦等著，《鄂温克人的原始社会形态》，北京：中华书局 1962 年版，第 62 页，转引自李泽厚，《中国古代思想史论》，北京：人民出版社 1986 年版，第 9 页。

是一种许多民族历史上都存在过的典型的氏族民主机构。

凉山彝族社会的民主更值得注意。1956 年"民主改革"以前，凉山"黑彝"社会明显存在氏族形态的民主：

> 每个家支都有数目不等的头人，彝语称为"苏易"和"德古"。他们是通过选举产生或任命的，因为他们精通习惯法，善于权衡阶级关系和家支势力的消长，所以他们被黑彝奴隶主拥戴出来……不论"苏易"和"德古"，如果排解纠纷一旦显出不公允，就会失去威望，也会失去头人的地位。头人没有固定的薪俸，也没有高踞于一般家支成员之上的特权，他们的地位也不世袭……家支除头人外，还有家支议事会。议事会分为"吉尔吉铁"和"蒙格"两种。凡是几个家支头人的小型议事会，或邀请有关家支成员商讨一般性问题的会议，称为"吉尔吉铁"；家支全体成员大会称"蒙格"。"蒙格"由黑彝家支中有威望的头人主持，与会者都可以发表意见。当发生争执时，头人和老人的意见往往起决定性作用。凡经会议决定的事项，家支成员都得遵守。①

事实上，晚至 1950 年代中期，凉山彝族社会不仅仍有完全意义上的民主议事会，即"吉尔吉铁"，甚至仍有完全意义上的人民大会或公民大会，即"蒙格"大会。从每个家支有不止一个头人和与会者可以发表意见来看，召开"蒙格"大会时，家支成员的参政程度完全达到了公元前 5 世纪雅典激进民主中人民大会的水平。

所以，应当承认，在现代资产阶级和工业资本主义兴起之前，

① 吴恒，《凉山彝族家支制度》，《中国大百科全书·民族》，北京：中国大百科全书出版社 1986 年版，第 246 页；亦可参见林耀华主编，《原始社会史》，北京：中华书局 1984 年版，第 463—464 页。

人类社会发展的总趋势是由较小的政治单位发展为越来越大、越来越复杂的共同体——由氏族而部落，由部落而部落联盟或早期国家，由较小的早期国家而较大的国家，直到最终成为跨地域、跨文化的地缘共同体或超大帝国——以因应政治经济发展所带来的问题，以求得越来越大范围的和平与安宁。这是一个漫长的过程，意味着越来越高水平的政治整合，而更高水平的政治整合又意味着个人和较小社群必须向国家交出越来越多的自由。这当然也可以视为一个去（氏族）民主化过程，一个从较低社会发展水平到较高社会发展水平演进的过程。

然而，在18世纪末以降的欧洲，基于资本主义生产关系和资产阶级革命的现代民主迅猛推进，致使欧洲人将现代民主意识形态化，以为只有欧美样式的民主才具有普世性，才是唯一正确或"正宗"的民主，并且顺带衍生出一种罔顾事实、非常片面的古代民主观。清末民初，似是而非的欧美民主观播散到中国，所造成的不良影响持续至今。

因时代局限，五四一代人汲汲于救亡图存，来不及深思西方民主观，来不及详察古典时代直至19世纪末欧美民主话语的历史背景和实质，便将其全盘接受，以至于流毒至今，很多人仍分不清真假是非。现在，是时候纠正谬误了。

阮　炜

致 谢

本书是迄今为止我所从事的研究项目中最需协作方能完成的,它的出版离不开以下关键人士与机构的支持和帮助。在此,我将大致按照时间顺序向他们一一表示感谢。

上世纪 80 年代初,在我刚刚完成亚述学导论之后便对玛里产生了研究兴趣,是威廉·莫伦(William Moran)启发了我。在阅读了让-玛丽·迪朗(Jean-Marie Durand)领导的最新法国出版团队寄来的最初报告后,威廉惊呼道这些报告的价值等同于考古挖掘的新发现,与任何有关美索不达米亚的考古证据一样重要。我的研究计划始于这一论断。

不过,此书的写作是后来我在巴黎学术休假时才真正开始的。那是充满诗情画意的一年,感谢富布莱特研究协会资助了我,同时也感谢纽约大学给我提供了学术休假(1997—1998)的机会。在此期间,法国-美国大学与文化交流委员会的工作人员为我提供了诸多帮助,尤其要感谢理事皮埃尔·克洛伯(Pierre Collombert)和美国处的负责人伊丽莎白·玛若(Elizabeth Marmot)。我前往法国是因为可以了解更多的玛里文书史料,可以结识发表出版了数以千计玛里泥板文书档案的巴黎团队的那些专家们。自巴黎学术休假那年开始至今,我的研究一直获益于我与法国研究团队成员们之间不断的交流；在法国，我结交了许多新朋友并与他们一直保持着联系。

感谢迪朗（M. Durand）十分慷慨地让我加入了他于 1997 至 1998 年间开设的关于游牧民和部落民的研讨班，参加研讨班对我的研究工作帮助极大。可以说，与迪朗每一次的重要谈话都成了发展我研究体系的参照点。我努力尝试界定自己的阐释角度，而他总能在第一时间发现我研究中的疏漏。迪朗的研究兴趣和指导对我完成本书而言是不可或缺的。

经多米尼克·夏宾（Dominique Charpin）的介绍，我于 1991 年第一次参观了位于珍珠街的玛里研究中心，也正是在他的鼓励下我当时就曾设想了在巴黎进行学术休假的可能性。从最初的笔记到分别于 1999 年和 2001 年完成的全部初稿，多米尼克认真审阅了我关于玛里研究的每一阶段性成果并给予了及时反馈。他纠正我用词的失礼之处，指导我区分貌似合理的选择与绝对正确的选择，他给予我的帮助可能比其他人都多，若书中仍存在某些错误或失误那将完全是我的问题。无论从个人生活还是从工作上来说，多米尼克对我都无比慷慨与热情，使我本人与此书均收获良多。

我的研究还得益于玛里研究和相关领域研究团队的其他成员，他们是内尔·兹格勒（Nele Ziegler），苏菲·拉封（Sophie Lafont），和弗朗西斯·乔安妮斯（Francis Joannès）。帮助过我的关键人士还有贝特朗·拉封（Bertrand Lafont），我请多米尼克审阅的每一份稿件也同时会交给贝特朗一份，我们之间保持了整整 5 年不间断的交流对话。当我和妻子带着 3 个孩子到达巴黎的时候，是贝特朗和苏菲及时为我们提供了日常生活的必需品。自此以后，在我准备本书写作所涉及的每个方面以及写作的每个阶段，贝特朗始终给予了我及时的帮助。在完成此书的同时我收获了珍贵的友谊。

　　本书的大部分内容源于我在法国学术休假那一年的研究以及随后与玛里出版团队的交流,而在我回到美国之后,书稿的写作则进入了一个新阶段。在美国东方社会学年会和 2000 年于巴黎召开的国际亚述学大会上,我分别提交了本书中几个章节作为会议论文,并且获得了十分有价值的反馈意见。写作工作进展到这一阶段时,我一直在思考玛里文书档案在政治与社会领域更为广泛的意义;期间,我还结识了汤姆·麦克莱兰(Tom McClellan)和安妮·波特(Anne Porter),他们是巴纳丘(Tell Banat)遗址的挖掘者。我们的研究在许多方面互相关联,安妮和汤姆在本书终稿的完成和评价方面给予了我积极的帮助。他们甚至读过我的每一稿,尤其是安妮,她对我于 2001 年完成的书稿进行了连续且严苛的评论,使我在把握较大概念方面更为准确,那时我已在准备为出版社最后定稿。汤姆为我提供了非常宝贵的地图资料。同样,在工作中我们彼此之间也结下了深厚的友谊。

　　2001 年秋,我刚刚完成本书的第二稿,同事比尔·阿诺德(Bill Arnold)(再次感谢)把我介绍给了剑桥大学出版社的安德鲁·贝克(Andrew Beck)。让我欣喜的是,安德鲁·贝克同意以出版标准来审读我的并非终稿的第二稿,这位剑桥出版社审阅人的意见对我书稿的后期修改意义非凡。在此,我还应一并对许多其他热心审稿人表达谢意,他们当中有些是我直接恳请赐教的,也有剑桥出面邀请的,他们均对原书稿内容提出了很有价值的增补意见。由衷感谢芝加哥东方学院的哈利·霍弗奈(Harry Hoffner),法国国家科研中心的波塔尔·利奥奈特(Bertille Lyonnet),布朗大学的科特·拉弗劳(Kurt Raaflaub),我在纽约大学的同事马克·史密斯(Mark Smith),以及剑桥出版社另外两位匿名审稿人。皮奥特·麦克罗斯基(Piotr Michalowski)和古特·科派克(Günter Kopcke)给我寄来了他们即将发表的相关主题的论文。

　　我与剑桥出版社接触的整个过程都十分愉快,尤其感谢安迪·贝克(Andy Beck)。斯蒂芬妮·萨克森(Stephanie Sakson)效率极高地负责了文稿编辑和出品。

　　最后,在此致谢中我不能不提及我的家人,他们的陪伴使我的生活多姿多彩且令我工作起来精力充沛。我将此书献给我的父母——文德尔和弗罗伦斯·弗莱明(Wendell and Florence Fleming),身为人父的我也许现在才开始深刻体会到他们对我爱的付出和影响。感谢你们。也谢谢我的孩子们——安东尼(Anthony),埃莱娜(Elena)和卢克(Luc),谢谢年纪尚小的你们为了我认定有价值的工作所付出的努力。最后,我要感谢我的妻子南希(Nancy),我所做的这一切离不开你的陪伴和协助。是你让我毫无顾忌地去追求自己的另一所爱——我的研究工作,我永远爱你。

序　言

　　古代美索不达米亚有几位著名的国王。据说阿卡德王萨尔贡建立了第一个帝国。巴比伦王汉谟拉比在其制定的法典中炫耀着他的权力。圣经传说中的以色列和犹太王国的前途均隐没在了后来的亚述和巴比伦君主们的阴影之中。卡尔·马克思(Karl Marx)的"东方专制统治"就始于这样一个古代世界。

　　相比之下，民主制度属于另一个世界的希腊，它西面欧洲背朝东方。希腊是弗朗西斯·福山(Francis Fukuyama)评价为"历史的终结"的政治制度的发源地，而民主制度是所有现代学术追求的灵魂(Fukuyama,1992)。当我们这些学者们研究古希腊时，我们研究的是自己。当我们探索古代美索不达米亚时，我们在探索"他人"。当然，这里所说的观点完全与种族身份无关。

　　现实总是一如既往地抑制我们凡事要分门别类的冲动。就古代美索不达米亚和更广阔的近东而言，那里著名的君主专制是雅典人和以色列人告诉给我们的信息，而雅典和以色列正是地中海东部地区的思想观念传入西欧的两个主要通道。在古典著作中所记载的关键时期，雅典和以色列都遭遇过东方帝国，波斯阿契美尼德(Achaemenid)帝国与雅典的对抗是发生在亚述和巴比伦将以色列分崩瓦解之后的事了。

　　近东地区的确出现过一些强大的中央集权制王国,但这并不能说明个人专制统治就是近东政治生活的基本特征。专家学者们很早就认识到近东政制中不同程度的集体参与现象,然而,这些集体参与现象通常被视为发生于真正权力的边缘地带。仔细观察一下,我们会发现集体政治决策可能是近东国家治理的基本形式。在那些最大的王国外围,政治生活完全没有我们预想的那样权力集中,多个政权之间彼此势均力敌。集体政治传统主要盛行于城市和部落,而这两大独特的身份识别模式也会出现重叠使用的情况。在近东的许多地方,个人统治仅仅存在于其他个体和集体领导形式不断变化的动态张力中。随着某些大王国的成功崛起,君主专制越来越占据主导地位,但是它不应该被看作是近东政治生活的基本形式。

　　事实上,近东的集体政治似乎历史久远而且极为持久,应该得到比现在更多的关注。我们不能将早期政治史概略地描述为日趋复杂的社会的发展,在这样的社会中个体领导者们建立了更有效的中央控制体系,直到后来希腊人采取了一种完全不同的、历史上未曾有过的政治制度。民主制之前的政治世界呈多元化,可以说与民主制慢慢走向成熟之前的希腊的社会发展状况并没有太大的差异。在叙利亚-美索不达米亚——"新月沃地"北部地区,"城市"的集体政治特色为后来以城邦为单位的雅典民主制的发展提供了极为有趣的背景衬托。

　　我写此书的目的不是解释希腊民主制的起源,更不是证明民主制出现以前的希腊社会和近东地区存有何种关系。然而我确实发现在对民主制出现以前的希腊的论述中,东部地中海、安纳托利亚、"新月沃地"都被和爱琴海分隔开了,我认为这种做法仅从地理术语的角度来看就是人为和荒谬的。希腊和美索不达米亚很容易被视为政治上相对立的两个不同世界,一个开创了民主制度而另一个本质上倾向于独裁统治。单单是出自近东的证据就证明了上述观点的滑稽可笑。当希腊和美索不达米亚被看成截然不同的两个世界时，它们都很容易被误读。毫无疑问，随着民主政治的出现，新奇的事物也会随之出现在雅典，而新奇的事物又需要在希腊独特的社会背景中解读。但是，希腊并不应被视为一个独立的文化大陆，仅仅因为输入的原因才与近东有着一些共同之处。无可置疑，希腊或爱琴海的独特性孕育自毗邻地区并没有绝对分界线的文明的摇篮。

叙利亚-美索不达米亚赠予了我们非常特殊的礼物——人类最早文字记录的一些史料，这批历史文献可以让我们对该地区古老的政治生活探个究竟。这些文献向我们展示了众多不同的社会政治单位复杂的互动，这些政治单位包括国王们统治的政治实体、行使单个政体职能的联盟、规模和特征各异的部落以及以"城镇"为单位的定居地。我们发现，在上述每一个政治实体中个体领导和集体领导并存，并没有单一的领导格局。当我们所处的现代世界试图将民主政治传播至每一个政治文化时，重新探索希腊民主制与集体决策的早期传统之间深层的连贯性必将发人深省。

毫无疑问，在古代近东许多地区，强势的君王们大大削弱了其他传统参政者们的作用，使他们从属于并服务于国王个人权力的行政管理体系。有关这些政治传统的证据比我们已经认识的要丰富得多，但是在早期的文字记录中，它们几乎从未曾以君主政体之外的另一种形式出现过。甚至在王权较弱的偏远地区，其他参政者们也不得不应付国王们的索取和权势。基于上述互动关系，脱离个人统治来探究古代集体政治生活将是徒劳的，因为在大多数情况下个人统治还是占据了各区域政治阶梯的最高层级。我们应明白集体的角色只是君主统治体系的一部分。

实际上，在一个政治和社会体系中进行思考的必要性决定了这本书的总体定位。我对民主制出现之前古老世界中的集体决策的所有现象都很着迷,但是我选择了以古玛里城的大批泥板文书为依据来研究这一现象。公元前三千纪的大部分时间里,玛里控制着现代叙利亚和伊拉克交界处幼发拉底河流域的部分地区。以楔形文字记录的玛里泥板文书档案几乎均出自玛里城被毁前的短暂时期里,通常被认为是公元前 18 世纪初。[①]虽然只是一个小王国的都城,玛里的多达三千多封泥板书信却为我们提供了一幅奇妙的叙利亚-美索不达米亚全景图。[②] 此外,玛里的最后一位国王辛里-利姆(Zimri-Lim)是一个部落统治者,他精心构建了包括各色盟友在内的同盟网。盟友们来自他的同族以及其他部落,甚至包括玛里以北地区的许多小政体。辛里-利姆与四面八方均保持着政治联系而且涉及了不同类型的领导方式,其中我们发现有多种集体领导形式。基于这种网络状的政治关联,王权、部落或者城市这些要素只有在其相互交织成的整体中才能被理解。

　　如果我们想要理解的是一个完整的政治体系而不是有关"长老"、"议事会"等孤立的证据,那么我们需解决的就是如何界定这一体系的问题了。单一档案连贯性的真正优势在这里可以得到充分发挥。玛里文书档案让我们得以审视在单个历史时期连通的空间里环环相扣的政治传统。而这些文献史料本身也要求我们在一

---

① 文书档案中记载的玛里王有以下几位:亚顿-利姆(约公元前 1810—前 1794 年),苏穆-亚曼(约公元前 1793—前 1792 年),萨姆斯-阿杜(约公元前 1792—前 1782 年,此期间为玛里王),亚斯马-阿杜(公元前 1782—前 1775 年),最后是辛里-利姆(公元前 1774—前 1762 年)。玛里王的年表信息可参见 Ziegler and Charpin 2001,500。此年表被称为"中期年表",使用广泛,但是近年来在 H. Gasch 等人(1998)的论著中受到质疑。

② 玛里文书档案中的书信数量并未正式公布,其实要精确统计泥板文书的数量几乎不可能,因为它们绝大多数为残片。感谢 Bertrand Lafond 让我对泥板书信的数目有了一定的了解,他出版了 2550 封独立的泥板书信,最终统计可能将超过 3000 封。

个完整体系中解读它们,而不要仅仅将其视为某些有趣现象的孤
立的证据。城镇与村庄构成了无法以城镇术语定义的更大的实
体。那么,玛里或者王国中的其他中心地区(如忒卡或者萨嘎拉
图)的君主政体与那些拥有特殊政治传统的城镇到底是何种关系?
而我们又该如何理解这种关系呢? 玛里最后一位国王同时也是绝
大多数书信的收信人辛里-利姆宣称自己是"玛里和哈奈人的国家
之王(king of Mari and the land of the Hana)"。该称号中的玛里
是其王国的都城———一座有城墙的城市,而哈奈人则表明了他与
流动的游牧民部落的关系。

　　考虑到上述关系,我在本研究中又纳入了另外两个重要政治
现象作为理解城镇集体政治传统的基本要素。在本书的第二章
中,我对玛里国人口进行了部落身份分类,社会各阶层——上至国
王下至村民都很清楚自己的部落身份,这是惯例。以亲缘关系判
别身份在早期美索不达米亚社会(无论是否城市)应该是一个普遍
现象,但是在玛里文书档案中我们发现了极为丰富的证据表明,分
散于广袤领土上生活的人们在政治上首先对所属部落表示忠诚。
以占据支配地位的部落的传统为基础,这些义务和承诺塑造了城
市和王国的政治生活。众所周知,辛里-利姆本人就是一位部落
王。部落问题讨论之后,在第三章中我对玛里王国的定义范畴作
了分析,称玛里为一个古代国家可以说名副其实。在以阿卡德语
书写的玛里书信中,政治组织的最高单位为麻敦(mātum)或"国
(land)"。美索不达米亚地区那些最大的王国都是国家,但是任何
一个有能力维持一个独立的政治身份并且有能力就战和问题进行
谈判的民族都可以自称麻敦。这些麻敦"国"通常以位于其中心地
带的城镇命名,但有些则以部落名称命名。城镇和部落的政治传
统因此被以这样或那样的方式并入了更大的政治架构,不过只有
明白了麻敦的真正含义才能理解上述政治传统。而且重要的是要
认识到,在玛里文献记录中集体决策的观念本质上与"国家"这一

概念无关。

多数情况下,集体政治形式出现于个别城镇中,而这些城镇将是我本书第四章研究的最终目的地。该章节将具体分析有着集体决策传统的城镇以及参与集体决策的一群领导者,如"长老们"、"头人们"等等。就伊玛、图特尔和乌吉斯这几个城镇而言,它们的集体决策传统已在大量书信中得到一致证实。我们又到底该如何称呼这一传统呢?在我们所掌握的证据中,并没有关于所有参与者自觉的平等观念或者将这种平等参与观念推广至全体国民(citizenry)有意识的尝试的记载。无论多么原始,这种集体决策传统体现了"民主"的涵义,但是我们不能称其为"民主政治"。然而,在民主制出现之前的世界中政治进程的包容性强,我们应该将这些独立自主的习俗与民主传统进行对照研究,也许因此可以更好地了解政治创新的真正渊源。鉴于希腊在地理位置上与近东相邻,我们不禁想知道古典时期之前的希腊是否有着相类似的集体决策传统。本书并没有对此问题进行回答,但是我希望本书内容可以有助于专家们对该问题进行深入探讨。

总而言之,玛里文书档案为我们研究古代政治环境提供了一个新视角,要求我们对常见的分类法进行重新评定。辛里-利姆既是一位部落王也是一个重要城市中心的统治者,他的政权体系中既有部落领袖也有自己部落曾经的敌人——前任玛里统治者手下的官员。辛里-利姆积极地与自己部落中的游牧民们打成一片,这些人构成了其重要的权力根基;同时,他统治着前玛里王国的核心河谷地区,依循定居社会的惯例来管理该地区的农耕居民。如果我们将研究定位为只是在阐释一群对立的词组或者概念,比如城镇居民与农村居民、畜牧与耕作、定居生活方式和游牧生活方式、部落的与城市的、或者等级森严的王宫政治体制与集体的村落政治体制,那么我们将永远过于简化或者曲解历史的真实。玛里文书档案揭示了我们未曾料想的各种组合和关系,在当时的玛里王国中,城市居民、权贵阶层、王室、定居者与其他社会成员之间的关系比人们预想的要更为密切。古代社会中几乎没有人会否认国王的不容置疑的权威,但是国王的实际权力似乎是不断谈判的结果,因为他面对的是众多的传统领导者们,他们各自拥有大批支持者和一定的优势。在此,我又一次发现自己研究的问题和证据只不过是我在本书中讨论的玛里文书档案所揭示的冰山一角。如果此书可以激发他人发掘出更好的答案,那么我的所有努力都是值得的。

第一章 导 言

　　本书通过对古玛里①一系列楔形文字文本证据的研究,试图再现一种古代的政治生活。鉴于此种研究方法,我必须对来自两类读者的不同需求做到两者兼顾。玛里泥板文书档案至今尚未完整出版并且一直以来都是相关领域专家们不断重新考证的课题;我将玛里文书档案作为研究重点势必意味着要对尚无定论的证据解读进行认真的调查分析。玛里文书档案广受关注,这就要求我以充分的技术细节来呈现证据及论据,向楔形文字专家们展示我个人论断的依据。同时,我因对玛里文书档案所揭示的重大问题的浓厚兴趣而成为了超越自身专业领域的文献涉猎者,希望本书能够尽可能吸引到我冒昧涉足的这些相关学术范畴的研究者和学生们。

　　下文中的介绍材料是为那些对美索不达米亚②或者玛里所知甚少、对亚述学楔形文字研究的惯例不甚熟悉的读者们特别

---

① 玛里(Mari):叙利亚的一个古代城市,位于现今叙利亚的哈里里丘(Tell Hariri)。——译注
② 美索不达米亚(Mesopotamia):位于亚洲西南部,亦称"两河流域",即底格里斯(Tigris)和幼发拉底(Euphrates)两河流域平原,在现今叙利亚东部和伊拉克境内。——译注

设计的。我将首先介绍玛里文书档案，对古玛里作一个历史概述，而后着重论述关于集体政治形式的特殊问题。本书的最后部分是基于我选择的研究方法尤其是通过研究文本得出的考证结果。

第一节　玛里文书档案

　　1933 至 1934 年间，由安德烈·帕罗特（André Parrot）领导的一支法国考古队对古玛里（即哈里里丘，Tell①Hariri）遗址开始了考古挖掘工作。1935 年，他们发现了一座巨型王宫，并很快挖掘出了大量的楔形文字粘土书板及碎片（Margueron 1997，143）。虽然绝大部分已知的玛里泥板文书于第二次世界大战爆发前就已被发现，但帕罗特于战后又重返该考古现场，挖掘工作一直持续到了1974 年。最近几年的考古挖掘在让-克劳德·马古隆（Jean-Claude Margueron）的主持下进行，对该遗址的挖掘至今仍未完结。

　　像 Tell Hariri（哈里里丘）这类地名中的"tell"一词通常被称为"城"，但是使用此称谓需谨慎，因为我们目前对其所包含的具体意义仍然一知半解。古玛里城由呈三分之一弧形的土墙围合，距离今天的幼发拉底河航道大约 3 至 4 公里，属于该河流泛滥平原的一部分。② 出自古玛里的所有楔形文字书板几乎均属玛里历史上最后几位国王统治的 50 年间，也就是通常意义上的公元前 18 世纪早期。考古工作者们发现，出自这一历史时期的玛里遗址大多显示为王室和仪式服务的建筑遗迹，其中包括行使管理职能的主王宫，国王的妻妾们居住的后宫，各式各样的庙宇，以及执掌大

---

① 　Tell：[考古学]（古代村落遗址堆积而成的）台形土墩，这里译作"丘"。——译注
② 　参见 Geyer 1985，28 中的地图。

权的玛里官员们的官宅。① 虽然经历了几个世纪的使用,但古玛
里城的某些部分似乎从未动工兴建,严格意义上的住宅区至今尚
未被发现。② 未来考古挖掘的最新成果必会令如今的妄下结论者
难堪,不过就目前来看,我们可以断言古玛里城的土墙之内似乎不
太可能有大量聚居人口,那里仅仅住着一些可以直接亲近国王的
人员。

1. 玛里文书及其出版

　　玛里楔形文字王室档案揭示的正是如上所述的公众与王室的
背景,其中绝大多数文书出自玛里末代国王辛里-利姆(Zimri-
Lim)统治时期。辛里-利姆从他的前任——来自另一王朝的敌
手——那里继承了大量的楔形文字泥板文书。多数玛里文书具有
实际用途而非用于抄写训练,因此,我们几乎无法从中领略美索不
达米亚古典文学的特色,也几乎没有找到词汇集或者专门记载有
关预言或咒语的文本档案。③ 不过,我们发现已经记录在案的近
两万块楔形文字泥板及碎片大致可分为以下两类:一类是揭示宫
廷各种机构日常事务的行政文件,另一类是史无前例的书信集。
作为王宫管理细枝末节的文本证据,玛里文书档案无疑是一项重
大的发现;在这些楔形文字文书档案中,王室往来书信则最为独特
且珍贵。多达 3000 多封的信件数量已足以令人瞩目,不过其特殊

---

① 有关玛里城考古发现的概述可参见 Aynard and Spycket 1987—1990;Margueron
　1994,1996b。

② Aynard and Spycket(1987—1990)大约在 15 年前就该遗址的情况进行过探讨。他
　们仅确认了前萨尔贡时期(公元前三千纪中期)一座城市中伊斯塔神庙的 E
　区——"红屋",认为该处建筑存在于萨卡纳库时期直至该城市被摧毁前的这段时
　期(公元前三千纪末至前两千纪初),而挖掘者(André Parrot)判断该"红屋"建于
　阿卡德时期(公元前三千纪中后期)。具体情况参见 Parrot 1936,12。

③ 倾向于数字抄写训练的泥板文书,参见 Soubeyran 1984 和 Chambon 2002。

的历史价值更在于书信本身所涉及的利益范围和写信缘由。我们发现了玛里王与其他统治者们或其他城市的信件交流；我们还发现了由以下人员提交的数千份报告：宫廷高官、地方长官、将军、效忠王室的部落领袖，以及外交官、代表王室的驻外使节等等。另外，官员之间也有书信往来，甚至还有一些被截获的敌军情报。有些信件简洁扼要，其目的纯粹是为了传达信息；但也有许多信件采用的是谈话方式，而且从现代读者的欣赏角度来看可以说十分啰嗦。凭借着历史的连贯性优势，从如此众多的信件中了解美索不达米亚社会纷繁的方方面面并非不可能。这些信件以独特的书面表达方式向我们呈现了如此久远的一段历史时期，而就在这里精彩纷呈的往事相互交织着。

　　虽然大多数的玛里楔形文字泥板是在几十年前被发现的，但是随着玛里文书档案的公开发表，其影响力也在逐渐扩大，新的证据纷至沓来，而且似乎又有了新的考古发现。即使到目前为止，已公开发表的玛里泥板文书还未达其总数的一半，重要资料可望陆续面世。对玛里文书档案进行学术研究的已有两代人，因而凡是需使用玛里文本证据的研究者们必定都会特别关注最新的研究成果，无论是有关文本原文的还是考古学的。玛里楔形文字泥板于1934年首次被发现之后，其整理出版工作最初由德高望重的亚述学家弗朗索瓦·特罗-丹金（François Thureau-Dangin）负责，之后不久乔治·道森（Georges Dossin）接替了他的工作。1980年以前大部分玛里文本的出版由道森及其同事共同完成，与帕罗特的考古挖掘工作大约是在同一时期进行的。

　　1980年以前玛里楔形文字泥板文书的出土甚是轰动，但当时出土的仅仅是其中的极小部分；尤其在莫里斯·佩罗（Maurice Birot）的帮助下完成过渡工作之后，年轻一代的学者们担负起了研究重任。1982年，让-玛丽·迪朗（Jean-Marie Durand）组织了一支新的研究队伍。领导人的更换不仅使玛里文书档案的出版工作得以重新开展,而且还引领了一个对文本原文进行分析的全新研究视角,迪朗和多米尼克·夏宾(Dominique Charpin)是这一研究方法的积极推动者。

在 20 世纪 80 年代初至今的 20 多年里,玛里研究硕果累累,大批新出土的文本及一些解读性的评论纷纷面世,更多的文本证据也即将出版。不过,这批新资料多数尚未被美索不达米亚专家们完全解密,更毋庸说该研究领域以外的那些学者们了;本书写作的目的之一便是尽可能扩大最新研究成果的影响。我对玛里文书档案的研究始于 1997—1998 学年,当时我正荣幸地在巴黎享受着学术假期。在巴黎逗留期间,玛里文书档案的研究小组成员(特别是迪朗,夏宾和贝特朗·拉封)令我获益良多,他们热情好客且才智横溢。在对玛里文本证据以及法语版解读性论著进行批判性阅读之后,我积极尝试开辟一个独立的研究视角,不过对上述研究者的学术成果相当熟悉的读者们一定会发现我的研究能做到目前的水平在某种程度上应归功于这些学者们。当然,我们在许多观点上是存在分歧的。尽管如此,我仍然认为他们的结论极具说服力,本书中的引文主要出自他们最新版本中的解读。① 当我的法国同行们的分析结果至关重要但却可能引起争议时,我会明确说明自己有着同样的论断,这样做既方便了读者同时又能重申其重要性。

有关玛里文书档案的研究已持续多年,现已出版的玛里文本也分散于不同地点。特罗-丹金以及他之后的各个考古研究小组的早期发现往往被记录在了研究者个人发表的论文中,要想全部找到难度颇高。道森发起出版了研究玛里泥板文书的系列文集

3

---

① 我只是偶尔会介绍一些新的资料,通常作为对我在政治术语研究中所发现的模式的回应。书中阿卡德语音译同样遵循了新版本中的处理办法,除了某些我仍存有疑问、涉及某些解读和修复结果的地方。有关迪朗及同事雄心勃勃的修复策略的综述,参见我对 ARM XXVIII(Fleming 1999,167—168)的评论。

（即《玛里王宫档案（ARM）》①）的第一卷，目前共已出版 28 卷。②
随着玛里泥板文书的研究在迪朗主持下得以重新开始以及玛里的
历史环境逐渐变得明朗化，早期的分类方法带来的问题也日益彰
显，迪朗因此采用了新的分类方法。近年来，玛里楔形文字泥板资
料主要以小型系列专刊的形式出版，如玛里研究法语版系列刊物
Florilegium Marianum（FM）。最近迪朗又重新整理出版了在他
担任领导工作之前所有已发表的玛里书信，共三卷；新版中增加了
译文及注释（这些注释是基于对楔形文字书板的亲自考证）。这新
版三卷被收录为法文版丛书《近东古代历史文献》（*Littératures
Anciennes du Proche-Orient*）（LAPO）的第 16 至 18 卷，卷名为
"玛里王宫书信原本"（"*Documents épistolaires du palais de
Mari*"）（*I—III*）。想要真正理解并正确使用玛里文书档案的书
面证据，没有足够的法语知识还真不行。

2. 了解专业领域：语言及书写系统

　　本书对古代政治生活的研究是以那些参与玛里文书档案分类
和解读的学者们的著作为依据的，因此，本书有很大一部分篇幅将
围绕有关字词及文本原文进行评述。这就意味着还得烦请对古代

---

① 其法文版书名为 *Archives Royales de Mari*。——译注
② 起初，该系列中出版的每一卷都由两个独立的部分组成，手工临摹的楔形文字泥
　板文书（ARM）和名为《玛里王宫档案》（*Archives Royales de Mari*, *Texts* 或者
　ARMT）的译本。自迪朗接手领导工作以来，情况发生改变了，泥板文书的出版采
　用了拍照和复制等多种方法。为了简单起见，我倾向于从 ARM 系列中选取所需
　引用的原文，而 ARMT 中的内容只有需要注释时才引用。ARM XXVI 是个特例，
　因为其目的是开启书信集的出版，《玛里书信集》（*Épistolaires de Mari* 或者
　AEM）的出版引发了广泛的讨论，但只有第一卷中的 1、2 册得以面世。在 ARM
　系列中，新研究团队的成果陆续出版，它们是 XXI 卷（Durand），XXIII 卷（Durand
　早期研究小组），XXXVI 卷（整个研究团队）。ARM XXVII 卷和 XXVIII 卷分别由
　道森（Dossin）团队中的资深成员 Maurice Birot 和 Jean-Robert Kupper 分别完成。

语言陌生的读者们忍受一下些许古代文字的干扰,因为这些文字提供的证据将有助于我们在更广阔的层面上研究人类社会。下面我将做一些介绍说明,希望本书中古代文字的出现不要令大家望文生畏。

玛里文书档案中集体政治传统的证据线索几乎均出自王宫书信。整体来看,信件采用的是阿卡德语——即美索不达米亚东部地区使用的闪语的一个分支;公元前两千纪初的巴比伦、埃什努纳(Ešnunna)、亚述都讲阿卡德语。这一时期使用楔形文字书写系统的地区以阿卡德语作为信件交流的书面语言。在采用楔形文字的中心地域如伊拉克和叙利亚,即使外来居民的信件往来也用阿卡德语。如同其他闪语的语言分支一样,阿卡德语中多数的动词和名词源自三连辅音串词根(triconsonantal roots),词根的不同组成方式表达不同的意思。例如,阿卡德语中"顾问(counselor)"的名词是 *mālikum*,与其动词形式 *imlik* 及其另一名词形式 *milkum* 紧密相关。在玛里文书档案所属历史时期之后不久,名词后缀字母-*m* 消失了,而-*m* 前面的元音-*u*-则可根据它在词组和从句中的功能变换形式。

该时期大多数叙利亚人讲的是与阿卡德语截然不同的西闪语的好几种方言,但是我们仅仅掌握了被当作是阿卡德语的个别词汇。要想将玛里文书档案中阿卡德语与西闪语词汇区别开来,只有尝试去对比这一时期大量的文本证据中它们各自的使用模式。本书中的所有闪语词汇均采用斜体字。词汇将被完整呈现,如 *sugāgum*("头领");而在对文本原文的引用中,我将区分书写词语时所采用的不同楔形文字符号,如引文中"头领"一词的呈现形式是 *su-ga-gu-um*,每个楔形文字符号都包含了它本身的音值。

在经过长期发展演变之后,楔形文字书写系统仍保留着其发展初期时的主要语言特点。最早的楔形文字系统几乎没有包含可识别的语法标志,它采用从象形文字发展而来的符号表示简单的

4

物品或动作，所以要举例说明最初的创造者所使用的楔形文字到底有何特点绝非易事。不过，楔形文字在美索不达米亚南部地区的苏美尔人那里逐渐发展成熟起来。[①] 苏美尔语是一种粘着性语言，它与闪语毫无关联，也不与任何其他已知语言相近。公元前三千纪末期时，苏美尔语似乎就不再是人们日常使用的语言了，这是社会动荡带来的变故。公元前两千纪初期，在美索不达米亚东部地区越来越多的人都讲西闪语。[②] 这一时期，尽管苏美尔语已不再作为口语使用，但却是极受欢迎的书面语；在之后的几百年间，对楔形文字学者以及书吏们而言，苏美尔语是一种非常重要的语言。由于一直用于抄写和速记，苏美尔语始终是不可或缺的书面语言，因此掩盖了当时实际用于说和读的语言的基本形式。遗憾的是，要分辨清楚这一特殊语言系统造成的混乱，现有的众多解决方法都不尽相同。而我做了如下区分：闪语词汇的苏美尔语书面语形式采用大写字母表示（如 URU，其阿卡德语是 *ālum*（音译"阿卢木"），意思是城、镇等定居点），苏美尔语词汇则以小写字母表示（如城市或定居点一词 uru）。亚述学者在引用闪语词汇时通常采用斜体字，引用苏美尔语词汇时则不然，以示区分；当然，目前更广为采纳的惯例是将所有外语词汇斜体排版。

在本书中，读者们会接触到两类古代词语：特定词汇和专有名词。处理特定词汇时，我依据亚述学的标准惯例，将特定词汇的元音长度变化完全标记出来，如 *sugāgum*（头领）或 *merhûm*（牧场首领）。长元音以长音符号作标记，由两个元音紧缩成的长元音则以

①　参见 Englund(1998,73—81)的最新论述，他并不认同源自苏美尔语的说法。想了解不同的观点，可参阅 Steinkeller 1995,694—695 和 Rubio 1999。

②　有关公元前三千纪末乌尔第三王国时期继续使用苏美尔语的评论，请参见 Heimpel 1974,171—174；而有关公元前两千纪初伊辛-拉莎王朝时期仍有零星的人群讲苏美尔语的猜测，可参见 Liberman,1977,20n50。Cooper(1973,242)认为南美索不达米亚的乌尔第三王朝时期苏美尔语就已基本消失了，阿卡德语成了主要的口头语言。

音调符号作标记。我将辅音字母按照楔形文字音译惯例来表示，读者们需识别 ḫ-(/kh/)，-ṣ-(/ts/)，以及-š-(/sh/)。强调辅音-ṭ-通常发/t/的音。我将喉头音辅音都以-ḥ-表示，当然我很清楚楔形文字符号可能代表着各式各样的其他闪语喉音。比如，书面形式为 merḫûm（牧场首领）的名词实际包含了闪语辅音 ʿayin（音译为 merûm），但我们却无法凭借其书写形式加以识别；而我本人则依据此类词语的楔形文字拼写法将其表达了出来。这样，玛里文本中的那些词源尚不确定的词语和名称的呈现方式将保持一致。①

5

至于专有名词，我决定遵循音译的惯例保留辅音和元音的基本形式，但有一个例外，即地名、人名及神的名字中的简单长元音将不采用长音符号作标记（如 Quṭṭunan 表示 Quṭṭunān，Saggaratum 表示 Saggarātum）。我仅在词语末尾的紧缩元音上标注了音调符号，以此表明词语末尾音节的重音变化（如 Kurdâ）。专有名词中元音的特点通常难以确定，而我的策略使我无需对每一个专有名词作关于释义的选择。

第二节 玛里历史概况

首先要说明的是，大约于公元前 1761 年，玛里城被在位 32 年之久的巴比伦王汉谟拉比毁灭，之后该旧址上再未重建新城，这一区域的政治中心迁至了两河流域上游的另一古代城市忒卡。因此，我们至少可以断定玛里的历史属于公元前三千纪至前两千纪初这段时期，而且不太可能再晚了。相比之下，鉴定玛里城兴起的

---

① 法国团队使用了未标记的-h-来表示以阿卡德语/楔形文字拼写为-ḫ-未解释的喉头音。他们也未区分两种不同类型的长元音，而始终使用了音调符号（比如 â）。我遵循的惯例是，本应为长元音的字母以长音符号标记（比如 ā），而仅以音调符号来标记由两个不同元音缩约形式构成的长元音。

年代就要复杂些许了。但无论将来人们是否会发现更早的定居证据,我们知道公元前三千纪初即早期王朝时期玛里遗址所在地已有定居者了。问题是最早定居点的范围到底多大。目前的考古挖掘者让-克劳德·马古隆认为定居时间应该是公元前 2800 年,其结论是巨大的围墙表明一个发展成熟的国家必定会有一个中心城市。[①] 围墙内约 100 公顷,这样的规模在当时两河流域上游地区前所未有。

　　玛里城兴建的原因并不清楚。其土壤不甚肥沃,雨量稀少不足以支持农业生产,其灌溉系统根本不可能满足像马古隆所描述的那样规模的城市需求。故而,马古隆提出玛里城极有可能是由下游地区的一个"国家级"社会建立的,旨在控制幼发拉底河与哈布尔河交汇处以南的交通,与玛里城同时兴建的还有一条长 120公里的运河。[②] 像玛里城这样的大型聚居地是如何以及为何而建,目前我们仍未掌握足够的证据。[③] 我们必须明白尚未有这一时期的实际建筑物被挖掘,而且我们也并不知晓围墙内的区域到底修建到了何种程度。那些不太为人所知的类似的围合式聚居地通常没有大量人口居住的迹象。[④] 或许,在发现更多证据之前,我们需审慎断言公元前三千纪早期的玛里就是一个特殊"国家"的中心。

　　约公元前三千纪中叶,在这片废弃已久的早期聚居地旧址上一座全新的城市(也许是第一个可以以城市来称谓的定居地)出现了。位于叙利亚西部城市埃勒颇(Aleppo)以南的埃卜拉王国的

---

① Margueron(1996b,16)的计算结果是该圆形土丘的直径极可能为 1900 米。他认为该遗址始建于公元前 2900 年(1996b,15)或者前 2800 年(2000,101)。亦可参见 Lebeau 1990,283。

② Margueron 1996b,15;2000,101。幼发拉底河左岸的运河很可能适宜船只通行,免去了船只在 40 公里长的蜿蜒曲折的河床溪流中通行的麻烦。

③ 谨慎起见,参阅 Schwartz 1994,158。

④ 参见 Kouchoukos 1998,Chap. 8。

出土档案显示,玛里是当时一个重要的区域性权力中心,其影响力远达其西部竞争对手的领土。考古挖掘出土了这一时期巨大的公共建筑遗迹,包括一座王宫、庙宇以及一个住宅区的一部分。在这一时期的几处建筑物遗址中考古人员仅发现了很少的楔形文字书板及碎片。① 不管聚居人口多寡,玛里当时已是一座拥有常住人口的城市,而且我们很难证实在这之前或之后是否也有常住人口。

我使用"城市"来称谓玛里遗址时十分慎重,因为城市意味着既要有大规模的公共建筑又要有相当数量的常住人口,而按照这些要求,对于公元前三千纪中叶以前或之后的玛里能否被称为城市我并不是很有把握。作为幼发拉底河重要的中心地区,玛里曾毁于阿卡德帝国的一个早期统治者之手。阿卡德帝国从后来的巴比伦城附近一直扩张至美索不达米亚的大部分地区;据出自公元前两千纪初期的铭文记载,发生在公元前 24 世纪中叶的这一伟大的征服应归功于阿卡德王朝的开国君主萨尔贡。②

玛里在经历了上述浩劫之后又被废弃了一段时间,直到公元前三千纪末,玛里才得以第三次也是最后一次重建。与美索不达米亚南部的乌尔王国同时期,玛里的统治者自称"萨卡纳库(šakkanakkum)",而且他们的统治显然也是真正成功的。出土文物表明一些重要的建筑工程始建于这一时期的玛里,其中包括一座新王宫及几座新庙宇。马古隆认为公元前两千纪的玛里城址中的建筑物均于"萨卡纳库"统治时期修建,国王辛里-利姆在位时期的玛里并没有真正意义上的亚摩利(Amorrite)风格的建筑。

尽管玛里遗址的考古挖掘工作已经进行到了紧张的最后阶

① 参见 Charpin 1987a。在 1954 年至 1974 年的考古挖掘中,Parrot 发现了 20 块泥板,于 1980 年又发现了 17 块泥板。这些泥板出土自不同的建筑物,包括王宫、屋宅和圣殿。
② 参见原文 E2.1.1.1(出自古巴比伦尼普尔抄本),Frayne 1993,10。相关考古证据参见 Margueron 1996a,97,103。

段,却仍有许多关键问题悬而未决。马古隆的报告称他现已开始挖掘"萨卡纳库"统治时期居民区的一部分,然而我们需要知道的是当时整个居民区的面积、居住者情况及其居住者定居的确切时间。后来,这一时期的中心区建筑物一直为公元前18世纪的国王们继续使用,不过,报告没有说明在最后一位"萨卡纳库"与亚顿-利姆(Yaḫdun-Lim)成为玛里王之间的一至两个世纪中上述建筑物是否曾被连续使用。如若这些建筑物并非直接从先前的执政机构接管下来,那么我们也就无法确定亚顿-利姆是否仍然沿用了玛里已拥有了很长一段时间的"城市"及行政传统。出自公元前18世纪的玛里文书档案没能提供任何实质性居住区的明证,因此,要了解玛里的最后几位国王为满足久居那里的当地居民的愿望到底做了何种努力难度颇高。① 玛里城并没有相应的城市组织和机构,比如集体领导或是被叫作"码头"(kārum)的商人团体。

公元前三千纪,玛里大王国时期的政权机构庞大且各显其能,那么其经济基础如何呢? 马古隆认为玛里的经济主要依靠对水上交通的控制,尤其是通往下游美索不达米亚南部苏美尔地区的木材运输。但是,其经济还有可能十分依赖草原及游牧民和畜群。公元前18世纪时,草原上的各部族构成了玛里王国"利姆"(Lim)王朝的权力基础,3位国王亚格得-利姆(Yaggid-Lim)、亚顿-利姆和辛里-利姆宣称要统治以帐篷为家的牧人们。我们也许可以称之为公元前两千纪的新现象——亚摩利游牧民族的到来;不过,幼发拉底河中段一直以来都流经游牧民的家园。我们并不能因此推断与公元前三千纪相比,此时玛里的经济状况发生了根本转变。②

公元前三千纪末的诸多变迁为玛里最后的精彩创造了条件,最后几位国王为我们留下了丰富而珍贵的玛里文书档案。在美索不达

① Margueron(1994,316)认为其原因是次要建筑物受到了侵蚀作用的影响。
② Porter(2000,456)强调该地区经济很可能具有一定的游牧经济特征。

米亚南部,以苏美尔的重要城市乌尔为中心的王国迅速失去了该区域的控制权并全线溃退,最终被伊朗南部的埃兰(Elam)王国征服。乌尔王国的领袖们认定致其危亡的是"西部人",或可称为亚摩利人(其阿卡德语是 *Amurrûm*,苏美尔语是 Mar-tu);乌尔城曾修建"亚摩利墙"以抵挡其入侵,但无济于事。这些"西部人"总是被描述为粗野的未开化之人,但事实上,他们讲西闪语,而且已融入了很接近苏美尔政治中心的领导阶层。① 乌尔城灭亡后出现了权力真空期,但是没过多久,乌尔城北部军队的指挥官伊萨比-埃拉(Išbi-Erra)在一个叫作"伊辛(Isin)"的苏美尔城市建立了新王朝。②

从乌尔第三王朝向伊辛城的新王朝过渡的证据令人着迷而其结果又令人难以捉摸。现代学者们认为这一政治洗牌发生在苏美尔王朝末期以及讲西闪语的亚摩利人开始统治整个美索不达米亚地区之间的一段时期。古代书吏们也十分关注这段过渡时期,公元前两千纪初古巴比伦版的档案可以说是这场危机的产物。一封被认为是乌尔王朝末代国王伊比-辛(Ibbi-Sîn)写给卡萨鲁克地方长官普泽-努姆斯达(Puzur-Numušda)的信显示,这位苏美尔统治者曾痛斥伊萨比-埃拉"是玛里人,根本没有苏美尔人的血统,只有狗的智力,简直就是山里的一只猴"。③ 伊萨比-埃拉及其伊辛王朝的支持者们的档案抄写本也记录了伊萨比-埃拉拥有外族人的血统这件事。他的确来自山区,不过他是阿努(Anu)和恩里尔(Enlil)两位神明派遣来的牧羊人④。

事实上,伊萨比-埃拉似乎出身玛里王室,而他在乌尔城的影响

---

① 有关亚摩利人和其他人群被称为"低于人类的蛮族"的现象的论述,参见 Cooper 1983,30—33。

② William Hallo 对这一过渡时期作了详细的讨论,参见 Hallo and Simpson 1998, 80—87。

③ 1:46 和 17;参见 Cooper 1983,33 和 nn. 74 和 75;Michalowski(即将出版 b)。

④ 参见 Išbi-Erra 赞美诗 A I 10'—12'和赞美诗 G 10'—11'(Michalowski 即将出版 b)。

力表明乌尔和玛里有很长一段时期保持着密切的关系。① 如果他被看作是亚摩利人，那是因为"西部人"早已扎根于公元前三千纪末的重要区域中心。也许伊萨比-埃拉与两三个世纪之后拥有明确称谓的亚摩利族群并无关联，但是被雪松覆盖的群山环绕着的幼发拉底河流域有着这么一位身份令人好奇的国王，这说明很有可能是后来的亚摩利人把他看作了自己人。公元前 18—前 17 世纪时，西闪语王族姓名遍及美索不达米亚中部和南部地区，似乎很清楚，"西部人"在整个叙利亚-美索不达米亚地区的政治领域占据了重要位置。

　　公元前两千纪初（即亚述学家所称的古巴比伦王国时期）在美索不达米亚南部，亚摩利统治者们非常自在地适应了他们所崇拜的古老的苏美尔和阿卡德文化，而且有书面证据表明，因为采用了东部语言和生活方式，亚摩利人的西部背景变得不再明晰了。我们所掌握的这一时期的档案文本来自伊辛(Isin)，拉莎(Larsa)，巴比伦(Babylon)，尼普尔(Nippur)，斯帕(Sippar)，乌玛(Umma)，乌尔(Ur)，埃什努纳，希姆斯哈拉(Shemshara)等南部和中部城址，另外还有北部城址如查加巴萨(Chagar Bazar，即 Ašnakkum?)，伊西查力(Ishchali，即 Nerebtum)，雷兰城(Tell Leilan，即 Šehna/Šubat-Enlil)，阿瑞玛城(Tell ar-Rimah，即 Qaṭṭarâ)，以及由此往西至阿特查纳城(Tell Atchana，即 Alalah)，再往南至埃卜拉(Ebla)。在幼发拉底河沿河流域，最大数量的档案文本出自玛里，不过在其上游曾经的区域中心忒卡(Terqa，即 Tell Ashara)和图特尔(Tuttul，即 Tell Biʻa)也发现了同时期的档案文本。然而玛里泥板档案显示，在有着亚摩利人血统的玛里王国社会里活跃着与美索不达米亚南部不相干的社会和经济传统。从社会角度来看，玛里是一个群聚了众多部族并且关系复杂的社会，它拥有固定居民和流动的游牧民族，既包括

① 此关系为 Piotr Michalowski(1995，即将发表 a 和 b)系列文章的主题。作者友好地将即将发表的两篇文章的原稿提供给了我。

边缘居民又包括掌握政治权力并居于防卫森严的王宫中心区域的权贵阶层。从经济的角度看,玛里文书档案揭示了大量羊群的重要性,在一个畜牧社会里牧羊人往往以帐篷为家,随季节变迁赶着羊群四处寻觅草原。尽管截止玛里文书档案所记录的历史时期,亚摩利人控制美索不达米亚南部已长达几百年了,但是这些以古代文字书写的档案或许可以让我们更好地了解亚摩利文化。

玛里文书档案所记录的公元前两千纪初的那段历史可以说短暂而动荡。一位名叫亚顿-利姆的国王仰仗玛里曾是该区域的古都使之再次成为了一个大王国的中心。亚顿-利姆只提及过一位王族先辈——父王亚格得-利姆,而他本人后来控制了幼发拉底河流域的一大片狭长地带,向西一直延伸至图特尔,该城成为了王国的第二个都城。在下游地区,亚顿-利姆的疆土很快扩张至美索不达米亚中南部地区的重镇埃什努纳边境。然而亚顿-利姆并未攻打埃什努纳,而是将其势力范围向北扩张至哈布尔河流域,与底格里斯河流域埃卡兰特姆(Ekallatum)的国王萨姆斯-阿杜抗衡。①

亚顿-利姆以部落术语描述其核心人口和上游地区的被征服者,这将在本书第三、四章中有详细讨论。亚顿-利姆本人属于宾努·西米尔(Binu Sim'al)或者西米莱特(Sim'alites)部落联盟,即"左手之子";而被征服者则属于宾努·亚米纳(Binu Yamina)或者亚米纳特(Yaminites)部落联盟,即"右手之子"。这种左右手的二元性描述表明两个联盟非常清楚彼此之间的关系,他们依据某种地理因素区分所辖领土。他们可以被称作部落,因为他们最初是以家族关系而非定居点所在地这种定义族群最常用的方法(如忒卡人)来界定他们的族群的。

9

① 关于亚顿-利姆统治时期,参见 Charpin and Durand 1985,293—299;Durand 1997,43—44;Ziegler and Charpin 2001,496—497。有关亚顿-利姆统治时期玛里和埃什努纳的关系问题,参见 Charpin 1992a。

亚顿-利姆未能在玛里建立一个永久的西米莱特人根据地,其子苏穆-亚曼(Sumu-Yamam)几经周折取而代之登上王位,但很快王朝覆灭,而且还是败给了自己手下的将士。同时,埃卡兰特姆的老国王萨姆斯-阿杜的势力在不断地扩大,这不仅导致而且加速了苏穆-亚曼统治的衰亡。① 不久,萨姆斯-阿杜攻陷了玛里,似乎没有遇到任何地方阻力就占领了原先由亚顿-利姆控制的幼发拉底河根据地。取得如此战绩之后,萨姆斯-阿杜可以毫不含糊地号称"美索不达米亚王国"(包括底格里斯河和幼发拉底河之间的领土)第一位真正的统治者了。② 萨姆斯-阿杜也是亚摩利人,玛里文书档案中有关殡葬仪式的记载显示其家族历史可追溯至阿卡德王国首任国王萨尔贡时期,其家族属纳姆哈(Numhâ)部落。国王辛里-利姆统治时期,纳姆哈部落主要聚居在位于底格里斯河和哈布尔河之间的库达(Kurdâ)王国,他们与掌管玛里的"利姆"(Lim)姓统治者所属的西米莱特-亚米纳特部落并无关系。③ 萨姆斯-阿杜自称"*ḫana yarrādum*",意思是"以帐篷为家的游牧民"后代;按照迪朗的理解,这些游牧民其实是南下迁徙至幼发拉底河流域的亚摩利人。④

此时的萨姆斯-阿杜早已年迈,但他建立了一套聪明而且相当成功的新架构以管理自己扩张后的国土。他把王国划分为东西两部分,东部仍然以埃卡兰特姆城为中心,由其长子伊斯米-达甘(Išme-Dagan)管辖;而西部则以玛里为中心,萨姆斯-阿杜立其次子亚斯马-阿杜(Yasmaḫ-Addu)为玛里王并控制西部领土。虽然两个儿子各霸一方,但是老国王仍然严格掌控了王国的最终决定

---

① 关于苏穆-亚曼的短期统治,参见 Charpin and Durand 1985,297—299 和书信 ARM I 3,修订版 pp. 339—342(＝LAPO 18 no. 931. p. 72)。

② 在一份铭文 A. 889:6—8(Charpin 1984,48)中,萨姆斯-阿杜自称"底格里斯河和幼发拉底河之间领土的统治者"。来自亚述的另一份文书中出现了同样的称号,参见 Grayson 1987,RIMA₁,A. o. 39. 1:5—8。

③ 参见 *FM* III 4 i:18—21,Durand and Guichard 1997,63—70。

④ Durand,Durand and Guichard 1997,64。*yar(r)ādum* 的实词形式并不确定。

权,他本人坐镇王国的中央区域——位于哈布尔河流域的塞那城（Šehna,即 Tell Leilan）,并将其更名为苏巴-恩里（Šubat-Enlil）。萨姆斯-阿杜通过这一策略保证了他对其王国三个区域的直接控制,这种政权的稳固格局一直持续至他去世。①

亚斯马-阿杜以国王身份在玛里执政了 8 年,但实际上在其父萨姆斯-阿杜 10 年前征服该地区之前,他就已经管辖玛里了。然而,萨姆斯-阿杜死后,其子伊斯米-达甘和亚斯马-阿杜均未能维持原先的大王国局面。亚斯马-阿杜很快就被西米莱特人的一个新部落联盟打败,丢掉了玛里,最终玛里被辛里-利姆占领,他是亚顿-利姆的亲戚但自称亚顿-利姆的儿子。② 实际上攻下玛里的另有其人——一个名叫班纳姆（Bannum）的西米莱特人领袖,不过他却无法与承载着王族使命的辛里-利姆竞争。③ 辛里-利姆在玛里称王 13 年有余,后被巴比伦王汉谟拉比所灭。④ 伊斯米-达甘在埃卡兰

10

---

① 参见 Villard 2001,10—12。

② Sasson(1998b,457—458)坚持认为一个王室印章中的 Ḫadni-[...]与国王其他印章中的亚顿-利姆(Yaḫdun-Lim)应当是同一个人(相关证据参见下面的注释,p. 149)。辛里-利姆是 Ḫadni-[...] 的"儿子",也是亚顿-利姆的"儿子"。

③ 参见 Dominique Charpin(即将出版)。Charpin 推断,如果 Baninum 的印章表示同一人——即班纳姆(Bannum),那么班纳姆其实早就为亚顿-利姆效力了。萨姆斯-阿杜统治时期,班纳姆是斯尹加以南地区一位西米莱特牧场首领,这点可以从亚姆-阿杜写给亚斯马-阿杜的两封信中看出。班纳姆自称"将亚顿-利姆的子孙送上了王座"。他曾在写给辛里-利姆的一封信中称其占卜师兼后来的密友为"我的战利品",班纳姆之所以能这么说是因为攻取玛里的是他(ARM XXVI 5:28)。

④ 辛里-利姆的统治年表一直未有定论。新一代的玛里研究初始,Charpin 和 Durand 整理了第一份辛里-利姆年表,认为其在位 14 年而且最初两年尚不能确定(1985,305—306)。Pierre Villard(1993)证实了这份年表并澄清了辛里-利姆统治最初 3 年部分重叠的年名。但是最初几年的重大事件一览表很难精确界定。Durand 建议将辛里-利姆统治初期的年表调整一下,空白期以统治后期的闰月来填补(Durand and Guichard 1997,30—31)。然而,在其对辛里-利姆王朝历史的最新研究中,Charpin(即将发表 a)表示以上做法无法得到有力的证据支持,他推测辛里-利姆在位初年王国体制尚不完善,所以才会出现交叠的年名。玛里王似乎最终统治了 13 年又 3 个月。我采用的是 Guichard(2002)确定的年代,以 Z-L0 表示玛里王初登王位的几个月,Z-L1—13 表示他统治的整整 13 年。

特姆城幸存了下来，但是其势力范围极小，他的政权相比辛里-利姆要持续久些，甚至可以说他促成了辛里-利姆的失败。汉谟拉比拿下玛里根本没有经过围城进攻，他的书吏们仔细查看了他曾经的同盟国玛里的档案内容，他们显然销毁了玛里同汉谟拉比以及其他主要统治者之间最重要的往来信件，最后还决然地摧毁了玛里王宫，使剩下的数千块泥板文书被埋入了废墟之中。与萨姆斯-阿杜不同的是，汉谟拉比似乎并不喜欢玛里的建筑，而且也并不认可辛里-利姆政权较为完善的管理架构。玛里从此再未得以重建。

从亚格得-利姆统治时期一直到辛里-利姆统治时期，玛里经历了动荡的改朝换代，但重要的是我们必须弄清楚玛里在哪些方面发生了变化。玛里出土的泥板档案特别记载了当时的社会变化。亚格得-利姆和亚顿-利姆代表了玛里的新生政权，他们使玛里再度呈现出辉煌。他们是新来者而非前朝的继任者。在萨姆斯-阿杜统治玛里期间，玛里的统治者更换了而且玛里的政治地位也大大降低了，权力中心转移至了新王国的首府苏巴-恩里城和埃卡兰特城。后来辛里-利姆又将玛里变成了王国的中心，政权再次由宾努·西米尔部落（又称西米莱特部落）联盟控制了。

作为西米莱特部落之王（见第二章），辛里-利姆直接授权给被称为"*merhûm*"的部落牧场首领，让他们管理王国中通常被称作"哈奈人（帐篷居民）"的游牧民。辛里-利姆治下，整个"国"（麻敦）似乎成了西米莱特部落帐篷居民们的天下，但王国实际上由两部分组成。帐篷居民由牧场首领统辖；沿河的农耕区域则实施一种"行政区（*halsum*）"管理制度，其中每个行政区均设有当地的王宫行政中心和管辖者。沿幼发拉底河中游的这整片区域被称为"阿普莱蒂（Ah Purattim）"[①]，意思是"幼发拉底河两岸"。辛里-利姆

---

① Ah Purattim：音译"阿普莱蒂"，意思是"幼发拉底河两岸"，指玛里王国时期玛里城周边的幼发拉底河中游河谷地区及那里生活的主要人口。——译注

从亚斯马-阿杜手中不仅接管了该地区而且还保留了原来的基本
管理架构。有趣的是,管辖固定居民和游牧民的王国中层领导者
们的头衔相同,都被称为"*sugāgum*(头领)"。

　　辛里-利姆的王国未能达到萨姆斯-阿杜在位时期的规模。他先
占领了幼发拉底河中游两岸地区,接着在其统治中期时,他通过建立
联盟以及分封制的网络将势力范围扩张到了哈布尔河流域以北地区。
玛里文书档案中大量的书信向我们揭示了这个复杂关系网,我们因此
可以勾勒出众多城市王国盛衰浮沉的画面:残酷而激烈的领导权争夺
及各地方势力间持续不断的权力角逐。① 辛里-利姆执政的第 5 和第
11 年,埃什努纳和埃兰两个王国曾先后试图扩张他们在美索不达
米亚的势力,哈布尔河流域成为其扩张战略的关键。哈布尔流域的
小王国星罗棋布,在这里要罗列出所有小王国的名称似乎是添乱,但
是其中有两个同盟不得不提。一个是位于哈布尔河东北部摇摆不定
的伊达-马若斯(Ida-Maraṣ)同盟,它与西米莱特人走得较近。而在
哈布尔河以西、幼发拉底河的一条支流巴里河(Baliḫ River)流域,
扎玛昆(Zalmaqum)同盟则一直与亚米纳特部落联盟关系密切。

　　尽管西米莱特部落掌握了政权,玛里从次级首府被重新定位
为权力中心,辛里-利姆的王国似乎呈现出了新气象,不过实际上
许多方面一仍其旧。如果说有深刻变革的话,那也应该发生在早
年亚格得-利姆和亚顿-利姆开始西米莱特人统治之时。马古隆发
现,辛里-利姆王国首府玛里的许多公共建筑(包括主王宫)可以追
溯到公元前三千纪末"萨卡纳库"统治时期,但之后玛里很可能曾
被废弃达 100 多年之久。没有证据显示亚格得-利姆曾动用武力
攻下了玛里,当时玛里很可能连一兵一卒都没有或者至少也是接

①　Jesper Eiden(2000,256—257)认为辛里-利姆在哈布尔河流域的目标与萨姆斯-阿
　　杜不同。萨姆斯-阿杜想要获得的是对该地区的直接控制权,而辛里-利姆则是想
　　阻止这些东部势力入侵,组成联盟就是为了这一目的。

11

近如此。夏宾同样未发现任何关于玛里被征服的时间记载或者相关铭文。从目前掌握的出土文物判断,亚格得-利姆和他的儿子亚顿-利姆依循传统将玛里定位为行政和宗教中心,但似乎并没有特别考虑当时玛里的居民状况。

玛里王宫及其他公共建筑经整修重新投入使用,我们似乎可以在两个不同时期的玛里之间建立起某种关联,但这种连续性不应被估计过高。真正制度上的连续性实际上只体现在玛里最后几位国王执政时期。亚斯马-阿杜接受其父萨姆斯-阿杜的任命在玛里行使王权,但他并没有建立一座新城,也许只是稍作变动以适应大王国新政府的一个行政区的角色。辛里-利姆发起的行政机构改革与其所属部落的流动因素密切相关但又不会影响王宫的基本运作。从更广阔的时间范围来看,辛里-利姆与其部落游牧民之间积极而密切的政治纽带谈不上是玛里的新鲜事,不过像这样的国王还真不多见。早在亚顿-利姆、亚斯马-阿杜或者辛里-利姆统治时期之前,玛里已是一座历史悠久的城市,与游牧经济难以分割而且长期与来自幼发拉底河上游大草原的各民族保持着密切联系。公元前三千纪末亚摩利人所谓的大入侵很可能根本改变了美索不达米亚南部(从玛里往下游地区)的政治局势,但是城市与农村或者耕地与畜群的基本关系是否得以彻底改变尚不清楚。公元前两千纪初的玛里与其说是四处扩张势力范围、引发社会变革的发动机,不如说是周边国家觊觎的目标。玛里与其周围土地的关系远非一个城市与乡村联系网,它们须共同对抗同样以城市为中心的邻国。实际上,取得玛里政权并占据其城市、乡村地区的统治阶层往往来自离它颇远的地方。

第三节　关于重要术语的注释

在前面的历史略论中,我不得不就如何使用本研究中将不断重复出现的重要术语作定夺。值得特别说明的有以下三条:萨姆斯-阿杜统治的大王国,西米莱特-亚米纳特部落联盟,以及"亚摩利人"。

玛里研究最新成果之一就是对萨姆斯-阿杜大王国彻底的重新定位。萨姆斯-阿杜的统治始于底格里斯河流域亚述以北的埃卡兰特姆城,后占领哈尔河上游的塞那城并将它更名为苏巴-恩里。尽管后来的亚述人尊称萨姆斯-阿杜为亚述的一位先王,但他的大王国并非亚述国。迪朗和夏宾将它称之为"美索不达米亚北部王国",而我则倾向于称它为"萨姆斯-阿杜大王国",亚斯马-阿杜统治时期的玛里是它的一部分。

在不会造成太多困扰的情况下,我建议弃用"Bensim'alite"和"Benjaminite"而使用西米莱特(Sim'alite)和亚米纳特(Yaminite)两个术语来称呼两个古老的部落。"Bensim'alite"和"Benjaminite"这两个法语词显然译自一个以色列部落名"Benjamin",旨在突出某种当然的联系,但是从真正的希伯来语角度看,使用这两个词不甚妥当。在传统的圣经翻译中,地理名称的形容词形式源自不同的希伯来语原形,其中包含部落名称,如"X的子孙"。这里举三个例子:"Israelites"应变为 Bene Yisrael,而不是 BenYisraelites;"Ammonites"应变为 Bene Ammon 而不是 BenAmmonites;"Qedemites"变为 Bene Qedem,意思是东部人。另外,圣经中从未提及过叫作"Benjamin"的以色列人部落。"Benjamin"只是一个人的名字,其所在部落的名称只是按照上面的模式翻译了过来;所以,在圣经术语中,"Benjamin"同"Israel"在语法上是并列的,它并非指"Israel 的子孙"。① 我们如果要使用熟悉的圣经翻译方式,"Bensim'alite"和"Benjaminite"则过于冗长累赘,最好删除

---

① 形容词 Yĕmînî("Yaminite")的例子很罕见,约有四、五个,显然是 Benjamin 的次生形式,而非直接来自古玛里范畴。

13   前缀"Ben"。

我选择遵照当今玛里文书档案编辑们的做法,在"Amorrites（亚摩利人）"一词中双写"r",亚摩利人在玛里文书档案中被称为说西闪语的西部人。"r"在"Amorrites"中本来就是双写,双写字母在美索不达米亚人以及玛里人的词语拼写中十分常见。英语单词"Amorite"指的是圣经中的希伯来人,其中辅音"r"从未双写。我采用"Amorrites"双"r"的拼写形式,目的是将这一术语同它在圣经中的用法以及它的西南部渊源区别开来。而元音"o"得以保留,是因为我们仍然认同从这一北部术语派生出来的更为人所知的希伯来语形式。

第四节　玛里文书档案与政治史

讲述古代史时,人们往往会聚焦那些令人叹为观止、巧夺天工的人类杰作,如古埃及的金字塔和纪念碑,或者美索不达米亚南部的城市群遗址。上述两个地区均有创造最早文字的佐证。但是,这些古代文献往往出自当时的权力中心,而且也很容易被解读为只是关于国王们以及他们华丽宏伟的王宫和墓穴的历史记载。古代政治史的早期文字证据自然多数是关于享有至高权力的统治者们的记录,也正因为如此,人们也许会仓促推断出一个自上而下权力高度集中的古代政治模式,从而忽略了那些能够反映出更宽泛的政权运作模式的证据。

1. 个人权力和集体权力

在楔形文字史料中,国王通常被刻画成政治活动的化身。公元前一千纪亚述帝国的国王们宣称他们很轻松就打败了敌人而且让他们输得很惨,他们兴建庙宇敬拜诸神。不过,权力还有另外一面,那就是政治权力通过集体身份来运作。这个集体可以是国家、城市或者部落，这种集体身份可以表述为我们翻译过来的如"长老(elders)"或"议事会(assembly)"这样的团体。不管实际权力以何种形式运作，但在集体情境中如何进行决策确实需要我们仔细考证。然而在通常情况下，上述问题几乎没有得到重视，即便有，也常常因为其政治重要性非常有限而在研究中被轻描淡写地一带而过。

　　除了在研究孕育了现代民主制的社会时，在对更宽泛意义上的社会进行研究时，上述问题同样存在。在对非我本行的专业文献进行尝试性考查之后，我惊讶地发现政治生活的集体性、协作性及共识构建等方面一直未受到足够重视。等级的进化观通常将群体决策归类为最微不足道、最原始的政治形态，而即便在探讨集体决策时也总拿个人领导的有限权力做文章，忽略了集体决策这一问题本身。比如，艾尔曼·塞维斯(Elman Service)探讨了那时尚不拥有压制性权威的"bigmen"领导下的族群和部落中首次出现的权力制度化，但塞维斯对集体治理几乎未有着墨。过分专注于研究个人领导形式是个非常普遍的现象。[1]

　　尽管如此，还是有一些人在关注非主流的权力结构现象。从事早期中美洲考古研究的理查德·布赖顿(Richard Blanton)直言不讳地表示，"政治权力集中化是国家演进过程的核心这一观点是很有问题的"。布赖顿与3位同事采用了一个全新的方法将政治行动设定为两个主要模式，一个是"排他性的"或者"以个人为中心的"模式，另一个更具集体性，被称为"共同的(corporate)"。[2] 其

14

① 相同观点参见 Elizabeth Stone(1997)，该文特别引用了19世纪非洲的约鲁巴(Yoruba)和中世纪晚期的伊斯兰城市作为例子说明国家社会的模型"不应仅仅关注高压政治"(p. 16)。

② Blanton et al. 1996，2；参见 Blanton，1998，135。Blanton 将此疏漏归因于以下观点，即"欧洲启蒙运动的社会契约论很大程度上是新近的、特殊的文化现象，与那些非西方的国家无关"(p. 153)。

至最近,苏珊·麦金托什(Susan McIntosh)指出在非洲人类学研究中,对于复杂社会如何构建的理论探讨早就需要变换一种角度了(1999b,4):

> 在我看来,以根深蒂固的复杂性进化观来区分政治层级的方法在非洲受到了挑战,非洲向我们展示了一个具有启发性的事实——权力并非总是掌握在个人领导者手中,研究者不能只注重分析那些让个人权力得以维持并加强的经济政策。

2.“原始的民主”

古代美索不达米亚很早就出现了区别于权力个人化的政权形态,布赖顿评述道:

> 人类考古学本应该但遗憾的是一直没有对以下问题表现出浓厚的理论兴趣:美索不达米亚社会形成初期似乎十分强调政权的共同体形式,例如有证据表明,在乌鲁克(Uruk)时期出现了议事会的组织形式。

布赖顿的研究兴趣也许会吸引一些古代近东问题专家按照上述的最新理论重新考证这一政治现象,同时可以让参与到对这一问题广泛讨论中的研究者更容易获得有关美索不达米亚的史料证据。像有关近东问题的其他外行人一样,布赖顿引用的是陶克尔德·雅各布森(Thorkild Jacobsen)的著作,该著作虽具开拓性但已过时,而且其中对楔形文字史料的基本解释存在着争议。

60年前,雅各布森就曾提出,在古代美索不达米亚出现国王之前,一种由民众议事会掌握着实权的政治制度在最早期的中心城市发展了起来。雅各布森称之为"原始的民主",取"民主"一词的古典意义,即"在政府组织中,国家内部主权属于大部分被统治者,也就是所有自由的成年男性公民,无论其贫富贵贱。"他将民主与"独裁政治"(通常指权力掌握在个人手中的政府形式)进行了对比。如同其大部分著作一样,雅各布森的上述推论相当精妙,不过从留有珍贵史料的那些国家的政治制度来看,我们仍然很难解释雅各布森的如下观点:在没有国王的时期,诸神组成了议事会。最著名的"创世"版本叫作《埃努玛·埃利什》(*Enuma eliš*),在该创世神话中,巴比伦保护神马尔都克(Marduk)的国王身份并非古老传统的传承,而是一项崭新的历史成就。《埃努玛·埃利什》写于公元前两千纪末,在当时的巴比伦人类的国王已存在几个世纪了,而在美索不达米亚南部可能还更久些。诸神议事会常常出现在美索不达米亚文献中,但要找寻其文化源头颇具难度,不过,它似乎出现于比公元前两千纪末的巴比伦还要更早的历史时期。

由于种种原因,用"民主"一词来表述古代近东的政治情形不甚合适。自雅各布森开始,古代美索不达米亚是否存在掌握真正权力的民众议事会的问题就一直遭到质疑,这至少需要我们作进一步考证。古典学者们认为议事会应当属于古代雅典政制的范畴,在那里政策的制定权和执行权属于全体公民。[①] 我认为"民主"一词的定义虽然宽泛,却在一定程度上阻碍了我们去理解雅典民主制光环背后、源自近东的另一个集体决策传统。除了观点已基本不合时宜,"原始民主"一说还将更具包容性的大会与那些参与者更受限制的会议形式人为地分割开了。

尽管有以上几点注意事项,雅各布森的用辞所引发的问题是:

15

[①] 可参见 Kurt Raaflaub(1996):"民主平等只有通过赋予每一位公民参政和担任公职的权利才能实现"(p. 140)。"我一直认为只是在雅典使用了民主一词之后,该词才具有了精确的意义,至少该词最初特别适宜描述雅典独特的社会环境"(p. 149)。

雅典民主制与近东的政治模式从根本上说为何相关又或者无关。就古典学者们而言，此问题还远未解决，不过雅各布森的研究虽没能解释清楚希腊民主制到底起源于何种历史情境，但或许可以为我们清晰地描绘出近东地区的早期社会风貌。雅典民主制是在以集体领导为导向的形形色色的爱琴海传统背景下产生的，比如"*basileus*（统治者）"这一希腊语词，它最早的意思是领导者群体而非孤零零的国王们。伊恩·莫里斯（Ian Morris）记述了公元前8世纪雅典社会结构的一个重要变化，即城邦政治共同体的出现。[①]从一个圈外人的东方视角来看，不管导致这一根本性创新的特定过程如何，希腊民主制产生的社会前提条件毋庸置疑与分布广泛的美索不达米亚社会传统颇为相似。让人难以理解的是，无论运用的方法会有多么独特，为什么导致雅典民主制产生的各种政治形式就不可能建立在东方集体决策的基础之上。在本书的大部分论述中我并未探究这一引人入胜的问题，不过在本书的结论部分我将对此再作分析讨论。

3. 美索不达米亚南部及两河流域上游地区

当雅各布森首次提出美索不达米亚"原始民主"的概念时，他考虑的是整个苏美尔——现伊拉克东南部地区，就在此处底格里斯河与幼发拉底河交汇后流入波斯湾。我的研究基于玛里出土的泥板档案文本，因而我的讨论范围将集中在位于两河上游的美索不达米亚地区，尤其是西部地区。但这绝不意味着低估美索不达米亚南部地区政治传统中集体领导的重要性，而且我诚恳地希望

---

① Morris 1987,3。我引用 Morris 是因为他提出除了文献记录，该变化只能从考古遗迹特别是墓地中看出。我不理解为什么对于希腊民主源于此类政体的期望就是如 Cartledge（1998,386）所说的不合时宜的后见之明。

其他研究者们会对古代苏美尔的政治模式作进一步的考证分析。

我选择美索不达米亚西部和北部地区讨论集体治理的问题也许会引起争议,因为强大的君主政体同样是该地区鲜明的政治特征。皮奥特·斯坦凯勒(Piotr Steinkeller)的辩论很令人信服:在公元前三千纪初苏美尔的君主统治相对薄弱,而与之截然不同的是,先有基斯(Kiš)王国然后是公元前三千纪末的阿卡德王国(Akkad;1993,esp. 117—118)都更具独裁统治特征。公元前三千纪上半叶,苏美尔依靠灌溉农业不仅人口数量激增而且更加繁荣兴旺,那里流行着一种叫本地"城邦(city-states)"(这一描述在此可以接受)的政治制度。每个城邦由一座中心城市及周边农村组成,之间不存在模糊地带。每个城邦均属一个神祇家族的私人领地,众神在至高神恩里尔的掌管下联合在一起,恩里尔还是各城邦发生边界争端时的最后仲裁者。在当时领土扩张困难重重,而让各城邦统一起来在理论上也是不可想象的。城邦元首被称为"恩西"(ensik),充当神祇的领地看管人,看管人由诸神从全体公民中选出并每年重新任命。社会活动主要围绕每个城市的中心神庙展开。有关美索不达米亚地区位高权重的国王们的传说似乎出自苏美尔以外的地方,而且显然出自两河的上游地区,而就在那里闪族人在基斯、阿萨克(Akšak)以及玛里建立了强大的国家。斯坦凯勒得出的结论是,这种中央集权的君主制在两河流域的北部和西部地区操闪语的民族当中非常普遍,他认为埃卜拉城就是一个典型的例子。

然而,在这一问题上,我的整个研究结果与斯坦凯勒的观点似乎是矛盾的,因为自苏美尔沿两河上游操闪语的地区正是玛里信件往来的范围。这里难道真的是君主专制统治之地? 在一定程度上,我认为关于苏美尔强大的君主中央集权制源自两河上游地区的假设是有可能的。但在我看来,斯坦凯勒对非苏美尔地区情况的描述似乎过于概括了。虽然玛里文书档案出自苏美尔统治结束之后的历史时期,但它们可能表明了西部政权以及有关它的种种假设的胜利。我们从玛里的出土证据中看不出君主专制统治的普遍优势,尤其在主要权力中心的外围。苏美尔以北和以西地区的集体政治传统并非因城邦制度或者神庙的重要作用才形成的,但却十分强大而且持久。因此,本书的目的之一就是着重探讨古代美索不达米亚君主制阴影下的另一多元化政治形式——集体治理。

4. 玛里?

　　对宽泛问题作综合研究时会出现一个问题:在很多方面,研究者必定会将到手的材料当作已知的数量,而且会认为这些材料已被充分解读并可以直接拿来用了。研究伊始,我就希望在考查一系列详细证据的同时还能探究重大的社会历史问题,所以本书始终以古玛里宫殿建筑群考古成果———一系列泥板文书档案作为基本研究素材。虽然玛里文书档案发现于约 70 年前,但因为不断出版,其价值无异于最新的考古发现,而且这些最新史料证据的具体内容及其含义对于那些未参与出版发行的人而言还是很陌生的。玛里出土的楔形文字泥板文书涉及的地理及社会范围非常之广,对于美索不达米亚研究而言特别重要。如前文所言,玛里文书档案的独特之处就在于大量的信件,约有数千封书信,它们大多涉及首府之外甚至经常是关于王国以外的事务。我们可以从这些信件中勾勒出十分珍贵的古代叙利亚和伊拉克的社会全景图,似乎在很短的时间内就能够欣赏到玛里王国时期社会各阶层的集体相册。写信人和收信人均来自社会各个阶层,他们距离权力中心或远或近,承担的职责和关注的事情也都大相径庭。

　　最可与之相媲美的也许是出自埃及阿马尔奈(Amarna)的书信,但是这批书信的总数大概只有玛里书信总数的十分之一。这批书信其实也算是"玛里"的,只是发现地不同。其中多数为驻扎在王国各地的官员所写,另一些则寄自驻外使节,还有许多是外国人与玛里法庭之间的往来信件。ARM XXVIII 整卷收录的都是其他国王写给辛里-利姆的信函。辛里-利姆还一直与王国边境一带的军队和部落领袖们保持通信联络。玛里书信中包括了萨姆斯-阿杜国王写给以其名义统治玛里的儿子亚斯马-阿杜的大量王室书信,还包括了亚斯马-阿杜的哥哥伊斯米-达甘国王寄自埃卡兰特姆的书信。

堆积在玛里王宫的大量王室书信暗含着种种政治利益,书信内容涉及王国、城市或部落在就战和、经济、或司法等问题做决策时对王国内外因素的各种考量。对于这些事情的叙述有直接的也有间接的,但是玛里历任国王的官员们明白他们的国王想知道一切,无论是确实的消息还是谣言。而因此变得啰唆冗长的书信内容却为我们研究古代政治生活的众多层面提供了理想的资料。书信中有关集体决策的证据非常丰富,不过这些只能反映区域政治全貌的一个方面。

本书在一定程度上旨在确认古代政治生活中的集体形式与其他组成要素的基本关系。我发现,无论是整理写给"长老们(elders)"或议事会书信中的普通引文,还是以集体术语来描述政体,都不可避免地需要斟酌用词的关联性。比如,"长老们"和"头领"这两个专门名词对于部落和城镇均适用。辛里-利姆统治时期,被征服的亚米纳特人通常以其居住城镇来界定,可是我们却找不到对应的词语来定义国王辛里-利姆的亲族西米莱特部落的城镇。当时最常见的政治组织形式是城镇,不过在一个许多小王国都以其中心城镇命名的世界里,城镇与王国可能是难以区分的。在这里我没有选择使用"city-state"一词,因为在现代语境中它很容易让人联想到截然不同的政治制度。某些城镇确实是王国(可以说是古代国家)的定居中心,但是通常不能确定的是这些国家的领土

18

是否还包括除中心城市之外的延伸部分。阿卡德语则以两个不同的词语 ālum 和 mātum 以示区别,阿卢木(ālum)指定居点,而麻敦(mātum)的意思则包括王国的中心定居点及其管辖的所有居民。

考虑到这种融合状态,分析清楚上述体制中各个方面与其他方面的关系至关重要。从根本上来说,要想纯粹孤立地研究古代政治生活的集体治理是不可能的,因为它只是动态体制中的一个组成部分,而另一个政权形式就是排他性的个人统治,二者均具有各自特有的意识形态和活动范围。玛里就是个典型的例子。玛里文书档案作为本书的唯一研究素材可以给我们再现一个理想的真实生活场景。玛里文书档案揭示的是集体治理和个人统治两种政治形态之间真实而活跃的互动,两者并非彼此独立。为了了解玛里文书档案中最频繁出现的城镇的集体决策,我们必须明白玛里社会互为补充的各个元素:城镇、部落和王国;集体权力与等级制权力;以及农耕经济与畜牧经济的相互作用。

本书的三个中心章节旨在为城镇中最常见的集体政治形式构建一个框架。第二章和第三章讨论部落和麻敦(mātum),目的是为第四章的写作提供政治背景,否则第四章关于城镇的论述很容易让读者们产生误解。关于研究背景前文已有介绍,但我必须在本书开头就交待清楚我并不打算将所有现象逐一进行系统研究。针对每个研究环节,我的最终目标是集体治理的政治理念,尤其是城市的集体治理。我知道当我将研究注意力转向更广泛的政治体制时,也就自然忽略了某些重要方面,特别是当时王权统治的具体情况。但无论如何,我还是恭请其他学者来填补该项研究空白吧。

第五节 基于文本的研究:研究方法说明

读者们将很清楚本书是基于文本的研究成果。但我并不认同玛里文书档案文本中的具体内容就是再现古代社会最好或者唯一的证据。希望我对玛里书信的解读在一定程度上可以吸引那些更加熟悉近东史料的来自其他地区和其他学术领域的学者们,希望他们能够针对自己最了解的材料作进一步的延伸研究。

　　当然,对文本证据的专注一方面赋予了我许多机会,另一方面也意味着一定的研究局限性。依据文本,我们可以了解那时的人们如何定义自己的生活方式、如何描述自己的日常活动。我们也总会依据文本去探讨那些能帮助我们理解当时人们生活方式的意识形态。所以从某种程度上来说,我的研究涉及了大量的对于各类术语或词语的整理和说明,而其中每一个术语或词语都以不同的视角反映了当时的社会生活。我一直试图尊重不同的古代词语所呈现出来的不同世界和社会,但也认识到每一个术语或词语背后的社会现实与我们今天的世界有天壤之别,我们因此会很轻易而且很不恰当地陷入不断解释的框框中。现在的读者们常常会认为自己在和一层不变的制度或社会机构在打交道,但事实上,词语反映出来的说话方式及其所指也总是会变化的。为避免孤立地理解这些词语,我希望本研究能够得益于有关这些词语及其用法的可靠证据。

　　就古代文化重构工作而言,语言和文本的研究者们与那些跟古代文化遗物或者文物发掘地打交道的考古学家们似乎总是各干各的,互不干涉。一般说来,与古文字研究者相比,考古学家们更倾向于采用古代近东研究之外的理论和方法。研究领域出现这样的鸿沟是令人遗憾的事情,而且必将因其自身知识结构的不稳定性而最终消失;但是或许值得考虑的是,对古代世界进行文本研究与文化人类学或社会人类学有着特别密切的关系,与考古人类学则不然。① 因为文化人类学或社会人类学主要以活着的人群为研

―――――――――――

① 在我选择这些特定术语时,我采用了纽约大学人类学系提供的类别。

究对象,它特别依赖于被研究社会的信息提供者,所以同样依赖于词语。理解词语以及它们所处的真实社会语境对文化人类学研究来说如同著名的文化模型一样重要。而这一点不断得到古文字研究者们的证实。

戴维·M. 施内德(David M. Schneider)在《血缘关系研究述评》(*A Critique of the Study of Kinship*,1984)一书中激昂地辩论到要想真正了解一个社会就必须聆听它的语言。尽管施内德的理论批判范围更为宽泛也颇有成效,但他始终对自己关于西太平洋加罗利群岛(West Caroline Islands)的雅浦岛人(Yap)社会结构的分析不甚满意,后来他选择了优先考虑雅浦岛人的语言而不是常用的血缘关系模型来进行研究。根据标准理论,一个叫作 *tabinau* 或者父系家族的实体是构成各村落的基本政治单位。但是施内德经过仔细观察后发现,在不同的背景下 *tabinau* 一词可以有以下几种不同的解释:住处,因共有土地而生活在一起的人;与同一块土地有着不同关系的人组成的一个集体;或者重要事物创建的地方(但不可以是无人之地)。名字是每个 *tabinau* 极为关键的身份标识,孩子们所取的名字都是 *tabinau* 中早已有的,由长老们开会决定。负责管理 *tabinau* 事务的任职者(如长老)仅仅是该土地的代言人,土地是集体政治组织模式的基础。

有趣的是,我发现,在首次描述雅浦岛人的社会结构时,施内德认为那是符合标准血缘关系理论的,而对集体政治形式只字未提;但是当他第二次而且是以语言为敏感的研究对象时,他却将集体政治形式摆到了更加突出的位置。总之,施内德认为在研究过程中要习惯于重视语言中所反映出来的各个族群独具的特点,"最重要的分析工具之一就是对雅浦岛人的词语、句子及说话方式的正确翻译"。最近,菲利普·卡尔·萨尔兹曼(Philip Carl Salzman,2000)同样主张使用能够反映本来的、固有的描述性词语。苏珊·麦金托什也表示最准确的"实地报道"要求描述应尽可能采用中立的视角(1999b,12)。的确,古代文本在为我们提供同样可能性的同时也要求我们以同样的敏感性为前提重构古代社会。而且,用有关社会性质的理论来研究对话中的词语和语言也是应该可以做到的。

我们必须牢记能够接触到地方语言及其范畴的好处,不过值得再次提醒的是,将地方语言及其范畴翻译成现代英语时很容易出现错误。每个英语单词具体表达的社会类属往往不能正确地表述当地词语本来的特性,或者说它所反映的标识范围不够准确。在现代英语中"city"和"town"基本上指大型定居点,尤其以集中居住的人口来定义。照一般说法,"city"比"town"更大更复杂,可是城市通勤者可以前往"市中心"(town 的另一个英文解释)上班。在美国英语中,乡村不是古代遗迹就是其他国家古色古香的旅游胜地,当然美国东北部除外。"town"表达的意思跨度极大——从乡村十字路口的定居点到大城市的中心区,所以我更倾向于将阿卡德语一词 ālum 翻译成英文单词"town",因为 ālum 表达的意思范围同样广泛。即便如此,英语单词还是具有欺骗性的。美索不达米亚北部和西部早期的定居中心依然保留了古老的功能——即作为周边乡村居民集会的地点。随着财富和权力的日积月累,这些地方通常会修建宫殿和神庙,周围则居住着为宫殿和神庙提供支持和服务的人员,但这一切并不需要依赖迅速增长的人口才能发展起来。考古挖掘往往并不能完全确定具有重大意义的居住区究竟存在还是不存在。玛里虽已经历了几十年的考古挖掘,情况似乎也是如此。

本研究中词语和术语的使用同样存在着不足之处。"部落"(tribe)是一个笼统的术语,特别用于指称非欧洲起源的族群,偶尔会用于描述非常大的家庭。从理论上来讲,我们应当将"部落"社会组织与依靠羊群生存的游牧民区分开,而且相应地,还应当把依靠羊群生活的游牧民与有着流动或者游牧居住方式的游牧民再

21

加以区分。玛里文书档案中无处不在的hanûm(Hana)一词使区分工作难上加难。hanûm 最常见的书写形式是ha-na,意思可能是帐篷居民(见第二章),亦指流动或游牧的居住方式。表示牧场和羊群另有一词 nawûm,但在常用语中,hanûm 指带领羊群进入牧场的部落人。虽然hanûm 可用于指称不同的部落但实质上并不是一个部落名,Hana 通常被称为"(我们的)的帐篷居民",而该词在辛里-利姆的领导圈子里则特别表示西米莱特人。在哈布尔河流域的某些地方,帐篷居民甚至指一个特殊的政治实体或"部落",而西米莱特人对"帐篷居民"一词的使用通常包含着强烈的部落认同感。

对于麻敦(mātum)这一阿卡德语词,我很难找到合适的词去翻译它。麻敦表示一个政治单位,在战争与和平的问题上可以自己做决定。麻敦一般由国王统治但并非总是如此;按地理学的观点看,麻敦是一个领土概念而非城市概念,但它实质上指人而不是地方。因为没有更为准确的对应词,我参阅词典后将麻敦译成了"国"(land)。麻敦具有"国家"(state)的政治特征,如果将规模较大的麻敦以"国家"来解释则更容易理解。就人类学和社会史而言,"国家"是个饱受争议的概念,许多人认为它代表了所取得的政治规模和复杂程度的某种基准线,而这点是麻敦无法与之相比的。目前尚不清楚麻敦的具体规模以及发达程度,但是该词所代表的范畴不能以符合现代论述的用语来解释和理解。我将在第三章中讨论"国家"(state),不过我是略带惶惑地在使用"国家"一词。

同样的,我在翻译阿卡德语或西闪语中有关领导类别的词语时也颇为纠结。玛里文书档案认可了 šarrum 和 sugāgum 两个词在意思上的部分重叠,而我将其分别翻译为"国王"和"头领",看来过于细致的考查只能使混乱的情况雪上加霜。在阿卡德语中,šarrum 就是国王,但在早期以及西部的用法中,šarrum 有着更广泛的含义,可以指"官员"甚至"领导者"。西闪语中通常以 mal-

kum 一词表示国王,而 *sugāgum* 最早似乎是一个部落名称(见第 22
二章)。翻译各类政治团体名称时情况也没好到哪里。阿卡德语
šibum 一词表示长者或长老(elder),但作为一个团体,却可以表示
含义不同的"领导者(leader)"。阿卡德语词 *puhrum* 照字面意思
可翻译为"议会,大会(assembly)",但是其组织大小或包容程度并
不确定,或许人们会联想到英语中"meeting(会议)"一词。

　　实际上,上述难题也突显了从事古代文本研究的好处,我们因
此可以领略特定历史时期人们使用的最真实的具有地域性特色的
词语,而且其词义涉及的范围极广。对于熟悉古代语言或是现代
解释性分类的专家读者们,我在此必须承认确定古代词语或者术
语的词义及用法非常重要。在本书中我尽可能审慎地选择了我的
一套术语,而在使用过程中我会给出定义。 23

第二章　辛里-利姆的部落世界

在玛里文书档案所属的历史时期,大部分人口属于部落社会成员,部落社会结构包含了固定和流动的两种社会群落,他们主要生活在古代叙利亚、土耳其和伊拉克广阔地带上相邻近的各个固定王国内。玛里王国内主要有两个部落联盟:一个是西米莱特部落,即"左手之子";另一个叫亚米纳特部落,即"右手之子"。它们构成了一种二元性的左右手关系,不过这里的"左"和"右"也可能是对北和南两个方向的描述。[①] 目前玛里文书档案出版团队一项意义非凡的发现就是,该地区人口中的城市居民与非定居居民之间保持着深刻的连续性。游牧民和城市居民根本不是不可变化的两个对立面,甚至也不是互补对立的关系,他们是社会结构的组成部分,他们如何划分并不依据生活方式或居住地,而是依据传统的亲属关系。

因此,不了解清楚部落、城镇(town)以及麻敦(mātum)的交叉点,就很难真正了解玛里文书档案时期的诸多王国。除此之外,我们还须了解部落社会组织与集体决策的政治形式之间极强的相关性,而这种集体决策形式与"排他性的"统治阶层及其个人统治

---

① 人们对着初升的太阳站立,左手边为北,右手边为南。——译注

者的权力相抗衡。亚米纳特部落联盟由 5 个部落组成,每个部落都有各自的首领。辛里-利姆被认为是一个西米莱特部落王,不过在处理实际事务时,辛里-利姆需常常与自己的部落民哈奈人(帐篷居民)协商以争取他们的军事援助。这些协商通常以会议的形式进行,国王一般会派一个或多个代表参加。在辛里-利姆统治期间,西米莱特各部落并不具有独立的政治功能,而特别令人印象深刻的或许是西米莱特部落的集体身份从未被王国内活跃的政治力量所淹没。虽然我们不能断定被玛里文书档案证实的所有集体治理形式都源自部落政治传统,因为古代城市也可能保留有自己的集体组织形式,不过部落却是可以与排他性统治相抗衡的一个有力的砝码。

　　辛里-利姆通过两套独立的权力系统来治理王国。因继承而得的"阿普莱蒂"各行政区(ḫalṣum)由总督(šāpitum)负责监管,他们各自有宫殿及副手(laputtûm),实行中央集权统治。阿普莱蒂各行政区的居民有服兵役的基本义务。被划归为帐篷居民的西米莱特部落没有这样的行政等级。他们只认可隶属于各个部落而非城镇的"头领(sugāgum)",而所有西米莱特部落的帐篷居民由两位受人尊敬的牧场首领(merḫûm)统辖。牧场首领只向辛里-利姆和他的首席参谋小组成员复命,他们的身分不属于行政区系统。这些西米莱特部落的帐篷居民构成了辛里-利姆军队的中坚力量,但他无法轻易获得他们的积极支持,牧场首领需参加部落会议并接受集体决策的结果。辛里-利姆没有对他的帐篷居民进行人口普查。我们应特别关注"头领"的领导者身份,因为他们的领导权横跨部落和城镇两个术语范畴。虽然在西米莱特部落的帐篷居民中身居要职,"头领"在玛里却也是家喻户晓的城镇领导者。要想了解玛里王国(尤其是辛里-利姆统治时期)更大规模的组织结构,就必须首先考查一下它的部落政治制度。

　　关于玛里文书档案中部落和游牧生活的研究非常之多,其中

24

包括迪朗正着手准备的一部篇幅很长、将大大拓宽我们现有认识面的著作,而本章并不打算系统地重复与之相同的领域。更确切地说,本书重点关注的社会现象是城镇中最常见的集体政治模式,但我不由自主地在讨论部落和部落政治秩序,原因是这些要素天衣无缝地融合在了玛里文书档案所揭示的城镇中。我的研究重点是部落政治组织,特别是辛里-利姆统治时期玛里中央王国的部落政治组织。为此,在一番导引性文字之后,我将讨论具有鲜明特色的部落术语以及西米莱特部落联盟和亚米纳特部落联盟的组织结构,这将为下文的进一步分析构建基本框架。接着,我会介绍辛里-利姆王权之下掌管部落的重要个人领导者——头领和牧场首领。在区分西米莱特部和亚米纳特部落政治结构时,"头领"一词起着关键的作用,同时,作为个人领导者,头领的职权由他所供职的城市决定。最后,我总结了西米莱特和亚米纳特两大部落联盟截然不同的政治结构所包含的蕴意,一方面有助于理解辛里-利姆治下的哈奈人"帐篷居民",而另一方面又有助于评价玛里文书档案中亚米纳特部落特定的政治术语。

第一节　游牧民和亚摩利人的部落组织

无论是研究玛里时期还是离我们更近的历史时期中的部落民族都是颇为棘手的学术问题,这主要是因为部落民族对于研究者而言非常陌生而且相关的研究资料也极为有限。大部分原始资料由身在远处的旁观者所撰写,他们对部落的描述充满敌意和某种偏见……他们通常不会具体地或者可靠地详述部落群体的基本社会和经济结构;他们只会在发生以下情形时提及个别部落:当某个部落特别突出地支持或者反对政府时,当部落发生内讧时,或者当某个部落被从一个地方安置到另一个地方时(Tapper 1990,56)。

与上述情形不同的是,辛里-利姆统治时期的玛里文书档案向我们展示了一幅珍贵难得的部落组织结构图,从中我们甚至可以藉由部落社会内部成员的视角了解他们的生活。辛里-利姆在位13年有余,这段时期见证了一个部落首领的胜利——辛里-利姆重振其部落威风、夺回了早年被其亲属强占的一个城市中心和王国。事实上,辛里-利姆是一个部落国家(tribal state)[1]的部落王,虽然书信及执政管理档案反映的是定居的、非部落的城市社会,但是部落世界在这些文本中占据着显要的位置,那些与之保持联系的人时常会谈论起部落的情况。其中一些书信就是部落首领和流动的游牧民首领亲自写的。我们如果想了解古代近东部落社会,没有比这些书信更好的材料了。

在没弄清楚深植于部落身份认同的诸多含义之前就着手研究玛里文书档案中的部落群体是一件困难的事情。另外,对玛里文书档案中亚摩利人部落的讨论常常需要联系他们具有游牧特征的活动,而且整个族群都有必要考量一番。对于上文关于超出近东研究范畴的问题和文献的论述,我保留选择权。我的目的是依据玛里文书档案中的证据针对具体问题探寻其广阔的历史语境。

1. "部落"一词的使用

使用"部落"[2]一词时必须首先在脑海中对其有明确的定义。理查德·泰普(Richard Tapper)用宽泛的学术话语描述了关于部落的三个概念:

---

[1] 该用语也出自 Tapper(1990,69)。他研究了部落国家的不同形式,然而发现最常见的前现代国家模式是一个部落(基于血缘的)掌权者或者王朝统治着一片被征服的领土及其由不同种族组成的全体居民。

[2] "部落"术语以及它与畜牧的关系所涉及的问题非常多。参见 Anne Porter 的专题论文(2000,51—96)第二章,作者对于人类学和社会学研究中的"部落"的综述有用且具有煽动性,而且特别关注的是古代近东。

● 一个原始的社会,隶属于特定的语言或文化群体,与"国家"形成对照;

● 更确切地说,指一个由简到繁层级在转化的社会(从简单的狩猎者族群到"部落"再到更加复杂的酋邦和国家),血缘关系和世系是其社会和政治组织的基本特征;

● 占据某块领土的数个政治团体,他们根据血缘关系对领土进行划分,他们与纯粹以政治、领土作为划分标准的部落不同。(Evans-Pritchard)

上述几点关于部落一词的解释远非详尽透彻,却让人立刻就能掌握它的基本类型。其中第二个概念是萨赫利姆(Sahlins,1968),弗莱德(Fried,1975)以及塞维斯(Service,1975)用进化论方法研究的典型结论,但是诺曼·尤菲(Norman Yoffee)很排斥对西米莱特人、亚米纳特人以及玛里文书档案中类似的族群用"部落"一词来定义,因为他认为一个真正的部落是"内部不存在独立权力单位的社会组织,在这个组织中,财富和权力的均分机制不鼓励生产过剩及囤积"(Yoffee 1985,51;cf. Kamp and Yoffee 1980,88)。

a. 部落和部落的

我本人倾向于使用"部落"和"部落的"两个术语,尽管不够精准,但却为人们所熟知且使用广泛。为方便研究现代中东社会,泰普给出了一个实用的定义:

> 部落一词可以不很严谨地用于描述以血缘关系为主要组织特色、生活在同一区域的族群,且部落成员认为自身具有着鲜明的文化特征(包括习俗、方言或语言、血统方面);部落一般政治上统一,而且并不一定要由一个重要人物领导,而这两个特征通常被认为是受国家影响的缘故(Khoury and Ko-stiner 1990,5)。

　　我只用"部落(tribe)"一词来描述组成亚米纳特部落联盟中的个体单位,我认为亚米纳特的五个第一层级部落可以称作里穆(*li'mum*)。而相应地,我将西米莱特第一层级部落称为伽羽(*gayum*),由于 *gayum* 可以指至少两个不同层级的社会组织,于是我将它简单译成了英语单词"division",意思是"分支"。和泰普一样,我将亚米纳特和西米纳特两大族群分别统称为"部落联盟",一是考虑到其规模,另外,独立的亚米纳特各部落只有以联盟的形式出现才会表现出政治上的统一,但联盟并不由任何个人领导(Tapper 1990,53)。这么说来,联盟本身其实就是布赖顿等人所说的集体政治组织的一种重要表现形式(见导言)。

　　形容词"部落的(tribal)"应用范围较为广泛,从前文部落联盟的定义就可看出。安东尼·吉登斯(Anthony Giddens)没有被渐进式的进化理论所束缚而是以一个全新的方法对部落社会进行了研究。部落社会是"一个组织松散的社会内部制度",其特点尤其体现在人与人之间轻松、频繁的接触(high "presence availability"),而且彼此不会相距太远("space-time distanciation")。[①] 但若以此来定义亚米纳特人和西米莱特人,我们会立刻发现一个问题——亚米纳特人和西米莱特人实际上分布在古代叙利亚的大部分地区。吉登斯认为,作为"社会内部制度"的一部分,部落民族无需被严格地分割成若干有明确界限的单位而且每一个还都是截然不同的"部落",然而这种做法从来不适用于部落民族中流动的群体组织。

27

　　安妮·波特(Anne Porter)以吉登斯的观点为基础进行了更深入的研究。波特认为,关键问题是部落民族如何克服了距离上的约束而在社会和政治方面抱成一团。无论从人口还是地理环境来看,

---

① 有关"time-space distanciation"和"presence availability"的定义,参见 Giddens 1981,4—5,37—40。他对部落社会的定义参见 p. 162; p. 92—94,以及 1984,194—195。

部落组织未必就规模小。部落民族可以凭借"地理知识"克服距离的限制,这种"地理知识"通过共同的意识形态和习惯得以流传(Porter 2000,79—92)。波特特别关注的是公元前三千纪的巴纳特古城遗址(Tell Banat),她和托马斯·麦克莱兰(Thomas McClellan)一起对该遗址进行了考古挖掘。巴纳特城位于幼发拉底河流域离玛里较远的上游地区,伊玛(Imar)城以北,但仍然属于广阔的游牧地带。巴纳特城有一座纪念其祖先的巨大纪念碑,波特推断在一个区域经济主要依靠长途游牧的社会里,要解释这样的建筑物,还需凭借公元前两千纪初玛里书信中对于部落组织体系及其意识形态的明确记述。[①]一年中部分时间去大草原放牧的部落人会定期返回巴纳特城,在一定程度上表明了他们与被埋葬在同一墓葬地的共同祖先们的集体认同,同时也是一个共同部落身份的确认过程。

b. 玛里文书档案中的部落和国家

我并没有因为在如何准确使用"部落"一词方面(特别在进化类型学方面)存在着分歧而摈弃它,我希望能够找到与玛里文书档案证据相一致的用法。在玛里文书档案中,我们发现有两个识别社会与政治从属关系的重要方法。一是通过地方,尤其是定居点,不管它是小村落还是大城市。不过,玛里书信还向我们展示了另一种识别方法,即通过国家来区分。一些民族是不受固定政体的领土范围限制的。被称为"右手之子"的亚米纳特各部落就是最好的例子,他们从来都没有共有过一个部落王。作为国王,辛里-利姆可以要求各个亚米纳特部落王从玛里王国行政区内的亚米纳特定居点调集男子与玛里的军队一起作战。[②]然而,许多亚米纳特人生活在辛

---

① 她在第十章第二节中进行了比较,pp. 442—457。

② 参见 ARM XXIII 428 和 429 中的征兵记录,该文书记录了各个城镇答应派出的人数以及真正到达目的地的人数。这些文件记录的是辛里-利姆在位第 11 年(Z-L10)集结部队对抗埃兰国入侵的事件;参见 Durand 1998,156—158;Charpin 即将发表 a。

里-利姆所统治的领土以外的地方，比如有些人生活在巴里河上游，他们与包括哈伦城在内的扎玛昆同盟几位国王的联系较为密切。① 一封未发表的书信界定了亚米纳特人和西米莱特人（即帐篷居民哈奈人）的活动范围，确实远远超出了王国的边界。根据辛里-利姆国王与手下官员通信的内容，帐篷居民特别指流动的西米莱特游牧民：

28

> 亚米纳特人居住的范围包括亚姆哈德（Yamhad），恰特纳（Qat-na），阿姆如（Amurrum）——在这些土地上的每一处（in each of those lands）他们有充足的大麦并且可以放牧羊群；而从一开始，帐篷居民的生活区域就属于伊达-马若斯联盟。②

亚姆哈德是叙利亚西部的一个大王国，其中心位于阿勒颇城（Aleppo），恰特纳和阿姆如则是叙利亚西部另外两个王国，分别位于阿勒颇城南部和西部。③ 这些国家的政治领域与玛里王国及

---

① 参见，例如，ARM XXVI 24 记载了哈伦城的亚米纳特人和扎玛昆结盟一事。

② 原文为 *ki-ma ma-at Ia-am-ḫa-ad^{ki} ma-at Qa-tá-nim^{ki} ù ma-at A-mu-ri-im^{ki} ni-iK-ḫu-um ša DUMU^{meš} Ia-mi-na ù i-na ma-tim še-ti DUMU^{meš} Ia-mi-na še-em i-ša-bi ù na-wa-šu-nu i-re-i-em ù iš-tu da-ar-ka-tim ni-iK-ḫu-um ša Ḫa-na^{meš} I-da-Ma-ra-aṣ*. 在关于游牧民和玛里文书档案中的社会的研究报告（即将发表）中，Durand 引用了这一内容，我非常感谢他慷慨地允许我在此处引用。André Parrot 在没有引用该文的情况下间接提到了 3 个亚米纳特活动区域（1950，7）。该书信收信人是辛里-利姆，而写信人是其手下的一位西米莱特牧场首领，这里出现了西米莱特人以"我们的帐篷居民"称呼哈奈人的极好例子，第五章中将对此做进一步讨论。两个主要词语显然是亚摩利语，我的译文还不够好。Durand 的讨论较为详尽。两个互为补充的部落活动区被写作 *ni-iK-ḫu-um*，而 Durand 发现该词曾被写作 *ni-gi-iḫ-šu*，其中的 -g- 可能源自 ngʿ 这一词根，意思是"碰触，到达"。该词可能表示在行进过程中"到达"的区域，即"活动范围"。而根据迪朗的研究，"*iš-tu darkatim*"这一短语甚至在未发表的玛里文书中也未被证实，无疑指一种存在已久的习俗。Durand 最终认为该短语与希伯来语词 *derek*（"路"）有一定的联系，猜测它所指的是两支游牧族群假定分裂为左、右两部，迪朗将在自己的论文中对此作进一步阐述。另外提醒注意，我将"*i-na mātim šēti*"中的指示代词 *šēti* 译成了分配词，旨在强调每一个 *mātum* 清晰的政治身份。我对该文的初次引用可参见 Fleming 1998，61 和 n91。

③ 相关地理概述，参见 Fleming 1998，62 和 nn. 92—94。有关西部区域的更多论述，可特别参见 Bonechi 1992 和 Joannès 1997。

扎玛昆同盟是有区分的,更不用说亚米纳特人了。有一封信是拉布(Rabbû)部落两个德高望重的亚米纳特人写给玛里王的,信是在向他们效忠的亚姆哈德王亚姆-利姆(Yarim-Lim)求助无果后写的,亚姆哈德是位于玛里西部的重要王国。[①] 而在另外的一封书信中,这位亚姆-利姆国王曾对辛里-利姆国王的特使说亚米纳特部落王们没有定居在"我的国(麻敦)",非常明确地承认了亚米纳特人跨越疆界的流动性。[②]

玛里文书档案中有关这种部落身份确认的例子远不止这些,但是亚米纳特人已足以勾勒出一幅清晰的地域覆盖图。部落身份不受政治疆界限制的还包括纳姆哈人,他们与位于杰贝·辛加(Jebel Sinjar)以南的库达关系比较特殊,不过在玛里举行的祭祖仪式(*kispum*)上,萨姆斯-阿杜国王称纳姆哈人为自己的祖先。[③]在稍后的巴比伦王国时期,构成古代斯帕(Sippar)王国两大定居点的是两个亚米纳特部落,一个可以被称为斯帕-亚如穆(Sippar-Yaḫrurum),他们虔诚地信奉太阳神撒马斯(Šamaš);另一个叫作斯帕-阿纳穆(Sippar-Amnanum),他们崇拜女神安努尼忒姆(Annunitum)。[④] 公元前两千纪初,美索不达米亚南部拉莎王国被认为是埃姆巴拉(Emutbala)或亚姆波(Yamutbal)部落建立,辛里-利姆统治时期在安达瑞格(Andarig)王国生活的也是该部落。亚摩利人库杜-马布克(Kudur-mabuk)[⑤]王朝和亚姆波部落也有着千丝万缕的联系(Stol 1976,63—69)。

虽然我会在第三章详细分析"麻敦(*mātum*)"一词的政治含义,

---

① 参见 Lafon 2001a,240;A. 449,未发表,此处引用的是英语译文。
② FM VII 7:8—10。表示暂时居住的动词为 *wašābum*,"停留"。
③ 参见 Chap. 1,p. 10。
④ 相关概述参见 Charpin and Sauvage,2001。
⑤ 库杜-马布克(Kudur-mabuk):亚姆波部落首领,大约在公元前 1835 年攻占了拉莎城。——译注

不过在此我需要简明扼要地说明一下该词的定义是否与地点和民族有关。麻敦是个政治单位,它可以决定战和大事。从根本上来说,麻敦以人口而非地域来定义,实际上,该词既适用于部落民族又适用于非部落民族。公元前两千纪初,美索不达米亚的城市王国众多,通常一个国王统治的疆域叫作"麻敦"。不过,事实上,这所谓的王国势力范围并非指具体的地域而是所有愿意接受其统治的所有民族的总称。除了游牧民的流动和部落身份识别的问题,我们不应想当然认为古代美索不达米亚政治地图上的各个国家如同现代地图那样国与国疆界分明。那时,政治控制由人口和交通线路来定义,政治势力的影响力各处不等,或大或小,甚至某些地区根本不受任何政治势力的控制。根据以上"麻敦"一词的定义,流动的部落群体极有可能在两个甚至以上麻敦的中心地带活动,而这种部落与领土非固定的关系在更早的历史时期可能更为常见。那些希望统治更多人口的国王们自然会尽可能夺取核心地区的绝对政治控制权,因此麻敦同时也呈现出了地理方面的特征。然而,我们必须记住,虽然"麻敦"一词总是被译成"国",但它并不是简单的、描述地域的术语,在一定程度上它与部落范畴颇具共同点。

麻敦"国"的领土情况在前面关于亚米纳特部落和西米莱特部落放牧区的描述中已经非常明确,从地理角度看,特别是亚米纳特部落的放牧区实际分散于亚姆哈德、恰特纳、阿姆如这 3 个王国的"领土"上。既然我们已经确认超越城市与王国的政治组织模式的存在,但为何仍称之为"部落"?我们又如何知道什么样的词可以译为"部落"或与"部落"有关。在现代英语惯用法中,"部落(tribe)"一词表示一个民族,其特定身份源于家族的纽带而非居住地或国籍。①玛里考

①　比如可以参考《韦氏大词典》(*Webster's Third International Dictionary*)中关于"部落"的第一定义,即"一个包括了众多家庭、氏族或者几代人在内的一个社会群体,他们当中有奴隶、依附者或者被收养的陌生人"。

古证据更多的是表明了这些部落民族的地理分布,而非这些部族之间家庭纽带关系,如人类学研究中的"血缘关系"和"世系"。[1]不过,一般说来,像这种超越国家疆界且涉及相当广阔地理范围的社会结构与亲属系统是关联的。[2] 艾拉·莱皮杜斯(Ira Lapidus)认为"部落"指与共同祖先的意识形态相同的族群,从宏观的角度看,可以指"将分散的农村人口组织起来的政治实体"(1990,26)。仅玛里文书档案就表明我们无需局限于"农村人口",而且这些人只是构成了因距离而分裂的民族的一个部分。泰普建议最好不要过于狭隘地理解距离(或领土)和血缘关系的这种结合,也不应为方便分类和比较而强求体现真实历史风貌的土生术语一定要符合现代术语的确切性要求。土生术语的含义往往不固定而且含糊不清,一些特定词语根本不可能像英语中的"家庭(family)"、"团体(group)"等词语的意思那么明确清晰。"我认为,部落可以说是一种心理状态,一种对现实的构建,是一种组织和行动的模式。"(1990,55)但是,尽管有这样的困难,玛里文书档案中的亚米纳特人和西米莱特人还是很适合被纳入关于"部落"民族的讨论之中的。

c. 玛里文书档案中的部落和血缘关系

从前文的阐述中我们应该已很清楚玛里文书档案中的部落群体的具体定义并不固定,可以由城镇来确定也可以由"麻敦"来界定。但无论如何,"部落的"这一修饰语还是会导致有关亲属或血缘的意识形态问题。遗憾的是,相关证据非常缺乏,对于非部落社

30

---

[1]　相关历史背景的简介可参见 Porter 2000,Chap. 3。

[2]　Evans-Pritchard 关于部落领土的定义开始时使用了机械术语,被概述为同心圆,"部落"在某种程度上以"共同的、确切的领土"定义(1940,114—116)。然而他发现即使人们分散在不同的领土上,世系血统仍然像一个社会组织那样维持着(pp. 209—210)。Bonte 使用"领土"一词时将它与居住地当地对立了起来(1979,204,212)。Khoury 和 Kostiner 认为多数部落的形成基于共同血统的观念,但也有例外(1990,5)。亦可参见 Tapper 1990,50—51。

会中血缘关系的意识形态我们并没有足够资料,因此无法进行恰当的比较。看来我们在这里所讨论的"部落"组织的一个重要特征是就地理范围而言它可以横跨多个地方性政体,而非像其他地方的部落那样更加依赖共同祖先的观念。

如果以家庭结构来打比方,亚米纳特和西米莱特部落联盟可以被称作左和右的"子孙",但他们之间的关系并不是血缘关系而是所处地理位置的对偶关系。迪朗认为一封亚米纳特首领哈米-伊斯塔马(Ḫammi-ištamar)写的书信可以说是两个联盟广泛联合的证明,但是该书信只想强调说在埃兰人入侵之时还一心想着两个联盟各自的地方性差异毫无益处,因为埃兰人会将他们逐一征服。迪朗提出了这样一个问题:两个联盟是否会自问这是西米莱特部落的城镇还是亚米纳特部落的城镇?[①] 也许面对外敌入侵时的联合抗敌体现了亚米纳特和西米莱特部落联盟团结的重要性,但是局外人恐怕还是无法了解这两个部落对手的基本身份特征到底有何区别。这两大部落联盟能够达成共识并非因为他们之间有血缘关系。

我们发现部落成员间偶尔也会提及血缘关系,不过根本不足以帮助我们构建一个或多个血缘关系系统。例如,以安达瑞格城为中心的亚姆波部落王国的一位官员在信中写道他的人民(显然指亚姆波部落)"自古以来与帐篷居民有着手足之情,属于帐篷居民的分支"。[②] "手足之情"(athû)和"分支"(pursātum)这两个词反映的是适用于大族群之间关系的世系概念,如果这样的话,西米莱特族群和亚姆波族群也可以被看成是一个整体。

关于辛里-利姆统治下的玛里王国中亚米纳特和西米莱特两

---

① A. 3080:19—21 及各processing处,Durand 1990d;参见 1992b,116。

② A. 3572:2'—4',Durand 1992b,114;在第三章关于"辛里-利姆统治时期文书中的非西米莱特哈奈人"的小节中全引。

个族群,我未曾发现任何描述血缘关系的术语可以定义其各部落之间的关系。部落这一层级以下的各种部落内部关系非常不明晰。一份亚米纳特部落的法律文件将 150 块(*iku*)农田调拨给了"艾温(Awin)的孩子们(DUMU^{meš} *A-wi-in*)"中的游牧群体(*hibrum*),他们也许是亚米纳特族群拉布部落的一个氏族。^① 至少可以说他们属于一个大家庭。据记载"艾温氏族"共有 13 个家支。

　　也许玛里文书档案中的部落分类标准不仅仅是血缘关系的概念,不过果真如此,信件中也就无需提及这些关系了。无论如何,我们也绝不能将血缘关系作为部落区分的唯一范畴。此外,在古代国王们彼此之间的政治关系中也有着浓郁的血缘关系色彩。贝特朗·拉封在关于玛里文书档案国际关系的最新研究中指出,国王们在写正式信函时总是会考虑以父子相称还是以兄弟相称的问题。从外交策略出发,大家都是一家人(2001a,232—238)。这是各个统治者个人之间的关系,并不代表人民之间的关系,不过我们必须记住,任何城市或者土地上的居民都可以被称为它的"孩子们或者儿子们"。"西米莱特之子"和"埃卡兰特姆之子"的区别主要在于这两个社会组织的地理政治范围不同,而非是否有血缘关系。总之,部落和非部落组织存在着很大的差异,但是血缘关系概念对两者而言都具有一定的重要性。这个事实也许印证了下面的观点:血缘关系是所有社会关系的原始形式,而以地理位置作为身份识别则是社会发展的结果。

　　d. 血缘关系概念和部落身份认同

　　我已就部落和部落社会的术语作了总结,但是仍存在一个问题:部落各种关系在真实的社会情境中如何有效运作。一些人类学家对于单纯以血统或世系来理解社会运作过程提出了质疑。由

――――――――――

① 　ARM VIII 11,特别是下面几行:1—3,9—11,20—24 以及 30。

于玛里文书档案没能提供关于真实血缘关系的证据,因此在讨论玛里文书档案中提到的部落民族时很难就上述质疑给予直接的回应。但是,除了技术性的血缘关系以外,亚米纳特和西米莱特部落联盟的部落分类在社会和政治行动过程中确实起着至关重要的作用。

艾姆斯·彼得斯(Emrys Peters,1967)认为即使在血统认同的确存在的地区,人们也未必真会依照它生活。部落身份并不由家系图描绘的关系而决定,他们不会只是在保持族群血统一致的基础上追求经济利益,而且他们的政治联盟也不会仅仅基于血缘关系而建立。① 几年之后,亚当·库伯(Adam Kupper,1982)对于伊万斯-普里查德(Evans-Pritchard)创立的"世系理论"提出了严厉的批评。在库伯看来,整个模型没有理论意义,他尤其认为那种"所有重要的政治或者经济活动总是由一连串相同血统的族群来组织的社会"根本不存在(p.92)。

我虽然没有为任何一个特定的世系理论作辩护,但是我认为库伯的批评低估了血缘关系的关联性。菲利普·卡尔·萨尔兹曼(1978)的观点较有说服力。如果血统观念没有具体影响,那么为何还需要它们呢? 他这样问道。萨尔兹曼重新考查了一些中东地区的部落民族,甚至还包括了彼得斯提到过的利比亚东部昔兰尼加(Cyrenaica)地区放牧骆驼的贝都因人(bédouin),结果发现这些部落的行为方式通常以血缘关系为依据,尤其在遭遇危机时。"在社会稳定的和平时期,血统观念是一种备用的社会结构"(p.627)。举个例子,伊朗土库曼人的尤姆特(Yomut)族群通常过

---

① Peters 发现血统模型无法解释贝都因人彼此残杀时到底发生了什么(p.261),并认为群体大会成员从不超出"第三级部落"的范围(p.287)。亦可参见 E. R. Leach,他总结道,对于锡兰的村民来说,亲缘关系和血统不能决定行动。共同体或群体由领土(或地盘)及其赋予他们的谋生之道决定,基于血统的身份认同事实上只是幻想(1968,300—302)。

32   着一种游牧和雨季农耕交替的生活,他们在一定范围内拥有固定的领土。有趣的是,他们似乎更多的时候在游牧而非从事生产活动。即使那些擅长农耕而且能够建立永久定居点的人也都选择居住在可移动的圆顶帐篷里。尤姆特族群的政治关系体现的是一种典型的"领土"而非"血统"的组织结构,但血统观念仍然积极影响着他们的生活方式。那么原因是什么呢?萨尔兹曼从尤姆特人的历史中发现了答案。历史上尤姆特族群曾多次决定放弃原来的定居地一起退避到更遥远的中亚。在这种情况下,尤姆特族群之间的关系就不可能以他们不再拥有的固定领土关系为基础了。而这时,血统观念很可能会提供一种社会生活的框架。为了证实这一假设,萨尔兹曼解释道,除了因为畜群过多超出了正常的经济需求而不得不迁徙外,不必要的流动性也是一个重要原因。"尤姆特族群必须保持游牧习性,保护其移动的生产资源,而且始终要有迁徙的心理准备"(pp. 628—629)。

    罗伊·拉帕勃特(Roy Rappaport,1968)的观点与萨尔兹曼一致,同样强调血缘关系的具体适应性,但是他描述了一个不同的场景。新几内亚(New Guinea)的岑巴甲(Tsembaga)族群靠游耕生活,他们共享可以打猎和采集的土地,菜园属于各部族所有。土地共享的程度依据血缘关系而有所不同。与尤姆特族群不同,岑巴甲人战败之后不会迁移到新的土地上,而是分散开来与他们认同的大家族生活在一起。在此,血统观念使人们将避难者作为远亲来接纳。① 一项关于早期北美洲"部落"社会(如此称谓只是根据类型分类而非已经证实的组织结构)的研究推断:当所处环境不可预测的风险加大时,部落社会融合的需求似乎也会更强烈。

    对于玛里文书档案中的亚米纳特和西米莱特两大族群,我们有更多的证据表明部落身份所支配的行为一定程度上可以跨越地

————————

① Porter 将 Rappaport 的研究成果运用到了 Salzman 的假设中(2000),114—120。

理和政治的界限,即使我们不能以血统关系来定义这些身份。许多亚米纳特人生活在玛里王国核心区域的固定定居点中,主要集中在忒卡。他们发誓效忠玛里王辛里-利姆,[①]而且有义务为辛里-利姆服兵役。[②] 但同时,他们仍保持着亚米纳特人的独特身份和忠诚度。甚至在行政用语方面,玛里也不得不接受亚米纳特部落联盟持续的影响力。只有亚米纳特五位部落领袖有权承诺派遣军事小分队支援玛里军队,这等于认可了玛里统治集团之外的另一个阶层及其权力。[③] 玛里文书显示"部落"术语和血统概念并没有被弃用;我们需构建一个理论框架来理解玛里文书档案,而这一理论框架必须适用于特定历史时期真实的概念和范畴。

33

2. 游牧与流动

至少在研究古代近东时我们通常会接触到"游牧民"、"游牧部落"这样的群体,他们生活在定居社会的边缘地带照看自己的羊群。古代农业社会很可能会将羊群控制在当地牧场,但还有另一种选择,即流动放牧。对此玛里文书档案可以提供相当充分而且确凿无疑的真凭实据,但是随着人类学理论的发展演变,研究者们关于证据的解读却大不相同。约 30 年前,迈克尔·罗顿(Michael Rowton)是这一研究领域的主要代表人物,他的研究颇具开拓性,揭示了在国家模式下游牧部落与固定居民以及农业经济之间复杂的关系。

要了解玛里文书档案中的部落人群就必须探讨畜牧生活以及

---

① 有关一个亚米纳特城向西米莱特玛里王表示效忠的具体情况可参见 A. 981,Durand,1992b,117—118(见下一条)。

② 有关按城市和玛里行政区统计服兵役的情况可参见 ARM XXIII 428 和 429。

③ ARM XXIII 428 和 429 中既有玛里王辛里-利姆的权力机构又有亚米纳特联盟的各部落组织。例如,首先是玛里、忒卡和萨嘎拉图这 3 个行政区中城市的名称,而接下来提到了亚胡如部落首领亚姆-利姆在其管辖范围内的义务。

游牧民的流动性，正是流动性使得跨越空间距离的血统认同变得十分必需。"草原畜牧业"本身并不是一种社会形式，当然也不是一种组织形式，它是一种生存方式，一种生产形式。畜牧业生产与农作物栽培一样与能否直接占用自然资源有关，主要体现在两个社会层面：拥有牧群的家族团体及个人，和拥有共同放牧权的更大的游牧社会群落。畜牧业与农耕生产需解决的另一个问题是是否拥有水源以及水资源是否均匀分布，游牧的一个重要原因是可以灵活地获取水资源。①

在实践中，畜牧业生产可以以不同的方式融入劳动社会之中，要探讨真实的畜牧业还需考量一下它与农耕生产相结合的程度。卡扎诺乌(A. M. Khazanov)总结了以下 5 种基本情形：

● 严格意义上的游牧畜牧业，完全没有农业作为补充(极为罕见)；

● 半游牧畜牧业，农业作为补充部分；

● 半定居畜牧业，农业占重要地位但是依然会有短期的季节性迁移；

● 牧民或远处牧场畜牧业，无需迁移但拥有专业牧民；

● 定居型畜牧业(并非为原始社会或传统型社会所特有)

卡扎诺乌还区分了若干区域生态类型，认为"近东"(相比"中东")的类型高度多样化，在巴勒斯坦、叙利亚和伊拉克就存在着半游牧畜牧业和牧民畜牧业。在此生态背景中，与其北部的欧亚大陆地区相比，迁移的路线往往不太固定，迁移本身也不太有规律。除阿拉伯半岛和撒哈拉沙漠的纯游牧民族之外，农业的重要性还是相当大的。在卡扎诺乌看来，游牧畜牧业本质上意味着游牧占据经济主导地位，牧群实施放养而无需牲畜棚，绝大部分人口会加入季节性迁移，生产只是为了维持生活。

34

---

① 关于早期近东，参见 Diakonoff 1991,29—33；Adams 1974,2—3。

上述分类可以使我们对复杂的游牧生活有所了解,但是以"游牧民"作为参照标准容易使我们倾向于得出以下这个假定:游牧民不可能成为任何一个区域经济的推动力。卡扎诺乌是支持这一假定的少数人之一,他认为游牧业以维持基本生存为目的(至少在他描述的"传统型"和"原始"的社会里)。波特认为更明确的定义应该着重体现维持生活的方式,而将迁移视为一个不同的问题。由此产生了以维持基本生活为目的的以下四种食物生产方式:

- 纯粹的游牧畜牧业
- 游牧为主导
- 农业耕作为主导
- 纯粹的农业耕作

从事游牧的人群总是有可能迁移异乡,"即使有时无需随季节变换去别处寻找牧场,他们也要为今后的迁移做准备,因为在游牧体制中存在着一种固有的不安定性,也就是说始终存在着迁移的可能性"(p. 34)。

游牧在近东地区很早就出现了,与农耕的相互作用以各种形式持续着。甚至在农业最初发展时期似乎就包含了流动的因素,不过游牧畜牧业生产的专门化仅仅是早期农业耕作的补充。里斯(Lees)和柏茨(Bates)之前曾指出在美索不达米亚南部,涉及可观人口的游牧畜牧业专业化的发展与渠灌的发展之间有着直接的关系。灌溉农业对劳动力的需求使得个体家庭很难兼顾农耕和畜牧业,因此一部分人便开始专门从事畜牧业。这些家庭不得不离开有灌溉条件的土地而移居遥远的他乡。布塞拉提(Buccellati)认为这一假设也适合幼发拉底河流域,因为那里有着相同的机制。然而,在叙利亚境内的幼发拉底河沿岸地区,直到公元前三千纪中期才出现城市,布塞拉提因此得出了以下结论:游牧生活方式应该只是那之后的事情,目的是应对人口压力,所以说这一重要变化也许出现得很及时,给公元前三千纪末乌尔第三王朝的美索不达米亚南部地区城市社会施加了压力。实际上,叙利亚大草原的第一批游牧民是被这一时期的苏美尔人称作"亚摩利人"的族群。所以,玛里时期的畜牧业相对来说属于新生事物。

即使上述人口压力的确在叙利亚-美索不达米亚的部分地区出现过,里斯和柏茨的模型似乎也太狭隘了,根本不可能解释近东地区游牧业的整体现象。居里斯·扎利斯(Juris Zarins)并不认可里斯和柏茨提出的假设,他支持一种更加渐进的解释,即游牧畜牧业的起源可以追溯到公元前七千纪末畜牧业发展的最初时期。居里斯·扎利斯认为早在两河流域的古代城市出现之前,根据对那些干旱地区遗址的评估,叙利亚大草原和沙漠地区的人们很早就开始游牧生活了。[①] 乔伊·麦考斯顿(Joy McCorriston)描述了游牧业发展的渐进过程:始于新石器时代但随着农业发展而变化加剧。其推动力并非人口或资源的压力而是因为农业剩余的出现使得可供交换的产品不断增加(1997,526)。到了公元前四千纪末,为满足羊毛生产的需求,人们开始对产毛羊非常依赖。从某种意义上讲,公元前三千纪偏远地区游牧业的扩张极可能是以羊毛代替亚麻进行纺织这一技术革新的结果(p.519)。羊毛纤维的生产无需依赖重要的农用土地,游牧业大规模的扩张也许只是为了满足经济需求。尼古拉斯·考丘克斯(Nicholas Kouchoukos)提出,公元前四千纪末依靠游牧业的布料生产很可能在一定程度上促进了乌鲁克经济实力的初步形成(1998,252—253)。[②] 在多沼泽的

---

① Zarins 1990,特别是 39—40,53—54;另见 Zagarell 1989,294—298。Zagarell 发现了扎格罗斯(Zagros)高原地区较早的高级畜牧活动两个主要时期:新石器时代,那是群龙无首、未分化的社会,其经济形式为分散的、混合的,于红铜时代结束;红铜时代晚期,当时定居的村落和游牧营地共存,共享着同样的物质文化(pp.299—300)。Frank Hole(2000,18—20)发现在 Feyda 出土的前陶新石器文化(公元前8000—6500)的骨头证据和在 Kashkashok 出土的有陶新石器文化的骨头证据表明,游牧民们会周期性地在哈布尔河流域居住(pp.18—20)。

② Kouchoukos 详尽地阐释了这一时期南美索不达米亚地区牧民产品作用的可能性。

美索不达米亚三角洲不可能大规模牧羊(绵羊或山羊)。虽然这种分析方式仍将不断地面临专家们的评鉴,不过令人感兴趣的是它将游牧业与早期城市发展联系了起来,而人们通常认为新兴的灌溉农业才是早期城市发展的主因。

公元前四千纪末期,十分活跃的苏美尔人的乌鲁克文化对两河流域上游美索不达米亚北部和西部地区产生了强有力的影响。而在新千年到来之际,这一影响力显著地变弱,从一种极引人注目的特色陶器可以看出叙利亚北部出现了明显的文化转向,这个时期被称为尼尼微①第5王朝(Ninevite V)时代。哈布尔河流域几处令人惊叹的遗址(其中包括阿罗恰丘(Tell al-Raqa'i)和阿提耶丘(Tell 'Atij))引发了对在公元前三千纪初期叙利亚游牧业重要性的辩论。这里贮存谷物的设施相对定居地面积而言非常大。那么到底是谁修建了这些设施? 它们又反映了何种政治形态呢? 现有的假设各不相同,不过弗兰克·豪尔(Frank Hole)认为贮仓中的谷物是提供给哈布尔河流域游牧民放养的畜群的。麦考斯顿同样认为必须考虑到专业化畜牧业会产生剩余畜群的问题,虽然她还不能就这些遗址证据作出明确的判断。豪尔的学生考丘克斯进一步发展了他的研究方法,据考丘克斯分析,贮仓这种建筑物在公元前四千纪末就已经存在,而在这之后的历史时期里这一地区的城市才迅速发展起来。

除了为各种解决方案提供有力的证据外,通过分析研究我们还可以总览大多数考古学家对于畜牧业的观点。格兰·施瓦兹(Glenn Schwartz)和汉斯·科乌斯(Hans Curvers)认为,贮仓规模及其建筑复杂性会让人联想到复杂的政体,不过在附近却未有发现;而他们断定我们只是缺乏描述游牧民构建的大规模社会组织的人种学平行概念。接下来的辩论更为激烈,米歇尔·弗廷

36

① 尼尼微(Nineveh):古亚述首都。——译注

(Michel Fortin)声称这种复杂的建筑不可能是游牧民族建造的，游牧民族本身不可能精通建筑艺术。他认为游牧民从来不会为来年贮藏谷物。玛里遗址的挖掘者马古隆提出的问题是为什么我们没有发现公元前两千纪初有这种贮仓的存在，而玛里文书档案显示这一时期的游牧民十分活跃(2000, 107—108)。从目前来看，尼尼微第五王朝时代的贮仓遗址将会吸引研究者们做另一番历史重构工作，但是由于缺乏足够证据恐怕很难达成一致的看法。

这就让我们又重新回到有关公元前三千纪叙利亚出现大城市的证据问题。麦考斯顿的研究表明专门化的游牧畜牧业于公元前三千纪初在叙利亚-美索不达米亚稳固地建立了起来，不过我们很难判断它对个别区域的影响力。公元前三千纪初，在真正的城市出现之前，新的定居点不断出现，它们被环形大土丘围了起来。玛里就是其中的一个。一般说来，这些定居点位于干旱的大草原上或者与草原毗邻的地方，利奥奈特(Lyonnet)认为那是游牧民的落脚点。要了解公元前两千纪初的玛里则必须弄清楚公元前三千纪城市化的社会背景，这也许与玛里文书档案中的世界更加吻合。早期的中心聚居点很可能对牧民首领(如辛里-利姆)并不陌生，在发展为城市之前，这些聚居点的居民们均从事游牧业。对于乌尔第三王朝时期的美索不达米亚南部而言"亚摩利人"也许构成了新的威胁，不过叙利亚本土可能并没有发生剧烈的动荡。公元前三千纪叙利亚的城市化受到了来自东面阿卡德的干扰，阿卡德开国君主萨尔贡的后裔们一心向西扩张。虽然公元前三千纪末的美索不达米亚南部地区受到不同游牧民族的入侵，改朝换代频繁，但是政权的风云变幻并不一定意味着经济上的根本变化。

哈维·威思(Harvey Weiss)提出公元前2200年开始美索不达米亚南部经历了颇具破坏性的气候变化:气候越来越干燥，这很可能严重干扰了哈布尔河流域甚至更远地区的农业经济。畜牧业发展迅速应该说是自然环境变化带来的必然结果。真不清楚我们该如何解释与玛里城以及埃卜拉城的史料证据相矛盾的理论假设,这两个城市在公元前三千纪的最后一个世纪里(即威思所感兴趣的哈布尔河流域的城市分崩瓦解之后)富足而繁荣。像玛里这样的幼发拉底河流域城市的繁荣从未依靠农业发展,这些地区既不如北部地区有足够的雨水也不可能像美索不达米亚南部那样修建大规模灌溉设施。"管辖者"时期玛里的证据并没有显示更大范围的气候变化间接导致了幼发拉底河流域的贫困化。

另外基于巴纳特的反常证据,波特对于畜牧业和国家的关系仅仅是畜牧业对国家有用这一普遍假设提出了质疑。举个例子,卡扎诺乌认为在简单的社会中生产所得仅够自身需要而且只能供小规模的交换,其特征是形式多样化的游牧畜牧业。波特认为实际上并无证据表明流动的畜牧业本身会阻碍永久社会制度以及社会等级体系的发展(2000,171)。[1] 在回顾了公元前三千纪初新定居地的覆盖范围,波特指出:

> 在雷兰城周边哈布尔河流域的旱作农业面积扩大之前,在特定的时期和地方,这种定居地的分布表明,那些在我们看来以定居农业为体制、作为城市化和国家形成的标志的许多定居地实际上很可能源于畜牧经济和畜牧社会,因为谷物生产的开发根本解释不了这些定居地的地理位置、规模大小或复杂程度。

玛里文书档案为我们展示了古代叙利亚游牧社会持续发展可行性的一个理想的例证(pp. 442—446)。

有趣的是,我们发现玛里文书档案中公元前两千纪的历史有时会被用于解释公元前三千纪玛里文化的某些面貌。特定的延续

---

[1] Porter 在即将发表的论文中集中总结了她对畜牧业和国家的论述。

性可以展示玛里长期持续不变的历史状况。从米歇尔·弗廷对哈布尔河流域尼尼微第五王朝时代的贮仓遗址的研究结论来看,他认为位于该区域的玛里遗址足够大,完全可以解释公元前三千纪初人们修建贮仓的原因。玛里对哈布尔河流域谷物的依赖已被这些交易往来的档案文本证实(2000,52)。① 波塔尔·利奥奈特声称没有发现公元前两千纪初的哈布尔河流域西南地区留下了什么器皿物件,也没有找到尼尼微第五王朝时代的陶器,但是公元前三千纪末的情况则并非如此。最后,杰士伯·埃顿(Jesper Eidem)分析从公元前三千纪中叶一些同样重要的"城市王国"刚刚出现一直到玛里文书档案时期,它们就一直存在着并相互抗争着,这就给人们留下了大范围的社会和经济形态持续未变的印象。② 所以,在亚顿-利姆、亚斯马-阿杜以及辛里-利姆先后为王的亚摩利人王国建立之前的几百年间,某种经济体制的持续和再现都是不足为奇的。

3. 亚摩利人

阿卡德语的 *amurrûm*③ 与苏美尔语的 mar-tu 两个词意思相同,表示"西部的(western)",因此来自西部的人又叫作"西部人(westerner)"。与宾努·西米尔(即"左手之子")以及宾努·亚米纳(即"右手之子")两个部落联盟名称不同,*amurrûm* 应该是外来名称。在古代希伯来语中,左和右可以用于表示北和南④,但这是

---

① 参见 Fortin 2000,52。
② Eidem 2000,262。他还认为较小城市的名称保持着较强的连贯性,包括哈布尔河流域的那些城市。
③ "亚摩利人"(Amorrite),美索不达米亚东部地区居民眼中的西部人,作为形容词和专有名词均可。——译注
④ 人们对着初升的太阳站立,左手边为北,右手边为南。——译注

完全不同的名称。个人是不会称自己为西米莱特人或者亚米纳特人的,而是以这两大部落联盟下面具体的部落分支来定义自己。不过,归属西米莱特部落联盟还是亚米纳特部落联盟的决定权在于各部落单位自身。就起源而言,"亚摩利人"是个完全不同的概念,当我们接触现代学术文献时须谨记这一差异。"亚摩利人"常常指外来人,这种分类使人无法知晓其本来身份,因而无法确定其族群背景,这就容易给人以某种否定的暗示。"亚摩利人"一词在美索不达米亚地区最初出现时,指的是一支来自西部(显然是叙利亚的某个地区)的族群,但是在讨论更西、更北和更东地区同时代族群和事件时,该术语却几乎没有用处。不是因为该术语陌生而引发间断,而是因为精确性逐渐丧失了。

埃卜拉的档案文本证实公元前 2400 年在叙利亚西部有个名叫马图木(*Mar-tum*)的王国,大约前 2200 年阿卡德王萨-卡利-萨芮(Šar-kali-šarri)自夸打败了巴萨(Basar)山区的亚摩利人(Mar-tu)。巴萨山(即现在的杰贝·比斯瑞(Jebel Bišri))在这一时期被称作"亚摩利(Amurrum)山"。[1] 埃卜拉的证据也许表明"西部的"说法是从叙利亚当地一个政治组织那儿借来的,不过这个细节对于我们了解那些被识别为属于"西部"这个大范畴的族群帮助甚微。至于阿卡德人与杰贝·比斯瑞(位于幼发拉底河南部的大草原上)的亚摩利人之间勉强的联系,人们一定会联想到美索不达米亚南部根源,但当时美索不达米亚南部对于叙利亚游牧民们真实的政治和社会组织一定不甚了解。

我们必须对前文的所有评述牢记清楚,只有这样在讨论玛里文书档案中各族群事务时才不会思路不清。"亚摩利人"一词有一定

---

① 参见 Buccellati 1966,36—37;Edzard 1987—1990,438—440。埃卜拉的证据可参见 Archi 1985,7—13;有关阿卡德人的证据,参见 Westenholz 1999,96—97 以及 nn. 441—442。

的误导性,总会让我们曲解其为美索不达米亚南部的族群。关于亚摩利人(这些所谓的外来人)大破坏的整个观点出自遭受其侵略的苏美人的记述,毫无疑问,灾祸的降临千真万确,而且一定程度上源于西部。不过,当我们重构叙利亚早期历史时,我们的依据却不够充分。公元前三千纪末美索不达米亚发生了一些变化,催生了"西部的"这一术语,最后还给它打上了令人生畏的印记,但是叙利亚到底发生了什么变化? 至少可以说在其东南部沿河下游地区出现了新的社会压力。也许是因为游牧畜牧业的新近扩张,有关部落标识的新词语也随即出现。不过我们仍然无法判断到底是叙利亚的基本社会性质改变了还是"亚摩利人"真的是应运而生的崭新民族。

不过,这些并不能抹杀"亚摩利人"一词与公元前两千纪初玛里文书档案的联系。形容词 amurrûm(亚摩利人的)没有出现在距离美索不达米亚南部遥远的北部地区居民往来的信件中,直至现在研究者们认为 amurrûm 一词实际上具有地方色彩,是自封的称谓。拉莎以及底格里斯河以东迪亚拉地区的几位国王都自称"亚摩利人的统治者(rabiān Amurrim)"。① 这一时期早已有个叫作阿姆如(Amurrum)的王国,它位于遥远的西部、地中海沿岸,它甚至可能是铜器时代晚期乌加里特(Ugarit)以南亚摩利人王国的原型。② 另外,西米莱特部落联盟中的一个分支自称阿姆如部落。③

古巴比伦王国的汉谟拉比在其统治末期开始自称"巴比伦王、

① Frayne 1990,拉莎的一位早期国王 Abi-sare(E4.2.6.1;i 27';E4.2.6.2004;4),以及另外两位国王(pp.685,700)。沃拉德-森称其父库杜-马布克为"亚摩利人(国)之父"(E4.2.13.3;7—8,多次出现)。

② Durand 将阿姆如定位于海岸沿线,但并没有提供具体证据(1997,49)。如果说是遥远的西部海岸还是说得通的。与 Dossin(1957,37—38)不同,恰特纳以南的位置应当排除,因为恰特纳和哈泽(Hazor)毗邻,哈泽为位于巴勒斯坦方向的一个重要王国。参见 Bonechi 1992,10n7。

③ 为亚巴萨(Yabasa)族群(参见 ARM XXIV235;8)的一部分,参见 Durand(即将发表)。

所有亚摩利人土地上的王、苏美尔和阿卡德的王"。而其中后两个
称号是他在位 31 年时征服了玛里以及几年之后又征服了拉沙才
名副其实享有的头衔。称号中的"苏美尔和阿卡德"和"亚摩利人
的国家"有着直接的政治含义。汉谟拉比自称亚摩利人之王的目
的并非颂扬对自己部落的传承,而是庆贺对原先属于玛里的疆土
的征服。从这更加南部地区的视角来看,辛里-利姆的地盘一直特
别被认为属于亚摩利人,在这里人们过着部落生活,也许还通用着
亚摩利语,十分符合汉谟拉比的祖先"亚摩利人"的身份。

在玛里文书档案中,"亚摩利"一词没有用于指王国本身。"亚
摩利"可能是遥远的西部一位神明或者一个王国的名字,但是一般
说来,它表示不同于阿卡德语的一种闪语或某个特定的族群。①
在辛里-利姆国王的统治范围内,"亚摩利"一词似乎主要指西闪
语,它区别于作为当时地区通用语的阿卡德语,阿卡德语是通信和
书写的常用语言。迪朗依据所搜集的证据推断许多抄写员不仅仅
只会记录雇用他们的写信者口述的内容,他们真的能够说两种语
言。有一次,牧场首领伊巴-埃尔(Ibal-el)就曾提到一个抄写员可
以运用阿卡德语、亚摩利语和"苏巴里语(Subarian)",苏巴里语很
可能就是胡里安语。② 汉谟拉比的继任者巴比伦王阿米-萨杜卡   40
(Ammi-ṣaduqa)颁布的法令似乎反映了基于语言的区域划分,法
令中有"阿卡德人"和"亚摩利人"之分。③ 一个很有权势的西米莱
特人在他写给辛里-利姆国王的信(尚未发表)中甚至称辛里-利姆
为"阿卡德人和亚摩利人之王"。④ 玛里行政区总督巴迪-利姆

---

① 玛里文书档案中的相关证据,参见 Sasson 1998a,121—123。

② A. 109,未引用的几行;Durand 1992b,125。

③ Kraus 1970,28; ᴸᵘ *Ak-ka-du-ú ù* ᴸᵘ *A-mu-ur-ru-ú*,同玛里文书档案中的一样,LÚ 被
视为限定词。

④ A. 489,Durand 1992b,113n137;LUGAL *Ak-ka-d[i-i]m u A-m[u u]r-ri-im*。有关
信件的一些具体内容可另参见 Charpin and Durand 1985,323n131,此处未引用该
文。

(Bahdi-Lim)写给辛里-利姆的信非常有名,巴迪-利姆将阿卡德人与"哈奈人"的习俗进行了对比,这是非常局限性的二分法,只是基于是否讲"阿卡德语"来划定居民身份。[1]

下面我们再回到这封信来看看,依据迪朗发现的语言范畴,似乎至少在玛里时期,"阿卡德人"和"亚摩利人"在地理和民族特色方面的区别在很大程度上等同于东闪语方言区域和西闪语方言区域的差别。[2] 迪朗认为这种二元性肯定起源于讲阿卡德语的一方,这至少在某种程度上反映了抄写员们始终意识到主要的书面语言(即阿卡德语)与其他语言的不同(1993b,46—47)。[3]其中"亚摩利人"一词的范畴来源于对外来"西部人"古老的地理标识,实际上此时的亚摩利人地域文化中的诸多元素早已呈现出了东西文化交融的特色。[4] 虽然文化交流十分活跃,不过语言的差异仍然存在,"亚摩利人"和"阿卡德人"这两个语言范畴可以充当区分不同族群的标志。迪朗将上述二元性视为本质上的地理差异,不过尽管地理因素不可否认,我推测语言最终成了主要的身份标识。

莫里斯·佩罗(Maurice Birot)在其发表的关于玛里"阿卡德人"范畴的最新证据中指出有三种可能的参考点,有迪朗地理划分法,另外还有政治及语言划分法。[5] 新的文本证据证实"阿卡德人"并非政治身份。恰图南(Qaṭṭunan)北部地区的一位总督告诉

---

[1]　ARM VI 76:20—21.

[2]　Bertrand Lafont(1999,51)确认了公元前两千纪初美索不达米亚地理空间上的四种主要人群,以"真实的民族语言"特别是人口来定义。这4类人群为亚述人,亚摩利人,阿卡德人,以及苏巴里人。

[3]　Durand区分了阿卡德东部人和亚摩利西部人,而亚摩利人又分为北方人和南方人(西米莱特人和亚米纳特人)。该等级将源于部落人口之外阿卡德人和亚摩利人的二元对立与当地部落的二元对立结合了起来,但实际上这两对人群是不同的,只是间接地有些关联。

[4]　此为Durand的主要观点(1992b)。

[5]　ARM XXVII,p.224,注释b。

辛里-利姆：

> 一个纳姆哈人、卡哈特人（Kaḫatite）、……（?）、Eluḫutite
> （艾鲁戌人）、还有一个阿卡德人就某个约定一起宣誓。我不
> 清楚这个阿卡德人到底是埃什努纳人还是巴比伦人。①

　　有两个重要的麻敦（*mātum*）可以被描述为"阿卡德人的"，一
个是汉谟拉比统治下正在崛起的巴比伦王国，另一个则是早就成
为区域霸权的埃什努纳王国。② 但是，当"阿卡德人"一词特别与
埃什努纳以及巴比伦这两个王国及其疆土联系起来时，地理划分
法也就实在解释不了辛里-利姆如何被说成是统治着阿卡德人和
亚摩利人。因此最清楚明确的界限首先应该是语言，之后逐渐用
于描述族群特性或者文化特征。这点也许可以从一位卡切米希
（Carchemish）官员的谈话中得以证实，他说："我穿的不是苏巴如
（Subarû）人的衣服；恰恰相反，我穿的是阿卡德人的衣服。"③这其
实是一位来自讲"亚摩利语"（属西闪语）地区的男子在谈论他的穿
着，就迪朗提及的"亚摩利人"和"阿卡德人"这两个语言范畴而言，
也许服装是最能体现族群特征显而易见的商品。有一次辛里-利
姆说他需要"亚摩利人的衣服"，这里的"亚摩利人"同样属语言
范畴。④

　　如果我是对的，那么玛里文书档案中的亚摩利人和阿卡德人
都已不再是更早历史时期美索不达米亚地区被分别称为亚摩利人

41

---

① ARM XXVII 135：27—33，辛里-阿杜（Zimri-Addu）的信。
② 关于埃什努纳的重要性，参见 Charpin 1992a，37—38。关于"阿卡德人的"埃什努
纳，参见 A. 998：12，AEM I/I，p. 306，注释 a。在 ARM XXVI 468：13 中，*māt
Akkadîm* 似乎就是巴比伦。在 ARM XXVI 75：6'破损的文本中也出现了 *māt
Akkadîm*，但无法确认其具体所指。
③ ARM XXVI 549：4'—7'，希坤-拉那西（Ṣidqum-lanasi）写给阿斯曲杜的信。
④ *FM* VII 26：49，52。

或者阿卡德人的族群了。亚摩利语属西闪语系,此时的亚摩利人可能与早期的亚摩利人(Mar-tu 或 Amurrûm)已经融合,他们所讲的语言也就成了识别他们这些西部外来人的标志,不过玛里文书档案中涉及的"亚摩利人"族群规模可能较大也可能较小,定义并不明确。当然,我们也就没有理由认为玛里的亚摩利人只生活在杰贝·比斯瑞(Jebel Bišri)或幼发拉底河南岸地区。同样地,阿卡德人并不一定都与阿卡德王国有关或者与美索不达米亚南部"苏美尔人和阿卡德人的国家"有关,萨尔贡建立的阿卡德王朝衰亡之后,几位控制了美索不达米亚南部的国王称该地区为"苏美尔人和阿卡德人的国家"。(Kraus 1970,28—32)①辛里-利姆势力范围内的阿卡德人似乎是通过他们所使用的东南闪语来定义的。据此定义,阿卡德人主要居住在玛里沿幼发拉底河的下游方向,而且与巴比伦王国及埃什努纳王国讲阿卡德语的人群有一定关系。

诺曼·尤菲认为"亚摩利人"一词表示民族,因为我们发现在可能是基于语言的"有限单位"内存在着不止一种类型的社会和经济组织。亚摩利人中既有游牧民又有农耕者;有的居住在城市,有的在乡间游走,其社会经济形态并不是单一的。在本书的最后一章中,我将就部落民族与根据其他社会范畴定义的民族之间的关系稍作不同的解读,不过对于玛里时期而言尤菲的看法基本上是正确的。我们应该区分公元前两千纪"亚摩利"族群的概念,因为在这一时期,讲西闪语者接受了该名称也将自己称为亚摩利人,而"亚摩利人"一词由美索不达米亚南部的居民们创造出来,最初用来指他们生活范围以外的人群。

如果说在玛里文书档案中"亚摩利"代表的是一种语言和一个

---

① 此为一个阿卡德"国"(land, *mātum*)的首个引证,与单独一个城市不同,该引证似乎出自纳拉-新统治时期。公元前三千纪末乌尔第三王朝时期苏尔吉(Šulgi)的铭文中就已出现了"苏美尔和阿卡德国之王"这一王衔,后来伊辛的里皮特-伊斯塔(Lipit-Ištar)以及巴比伦的汉谟拉比均使用过该王衔。

族群概念,那么我们就不能将它同以"左、右"定义的部落联盟——西米莱特部落和亚米纳特部落之间完全划上等号,迪朗和布塞拉提均这么认为。与这两大部落生活在同一地区的还有其他或许规模更小的操西闪语的部落民族,包括亚姆波部落和纳姆哈部落,他们与安达瑞格王国和库达王国的联系密切,这两个王国毗邻哈布尔河东部的杰贝·辛加(Jebel Sinjar)。总而言之,我发现很难给"亚摩利"一词下定义,它的意思也特别含糊,在对玛里时期和玛里地区进行针对性分析时并无太大帮助。该术语在玛里文书档案中只是偶有出现,因此我们最好还是多花些时间研究一下各种不同的部落名称以及不同范畴的游牧民,包括无所不在的"哈奈人(ḫana)"一词。

第二节 部落联盟的主要组成部分:西米莱特伽羽分支(*gayum*)和亚米纳特里穆部落(*li'mum*)

前面我已介绍了构成玛里王国主要人口的两大部落联盟:亚米纳特部落联盟和西米莱特部落联盟。辛里-利姆统治期间,玛里文书档案中亚米纳特部落出现的次数较多,因为他们是被征服的远亲,而且总是被当作外人。[1] 而西米莱特部落则不然,他们是辛里-利姆国王的子民。在我看来,尽管这两个部落联盟的基本生活方式极为相似,但是他们各自的社会以及政治身份和组织似乎有着明显的区别。首先,他们的首领不同。无论某些游荡者是否承认他的统治,辛里-利姆都是整个西米莱特部落联盟之王。他将西米莱特各部落凝聚为一个整体,在这点上他效仿了亚顿-利姆的做

---

[1] 西米莱特人与亚米纳特人也许一直以来都是关系紧张的对手,然而就在辛里-利姆统治的第三年,幼发拉底河流域的亚米纳特人与西米莱特王之间的战争彻底爆发了。从一定意义上说,辛里-利姆并未取得对亚米纳特人的全面胜利,其势力范围内的亚米纳特人或逃亡或屈服。参见 Durand 1998,420—422。

法。相反,亚米纳特部落联盟中的 5 个部落分别都有自己的部落王。①

在这直接的政治差异背后,两个联盟社会和政治组织的术语也不相同。亚米纳特联盟的主要构成单位叫里穆,我将它翻译为"部落",是较大联盟中的个体单位。宾努·亚米纳(即亚米纳特部落联盟)的个体单位分别以各个部落名而非"亚米纳特"来称呼。每个部落都是一个活跃的政治实体,每个部落有自己独立的领导者。

辛里-利姆的西米莱特部落联盟也是由几个子部落组成,这些分支部落被称为伽羽分支,每个分支部落都有属于自己的名字,但是各部落没有独立的领导者。与亚米纳特联盟一样,作为个体的西米莱特人可以以各自的部落名称来定义,但是西米莱特伽羽分支与亚米纳特里穆部落的地位截然不同。举个例子来说,伽羽分支不仅是西米莱特部落联盟的重要组成部分,而且至少在军事语境中,还可以表示组成西米莱特联盟的两大军事分支:亚巴苏(Yabasu)和阿萨如盖姆(Ašarugayum)。无论从个人领导还是集体领导形式来看,玛里文书档案均未有证据显示伽羽分支具有有效的政治功能。考虑到与亚米纳特里穆部落的诸多差异,我选择将伽羽(gayum)译为"分支"(division),而不是"部落",不过伽羽分支和里穆部落均为两个部落联盟第一级部落的称谓。②

上面的概述足以说明亚米纳特和西米莱特两个部落联盟在组织构成上的差异。不过,我们很难判断这种差异到底有多大影响。在亚米纳特和西米莱特两个部落联盟中都是既有定居人口,又有流动人口,有的依靠农耕为生,有的以放牧为生。我们无法证实哪

43

---

① 关于亚米纳特统治者被称为"国王"(阿卡德语,šarrum),参见 ARM XXVI 233:30,37,该文书记录了来自玛里某个村庄的一名男子口述的梦境,而非正式的官方文件;另可参见 FM VII 7:32,亚姆哈德王的原话。

② 术语的差别并未包括在我对这些部落术语的初步研究中(Fleming 即将发表)。

个部落联盟相对来说定居多一些,也无法知道哪个部落联盟在发展的不同阶段仍然保持自身规模、依靠定居的农耕生活、或者还保留着部落社会架构。广义上说两个部落联盟的生活方式相近,但是在社会和政治组织结构方面却存在着显著差异,也许某种程度上是因为居住点和牧区的地理环境不同。西米莱特"伽羽分支"这一概念特别令人费解,它不仅缺乏显而易见的政治作用,而且事实上它仅用于描述西米莱特族群中流动的游牧民或者"帐篷居民"。所以,伽羽分支不能简单理解为"部落",因为"帐篷居民"是以其生活方式定义的,它本身并非部落名称。依据玛里文书档案史料,实际上只有西米莱特部落联盟中的游牧民可以被称为伽羽分支。然而,我们知道西米莱特城镇主要生活着身份属于伽羽分支的人们,比如下文中将讨论的萨皮莱图城(Sapiratum)。难道西米莱特人主要以其联盟中的游牧民群体来定义自己的身份吗?

　　无论答案是什么,西米莱特伽羽分支反映的是与亚米纳特国王同盟完全不同的政治特征。辛里-利姆通过两个在很大程度上非常独立的领导班子统治着自己的王国,各个领导班子均无权独立干涉属于整个王国的集体事务。阿普莱蒂(Aḥ Purattim)地区(即幼发拉底河两岸河谷地带)实行的是"行政区(ḥalṣum)"和"总督(šāpiṭum)"的行政管辖制,辛里-利姆从亚斯马-阿杜国王手中夺得该地区,而此处也曾是亚顿-利姆王国的根据地。同时,在帐篷居民中,权力级别较高的管辖者为两个"牧场首领(merḥūm)",而级别较低的叫"头领"。两位牧场首领位居伽羽分支之上,我们并不清楚这是否与西米莱特联盟的两大军事分支亚巴苏和阿萨如盖姆有关。从行政结构来看,头领应该是伽羽分支内部的领导者,因为每个伽羽分支同时有好几位头领。对于西米莱特部落联盟而言,牧场首领和头领均根据游牧民来定义,不属于严格意义上的部落范畴,不过我们可以确定的是只有西米莱特部落联盟的游牧民们听从他们的领导。我们尚不确定上述领导管辖制是西米莱特人长期以来的传统,还是"利姆"王朝的 3 位国王(亚格得-利姆、亚顿-利姆和辛里-利姆)实现统一领导之后的新变化,因为他们完全可以废止伽羽分支的政治职能。

因而,西米莱特和亚米纳特部落联盟在政治组织形式上的区别似乎体现在牧场首领和头领这一领导体系具体的职能上。我们对于亚米纳特牧场首领的了解微乎其微。他们很可能同样负责管辖牧场,但亚米纳特联盟中不存在牧场首领可以拥有特殊权力地位的王权机构。与西米莱特头领不同,亚米纳特头领以他们所居城镇定义,不过我们并不清楚是否每个亚米纳特城镇都会有一个头领。

我个人对于西米莱特和亚米纳特部落联盟社会结构存在显著差异的假设也许是与迪朗的分析结果最显著的分歧之一。但是这些研究结果所揭示的深刻含义十分关键,会影响我们对公元前两千纪初社会的全面认识。如果说西米莱特和亚米纳特部落联盟的社会结构确实不同,那么我们就不太可能发现符合单一的"叙利亚"或"部落"社会框架的任何新证据。上述差异只是存在于族群和社会形态方面诸多差异的一小部分。本节旨在通过文献证据了解部落联盟中的主要组成部分——西米莱特伽羽分支和亚米纳特里穆部落的具体作用。

1. 关于西米莱特/亚米纳特差异的假设

尽管原始资料对我们的研究非常有帮助,但是玛里文书档案文本在提及部落时通常只是一带而过,而且更多时候也只是推测而非确认,因而我们仍然无法对部落这一组织形式有一个全面的了解。在过去的 20 年中,在让-玛丽·迪朗领导下的法国出版团队对玛里文书档案的研究取得了巨大的进展,不过仍有许多问题尚待解决。迪朗本人一直认为玛里文书档案中的"亚摩利人"各部落的基本组织结构在很大程度上是相似的,尤其是西米莱特和亚

米纳特两大联盟中的部落。我发现,西米莱特和亚米纳特两大部
落联盟在政治和社会结构以及相关叙述用语方面存在的分歧比我
以前想象的要大得多。

我假设的核心是,在使用与西米莱特和亚米纳特两大联盟主
要部落相关的术语时有一个模式可循。站在西米莱特人一边看,
其第一级部落单位叫作伽羽分支,但是这一术语从未在亚米纳特
人的部落分类中出现。[①] 很清楚的是,在辛里-利姆统治时期,亚
米纳特部落联盟的第一级部落共有 5 个,[②]它们是亚利胡(Yaribû)、
亚胡如(Yaḫrurû)、拉布(Rabbû)、乌拉普(Uprapû)和阿纳努
(Amnanû),但是其类属范畴尚不太清楚,部分原因也许是亚米纳
特部落的档案文书实在太少了。我认为这些第一级部落的亲族称
谓可能是里穆(*li'mum*),"*li'mum*"在玛里是个冷僻的词,后来在
乌加里特(Ugarit)、埃马(Emar)出现过,圣经的希伯来语中也有
"*li'mum*"一词。然而,伽羽分支只用于指称西米莱特联盟的部落
单位,里穆部落一词的使用范围则仅限于亚米纳特联盟。多样化
组织结构的假设在某种程度上体现在西米莱特和亚米纳特联盟中
各部落头领各司其职。头领的不同角色对我在本书中的大部分论
证意义重大,因而十分有必要在本节对该词作一介绍,而在下一重
要章节中我将讨论与本节部落特点没有直接关系的有关头领职位
的其他方面。

45

---

① 据我所知,这一被反复提及的评论最初由 Rowton 提出(1977,189)。他与之后的
　研究者们将此类别视为"Hanean"部落的独特性,Charpin 和 Durand 近期的研究
　(见下文)对此有较为详尽的阐述。关于 Hanean *gayum*,首先可参见 Birot 1953,
　1955;另可参见 Kupper 1957,20;Malamat 1967,133—134;Rowton 1976b,243;
　Talon 1985;Anbar 1991,78—81。

② 如前所述,Tapper 对于较大规模群体的定义非常有用(1990,68)。联盟是部落群
　体因政治目的而组成的联合体,有时联盟的形成基于共同的血统,通常但并非总
　是拥有中央领导。就亚米纳特联盟来说,在辛里-利姆统治时期,该联盟并没有任
　何的中央领导形式。

　　在探讨玛里文书档案中的部落之前须先了解让-玛丽·迪朗和多米尼克·夏宾提出的重要主张,因为它们彻底改变了玛里文本证据的整个评估框架。所以,我不得不增加一些篇幅,稍后我将在本章对已经全面论述过的史料再作个概述,而且在下一章我将重点讨论辛里-利姆的王国。尽管这里提出的部落结构是我个人的具体构想,但离不开迪朗和夏宾提出的两个重要观点,因为它们使原先大量令人费解的史料的重大意义最终得以呈现。

　　由迪朗领导的玛里文书档案新出版团队组建之前,关于档案中的部落研究的里程碑就是让-罗伯特·库帕(Jean-Robert Kupper)所著的《玛里王统治时期美索不达米亚的游牧民》(1957)。[①]没有人质疑库帕分析的一些基本元素,那是对当时有限的证据非常出色的阐释。值得一提的是,玛里地区的部落人群被分成了三个而非两个部分:已得到普遍证实的亚米纳特人、哈奈人(Haneans,即Hana)以及具体情况尚不明晰的西米莱特人。亚顿-利姆和辛里-利姆私人之间的部落亲缘关系尚未得到证实,但他们显然与哈奈人的关系很近。[②] 鉴于这种框架,玛里王们便自然地被认为是与生活在乡村地区的部落人完全不同的城市精英层。卢克(Luke)、洛顿(Rowton)、马修斯(Matthews)以及安巴(Anbar)等人的玛里部落研究都未超出这些范围。[③]

　　夏宾和迪朗于1986年提出辛里-利姆国王是西米莱特人。而根据这一结论,辛里-利姆国王早年与亚米纳特人的战争也就成了两个相互对抗的部落之间的冲突,而不是一个部落对来自城市的

---

① 该书法文原名为 *Les nomades en Mésopotamie au temps des rois de Mari*。——译注
② 泰隆(Talon)甚至认为辛里-利姆为哈奈人部落的成员(1986,5)。
③ Luke 1965;Matthews 1978;Anbar 1991。有关长篇系列研究中的重要文章,参见Rowton,1967,1973a,1973b,1974,1976a,1976b,1977。

国王实施国家控制的反抗。[①] 最近,迪朗将被称作哈奈人的部落人解释为"帐篷居民(tent-dwellers)",认为他们的部落归属关系可能并不相同。[②] 从西米莱特人辛里-利姆国王统治时期的玛里文书档案可以判断,哈奈人一词通常指西米莱特帐篷居民,他们通常也是辛里-利姆军队的中坚力量。

通过对这些突破性的观点进行分析,我认为上述最后一个结论较为详细地揭示了帐篷居民的西米莱特生活方式。20年多前,迈克尔·罗顿就发现伽羽分支这一社会单位只存在于帐篷居民中,与亚米纳特人毫无关系。他认为产生这一差异的原因是亚米纳特人在部落重新整合方面比帐篷居民要落后,他们尚未建立起一个完整的部落社会框架。罗顿的论述勾勒出了这样一个社会:对于玛里等权力中心城市而言,部落民族只是试图融入定居社会的局外人,而并非来自权力中心发起同化运动的征服者。[③] 亚米纳特人和西米莱特人的部落体系反映了不同的社会结构,不过部落分类对他们而言至关重要,我没有找到对部落化的不同阶段进行定义的依据。但是,我们似乎面对的是两个不同的部落结构表达方式,这也促使我们关注其他不同的特征和术语。

46

---

① 辛里-利姆的胜利是其统治第4年的大事(Z-L3);参见年代表(Charpin and Durand 1985,305—306)。

② Durand 1992b,113,n138;另可参见 Durand 1998,418;以及他对玛里文书档案中社会形势的最终研究成果。此观点与 Durand 和 Charpin(1986,153—155)最初的解释有所不同,当时他们认为"Ḥana"是一个专有名词,即使并非在西米莱特和亚米纳特两大部落群体均适用。而现在迪朗将其解释为 bédouin(贝都因人),当然并不狭隘地等同于游牧的现代贝都因人。我认为不应勉强将古代哈奈人(hana/Ḥana)与现代贝都因人联系在一起,以免造成时代性错误;为了避免误解,我选择的是更为贴近字面意思(而且不够雅致)的"帐篷居民"一词。

③ Rowton 将玛里定义为一个中等程度的、二形的(dimorphic)领土国家,在这样的国家形态中,部落和首领的地位极为重要,但是其政权性质仍为中央集权的官僚政治(参见 1973b,203—204;1976a,27—28)。

2. 辛里-利姆和哈奈人(Hana)

迪朗对哈奈人一词的解读需要一些延伸讨论。我在此只讨论该词的基本身份特征,而在本章 E 小结中将具体论述玛里文书档案中哈奈人所扮演的社会角色。迪朗的假设包含两个层次,在此我们需区分一下。首先同时也是最重要的,他指出哈奈人一般与已知的部落名称连在一起使用,而且在一定程度上它所涉及的人口范畴适用于不止一个部落团体。其次,亚米纳特哈奈人(Yaminite *hana*)和西米莱特哈奈人(Sim'alites *hana*)的称谓要求哈奈人必须是所属部落群体的子群体,同时这一子群体名称还可用于其他不同名称的部落。因此,"*hana*"不可能是描述一个族群或部落的专有名词,除非亚米纳特人和西米莱特人被证明是属于一个更庞大的"Hanean"民族或部落。但是,不管怎样,"*hana*"一词毫无疑问表示亚米纳特和西米莱特部落联盟中某一特定人群。无论我们是否能够最终确定该词的含义,上述模式已得到了大量新证据的证实而且绝对是正确的。在其假设的第二部分,迪朗的确指出了"*hana*"的一个含义,而且我认为似乎很有道理,所以本书自始至终采用了该词义。按照迪朗的分析,"*hana*"一词是西闪语阴性单数形容词,其词根为 *hn'*,意思是"在帐篷里生活"。[1] 在本书中,当Hana 表示某一特定部落身份时(特别在西米莱特部落联盟中),我仍将该词当作专有名词使用。

如不考虑词源学,迪朗对哈奈人是某一较大部落民族内部的子群体的认定首先依据的是 ARM II 53——一个名叫亚斯马-阿

---

[1]　近期成果可参见 1998,417—418,但最终将被他计划完成的专著中更为详尽的论述所代替,该专著以玛里文书档案的社会形势为研究重点。而更早期的重要论述可参见 1992b,113,114;1993b,47;1997,17,456;Charpin and Durand 1986,153—155。

杜（显然不是那位同名的玛里王）的男子写的信。这位亚斯马-阿杜已被确认为亚米纳特部落联盟的亚利胡部落首领，这在许多其他玛里文书档案中已得到证实。信中，亚斯马-阿杜将"哈奈人首领"与属于更大范畴的"亚米纳特部落首领"区分了开来。哈奈人的头领们在所有亚米纳特领导者们参加的议事会上提出与辛里-利姆谈判，归还他们的根据地城镇：

　　　　还有一件事情。亚米纳特的头领们在扎尔帕（Zalpaḫ）集合前往阿胡纳（Aḫunâ）。在那里苏拉哈姆（Ṣuraḫammû）和亚姆-利姆一起坐着，讨论要去见王上您。哈奈人（帐篷居民）的头领们站了起来对亚姆-利姆和苏拉哈姆说道："去辛里-利姆那里要回我们的城镇。如果拉温-达甘（Laḫun-Dagan）不愿一同前往，我们要么杀了他要么将他赶下王座。"这是亚米纳特的头领们的声明。现在亚姆-利姆和苏拉哈姆以及头领们要来见王上您了。您不应该拒绝他们提出的任何要求。而我自己随后也会赶来。①

　　在至少还有一个例子中，亚米纳特人特别谈到了他们自己的哈奈人参加会议以进行政治决策的事情。② 玛里文书档案中至少有两封信显示哈奈人与西米莱特部落名称同样可以连用。在一封未出版的书信中，写信者说西米莱特哈奈人在亚姆波（Yamutbal）人的地盘上放羊。③ 在另一封信中，扎玛昆同盟汉扎特（Ḫanzat）王亚卡伯-阿杜（Yarkab-Addu）对辛里-利姆提到了"西米莱特哈

──────────

① 　ARM II 53:12—31。Durand 使用这段文本旨在进一步说明 hana 的意思，参见1992b，113。他翻译的全文为 no. 702（LAPO 17，pp. 448—449）。

② 　参见 ARM XXVIII 25:8—16，显然是一位亚米纳特首领的另一封信（p. 24 和 n43）。

③ 　A. 505:22'—23'，Durand 1992b，114n146。

奈人与亚姆波"（或者"西米莱特和亚姆波哈奈人"）的联合，而这两个部落群体都不属于他自己所在的亚米纳特部落联盟。①

　　在所有这些复合词的使用中，哈奈人似乎表示部落群体中的特定的一部分人——他们与畜群为伴生活在永久定居点之外，该用法与玛里文书档案中"哈奈人"一词多次单独出现时的词义是一致的。② 那些远离被称为阿卢木（ālum）的永久定居点、过着游牧生活的人群都可以被称作"哈奈人"，而且我认为迪朗提到的"ḫana"来源于动词"居于帐篷之中"的观点很有意思，然而，对于以-a结尾的常用词形还是有必要解释一下。按照"ḫana"的词源我们可以将其翻译为"帐篷居民"。③ 但是，哈奈人往往似乎不受部落联盟的限制，因为每一个部落群体都可以用该词称呼他们当中的游牧民。"ḫana"单独使用时意思就是"我们的哈奈人"。这样使用时，该词的确呈现了一个专有名词的某些特点，不过它是被纳入了说话者所属的特定部落群体。

　　我们发现在亚米纳特和西米莱特两个部落联盟中均有使用"我们的哈奈人"。在书信 ARM II 53 中当亚斯马-阿杜面对的只有亚米纳特人时就是这么说的。因为辛里-利姆统治时期的绝大多数书信都是在国王所属部落占支配地位的圈子内完成的，所以书信中大部分时候提到的哈奈人可能是西米莱特人。有一封信充分证实了此论断，写信者名叫亚塔如（Yatarum），是一位军事领

---

① ARM XXVIII 36:12—16，写作ḫa-na DUMU Si-im-a-al ù Ya-mu-ut-ba-lum。ḫana 与部落名称连用往往是在并无明确所指的情况下，本章的后半部分里将有讨论。我的翻译适用于对 ḫana 一词的有限或分散解读。

② 亚顿-利姆和辛里-利姆统治时期的文书中区分了"ḫana"和"城市居民"。参见 A. 4280:32—33（cf. 47）中亚顿-利姆军队的分组情况（Charpin，即将发表 c）。另可参见 M. 6060:22'—23'（Durand 1991,52）中一份对辛里-利姆宣誓效忠的誓约。

③ 我并不清楚 ḫa-na 这一拼写形式中固定的 a 是否可以被解释为阴性词尾，而格的范畴似乎依然存在于西闪语的方言中。后来乌加里特语中仍保留了格元音，以 -t- 和 -at-标示阴性名词。

袖,该信实际上是一份有关刚打了胜仗的战报,而信封上使用了两个部落联盟的标识(FM III135)。信的开头这样写道:"哈奈人安好;王上的军队安好。"信的结尾是"军队安好,西米莱特人安好"。① 哈奈人一词常常与西米莱特人联系在一起,这点尤其证实了该词并不是独立于亚米纳特、西米莱特、苏图等之外的另一部落名称,库帕最先提出了这一观点,安巴仍坚持同样的看法。②

迪朗还发现"hana"一词的用法有两个层面,一个泛指"游牧民(我的帐篷居民)";另一个指辛里-利姆统治的王国及部落群体内狭义上的"西米莱特人",这可以从辛里-利姆的公开称号"玛里和哈奈人王国之王"看出。③ 迪朗认为这与法语"Américain"一词同样有两个用法类似,"Américain"既可表示美国人又可表示美洲人。尽管二重性已得到公认,迪朗还是比较喜欢使用更宽泛意义上的辛里-利姆的称号。④ 这一点从他对辛里-利姆与埃什努纳王伊巴-皮-埃尔二世(Ibal-pi-el II)所签订条约的评论中可以清楚地看出,他提及"王国本身"时将它与"hana bédouin"(哈奈人游牧民)区分了开来,这里哈奈人可能是西米莱特人也可能是亚米纳特人(LAPO 16,p. 456 note d)。我不清楚是否辛里-利姆本人发明了哈奈人这一概念作为流动游牧民群体(即包括西米莱特人和亚米纳特人)的统称,不过他确实可以通过扩大族群认同来对抗埃兰的威胁。⑤ 我们知道在正常情况

────────────

① 这几乎就是信函主体的开头和末尾的内容,简洁干脆,语序稍有调整。关于亚塔如(Yatarum)并非恰图南行政区一位总督的名字的讨论,参见 Guillot 1997,283—284。

② Kupper 1957,Chap. 1("Les Hanéens");Anbar 1991,80—83,各处("Hanûm")。

③ 引起我注意的是,Dominique Charpin 认为法语中不可能出现依据词源而构成的合成词,比如英语中的"tent-dweller"。这意味着"bédouin"一定同样表示一般性范畴,我们不能错误地将该词与现代中东地区的民族勉强画上等号。

④ 更早的论述可见 Charpin and Durand(1986,152—155)。

⑤ 这是 A. 3080 中的特别关注点,Durand(1990d,102—105)。

下，当亚米纳特人向辛里-利姆宣誓效忠时，他们就不能再有流动社群，甚至官方许可的都没有。这就是为什么亚米纳特人的达彼斯（Dabiš）城在同意加入辛里-利姆王国时发誓说它在大草原上没有赫布如（hibrum），达彼斯城受西米莱特联盟中的尼哈杜（Niḥadû）部落的保护。我们对辛里-利姆自我定义的王国——"玛里和哈奈人王国"的最终解释将是我们对辛里-利姆王国的社会和政治组织最重要的结论之一。

在对玛里文书档案中"hana"一词的用法作进一步探讨之前，我必须介绍一下乔治奥·布塞拉提（Giorgio Buccellati）的观点，当时夏宾和迪朗尚未发现新证据。在一篇文章中，布塞拉提认为哈尼（Ḥanū）和苏图（Sutû）是亚米纳特族群的两个部落分支，是生活在大草原上的游牧民。哈尼可再分为伽羽分支或部落，而伽羽分支又可再分为赫布如（hibrum），所以具体层级关系如下：亚米纳特族群＞哈尼（Ḥanū）＞伽羽分支（gayum）＞赫布如（hibrum）。哈尼人（Haneans）可以有资格成为亚米纳特人，但却不能成为苏图人（Suteans）。后来布塞拉提还认为，亚米纳特人和西米莱特人取代了早先的亚摩利人，而且分别被称为"右岸之子"和"左岸之子"。哈奈人（Ḥana）属于阿普莱蒂（幼发拉底河河谷地区）的农村阶层，在以玛里和忒卡为中心的政府机构中，这一描述人口的词语变成了一个地缘政治术语。这一所谓的农村阶层生活在附近的大草原上并以放牧为生。

对大量玛里文书档案进行文本解读和观点重建困难重重。眼前的麻烦就是辛里-利姆统治时期总被说起的西米莱特哈奈人生活的核心区域实际上是哈布尔河上游的伊达-马若斯同盟所在地，那里是旱地农业的中心地带。因此，我们不可能仅仅以幼发拉底河流域中部及毗邻的大草原这段狭窄地带来定义他们。而像前面提到的"西米莱特哈奈人和亚姆波人"这类个别档案文本很难解释哈奈人指的是亚米纳特人。

3. 伽羽分支

迪朗对哈奈人"*hana*"一词的解释使得几乎所有原先支持假定的"哈尼人（Hanean）"的证据重新指向了其他族群，尤其是西米莱特人和亚米纳特人。这个转变的首要意义之一就是被称为"哈尼人"的部落组织实际上就是西米莱特部落联盟。[①] 莫里斯·佩罗在 1953 年和 1955 年发表的一组补充目录中列入了驻扎在玛里和附近苏普木（Suprum）的哈奈人守备部队。这些军队按照部落关系编组，在某些情况下还可以按伽羽分支层级以下的氏族（clan）来编组。菲利佩·泰隆（Philippe Talon）依据 ARM XXII 和 XX-IV 中公布的名单对已知的伽羽分支数目又作了添加。[②] 而这些名单中的哈奈人实际上并非亚米纳特人，把帐篷居民细分为伽羽分支似乎为西米莱特部落联盟特有。

　　a. 书信 FM III 136：辛里-利姆治下西米莱特人的身份识别

有两封信都是有关追查个人行踪的，而且两封信均说明了伽羽分支在定义西米莱特人部落身份方面的作用。书信 ARM IV 1 是国王萨姆斯-阿杜写给被他任命为玛里王的儿子亚斯马-阿杜的，不过我们先来讨论另一封出自辛里-利姆统治时期的书信 FM III 136。

书信 FM III 136 是一位军队领袖写给辛里-利姆的，该信详细讲述了哈奈人队伍中一个逃跑的士兵。我们无需鉴别这个人是否西米莱特人，因为从信中对哈奈人擅离部队的抱怨中就可以看出：

[①]　对于"Hanean"部落特点的具体说明可参见注释 66 中引用的文献资料。将西米莱特人包括在内的这一截然不同的说法还源于地理因素。Kupper 对于玛里文书档案中部落群体的研究取得了开拓性的成果，认为"玛里的领土似乎与哈尼人（Hanean）的主要居住中心一致……"（1957,1）。基于最新的证据，Moshe Anbar 确认了亚米纳特和"哈尼人"人口的密集区域（1985,21）。另可参见 Charpin 1992c。

[②]　另可参见 Talon 1978,1982 以及 1985。关于和西米莱特分支相同的 *y-b-s* 的变体，参见 Abrahami 1992。

如果王上您不逮捕擅离部队的人，那些哈奈人也就会离开。他将削弱士气(?)。宇马哈穆(Yumahammû)的拉瓦苏(Lawasum)已经离开。他的头领是达迪-利姆(Dadi-Lim)，他的财产包括 200 只羊和 5 头驴子。王上您应该将它们全部没收。①

这段文字是这样推理的：

●擅离部队的人名叫拉瓦苏，他所属的第一级部落被称为宇马哈穆，这是一个已知的伽羽分支，不过文中未出现该词。

●"他的头领是达迪-利姆。"确认拉瓦苏身份的第二层方法是知道他的头领是谁。因此，每一个伽羽分支下面应该有多个地方头领。②

●拉瓦苏的财产是 200 只羊和 5 头驴子。他最直接的财富不是房屋而是他的牲畜。

这一层层的身份识别信息告诉我们：拉瓦苏是西米莱特部落联盟的游牧民(哈奈人)，即帐篷居民中的一员，他归属西米莱特第一级部落宇马哈穆伽羽分支，他所在部落头领的名字，以及他拥有的牲畜数量。虽然伽羽分支一词可能会包含某种地理因素，但是它基本上没有被当作一个地理名词来使用，所以，以上对拉瓦苏身份的整个推断中根本就没有提及他到底来自辛里-利姆王国的哪个城镇或者哪个行政区。但这并不是说定居的西米莱特人没有以上述方法分类，关键是我们要明白，这个例子中的部落等级无需参照定居者的政治组织形式来划分。

---

① 　FM III 136：5—15，亚塔如(并非那位恰图南行政区总督)写给辛里-利姆的信。有关写信人的身份可能是一位军事领袖(他还写了 FM III 135)的鉴定，参见 Guillot 1997，287。

② 　Guillot 并未说明提出达迪-利姆(Dadi-Lim)这一名字的依据。

b. 领导游牧民和城镇的头领(sugāgum)

因为头领(*sugāgum*)一词使用范围较广,我将其译为意思较为笼统的英语单词"leader(领导者)"。[1] 头领可以是一大群人的管理者,这些被管理者可能来自一个部落或者一个麻敦"国"。在玛里这个大王国中,头领们往往负责管理各自的城镇,而且前文提到西米莱特游牧民们的领导者也被称为"头领"。根据前面那封编号为 *FM III* 136 的书信,伽羽分支仅限于游牧民中使用。据我所知,西米莱特头领并不以他所管辖的具体城镇来定义,比如"某城镇的头领。"[2] 这显然与亚米纳特部落联盟中的情形截然相反。毫无疑问,许多玛里王国的城镇由单个头领管辖。其中又有很多城镇看似并没有结成部落联盟(见表一),但是它们当中肯定有一些是亚米纳特人。基于这些证据,艾奇罗·纳卡塔(Ichiro Nakata)甚至提出所有的头领可以管辖城镇,即使当他们作为群体时是按照部落分类的。[3]

有不止一个亚米纳特头领管辖某一城镇的例子。忒卡总督基布瑞-达甘(Kibri-Dagan)向国王辛里-利姆报告说:"我给亚米纳特人

---

[1] 名词 *sugāgum* 的词源还未可知。无论是玛里文书中还是其他早期塞姆语中均未出现 *sugāgum* 的动词词形。Durand 认为词根 *sgg* 可能与希伯来语和亚拉姆语(Aramaic)的 3 个辅音词根 *šgy* 同源,"变得更大,增加"(1997,208)。

[2] 如果 *sugāgum*(头领)的身份低于伽羽分支层级,那么每个分支就不可能只有一个头领。当某一分支与某个定居点建立了固定关联,那么其头领的身份甚至会以城镇来确认,但是是作为众多居民中的个体,而非唯一的领导者。在一篇关于苏胡木地区西米莱特城镇萨皮莱图的文章中,Charpin 引用了两段尚未发表过的文书内容,该文记录了两个"萨皮莱图人"支付头领费的事(1997b,353n44)。在负责记录头领费交付情况的官员眼中,这些头领们的身份以其居住的城镇标明;不过据我了解,我们还未曾发现"萨皮莱图头领"或者其他西米莱特城镇头领这类称呼的证据。上述两段记录中的两位头领可能是西米莱特联盟中的"哈奈人(Hana)",因为他们以羊而非银子支付了头领费。

[3] "我们甚至会说,提到亚米纳特人或者 Hanaeans 的头领时就等于在说亚米纳特城镇或者 Hanaeans 城镇的头领"(Nakata 1989,118)。Charpin 同样这么认为,还研究了亚米纳特城镇的这一现象;不过 Bertrand Lafont 对此有保留意见,主要是因为 ARM II 53 以及类似的文书中出现了亚米纳特哈奈人(*hana*)的头领的说法(1997a,37n25)。

的城镇写了信,杜忒(Dumtên)城的头领回复我说⋯⋯。"①根据上文中引用的亚米纳特书信 ARM II 53,被认为是帐篷居民的头领们请求两位亚米纳特首领代表他们去见国王辛里-利姆,要求归还"我们的城镇"。所有格后缀表示个体词义,一个城市只有一个头领。根据阿迪里纳·米列-阿巴(Adélina Millet-Albà)有关最新人口证据的研究成果(即将出版),杜忒是玛里王国核心地区内最大的亚米纳特城镇,约 675 人。又例如,萨嘎拉图(Saggaratum)行政区下辖着更小的亚米纳特城镇,它们分别是辛尼亚(Ziniyan)镇,约 195 人,属亚胡如部落,另一个是萨胡(Sahrû)镇,约 140 人,属阿纳努部落。②

表 1　由单个头领管辖的城镇及部落联盟身份不明的城镇

玛里行政区	胡扎安(Humzan)(ARM XVIII 54:2);萨卡(Šakka)(ARM XXII 326:3—5;XXIV 55;63 ii':3'—4');苏巴图(Ṣubatum)(ARM XXIV 60);塞如木(Šehrum)(ARM XXIV 62 i':12'—13',没有头衔);乌巴特(Urbat)(ARM XXIV 61i:4,没有头衔)
忒卡行政区	希马安(Himaran)([ARM IX 248:8'];XXIV 57;62 i':18'—19');希萨塔(Hišamta)(ARMVI40:5—7;XXVI5:12—14;6:54)
萨嘎拉图行政区	阿玛图(Amatum)(ARM XXIV59);杜-亚顿-利姆(Dur-Yahdun-Lim)(ARM XIV46:7);萨达尼图(Šamdanitum)(ARM IX 248:10');兹比纳图(Zibnatum)(ARM XXIV 60)
恰图南行政区	塔巴图(Ṭabatum)(ARM XXVII 107:8—9);
地点不详	杜努斯(Dunuhši)(ARM XXIV 61 ii:3');乌塔胡(Utahum)(ARM IX 248:13';XXIV 61 ii:5')
玛里王国之外	阿玛兹(Amaz)(ARM X 84:10—11,属于玛里以北安达瑞格王国);巴里河流域的德尔(Der)(ARM XXVI 24:16;FM II 63:9—10);扎玛昆联盟的一个镇(阿杜旺?,A. 2995+M. 14337:4,FM I,p. 61)

---

① ARM III 38:15—18;Durand,LAPO 17,no. 686,pp. 428—429. 另可参见 ARM II 53:12—31;II 92:12—13;II 103:12;III 21:7—13;III 70+M. 9610(参见 Durand,1990a,149—151);XXVI 450:7—9。

② 证据显示萨胡(Sahrû)确实有一位头领(A. 2435:20—21,Charpin 1995b,53)。Ziniyan(参见 ARM XXIV 61 ii:4';XXVI 462:5—6)似乎是 Ziniyan-Yahapalum 的缩写。米莱-阿尔巴(Millet-Albà)确认这几个城镇均属亚米纳特人。

　　在表 1 中我仅列出被直接称为"某城镇的头领"名单,没有包括那些只是间接关联的城镇和头衔。其他头领被认为是来自亚米纳特城镇,但只是那里的居民,这种情况在西米莱特头领中也一样。辛里-利姆治下萨嘎拉图行政区前总督苏胡-拉比(Sumḫu-ra-bi)的一封信中写到,在一个叫扎鲁·拉布穆(Zarrum Rabbûm)的亚米纳特城镇,头领扎兹姆(Zazum)辖区内的羊群中出生了一只畸形小羊羔,扎鲁·拉布穆镇是武卡行政区中一个规模较小的居民点,大约有 275 人。① 在一份银器和牲畜的支付记录单中就包括了萨嘎拉图行政区一个主要亚米纳特城镇达彼斯((Dabiš,约550 人)的头领。② 在书信 ARM XXIII 的注释中提到了另一个亚米纳特城镇头领,据说他名叫伊斯-艾卜(Išhi-ebal),被认为是萨·胡苏拉梯姆(Ša ḫuṣuratim)镇的头领,该镇大约 70 人。③ 萨嘎拉图行政区总督的一封信中提到了该行政区中规模最大的城镇巴汉(Barḫan)的管辖者凯里-鲁马(Ka'ili-ilumma),那里居住着大

---

① ARM XXVI 241:5—7,"在一个叫扎鲁·拉布穆的亚米纳特城镇,头领扎兹姆辖区内的羊群中出生了一只畸形小羊羔……"这段文字并未排除城里或许居住着其他头领的可能性,该城镇的亚米纳特身份在 ARM XXIII 428 和 429 中的一份花名册中得以证实,该花名册出自达迪-哈顿管辖的萨嘎拉图行政区,达迪-哈顿还是拉布穆(Rabbûm)部落的首领(一定程度上因 ARM XXIII 428 和 429 中的 Zarri Rabbiyum 这一姓名得以证实)。

② ARM IX 248:11'。ARM XXIII 428 和 429 中的花名册显示,达彼斯对亚胡如部落的首领亚姆-利姆负责。这些花名册的拟定与辛里-利姆统治的第 12 年援助巴比伦的行动有关,但是却与 A.981 号书信的内容有冲突。A.981 显示达彼斯的领导者们向辛里-利姆宣誓效忠,某种程度上还将该城市与西米莱特尼哈杜部落联系了起来:"让我们也加入到西米莱特尼哈杜部落中去吧……"(Durand 1992b,117—118)。根据达彼斯与亚米纳特以及亚胡如部落之间关系的连续性,上述花名册并非说明达彼斯部落身份的转换,而强调的是结盟仪式前作为近邻的部落之间兄弟关系的建立过程(第 40—41 行)。

③ Pierre Villard,ARM XXIII,p. 496n113。萨·胡苏拉梯姆(Šaḫuṣuratim)镇应该就是玛里行政区的一个叫作 Ša MUŠEN$^{ba.ki}$(ARM XXIII 428:2)的亚胡如小镇,在 XXIII 426:7 中出现了 Ša iṣ-ṣú-ra-tim^{ki} 的拼写形式。而在 ARM XXIII 552:3 中的拼写形式为 Šaḫi-ṣú-ra-tim。

约 650 人，虽然没有直接以"头领"来称呼他，但暗示了同样的意思。头领有责任对辖区进行人口普查，而凯里-鲁马报告说有 8 人在正式普查的日子逃避了人口登记。[①]

总的说来，7 个亚米纳特城镇分别有一个直接或间接拥有"头领"头衔的管辖者，这 7 个城镇是：杜忒（Dumtên），辛尼亚（Ziniyan），萨胡（Sahrû），扎鲁（Zarrum），达彼斯，萨·胡苏拉梯姆，以及巴汉。有趣的是，据说米斯兰（Mišlan）和萨马努（Samanum）这两个亚米纳特城镇从未有过头领。米斯兰（人口约 600 人）是玛里行政区中最大的城镇，是亚胡如部落首领亚格-阿杜（Yaggih-Addu）的辖区；萨马努（人口约 300 人），属忒卡行政区，是乌拉普部落的中心地区。显然，亚米纳特头领至少可以被看作是立足于某个城镇的管辖者，甚至与辖区内的游牧民也保持着一定的关系。当不得不放弃所居城镇时，头领们也许会跟随着帐篷居民前往大草原。我们无法知道是否所有的亚米纳特头领们都有这样的城镇根据地，不过无论如何，如此死板的公式化做法可能并不妥当。

并非所有支付纪录中头领的身份均以城镇界定。菲利佩·泰隆发现一些头领通过"伽羽分支（*gayum*）"来定义。这个区别与另一模式相互关联：城镇的头领们一般以银子来支付，[②]而伽羽分支的头领们往往以羊群支付。[③] 实际上，这意味着西米莱特管辖者们专享一种特殊的头领财政义务，头领们的身份以他们在西米莱特部落联盟内部的部落身份而非其定居地来定义。但未有证据显示亚米纳特头领的头衔可以不根据其居住城镇而是其他范畴来定

---

① 参见 Millet-Albà 关于 ARM XIV62：4，9 和 28（LAPO 17，no. 648，pp. 350—351）的论述。请注意在最初的出版物中 Barhan 被写作了 Karhan。

② 特别参见 ARM XXIV 53—63。具体文本见 Talon 1978，146；Bottéro 1958，164—165。

③ 详见 ARM XXIV 53；54；56；58；61；62。这些头领均以牲畜（animals）来支付头领费。

义。至少有一个例子表明，一位西米莱特伽羽分支的头领同时以
银子和羊群支付。① 这种混合支付方式可能暗示着西米莱特城镇
和游牧民之间一种预期的联系，表明西米莱特头领既要管耕地又
要管牧群。没有证据显示亚米纳特头领也是如此。

c. 哈奈人的头领们

辛里-利姆统治时期，复数形式"*sugāgū*"指聚集在一起的头
领们，但这仅适用于西米莱特部落联盟，因此我称他们为哈奈人的
头领们。辛里-利姆的官员们会召集他们行政区内的头领们商讨
王国事宜，也常常包括亚米纳特城市的头领们，但哈奈人的头领们
却侍奉着完全不同的主人：两位西米莱特牧场首领：伊巴-埃尔
（Ibal-el）和伊巴-皮-埃尔（Ibal-pi-el）。恰图南行政区的总督扎科
拉-哈穆（Zakira- Ḫammu）写信给辛里-利姆："在我给您寄信的当
天，牧场首领伊巴-埃尔的副官与 15 个哈奈人的头领进入了恰图
南。"②头领们负责统率为国王打仗的部队。在一封伊巴-皮-埃尔
给辛里-利姆的回信中，他就向塔哈玉（Talḫayûm）王派兵一事这
样回复道："我向头领们询问了出兵之事，但是我自己没有派
兵"。③ 行政区官员管辖权之外的抱怨和抗议须由牧场首领和头

---

① ARM XXIV 61 iii:6'—7'，亚巴苏部落的巴迪-阿杜，可能也就是 A. 486＋M.
　　5319:43—50 中提及的那位军事指挥官（Villard 1992,146—147）。一个名叫阿
　　比-艾普（Abi-epuḫ）的男子支付的头领费就是银子和牲畜，他被登记为"阿斯麦德
　　的儿子（son of Ašmad）"(61 ii:9'—10')。此称谓方式与"瑞皮-阿杜，伊巴兰（Iba-
　　lan）的儿子"一致，瑞皮-阿杜同样为部落身份。ARM VII 227 内容似乎都是涉及
　　西米莱特领导者们银子和牲畜交易的记录，其中有些人就是 ARM XXIV 中提到
　　的头领，但是尚不清楚该文字内容与头领费缴纳义务有何联系。
② ARM XXVII 93:6—11。另可参见 ARM XXVII 94:8—11，伊巴-皮-埃尔一次类
　　似的出行，"同行的有哈奈人的头领们"。
③ A. 1610＋:25—27（Durand 1988,109—110）。另见 A. 2119:29（Charpin 1992b,
　　98），伊巴-皮-埃尔在另一封信中写到，哈奈人的头领们派了两个代表给辛里-利
　　姆送去了好消息——他们急切地想攻打埃什努纳；另见 M. 9175，头领们陪同伊
　　巴-埃尔出行（Charpin 1990a,76—77）。

领这一领导组合一起处理,比如有一次伊巴-埃尔及其手下头领们被要求向伊达-马若斯同盟的纳胡(Naḫur)和阿斯拉卡(Ašlakkâ)两个小王国送去他们承诺的盐和粮食。辛里-利姆的一位官员以图-阿斯杜(Itur-Asdu)向他汇报说:

> 我离开了纳胡,在纳普塔卢(Napṭarum)遇见了伊巴-埃尔。我将伊巴-埃尔及头领们召集起来,当着他们的面抱怨起盐和大麦的事情来,而我已向您多次写信说过此事了。①

在大草原上,哈奈人头领们的法律权威是行政区总督们无权逾越的。占卜师兼高级顾问阿斯库杜(Asqudum)写给辛里-利姆的一封信说明他们有着不寻常的自主权:"任何想要进入大草原中心地区的人都必须被捆绑起来,以便一并被带到玛里,带到哈奈人头领们面前。"②在美索不达米亚北部王国的萨姆斯-阿杜的军队中,其中的哈奈人同样由头领领导,但是他们具体的部落身份尚不清楚。③ 与其他引用的证据一样,这些各式各样的文本资料表明西米莱特部落联盟中的头领们与城市并无明显的关系。

　　d. 西米莱特伽羽分支和辛里-利姆治下的西米莱特城镇

　　关于 FM III 136 中头领与伽羽分支的关系还需再作评述。尽管以伽羽分支名称识别单个西米莱特人(甚至那些居于城镇的人)的做法非常普遍,但是我没有发现以伽羽分支来定义的任何政

---

① 　*FM* III 20:6—11.

② 　ARM XXVI 41:7'—10',这里强调的大草原让我们联想到 ARM II 53 中的亚米纳特"哈奈人的头领们",他们失去了自己的城镇。

③ 　ARM I 13:8—11,头领们逮捕了逃兵并将他们送交给职位高于自己的指挥官;参见 LAPO 17, p. 27,核对第 8 行$^{\text{lú. meš}}$*su-ga-gi-ša*[*ḫa-n*]*a*(?)。ARM I 128:5 显示了明确的直接关系,但问题是离开了集结部队的哈奈人如何管理。头领们会对$^{\text{lú. meš}}$*ḫa-ni-i pa-ṭe₄-ri* 负责。

治领导形式,无论是个人领导还是集体领导。① 辛里-利姆虽然维持着一个由高级官员组成的领导圈,这些官员们可以在任何范围承担责任,但是王国的实际人口由两个平行的行政机构管理。当辛里-利姆接管玛里时,玛里是一个建立在河谷之上的王国,而且在亚斯马-阿杜统治时期就已开始划区而治了。每个行政区由作为首府的中心城镇来确定(见第三章),总督居于此地。这些行政区(其中心部分为幼发拉底河两岸)的经济以农业为主导。至少国王所属的西米莱特部落中的游牧民由牧场首领管辖。

西米莱特城镇的特征仍然不明确,而且我们完全不清楚那里的人口到底是如何管理的。一方面,当这些城镇位于被划定为行政区的范围内时,居民们应该会服从总督们的领导。但是另一方面,一份萨皮莱图镇的土地文件文本显示,这些城镇仍然维持着部落亲缘关系,而亲缘关系可能与另一种可以允许亲属跟随羊群流动的政治结构有关。不过,萨皮莱图镇的情况并不具有普遍性,它属于苏胡木(Suhûm)地区,地处玛里沿河下游,苏胡木在辛里-利姆王国中的行政区身份一直以来存有歧义。始终与苏胡木有着密切关系的两位管辖者分别是梅普图(Meptûm)和布恰库(Buqaqum),然而他们并没有被明确称呼为总督或者牧场首领。② 苏胡木地区早前时候属于埃什努纳王国,它从来就不曾像沿河上游的行政区与玛里的关系那样牢靠。如果说西米莱特人的领导者身份具有游牧社会特征的话,即使有时西米莱特人也居于城镇,亚米纳特人的情况则并非如此。虽然亚米纳特人的部落特征无法抹

54

---

① 有一个例子十分突出,即一群西米莱特人定居于城镇但仍保留着一个部落分支的身份(ARM VIII 85 ＋A. 4304),而 Charpin 从这段文本资料着手对萨皮莱图镇进行了研究(1997b,343—344)。对辛里-利姆负有法律责任的集体领导形式有当前事务中的"萨皮莱图的居民"(第50、53行),以及之前37名"字马哈穆头人"的集会(第54—55行)。但这些并非伽羽分支的领导者,而是一个隶属字马哈穆部落的城市的领导者。

② 关于梅普图(Meptûm)和布恰库(Buqaqum),参见 Joannès 1996,334。

灭,但是辛里-利姆拒绝准予他们城镇之外的任何管辖权。

辛里-利姆的一部分臣民分别属于西米莱特游牧部落联盟中的各个伽羽分支,由牧场首领和头领们管辖,但是这些领导者们并非以伽羽分支确定。西米莱特伽羽分支似乎早已失去了它曾有的政治功能,这很可能是因为占据统治地位的西米莱特国王们(如亚顿-利姆和辛里-利姆)将权力集中化的缘故。[①] 尽管如此,伽羽分支还是继续发挥着具有西米莱特游牧民特征的社会作用,它在西米莱特部落联盟内部仍然是第一级部落的称谓。但是没有证据表明伽羽分支这一层级拥有政治决策权。[②]

e. 书信 ARM IV I:萨姆斯-阿杜统治时期的西米莱特人

我们发现了一个有趣的现象,即萨姆斯-阿杜统治美索不达米亚北部初期时也同样是以伽羽分支确认单个西米莱特人的身份。萨姆斯-阿杜在写给儿子亚斯马-阿杜(时任玛里王)的一封书信 FM III 136. ARM IV 1 中给我们提供了有关层级关系的又一个例子,信中说有 5 名男子离开了他们的伽羽分支来到了位于苏巴-恩里城的王宫:

> 萨库莱努(Sakuranu)和马纳塔努(Manatanu)住在哈拉顿(Harradum);凯拉-伊姆(Ka'ila-ilum)、扎祖鲁(Zazunum)和达迪亚(Dadiya)住在阿玛图(Amatum);他们的头领叫哈提库(Hatiku);他们属于宇马哈穆伽羽分支。这五个人离开了他们的伽羽分支来到了我这里。[③]

---

① 一种可能的情况是伽羽分支曾经和 5 个亚米纳特部落一样也是有效的政治实体,每个伽羽分支均有自己的首领。

② 伽羽分支的历史发展某种程度上可以从部落身份鲜明的政治性来理解。A. M. Khazanov 认为一个部落从来就不是一个纯粹的领土单位:"它首先是一个政治组织"(1984,151)。

③ ARM IV 1:5—17.

身份确认由三部分信息构成：

● 5 个人的名字，来自两个不同的镇——哈拉顿和阿玛图；

●"他们的头领叫哈提库"。他们住在两个镇，却由同一个头领管辖；

●"他们属于宇马哈穆伽羽分支"，与书信 FM III 136 提到的是同一个西米莱特伽羽分支。

从这份文本可以看出，人们无需以居住城镇来确定身份，即使居于不同城镇也可能受辖于同一头领或属于同一部落分支。有趣的是，假若这样，部落头领的权力则胜过了那些只管辖一个城镇的官员了。文献中提及的各个分支在大多数情况下都与西米莱特部落联盟中某个具体的部落分支有关，除此之外则再无其他更多信息了。

f. 西米莱特部落联盟的伽羽分支

伽羽分支的称谓可以表示西米莱特游牧民的基本组成部落（即 4 个伽羽分支阿姆如、尼哈杜、亚巴苏以及宇马哈穆中任何一个），同时还可以表示基于军事目的划分的亚巴苏和阿萨如盖姆这两大军事部落分支的任何一个。我们可以将分别属于亚巴苏分支和阿姆如分支的游牧民一起称为亚巴苏的帐篷居民。[1] 迪朗认为西米莱特部落联盟首先划分为亚巴萨（hanû Yabasa）和阿萨如盖姆两个部分，然后这两个部分再各自划分属于自己伽羽分支的部落，伽羽分支属于二级部落范畴。[2] 在迪朗看来，亚苏巴军事部落组织包括亚苏巴、卡苏姆（Kasûm）、阿姆如和阿比-纳卡（Abi-Nakar）4 个伽羽分支；阿萨如盖姆军事部落组织则包括宇马哈穆、伊巴-阿姆（Ibal-Ahum）、马纳普苏（Mannapsu）、威埃姆（Wer'ûm）和尼哈杜姆（Nihadûm）5 个伽羽分支。上述分析结果至少部分是以

55

---

[1]　ARM XXIV 235：1—9.

[2]　Durand 即将出版，RAI 46 记录。M. Durand 十分慷慨地给了我一份原稿，在此我深表谢意。

书信 A. 486+M. 5319 为依据的,该信写道,身为军队的将军和牧场首领,伊巴-皮-埃尔在其军队受到巴比伦王汉谟拉比正式欢迎时遭遇了一个政治难题。巴比伦人所理解的什么礼物该赠与什么级别的军队首领与伊巴-皮-埃尔军队的实际领导架构并不匹配,因此,伊巴-皮-埃尔调整了人数,提拔了他手下的两位首领,一个"统帅亚巴萨哈奈人",另一个"统帅阿萨如盖姆"。① 我们很可能会将这两个并列的部落组织结构与特定时期的西米莱特两位牧场首领的支配地位联系在一起,但是,并无证据证明此联系。在这一特定背景下,在任何一位牧场首领统帅的军队中双方部落组织的成员都是合并在一起的。还有一封信 ARM XXIV 235 可能也提到了上述两个重要部落范畴,根据该信,亚巴苏(Yabasu)这一称谓具有双重用途,既可以指某个具体的伽羽分支,还可以指更高层级的两大部落组织之一。这块书信泥板的反面已破损,但我们还是获取了以下信息:在得出总共有"24 个头领在休假"(暂不履行军事义务)之前,小计一栏中显示其中"16 个头领"来自"阿萨如盖姆"(第 15—16 行)。②

将部落士兵二分为亚巴苏和阿萨如盖姆两大军事分支的做法在亚顿-利姆统治时期就开始了。一封写给这位早期西米莱特王的信中列有一份 462 个士兵的名单,他们负责护送一些战利品到玛里献给亚顿-利姆。在总人数概要中,这些士兵被分列为 172 个"帐篷居民"和 290 个"市民",但是真正的名单显示这些士兵的来源主要有以下三个:

- 3 个西米莱特部落组织,被列在亚巴苏和阿萨如盖姆一栏;
- 来自以下 4 个行政区的"王国的儿子们"③:"南部"(即玛

① Villard 1992,146—147,第 51—52 行。
② Talon 音译为 lú a-x-ru ga-yu,他临摹的部落名称可以清楚地识别。临摹的前面的数字看似"19",但如果加上 6 个亚巴苏,对总数为 24 来说似乎就多了。
③ 原文为"sons of the land"。——译注

里),"希萨塔和忒卡"(即后来的忒卡),另外两个行政区因书板破
损无法查考其名称;

● 被列为乌拉普部落和亚胡如部落的亚米纳特人。①

遗憾的是,因泥板书信残缺不全,我们无法知道上述三个部分
的人数是如何计算出来,以及如何分别归入总人数一栏中的帐篷
居民和"市民"的。有 94 个亚米纳特人(每个部落 47 人),还有　　　56
125 个"王国的儿子们"来自"希萨塔和忒卡"及另外两个名称不详
的行政区。夏宾认为亚米纳特人应当被归入哈奈人,或者至少帐
篷居民的范畴中应不加区别地包括西米莱特人和亚米纳特人,但
是实际数据与夏宾的推论并不相符。也许一个可行的办法就是假
设亚米纳特人是以居住的城市来计数的,就像辛里-利姆统治时期
那样,并假设所有 172 个哈奈人均来自西米莱特部落联盟的亚巴
苏和阿萨如盖姆两大军事部落组织。② 亚巴苏和阿萨如盖姆军事
双部落以及四个行政区表明,自亚顿-利姆统治时期到辛里-利姆
统治时期,玛里大王国行政架构的延续性十分显著。

迪朗怀疑亚巴苏和阿萨如盖姆军事双部落现象也许说明早期
西米莱特人曾经以 *li'mum*(里穆部落)划分,但我尚未发现有证据
显示西米莱特人使用过里穆部落一词,特别在描述其自身组织结
构方面。事实上,前文中引用的两封书信并未提及亚巴苏和阿萨
如盖姆军事双部落与 *gayum*(伽羽分支)或者 *li'mum*(里穆部落)
的关系;不过,"亚巴苏"同时也是西米莱特部落联盟中一个第一级
部落的名称。③ 在两种情况中,部落分类均基于军事目的,因战事

① A. 4280(Charpin,即将发表 c);作者慷慨地送了一份草稿给我。关于亚巴苏和阿
　　萨如盖姆,特别参见第 14—17 行。
② 关于城市召集的亚米纳特士兵的人数,参见 ARM XXIII 428 和 429。
③ 目前迪朗认为 Ašarugayum 源自 *š-r-g* 这一词根,而意思尚不确定。而之前他曾认
　　为 -*gayum* 表示"其他的宗族";参见 Villard 1992,142—143 和 note g。注意在 A.
　　486+和 ARM XXIV 235 中,Ašarugayum 为第二组,而且并没有同名的 *gayum*
　　(伽羽分支)。

需要西米莱特"哈奈人"被划分成了两大军事部落。上述书信文本中均没有使用伽羽分支一词来描述这两大军事部落，在书信ARM XXIV 235 中，作为较大组织单位的"Yabasu ḫana（亚巴苏哈奈人）"与 Yabasu gayum（亚巴苏伽羽分支）是两个不同的概念。

当然，新证据将会对上述描述中的细节进行修正，而且我相信迪朗和他的同事们一定会提供更多的文献资料。在多数情况下，个体部落成员的身份并非以"西米莱特"或"亚米纳特"这样的部落联盟而是以其所属子部落来定义。就西米莱特人而言，这些子部落是指亚巴苏或阿萨如盖姆两大军事部落分支的下级部落——伽羽分支。而对于亚米纳特人来说，部落成员分别属于以下 5 个部落：亚胡如、亚利胡、阿纳努、拉布和乌拉普。

在实际使用中，似乎不管亚巴苏或阿萨如盖姆军事双部落如何称呼，西米莱特游牧民分别属于被称为第一级部落的各个伽羽分支。该词常常被译为英语单词"clan"，意思是"宗族"，旨在说明伽羽分支是西米莱特和亚米纳特"部落"的下一级社会单位。而我个人则更偏好使用"部落联盟"代替这里的"部落"一词。亚米纳特实际上是一个由 5 个部落组成的部落联盟，每个部落都有自己的王，在这里我们将每个组成部分称为部落是很自然恰当的。而西米莱特人是在"利姆"王朝国王们的统治下联合在一起的，[1]所以其单个社会群体就很容易被称为西米莱特"部落"及其"宗族"。根据创建杜-亚顿-利姆城时留下的碑文来看，7 位"哈奈人"王曾联合起来同亚顿-利姆打过仗，因此西米莱特人还可以被划分成独立的政治实体。[2] 无论采用何种描述社会层级的术语，关键是我们必须认识到 5 个亚米纳特"部落（tribes）"（而我将在文中尝试性地

[1]　亚顿-利姆和辛里-利姆统治时期均如此。
[2]　参见 Frayne 1990,602(E4.6.8.1:15—20)。

使用"里穆部落"代替这里的"部落")以及西米莱特游牧民伽羽分支均表示部落联盟中的第一级社会组织（即第一级部落）。

玛里文书档案证据显示，伽羽分支虽然丧失了政治职能，但是在意识形态上仍然发挥着西米莱特部落的作用。伽羽分支仍然是定义西米莱特人亲缘关系的依据，虽然伽羽分支作为整体失去了政治决策权，但是从属于它的各个部落则不然。就西米莱特部落联盟而言，享有政治决策权的较大部落组织似乎由西米莱特人身份本身决定，即是否与国王本人（首先是亚顿-利姆而后是辛里-利姆）所属部落一脉相承。

g. 西米莱特圈子之外的伽羽分支

伽羽分支在西米莱特圈子之中和之外的涵义是有差别的。有一封书信特别提到了玛里王亚斯马-阿杜（萨姆斯-阿杜之子）执政时期伽羽分支的不同用法。在该信中，驻守在巴里河（Balih River）流域的一位叫辛-特瑞（Sin-teri）的官员引用了国王亚斯马-阿杜的命令："那些过了河的帐篷居民，无论是西米莱特人还是亚米纳特人，他们到底是哪个伽羽分支的？给我一份详细报告。"[1]

尽管这里的伽羽分支并非一个专门范畴，但严格来讲它应当是指比西米莱特伽羽分支层级更高的一种亲缘关系。该词适用于西米莱特和亚米纳特两大部落联盟。当然，该书信文本中伽羽分支的涵义并不十分确定，该信也没有提供将"伽羽分支"定义为"宗族"还是"部落"的任何依据。[2] 然而须注意的是，该书信文本与前文中两份关于西米莱特人身份识别的内容其实是类似的——无论是一般含义还是物主代词后缀的用法，而且强调的是伽羽分支成员而非管理者。无论在此处还是别处，伽羽分支一词和常见的玛

---

[1] A. 2560：6—10, Durand 将其译为 LAPO 17, no. 731。这段文本首次发表于 Charpin and Durand 1986, 180—182。另可参见 Durand 1990b, 62；Charpin 1987c。

[2] 目前尚未发现任何有关"*gayum*"一词基本含义的词源依据。

里术语"行政区（ḥalṣum）"以及"村庄（kaprum，复数形式为kaprātum）"有一个共同的特点，这些词语都适用于人口和政治身份界定中更加宽泛的层级范围，不过它们都不只限于描述相关等级制中的单一层级。事实上，这几个词语似乎包含着某种从属关系。行政区往往指更大区域的一部分；①而村庄（kaprātum）总是依附着某个中心城镇；②伽羽分支则似乎从来就不是亲缘关系等级中的最高层级。实际上，在刚刚引用的那封信中，国王亚斯马-阿杜提及的伽羽分支指的是宽泛意义上的帐篷居民的较大部落。

4. 里穆部落

亚米纳特人是幼发拉底河流域的重要居民，玛里文书档案中多处都有对他们的记载。然而，这些书信很少是亚米纳特人自己写的，这就大大妨碍了我们从其组织内部探知其部落结构。尽管如此，玛里文书档案中还是包括了极少量亚米纳特人写的信，其中两封信可能提到了表示亚米纳特部落联盟第一级部落的术语。

皮埃尔·马勒罗（Pierre Marello）发表了标题为"游牧生活"的一封信，该信是一位亚米纳特部落王写给另一位部落王的，这两

① 玛里文书档案中ḥalṣum一词的这种用法有多个不同的表达方式。除了辛里-利姆统治的以玛里为中心的王国中阿普莱图（Aḫ Purattim）"行政区"这一标准用法，ḥalṣum还可以是更大王国的组成部分。例如，ARM XXVI 373：23—25 中ḥalṣū nadûtum（"偏远的行政区"）的定义描述了它们与埃什努纳国的关系。当"ḥalṣum"一词用于描述相对于写信人而言的别国时，它强调的是一种从属地位（比如 ARM X157：9 中的纳姆哈和亚姆波；XXVI 145：21—22 中巴里河流域的德尔等等）。在给他们的宗主辛里-利姆写信时，附属国的国王们会主动使用"ḥalṣum"一词（例如，ARM II 59：4—6 中卡哈特的卡比亚）。

② 参见，例如 ARM XIV 121：26—27 中，"ḥalṣum"将聚集于防卫森严的城市中，这些进入城市寻求保护的人为生活在"kaprātum"的居民。kaprum 未必就没有防御工事；不过没有防御工事是该词常见的用法。ARM XXVI 156：5—9 中，一位宗族首领为 kaprum 修筑防御工事，但这并不能说明 kaprum 一定有防御工事。

位部落王分别是乌拉普部落的哈米-伊斯塔马和亚利胡部落的亚
斯马-阿杜。哈米-伊斯塔马在信中抱怨亚斯马-阿杜没能和他一
起联合备战，自以为高人一等地把亚斯马-阿杜批评了一通，原因
大概是亚斯马-阿杜在城市据点逗留太久以至于和部落人疏离了。
就这样，哈米-伊斯塔马提到了一个里穆部落在管辖者缺席的情况
下不得不自己做决定：

> 你关心的是其他地方，也许你心想"我已把银子给了我的
> 里穆部落"。你给的银子是什么？你所给过的银子我都知道。
> 昨天，你部落所有的人在赫恩（Hen）集会，一个爱戴你的人
> 说："给他写信他会来的。"而一个鄙视你的人说："他才不会回
> 来呢。"如果不是我给自己立下规矩要亲自到场，他们根本不
> 会如此聚集在一起开会。①

亚斯马-阿杜似乎以其管辖的里穆部落表明了自己的身份，他
所说的"我的里穆部落"指的是他认为会支持他的部落人。而在另
一位亚米纳特部落王哈米-伊斯塔马看来，这群部落人自然就成了
"你的里穆部落"。在面临一些集体政治决策时，部落成员会被召集
在一起，这是玛里文书档案中记载的一种典型的部落决策方式。②
部落成员在部落王居住地之外的地方集会说明：里穆部落是一个比
家族或直系宗族更宽泛的部落组织形式。在以上这段书信中，有关
爱和恨的言语表达的是个人在政治上效忠谁或反对谁。③ 哈米-伊
斯塔马对这次集会很感兴趣，因为他想知道亚斯马-阿杜的部落人

---

① A. 1146:20—30.
② 参见 Durand 关于 *riḥṣum*（部落会议）的附录中的几个例子，ARM XXVI/1, pp.
　181—192；A. 954:7(p. 183)；A. 3567:7(p. 184)；ARM XXVI 43:17；45:28；46:5,6。
③ 该用法应该早于阿玛那（Amarna）时期，参见 Moran 1963, 77—87；1992, xxiv 和 n.
　59。

是否愿意加入他自己的军队。根据上述细节就非常容易理解信中的里穆部落至少在概念上指亚斯马-阿杜领导的所有部落人。而我们知道亚斯马-阿杜是亚米纳特部落联盟五个第一级部落之一——亚利胡部落王，所以他的部落应该就是包括了所有亚利胡部落人。①

另一封亚米纳特人的书信出自亚胡如部落王亚姆-利姆之手，他对里穆部落一词的使用与前一封信中的相同——用在所有格之后表示他领导的部落。亚姆-利姆请求辛里-利姆写信给他的对手亚米纳特人达迪-哈顿（Dadi-ḫadun），"让他们不要抱怨我的里穆部落"。② 这里的里穆部落也似乎表示亚姆-利姆领导的所有部落人，而具体的冲突就发生在他们当中。所以这里的部落应当是指整个亚胡如部落。

我知道里穆部落一词在玛里文书档案中还有另外两个用法，而迪朗认为在尚未发表的文书档案中似乎还有该词更多的其他用法。③ 马勒罗还引用了哈米-伊斯塔马的第二封信（目前尚未发表），该信揭示了相同的亚米纳特部落联盟组织结构，信中也出现了"我的部落"这种个人与部落关系的表述形式。马勒罗和迪朗都没能考证出该信的收信人，不过从写信人的语气可以推断收信人是一位部落王，也许还是亚斯马-阿杜："生活在扎玛昆和附近扎尔帕镇中心地区的你的部落听说我来了便往南部地区迁移了。"④这群人的迁移使人想起哈米-伊斯塔马在第一封信中的怨言——亚斯马-阿杜因不愿离开城里的家而与其部落人失去了联络。扎尔帕镇是前面提到的书信 ARM II 53 中亚米纳特头领们集会的地方。

---

① 关于亚斯马-阿杜的身份，参见 ARM XXIII 428:18 和 429:18，相关论述见 pp. 358—368；Marello 1992，122—123。

② A. 3821:34—35，LAPO 17, no. 737；Dossin 1972b，60—61。

③ Durand 1991，52—53。

④ A. 2090:6—8，引文参见 Durand 1991，53；Marello 1992，119。

我最后要谈的是一份破损的文书中提到的里穆部落,这是一份对辛里-利姆国王宣誓效忠的誓词。① 依稀可见的第一部分是祈求对宣誓者的诅咒,而且还讲到他的敌人"消灭了我的部落"。此文本描述的可能是辛里-利姆统治初期亚米纳特人归顺的事件。② 该誓词文本后面的内容中提到了哈奈人一词,目的应该是区别以帐篷为家的人和城镇居民,而非通常的西米莱特人的自我指称。

即使里穆部落一词将来被证明用法更为广泛,但它似乎是描述亚米纳特部落组织结构的一个特别的词语,它表示部落联盟中第一级部落的概念。亚利胡、亚胡如、拉布、乌拉普以及阿纳努可以分别被称为里穆部落,而且分别有自己的部落王。作为亚米纳特部落联盟第一级部落,里穆部落似乎可以和西米莱特伽羽分支相提并论,但是两者在构成方面却存在差异。有限的证据表明,伽羽分支始终用于指称哈奈人——西米莱特人当中的游牧民。而有关里穆部落的屈指可数的文本史料并没有显示它与游牧民有关。此外,里穆部落由它与各个亚米纳特部落王的关系定义,而对于西米莱特人而言根本不可能。根据玛里文书档案,伽羽分支中没有任何领导层,它只是体现了一种社会组织形式,并不具有亚米纳特里穆部落的个人领导形式。伽羽分支指相互关联的各游牧民分支组织,而里穆部落指服从某个部落王的一群部落人。③ 当我们将这两个词与它们在西米莱特和亚米纳特两大部落联盟中的不同使用背景联系起来考虑时,我们会清楚地认识到两个部落联盟在组织结构和部落形态方面截然不同。

---

① M. 6060:1'—5',Durand 1991,50.

② 根据书信记录,辛里-利姆统治时期亚米纳特城镇达彼斯要求与西米莱特邻居们谈判,应该就是这一时期的事件。参见 A. 981;Durand 1992b,117—120。另可参见 Charpin and Durand 1985,330—331;Villard,ARM XXIII, pp. 476—494。"撒马斯登上王位"发生在 Z-L5,即辛里-利姆统治的第 6 年。

③ 至于 gayum,并没有可靠的动词词源可以揭示其基本概念,许多同源名词同样解释不了这一古老的西闪语词的具体含义。

最后值得一提的是,里穆部落一词在之后的历史时期仍然用于定义以血缘关系为基础的社会组织范畴,相关证据出自叙利亚西部地区。公元前 13 世纪末,乌加利特(Ugarit)太阳神巴力(Baal)①的神话故事以及埃马(Emar)地方神祇的名字也都证实"*li'mu*"的意思很显然是"人"或者"部落"。在有关太阳神巴力的神话故事中,与战争女神阿娜忒(Anat)交战的倒霉对手就是 *l'im*。② 阿娜忒本人被视为等同于"人类",而太阳神巴力之死则使得"主神达贡(Dagan)之子的人民"感到惋惜。③ 在埃马,有为被奉为神明的萨尔塔(Sarta)人以及"萨尔塔人的大门"女神修建的神殿。④

5. 西米莱特和亚米纳特部落联盟的社会结构

我们已经知道,西米莱特伽羽分支和亚米纳特里穆部落分别是这两个部落联盟的第一级部落组织,但是它们无论在概念还是结构方面都完全不同。这种差异也映射出了两个部落联盟在政治秩序方面更大的区别。亚顿-利姆和辛里-利姆统治着大批西米莱特人,当然也有一些不愿臣服于他们的游牧者。⑤ 没有证据表明

61

---

① Baal(巴力):犹太教以前迦南的主神,太阳神,雷雨和丰饶之神,达贡(Dagan)之子。——译注

② KTU 1.3 II:7—8,与'*adm* 一对,意思为"平民"。

③ KTU 1.3 III:12,关于 Anat(阿娜忒);1.5 VI:23—24;1.6 I:6,关于 Baal(巴力)。

④ 参见 Emar(VI.3)373:156[163]和378:14,^d*Li-'i-mi Sar-ta*;373:157[164]&378:13,^dNIN.KUR ša KÁ *Li-'i-mi Sar-ta*。

⑤ 总体来看,在有关"西米莱特哈奈人"各种大会的文书记录中,他们几乎被看成了独立的同盟者,而非臣民。例如,牧场首领伊巴-埃尔曾向辛里-利姆谈及哈奈人和伊达-马若斯同盟领导者们商讨结盟一事,以应对埃什努纳王国的进攻(A. 2226,Charpin 1993b,182—184)。或许西米莱特哈奈人中有一部分人甚至是反对辛里-利姆而支持其他地方领导者,不过我尚未掌握确凿证据。根据 M. 7630:4—6 中的描述,卡哈特国王带领一支 500 人的哈奈人队伍在哈布尔河流域东部抵抗辛里-利姆的军队,但是不清楚这些支持者是西米莱特人还是其他亲族(参见 Catagoti and Bonechi 1992,52;由 Guichard 核对整理,1994,258)。

各个伽羽分支有自己的领袖,而且也没有证据显示它们可以作为明确的政治实体结成联盟。我之所以将西米莱特人定义为联盟在某种程度上是为了与亚米纳特部落联盟进行比较,另一个原因是亚顿-利姆国王统治时期的两个重要王室铭文显示:他必须将分裂的"哈奈人"统一起来,这样才能以玛里为中心统治一个"哈奈人的国度"(见第三章)。辛里-利姆继承了王位但又必须让大家认可他是唯一的西米莱特部落王。在西米莱特部落联盟中,政治实体各组成部分的定义与从事畜牧的人群有关,就像前面讨论过的社会结构一样。夏宾提出征服玛里的并非辛里-利姆,而是一个名叫班纳姆的西米莱特人,他曾经在辛里-利姆统治的第一年给国王辛里-利姆写了两封相当傲慢无礼的信。① 我们知道班纳姆的头衔是牧场首领(即 *merhûm*,见 D 章节),相当于西米莱特帐篷居民之首。班纳姆在信中表明自己已习惯独立于辛里-利姆的统治,甚至在承认辛里-利姆的王权之后,即使出于恭敬,他都非常不愿意开口称国王辛里-利姆"王上",他更愿意将国王看作是与他地位相等的人。

与辛里-利姆追求权力集中的做法不同的是,亚米纳特人从未有过唯一的统治者。据亚顿-利姆统治时期著名的撒马斯神庙铭文记载,亚米纳特人往往以乌拉普、阿纳努以及拉布这 3 个一级部落组成联盟进行作战;在辛里-利姆统治时期,以上 3 个部落名称仍然总是出现,与另外两个一级部落——亚胡如和亚利胡构成了不同的组合。② 每个部落都是一个可以独立运作的政治单位,在这里,我建议将其称为里穆部落。迥异的政治发展情况体现在了

---

① ARM XXVI 5 和 6。参见 Charpin 即将发表 a。
② 例如,武卡行政区总督基布瑞-达甘宣布来自乌拉普、亚胡如和亚利胡这 3 个部落的代表已经聚到了一起(ARM XIII 105:5—7,参见 Durand, LAPO 17, no. 690, p. 433)。乌拉普、亚利胡和阿纳努部落的代表来见基布瑞-达甘并与他进行和平谈判(ARM III 50:10—17,参见 LAPO 17, no. 701)。

描述个体政治单位的词汇上,我前面提及的 *sugāgum*(头领)一词的另有一个用法。很清楚的是,只有亚米纳特头领才可以管辖单个城镇。大多数西米莱特人居于城镇之中,就像他们的亚米纳特亲戚一样,但是在明确有西米莱特头领的地方,我们发现他们的最初身份还是以其与特定的伽羽分支的关系来定义,而不是所居住的城镇。最好的证明是书信 ARM IV 1:萨姆斯-阿杜从两个不同的城镇挑选了 5 名男子,而这 5 个人归属同一个头领管辖,这位头领来自宇马哈穆伽羽分支。而玛里南部苏胡木行政区萨皮莱图镇的人口似乎只隶属于唯一的宇马哈穆伽羽分支。

　　西米莱特部落联盟和亚米纳特部落联盟有着相同的生活方式,即主要人口生活在城市或者乡村但同时又有一批流动人口。两个部落联盟均使用哈奈人(帐篷居民)和瑙乌(*nawûm*)(大草原)指称游牧民群体,而使用 *ālum*(阿卢木,城镇)描述另一群体。[①] 尽管共同点不少,西米莱特和亚米纳特两个部落联盟却发展了一套不同的社会和政治组织结构以及相对独立的术语。我们不应当将玛里时期的部落看成是混杂的、毫无区别的社会单位,首先西米莱特的伽羽分支和亚米纳特的里穆部落相异,其次西米莱特集权和亚米纳特分治的悬殊差别不容置疑。[②]

　　举个例子,一封部分内容已发表的书信描述了亚米纳特城镇达彼斯(Dabiš)与辛里-利姆王国正式结盟一事。在放弃亚米纳特人独立的声明中,达彼斯城的领导者宣布愿意举行结盟仪式,这不仅意味着达彼斯城对辛里-利姆国王效忠,而且意味着与西米莱特

---

① 参见 M. 6060:21'—23',一份誓约原文,其中包括保证汇报任何不忠言论,无论出自"大草原的帐篷居民之口"还是"城镇居民之口"(1991,50—51)。

② 这也许是我在阐释迪朗关于部落人口研究成果时得到的一个重要启发。迪朗本人最近在着重研究两大部落联盟组织结构的相似点,发现亚米纳特和西米莱特两大部落联盟的社会框架基本一致;参见 LAPO 17,pp. 482—483,494—498,具体提到了许多细节,其中包括 *ḫibrum*,*merḫûm*,*sugāgum*。

的尼哈杜伽羽分支明确地结为兄弟关系：

> 还有一件事情。乌努姆城(Uranum)和达彼斯城的长老
> 们来了。他们说："根据血统，我们属于亚胡如部落，从来就不
> 是 *yarrādum*，而且在边远地区，我们既无赫布如(*hibrum*)又
> 无卡顿(*kadûm*)。"我们原属亚胡如部落。现在让我们加入西
> 米莱特部落联盟成为尼哈杜伽羽分支的一部分，我们将杀死
> 驴子以示结盟。①

在这封信中，赫布如和卡顿两个词均为亚米纳特社会政治范
畴中的特别术语。赫布如似乎指亚米纳特部落联盟中的游牧人
口，在政治上与头领管辖的城镇人口可能有区别。他们与畜群为
伴，生活在固定城镇和村庄之外，却供养着生活在城镇和村庄之中
的亲属们。② 卡顿的意思并不明确，很可能指游牧群落中级别较
低的首领，与城镇头领的职责相辅相成。③ 据我所知，赫布如和卡
顿两个词在西米莱特部落联盟中根本不存在，这是西米莱特和亚
米纳特两个部落联盟之间的又一差异。顺便提一下，需注意的是，
当达彼斯城与西米莱特人结盟后，其领导者对比了达彼斯城与亚
胡如部落的原属关系以及它与西米莱特伽羽分支尼哈杜的新关
系。如果亚胡如是一个里穆部落，那么伽羽分支和里穆部落可以
被看作是社会层级相当的部落称谓。

---

① A. 981：32—41，Durand 1992b，117—118(一位名叫萨梅塔的高级官员写给国王辛
里-利姆的信)。参见 Durand 对书信中各种难解词语的注释。

② 关于*hibrum*一词可参见 ARM I 119：10；VIII 11：20—21；XXVI 168：20；A. 2796：
16，Durand 1990b，288；A. 2801：14，Dossin 1972a，118—120；另可参见 LAPO 16，
no. 268，pp. 418—419；A. 981：36(此处)；M. 5172，原文未给出，引文见 Charpin
and Durand 1986，154n68 和 175n158。这些文本均未明确提及非亚米纳特人。

③ 在 F 小节中我将再次讨论该书信内容以及这两个词语。

第三节　部落与城镇的地方领导者：
为玛里王国效忠的头领

由于在西米莱特和亚米纳特部落联盟中头领的角色存有差异，所以我必须介绍一下头领在两种不同语境中的定义。此外，头领一词值得关注还有其他重要的原因。纳卡塔认为，头领确实是城镇主要的个体领导者，无论在玛里王国之内还是之外。这一点在亚米纳特城市中尤为明显，因为在这里部落与城镇组织已融为一体。倘若玛里王国的城镇由头领管辖，而他们仍然保持着与部落的关系，那么了解这些头领与国王的关系则极为重要。其关系形式多样化，头领的权力通常根植于地方支持而非王权的左右。最后，让我们考查一下头领一词本身的涵义以及最初的职能。该词原本是不是一个部落术语？

1. 城镇的头领

当我们试图从混乱而壮观的玛里文书档案中整理出头绪时，与早期的阐释产生细微差别想必是无法避免的。将大部分证据解读为普遍现象的模式也许实际上仅适用于其中部分证据。头领一词的情况似乎就是如此，该词几乎可以出现在玛里文书档案中的每一种政治制度中。我们需要全面地勾画出该词的适用范围而不能急于下结论。

　　a. 关于城镇头领的文献

首先，有几封书信使用 *sugāgum*（头领）一词的复述形式 *sugāgū*，而且将其与被称为[lú. meš]NU. BANDA3（苏美尔文字），或者 *laputtû*（阿卡德语词）的副头领联系在了一起。[1] 来自玛里中

---

[1]　参见 LAPO 16，p. 202，note b，有人提出 *laputtû* 与美索不达米亚的 *abu bītim*（管事）相似。关于作为总督助手的 *abu bītim* 和 *ša sikkatim*，参见 Lion 2001，147—151。这些是真正宫廷官员的头衔。

央王国的玛里、忒卡以及萨嘎拉图这几个主要行政区的总督们,会有计划地通过与头领们以及被叫作$^{lú. meš}$NU. BANDA3(苏美尔文字)或者 *laputtû* 的副头领们联系,来管理其行政区中的每一个城市,[①]有时候还会以"elders(长老们)"这一较为模糊的术语来称呼全体参与者。[②] 头领及副头领这种联合领导形式只被证实出现在玛里国的"阿普莱蒂"核心行政区范围内。我们不能想当然地认为核心行政区之外的城镇和游牧群落中的头领也都有副头领协助。苏美尔文字书写形式 NU. BANDA3 可能包含了一个属于西闪语的亚摩利术语,而不是阿卡德语 *laputtûm* 一词,不过这一推断是否属实有待进一步考证。我未曾发现亚米纳特或者西米莱特部落领导者们自己写信时使用 *laputtû*(副头领们)这一复数形式,也未曾发现他们使用"哈奈人的副头领们"的说法。副头领主要管理劳动者,而劳动者是行政区管理范围内的特殊群体。[③] 这种以王宫为导向的职能也许还可以从下面的例子中看出:在亚斯马-阿杜写给其兄弟伊斯米-达甘的信中 NU. BANDA3^{meš}(副手)和$^{lú. meš}$GAL. KU$_5$^{meš}(小队长)结成了一种副职与正职的关系,在这里,副头领们(*laputtû* deputies)出现在了军事语境中。[④]

因为我们发现在部落集会中 *sugāgū*(头领们)这一复数形式常常被提及,所以有必要将他们与此处探讨的各行政区领导者们

64

---

① 参见 A. 2801:35(玛里行政区;Dossin 1972a,118—120;LAPO 16,no. 268);ARM II 103:12—13 和 III 70+:8,忒卡行政区;XIV 75:8,萨嘎拉图行政区。

② 这也许是萨嘎拉图行政区总督亚齐姆-阿杜独有的风格;参见 ARM XIV 64:5—6;65:6—7。这些领导者被统称为"行政区的",而该范畴本身具有城市特色。另可参见 XIV 8:5,"行政区的头领们"。

③ 参见 Durand,LAPO 16,p. 202,note b。在 LAPO 18,p. 208 中,Durand 认为在非军事语境中该称谓特指"工头"。

④ ARM V 3:7 和 14,*ša pihrim* 出现在第二行,指正规军的领导者。萨姆斯-阿杜统治时期的另一封信要求王国的所有官吏宣誓效忠,头领和副头领位于列表的底部(A. 2724:9—10;参见 Durand 1991,30—32)。该书信还强调了他们对国王应尽的职责。

区分开来。当统治者的居住地在其他地方时，城镇的对外事务往往由"长老们"集体处理，在"长老们"召开会议这一点上城镇掌握着主动权，甚至当城市有个体管辖者时也是如此。在前文提及的例子中，王室官员一般不会召集城镇的长老们发表讲话，而是更愿意与个体领导者——头领和副头领打交道。这一点可能反映了权力关系的象征意义。君主通过与至少是他认可的个体领导者联络行使王权，而附属的城镇则以集体阵线的形式最强有力地表达自己的政治立场。

纳卡塔试图将所有的头领与城镇联系在一起，他认为头领们总是在他们定居的地区产生。为了证明这一点，他必须坚持有时与地点限定词 KI 搭配使用的伽羽分支名称实际上是"地理名称"（1989，117）。如果是这样的话，伽羽分支名称只能表示某个部落分支所在地，但我们无法知道它们具体代表的城镇。国王任命头领的特权似乎只适用于城镇。我们发现了萨姆斯-阿杜和亚斯马-阿杜统治时期亚尔城（Ya'il）和提兹拉城（Tizrah）[1]头领的任命证据，相关证据还涉及了辛里-利姆统治时期属于阿普莱蒂行政区的3 个城镇杜-亚顿-利姆、希萨塔和塔巴图。[2] 不过，国王任命城镇头领的做法并不能证明头领的官职只出现在城镇中，只不过说明国王可以在自己领土上挑选城镇管辖者。我们不能确定游牧民的首领们缴纳头领费（sugāgūtum）是否意味着他们由国王任命；对此，我们没有确凿的证据。[3]

国王的这种权力在王国核心行政区之外那些已向玛里王宣誓效忠的地区也同样起作用，比如安达瑞格王国北部的城市阿玛兹

---

[1]　ARM I 119:5—6 和 V 24:20。

[2]　ARM XIV 46:7; XXVI 5:14; 和 XXVII 107:9.

[3]　Durand 关于税款和头领身份认可之间关系的讨论是恰当的。动词 šakānum（"安插、安置"）表明由国王任命，这确实反映了相当程度的外部参与，但是宗族头领（sugāgums）的情况尚未得到证实。

（ARM X 84:10）。辛里-利姆国王在哈布尔河流域的势力很稳固，控制了许多附属小王国，其统治者的地位相当于头领还是萨鲁（*šarrum*[①]）有待商榷。无论这些政体多么小，将萨鲁翻译为"王"肯定是恰当的，萨鲁是令人垂涎的头衔，它甚至将一个微不足道的地方统治者在名义上与举足轻重的国王们（如巴比伦、埃什努纳、阿勒颇和玛里的国王们）相提并论了。

阿斯拉卡（哈布尔河流域强国之一）国王伊巴-阿杜（Ibal-Addu）似乎贬低了通常受制于较大的阿斯纳库（Ašnakkum）王国胡洛（Ḫurrâ）城的统治者，在给辛里-利姆国王的书信中将其称为头领。[②] 在一封已损坏的书信中，写信人向辛里-利姆讲述了有关亚姆哈德小王国的事情，我们似乎发现亚米纳特统治者们也有类似的情况。据说，在辛里-利姆统治初期，亚姆哈德王亚姆-利姆向一个在外交上称呼辛里-利姆为"兄弟"的亚米纳特统治者表示他自己支持辛里-利姆称王。亚姆-利姆命令这位可能名叫达迪-哈顿的亚米纳特首领写信时称辛里-利姆为"父亲"或者"主人"，达迪-哈顿管辖着位于阿巴图（Abattum）的拉布部落。亚姆-利姆还命令每个"头领"在风暴之神阿杜的神庙中宣誓对辛里-利姆效忠。[③] 这些所谓的"头领"们实际上是亚米纳特部落首领们，亚姆-利姆对他们使用这种较低级别的称谓目的是强调他们的从属地位。

65

---

① *šarrum*：阿卡德语语，音译为"萨鲁"，意思为"国王"，尤指麻敦（*mātum*）的统治者。——译注

② ARM XXVIII 67:23—24。至少从头衔来看，阿斯拉卡和胡洛的统治者们基本上没有什么不同。ARM XXIV 287 列出了 Z-L11 之后的某个时期伊达-马若斯同盟的几位统治者，其中包括胡洛的伊卢拉（Ilulla），以及苏杜胡木、伊蓝-苏拉、阿斯纳库的统治者及其他（参见 Durand 1987c,607）。尚未发表的书信 A.49 提到伊卢拉为胡洛的统治者，但未提及头衔（Wasserman 1994,325）。在 Durand 看来，"国王们"必须由宗主指定，但这点似乎特别适用于辛里-利姆与其北方附属国统治者们之间的关系（LAPO 16,p.467；cf. ARM XXVIII 147:5'—18'，任命恰尼-利姆为附属国安达瑞格国王）。

③ *FM* VII 1:26'—30'，Durand 2002,6—7.

即使我们对头领在部落中的领导地位确定无疑,也不能断定每个城镇都有一位头领。也许所有被纳入辛里-利姆王国核心行政区的城镇实行了头领管辖制,我们掌握的绝大多数"城镇头领"的证据出自这些行政区。而在上述圈层之外,情况则有所不同。亚摩利人入侵之前就已建成的那些城镇显示了强劲的集体领导传统,似乎不太可能有个体领导者的存在空间。众所周知图特尔(Tuttul)城常驻着一位玛里王室代表(ḫazzannum),但是据我们所知,该城并没有头领。伊玛(Imar)城的情况也一样。乌吉斯(Urgiš)城有一位"王",但没有什么实权。在忒卡、萨嘎拉图和恰图南这3个行政区中心只有各自的总督(šāpitum),并没有更多的其他个体领导者。在同一份行政文件中有3位来自萨嘎拉图行政区的头领缴纳头领费的记录,不过他们也许并不是行政区中心的联合领导者,而是行政区下辖城镇的头领或者(西米莱特部落)的头领。

鉴于前面刚提及的一封信,接下来的这封信则不同寻常,这封写给被称为"我们的父亲和我们的主人"的一位玛里官员,写信的3位男子署名"卢哈玉(Luḫayum)的头领",卢哈玉城很可能位于哈布尔河流域西部。[①] 收信人是名叫伊巴-埃尔的西米莱特牧场首领。仅凭信头我们不能判定每个城镇都只有一位头领,但是这里的3位头领是怎么回事?很可能他们在其他地方拥有个体领导者的身份。也许我们可以从誓为牧场首领服务的强有力的声明中找到原因。如果他们是来自一个西米莱特城镇的西米莱特领导者,那么他们的"头领"的头衔基本上应该来自他们在西米莱特部落组织中的职位,具有西米莱特游牧部落的特征。倘若领导者不是以居住城镇而是以所属部落来定义,那么同一个定居地就会出现多个"头领"。

总之,城镇与"头领"的个体领导形式的确存在一定的联系,值

---

① ARM XXVII 120;关于地理位置的讨论,参加同一卷第170页。

得探讨,不过这并不具备普遍性。如果我们将它强加于叙利亚-美索不达米亚地区的所有社会群落,我们势必会错过其他重要的领导形式。

b. 亚米纳特城镇

在人类学的文献中,部落民族在多数情况下过着安定的生活,这是众所周知的史实,但是玛里文书档案提供了游牧生活的证据。过去人们很自然地认为部落群体过着游牧生活,因此"部落的"和"游牧的"往往被合并在一起与"定居的"和"城市的"进行对照。[1]与这种简单的划分相反的是,玛里文书档案中的证据向我们展示了城镇的奇特性,不仅体现在阿卡德语的阿卢木(ālum)一词上,而且在亚米纳特部落群体中也有体现。库伯认为阿卢木可能指半永久定居地或者是与该地区其他城镇不同的某种居住形式,但是在玛里文书档案本身并没有将阿卢木与所谓的标准城镇区分开来。

有两份亚米纳特人承诺出兵人数的名单显示了亚米纳特城镇的重要性,这里提到的士兵们或者已经出发或者尚未开始前往巴比伦的远征(ARM XXIII 428 和 429)。[2] 这两份名单列出了辛里-利姆王国的玛里、忒卡和萨嘎拉图行政区内所有应该为国王军队效力的亚米纳特人。这些人首先按照他们所效忠的部落王分组,不过这些部落王的头衔并没有被提及,例如亚胡如部落的亚姆-利姆、亚利胡部落的亚斯马-阿杜、阿纳努部落的苏拉哈姆、拉布部落的达迪-哈顿和乌拉普部落的哈米-伊斯塔马。我们发现没有一个亚米纳特第一级部落被遗漏,这说明文件内容很详尽。然而,玛里王国在行政管辖上的确是将整个亚米纳特群体按城镇来界定的,而不以具体部落或宗族名称命名。许多城镇的名字在玛里文

66

---

[1]　比如,Kupper 无法想象亚米纳特 ālānū 很可能指生活着许多永久居民的、真正的城镇;参见 Kupper,1957,13;p. 55。

[2]　Buccellati 也发现了这一现象(1990,99n37)。

书档案中重复出现多次，米斯兰（Mišlan）和萨马努（Samanum）这样的城镇规模较大。米莱-阿尔巴（Millet-Albà）（其著作即将出版）最近提议对玛里王国众多的亚米纳特城镇进行人口统计。

米斯兰城曾是亚米纳特人抵抗辛里-利姆进攻的中心地区。这一时期的亚米纳特书信提到有几百支队伍聚集在那儿，[1]其中一封信的结尾处谈到了米斯兰的防御工事："米斯兰情况很好；你的兄弟亚格-阿杜安好；……我们，您的仆人也安好。我们对城墙及城门的巡逻没有丝毫疏忽"。[2] 最终辛里-利姆对米斯兰城的围攻还是成功了。[3] 萨马努城中有个供奉着女神安努尼忒姆（Annunitum）的神庙需要辛里-利姆去祭拜一下，于是他手下一位高级官员阿斯库杜派一名男子前往萨马努城调集了多艘船只。[4] 这些都是严格意义上的城市的特征。

辛里-利姆的行政区总督们的来信似乎同样表明亚米纳特人在其势力范围内是按照其居住城镇划分的。前面提到的两份士兵名单说明，部落王负责选送一定数量的士兵，玛里行政区总督们并不直接领导这些士兵，而且称亚米纳特各部落王为城镇"头领"。[5] 忒卡城的基布瑞-达甘就曾将亚米纳特城镇的头领们召集起来，命令他们追查一个失踪的人：

> 当我在玛里陪伴王上时，我的随行人员告诉了我这件事，于是我召集了亚米纳特城镇的头领们并警告他们说："不管你们是谁，要是哪个人的城镇有人离开去了高地，而你们又没能

---

① ARM XXVI 169:18; 171:7—8,18'—19'.

② ARM XXVI 170:22'—26'.

③ ARM XXVI 282:14—15.

④ ARM XXVI 58:16—18,224:6—8.

⑤ 该模式仅说明当部落民众居住在不同地区时，部落王的权力可以跨越其民众所臣服的宗主国的界限。

67

把他抓回来带到我面前，就只有死路一条"。①

后来这位总督又遇到了问题：亚米纳特人没有前来报到参加行政区的一项运河工程的施工，这次仍然涉及的是一个小镇，该镇来参加施工的人数只是承诺的一半：

> 我召集了行政区内的工人以及忒卡的居民们来修整玛里运河。从亚米纳特各城镇前来报到的人数看，有一半人没来。有一个镇按规定须派出 50 名工人，却只来了 25 人；还有一个镇仅来了 15 人，而应该来 30 人。②

他力劝辛里-利姆国王直接写信给其行政区内亚米纳特头领们以鼓舞行政区内的亚米纳特人。（第 16—18 行）③

根据书信 ARM III 70＋，忒卡行政区似乎存在两个领导结构相同的政治实体：

> 到目前为止，亚米纳特城镇的头领和副头领们以及祖如班（Zurubban）、希萨塔、希马安和汉纳（Ḥannan）等城镇的头领和副头领们都还未缴纳各自份额的银子用来购买羊毛。④

基布瑞-达甘讲述了广泛的抵触情绪，它来自所有的亚米纳特城镇以及 4 个非亚米纳特城镇，这些城镇占据了忒卡行政区

---

① ARM II 92：10—19；另可参见 ARMII 102：19—23。
② ARM III 6：5—13.
③ 从相似的角度看萨嘎拉图行政区阿纳努部落的亚米纳特人，另可参见 ARM XIV 64：5,12'（cf. 65：6—7）。在 XXVI 450：7—8 中，写信人提及辛里-利姆已经考虑将"亚米纳特人的头领们"打发回他们的城镇。
④ 第 8—14 行。

的大部分地区。① 无论这位总督是否对少数顺从的非亚米纳特城镇有所保留，这里提到的城镇被看作是有着相同的基本构架。②

这一切都是因为亚米纳特人归顺辛里-利姆时提出的要求，事实上，那些合法迁移的亚米纳特人被排除在外了。无论如何，亚米纳特人的身份以所在城镇定义。在前文一封被详细引用说明"哈奈人"涵义的信件中，亚米纳特亚利胡部落王亚斯马-阿杜写信向辛里-利姆报告，一群来自亚米纳特"帐篷居民"（哈奈人）的头领们想同玛里王和解，说他们想要回自己的城镇。他们在信中说："去辛里-利姆那里，要回我们的城镇。"③虽然他们当时过着游牧生活，但他们希望有容纳他们的城镇。这些头领们并不觉得自己与他们召集来的其他头领们有什么不同，只是想得到帮助。须注意的是，与行政档案中记载的伽羽分支头领们不同，这些亚米纳特头领们的身份由他们与每个阿卢木（ālum）的关系决定。基布瑞-达甘证实了亚米纳特头领们每人管辖一个城镇，他写信给"那些亚米纳特城镇"，"杜忒（Dumtên）的头领（sugāgum，该词为单数形式）给他回了信"。(III38：15—18)

c. 头领们与长老们

讨论国王手下头领们的地位之前，我想指出一个有趣的现象——在玛里文书档案中这些头领们有时与长老们会一起出现。

---

① 参见 LAPO 16，p. 202，note c(ARM III 19：10—12；20：18—19；38：11—13；另提及了部分组合情况。)

② 将那些亚米纳特城镇一并提及表明它们之间仍保持着部落联系，比如从军队名册（ARM XXIII 428 和 429）中可以看出。ARM III7＋中的描述可能是打算说明整个忒卡行政区的情况，若是这样的话，非亚米纳特城镇则有 4 个。因此忒卡行政区的主要人口为亚米纳特人。

③ ARM II 53：20—21. Durand(1992b，113；1998，449)曾多次指出，如果不把这些哈奈人，特别是那些目前没有住在城里的哈奈人，当作聚集的亚米纳特人的一部分，就无法理解该书信。

一般说来,头领们和长老们这样的词语范畴不会出现在严格意义
上的关于城镇的描述中,不过在这里的城镇中却有着头领和长老 68
的称谓。就像前面探讨过的,在城镇领导体系中长老们有时会作
为头领和副头领组合的补充,但是头领们和长老们分别只与部落
集会有关。

　　当头领们与长老们这种特殊组合一起开会确认与扎玛昆同盟
的国王们结盟时,他们代表的是亚米纳特人整个高级领导层
(ARM XXVI24:11)。与那些因王国需要才会一起出现的玛里行
政区的头领们不同,这些部落领导者们往往会主动开会处理对外
事务,就像城镇的长老们可以主动开会一样。在亚米纳特人的一
次重要大会上我们发现了类似的现象,大会是为了一个同盟继续
维持各成员之间的同盟关系而发起的,阿斯帝-塔科姆(Asdi-
takim)①与他同样身为国王的兄弟们再次会面,他们杀驴以示再
次达成结盟协议。② 扎马昆同盟的国王们以及他们的搭档处理对
外事务时同样会以集体形式出现,谈判时他们的头领们也会参加,
而下面这个例子与亚姆哈德王国有关。③ 亚姆哈德王亚姆-利姆
告诉玛里使节,他刚刚派信使前往扎马昆同盟捎去他的指令:"在
你们逗留期间,他们中的两位国王必须到我这里来。如果他们的
国王不来,那么他们的头领应该带个头,这样你回去也有个
交待。"④

　　我还找到了有关头领们和长老们一起出现的另外 3 封书信,
而且他们还是代表部落群体。辛里-利姆在信中就是这么称呼库

----

① 　阿斯帝-塔科姆(Asdi-takim):扎马昆同盟的国王领袖。——译注
② 　A. 2692+(Durand 1994,92 and n. 24),关于阿斯帝-塔科姆为扎马昆同盟国王之
　　首。参见 XXVI 24:10。出席大会的这类亚米纳特领导者们约 100 人。
③ 　Khazanov 发现,被其称作较高层次游牧社会政治组织的部落和同盟并不能满足其
　　作为社会政治组织的经济需求。这些需求包括重要资源的分配、规范迁徙路线、
　　共同防卫、以及与外人的沟通交流等等(1984,148—149)。
④ 　ARM XXVI 12:7'—11',另可参见第 4—6 行。

达城纳姆哈部落的领导者们的,当时他们正与国王希马-伊兰(Si-
mah-ilanê)对峙,因为希马-伊兰表示臣服于辛里-利姆(FM II117:
30—31)。① 在另一封信中,辛里-利姆要求他的官员们劝说穆特
巴(Mutebal)城的头领们和长老们一起来见他,并和他一起攻打
苏巴-恩里。一位名叫苏穆-哈杜(Sumu-ḫadû)的玛里官员对其他
两位官员讲到了自己信中的一段话,随后他请求开战:

> 　　我在途中接到了王上的来信。现在,我要说说王上来信
> 的内容。让穆特巴城的头领们和长老们听好。图卢-那克
> (Turum-natke)和苏巴-恩里城的居民们不断写信给你们的
> 国王要求开放苏巴-恩里城。②
> 　　让他们听听这封信的内容。将头领和长老们带到杜-亚
> 顿-利姆来晋见王上。王上会安定他们的情绪,做好作战的准
> 备(第 23—25 行)。③

　　有趣的是,我们没有发现西米莱特哈奈人中有头领和长老们
这样的领导组合,而且西米莱特人的集会中也没有。书信 ARM
XXVI 40 显示^{lú}*su-ga-gu*^{meš} *ù ma-aḫ-re-et*[...](这里省略部分是因
为原泥版书信已经破损,不过可能是"Ḫana"一词)在与阿斯曲杜
谈判时有着同样独立的职能。"(哈奈人的)头领们和长老们(?)
(*ma-aḫ-re-et*)到了。我询问了召集哈奈人的计划。他们可以在
一个月之内集合。"④如果 *mahrûm* 的意思是"更早的,更老的",那

---

① 　伊思-马达(Ishi-madar)是唯一的寄信人,但他经常在信中使用"我们或者我们的"
　　这样的复数形式(参见第 6、9、15—17 以及 42 行)。其身份尚不确定,他也许在萨
　　姆斯-阿杜统治时期就已闻名了。参见 Lafont 1994,212,note a;215n24。Lafont
　　当时认为长老们和头领们组合在一起实际上相当于纳姆哈部落的麻敦。
② 　*FM* II 116:9—14.
③ 　第 23—25 行。
④ 　第 26—28 行。

么它甚至可能是一个亚摩利语词表示"年长的",但是它还可能表
示简单的优先权。

69

　　但是,我们确实在另一封似乎反映西米莱特大会的信件中发
现了头领们和长老们的领导组合,但是并没有出现"哈奈人"一词。
卢哈玉的3位头领写信请求西米莱特牧场首领伊巴-埃尔到德尔
参加"长老们和头领们"的会议:"请亲自来。长老们和头领们也一
定会来。"西部城镇德尔靠近巴里河,它是西米莱特人的老根据地,
很可能是其部落祖先们生活的地方。[1] 西米莱特头领的地位可能
比邻近地区政治制度中那些领导者们的地位要低,这可以从"长老
和头领们"的逆序表达中看出。

2. 国王统治下的头领

　　玛里文书档案中头领"sugāgum"一词吸引了许多人的研究兴
趣,主要原因是它并非起源于众所周知的美索不达米亚南部地区
传统,它代表了一种特殊的领导职能。无论头领与城镇和部落的
确切关系到底是什么,但它似乎是一个西闪语词。[2] 头领就是地
方管理与王权统治的主要中间人。实际上,向玛里王缴纳头领费
以保住头领职位的做法表明,辛里-利姆已将头领纳入了他所控制
的正式领导阶层之中。[3] 但是我们很难定义头领与国王的确切关
系。在这一节中,我将核实一些相关证据。

　　a. 罗顿模型

　　对国王统治下的头领的论述通常是在有关玛里部落民族更宽

---

[1]　参见 Durand 的分析(Durand and Guichard 1997,39—41)。

[2]　Philippe Talon 认为头领的职位特别产生于部落组织,但是自 Nakata 的文章发表
　　以来,Charpin 和 Villard 支持的观点则是,头领为单个城镇或者村庄的领导者。
　　参见 Talon 1978,1982;Nakata 1989;Charpin 1991a,12;Villard 1994。

[3]　除了上一条注释中列出的 Talon 的两篇文章,另可参见 Young and Matthews
　　1977。

泛的理论框架中进行的。泰隆、扬和马修斯就此问题撰写的早期著作都深受迈克尔·罗顿理论模型的影响,其中包括可以直接应用于玛里研究的模型,所以罗顿模型值得考查一下。在迪朗领导的出版团队组成之前,对玛里研究最具影响力的人物可以说就是罗顿,在他的作品发表后的许多年里,他使用的术语在许多有关古代近东游牧生活的研究(特别是那些非人类学家的研究)中都起着十分重要的作用。虽然罗顿取得的成就实至名归,但他的分析是集中于对亚摩利人时期一个严重的误解之上的,而且所采用的跨文化研究方法同样存在着问题。

罗顿认为玛里文书档案中揭示的随季节迁移的游牧生活是"封闭的"和"二态的"。"封闭的"指游牧者在人口稠密地区的空隙中生活的状况,而"二态的"则是因为游牧民们也是定居社会的一部分,定居社会中的部落人在其首领的领导下生活在城镇里(1967,114—16;1973b,201—4)。大王国中的部落城镇及人口实行"自治",而这些包容了部落民族的大王国也因此是二态的。罗顿将玛里定义为一个中级二态的王国,在玛里王国范围内,部落以及二态性的首领们发挥着重要作用,但是他们的权力与中央集权的官僚体制是分开的(173b,203—4;1976a,27—8)。[1] 罗顿对玛里史料的具体阐释均基于这样一个观点:部落民族在王国行政管理中的身份本质上为"其余的人"。[2]

罗顿研究中的比较方法问题在于由民族国家构成的现代世界中的游牧性质。罗顿采用的人类学比较方法也是所有关于近东和中东游牧生活的综合研究使用的方法,它涉及的人群基本上都是较大国家的民众,如现代伊拉克、土耳其、伊朗等国民众,或者更早

---

[1]　Rowton 承认一个部落国家的可能性,但似乎认为国王们并非出自其统治的部落民众之中(1973a,254)。

[2]　例如,牧场首领是国家与游牧部落领导权之间的中间人(1973b,212—213)。

期王国直至第一次世界大战前奥斯曼帝国统治时期的民众。罗顿并没有去想象与更加遥远的阿拉伯半岛沙漠地区或其他地区王国的相似性,他认为在一个拥有大量城市人口、依赖农业生存、文化发展水平很高的世界里,游牧者与国家的形式必然界限分明。不过此种区域政治形势与叙利亚幼发拉底河流域及其边远地区早期游牧社会的真实情形并不匹配。安妮·波特完全否定了罗顿的用辞,她说:"我们并不认为是'封闭的游牧生活'而是'封闭的城市生活'。"(2000,440)古代的所有政治社会并不一定都与基于城市的国家形态有关。

在罗顿研究的影响力受到肯定的同时也出现了一些批评的声音。甚至在新一轮有关玛里的出版物发行之前;凯思琳·坎普(Kathryn Kamp)和诺曼·尤菲就已经发现,罗顿所使用的与现代社会相比较的研究方法存在着问题,他们认为"能够而且必须解释现代类比法产生的差异"(1980,92)。罗顿将趋向定居生活以及放弃定居生活的这种活动过于简单化了,他不必要地将部落社会组织与城市生活隔离开来,而且认为部落社会组织不可能融入国家形态。别忘了,亚摩利人也曾经建立过王国(Kamp and Yoffee,1980,pp. 93—94,98—99)。罗伯特·亚当斯(Robert Adams)也同样在新的玛里文书档案出版以前就对罗顿的研究做了回应,他关注的是罗顿所说的二态性的对立问题。他说:"在我看来,部落民族更应当被看成是处于不断变动之中而不是两极分化的。"(1981,136;Liverani 1997)

有可能的是,批评家们低估了罗顿对玛里社会和政治形势误解的程度。在玛里王国,部落人并不是所谓的"其余的人",而定居文明的势力也没有抵制并试图控制那些难以驾驭的帐篷居民们。事实上,辛里-利姆统治的玛里是一个全面融合的部落王国,国王的同族人西米莱特部落是他重要的权力基础。公元前两千纪初,许多亚摩利国王们仍然与他们原来的部落社会组织保持一

71　定的联系,但是在那些保留下来的楔形文字档案中,这一点似乎
早已被王国、宫殿和城市等制度性语言给掩盖了。① 就辛里-利
姆而言,他与部落的关系尤为明显,因为称王之前,他的部落一
直就是他的政治根基。在辛里-利姆统治的王国中,西米莱特人
的游牧习性得以延续,他们由牧场首领独立管辖,西米莱特哈奈
人还构成了王国最主要的军事力量。在玛里文书档案中,游牧者
遭遇城市生活的确是真实的,但是这些来自遥远地区的"其他
人"势力并不强大,特别在辛里-利姆统治时期,居民人口主要由
有着相同游牧经历但具体表达方式各异的部落群体构成。就头
领来说,在二态的王国模式中,很难解释玛里文书档案中头领的
实际定义和职责。当我们重新评价头领与国王们的关系时,我们
尽可能地摆脱这一不相干的王权统治的画面。

　　b. 国王的任命

　　从掌握的王宫档案中我们可以看出国王对其周围世界的具
体关注。就王国内部的头领们而言,国王掌握着任命官职的权
力,即使实际上被任命者也许是地方政治活动的产物。萨姆斯-
阿杜和辛里-利姆均在其王国范围内城镇的治理方面行使着该
权力。② 即使当个别城镇一意孤行地想保持独立,比如杜-亚顿-
利姆曾逐出了一位正在任职的官员,研究者认为官员是否替换
最终还是由辛里-利姆决定。那位被驱逐的官员说:"我不能再
担任杜-亚顿-利姆的头领了。我被赶走了。随他们选谁当头
领吧。"③

---

① 有关公元前两千纪初美索不达米亚国王们部落背景的证据一定比迄今发现的还
　　要多。
② 参见早前引用的书信文本,"城镇的头领们":萨姆斯-阿杜统治时期的亚尔和提兹
　　拉,辛里-利姆统治时期的杜-亚顿-利姆、希萨塔和塔巴图,他们均受王国的适当
　　制约。
③ ARM XIV 46:7—9.

除了上述重要证据，另一条线索也必须认真考证一下。我们不能确定西米莱特人的头领是否由国王任命，这很有可能是牧场首领的事，至少依据传统来看是这样。前文关于西米莱特部落组织中伽羽分支的书信 A. 486＋中提到，伊巴-皮-埃尔本人在巴比伦接受汉谟拉比接见时，在其统辖的一支西米莱特哈奈人部族中指定了两名分管首领：

> 巴迪-阿杜(Baḫdi-Addu)委派了 12 个人担任分管首领。我这么问他："军队共有 1000 人，对于一个千人军队而言应该有十个分管首领。现在你委派的分管首领人数似乎是 1200 人的军队所需要的，你指定了 24 个队长(*la puttûm*)似乎是 1400 人的军队所需要的。如果他们调查，将会有什么结果呢？"我又想了一下说："如果我削减两位分管首领，他们势必会与我作对。"对此我有些担心，所以我任命一个叫苏鲁姆(Sulum)的首领统帅亚巴苏哈奈人，另一个叫庇如姆(Biḫirum)的首领统帅阿萨如盖姆哈奈人。[1]

这并不是有关头领的任命，但是可能依循的是正常的授权程序。另外一封信说到，一个叫亚姆斯-哈努(Yamṣi-ḫadnu)的人给前任牧场首领班纳姆送去银子和羊，并且直接提出了想被任命为头领的要求：

> 班纳姆担任牧场首领时，亚姆斯-哈努送给他 3⅓ 迈纳[2]的

---

[1] 第 43—52 行。Villard 在其发表的文章中讨论了该文本中明显的数字问题(1992，146—147)。请注意，我将原文中的 *la puttû* 译成了军事语境中的"lieutenants(中尉、队长)"而非"副手"；在非军事语境中，该词指辛里-利姆统治时期行政区总督的副手。

[2] mina：迈纳，古代希腊等地的货币或重量单位。——译注

银子和 300 头羊，说："任命我当头领。"班纳姆回答："先等等，等国王来了……"①

虽然维拉德（Villard）明确否认了前任牧场首领班纳姆有权任命头领，但是他赖以得出结论的解释框架在我看来似乎低估了西米莱特社会和政治结构并非主要以城镇来定义的事实（1994，297）。② 如果我们承认国王准予了颇具权势的牧场首领相当大的管辖自主权，而且如果我们没有找到西米莱特族群中的头领由国王任命的证据，那么最简单的办法就是接受书信所展示的表面意义并假定班纳姆很可能无需征求辛里-利姆的同意即可任命头领。班纳姆似乎在辛里-利姆成为玛里王之前就是牧场首领了，也许辛里-利姆被认为可以任命头领的原因是他是国王，而不只是他拥有征服者的声望。

　c. 头领费（*sugāgūtum*）③和人口普查誓约

国王们总是要让其统治范围内的民众承担某些义务，其中就包括宣誓效忠和纳贡。头领费既是要求也是利益——是一笔从被统治者那里获取的收入，这种交易确认了地方领导对国王的责任和义务。根据此契约，头领们甚至可以被称为其统治者的"仆人"，尽管他们并非普通的王室官员。说也奇怪，我找到的关于城镇头领们是玛里王仆人的唯一证据来自忒卡行政区的亚米纳特部落联盟：

---

① 　*FM* II 131:4—11.
② 　Villard 另外还指出（2001,20—20），ARM V 24 中提兹拉的市民求助于塔瑞木-萨基姆请求他任命一个头领，而他是亚斯马-阿杜的两位大臣之一，其地位与班纳姆的相类似。但要这么看，就是整个城镇的人在与塔瑞木-萨基姆商量，并未提及牧场首领的头衔。并且要注意，在班纳姆的例子中涉及了以羊支付的现象，这似乎与西米莱特部落的头领们有关。
③ 　西闪语词，指头领的职位或者头领费。——译注

说到王上在忒卡进行商议的消息，王上一直在考虑要将亚米纳特头领们送回他们自己的城镇。我们是从随行人员那里得知此事的。①

迪朗认为这种不同寻常的有关"头领们"的表述也许特指那些承认辛里-利姆君主地位的亚米纳特统治者们，他们如今可能被准许回到位于幼发拉底河河谷地带的城镇继续担任原先的职位（Charpin，私人信件）。除这封信之外，意思为"仆人们"的头领一词的复数形式 *sugāgū* 还出现在了另外两封书信中，他们来自辛里-利姆核心支持者群体，是西米莱特哈奈人的领导者。②

头领们的义务中一个非常关键的内容是：只要宗主国国王提出要求就必须派出士兵供其调遣。必要时，这种规定会在严格监管下执行，先是进行人口普查然后立下誓约（ARM XIV 64：4—9，各处，辛里-利姆统治时期）。③ 国王萨姆斯-阿杜认为，亚斯马-阿杜着手人口普查的主要任务是找到那些生活在大草原上尚未登记的 *sarrārū*（抵抗者？），他派出了自己十分信任的阿普莱蒂行政区的头领们去寻找这些流动人口，目的是让他们宣誓效忠。根据誓约，他们必须承诺提供一定数量的士兵，而且保证服从和效忠国王萨姆斯-阿杜。但不可思议的是，我们发现这同一位国王责骂他的儿子竟想到要将亚米纳特人口也统计进来。但是，亚米纳特人的头领们必须履行个人的契约义务，提供一支完整的队伍，否则将受到诅咒：

73

---

① ARM XXVI 450：5—11，伊思-达甘（Išḫi-Dagan）和亚斯-阿杜（Yanṣib-Addu）写给辛里-利姆的信。

② 参见 ARM II33：10，伊巴-埃尔的来信，在听说巴比伦王汉谟拉比写信给玛里王之后所写；A. 1610＋：25，军队指挥者要求向塔哈玉提供援助。

③ 关于萨姆斯-阿杜统治时期头领们参与人口普查，参见 ARM II18：7—9，他们非常卖力地完成契约内容，甚至当他们发现有一人失踪时会派来替补者。另可参见 ARM III 21：58，辛里-利姆统治时期亚米纳特头领们监督村庄上的人口普查。

国王将要出征了。一定要将人数统计完整,包括最年幼的男孩。哪个头领征兵人数没有完成,谁要是遗漏了一个人——记住他是发过誓的。[1]

辛里-利姆统治时期,征兵的方式可能有所不同,因为整个王国管理模式发生了变化。从玛里核心行政区集合来的亚米纳特人的名单来看,士兵是按城市登记的,这样的安排可能也补充说明了一个头领负责一个城镇(ARM XXIII 428 和 429)。在我们对伽羽分支的论述中,西米莱特头领们管辖的部落单位似乎没有以城镇来定义,不过他们可能也有定居点。从其头领的领导模式来看,西米莱特人可能仅仅以哈奈人的身份服兵役,他们不受行政区及其总督们的一系列命令和要求的约束。经常被提起的一支大规模的哈奈人作战部队(见第五章)也许代表了整个西米莱特人的军事贡献。我没有查阅到辛里-利姆统治时期西米莱特哈奈人的人口统计结果。[2] 看来辛里-利姆并没有将王宫征兵的制度强加于其同族人,而是让他们仍然像过去一样履行部落义务。鉴于西米莱特人的游牧背景,征兵也许在他们看来没有必要,参军是理所当然的事,但是事实并非如此。一方面,辛里-利姆必须同哈奈人(rihsum)商量参加军事行动的事宜,这可以从关于部落芮苏会谈(rihsum)的书信中看出(见第四章)。另一方面,我们掌握的一封书信谈到了伽羽分支和头领追查一个西米莱特哈奈人,其中涉及的就是一个擅离部队的士兵。

d. 头领们的活动

我们的研究重点是玛里文书档案中城镇的政治生活,因而我

---

[1]　ARM I 6:16—19.

[2]　比如,可参见 Durand 的论述和相关文本(LAPO 16,pp. 332—337,347—353)。

们并不需要详尽描述玛里文书档案所能证实的头领们的所有活动,但是对头领的领导模式有个大体了解还是必要的。正如人口普查誓约表明的那样,头领们为国王效忠的主要义务就是追踪人群的动向。不过头领们的职责并不只是监管军事义务的执行。①从忒卡行政区总督的一封信中可以看出,不仅打仗需要人手,河道整治也需要人手(ARM III 6:5—7)。地方头领们还负责逮捕那些离开所属城镇的人。②

　与那些城镇头领们相比,哈奈人头领们会更直接地参与多种军事行动。在为辛里-利姆服兵役时,所有的西米莱特头领们实际上就是哈奈人统领,也就自动变成了中级军官。③有一封书信提到一个哈奈人头领曾担任过秘密信使,这也是在西米莱特军事组织中发生的事情。地方头领们拥有直接的执法权,而且在节庆时他们负责与王国行政机构进行协调(XIV8:5—8)。

　总之,头领一词几乎完全出自玛里,但是它作为人名也曾出现在公元前两千纪初美索不达米亚地区的其他文献中。这一时期出自斯帕城的一份文书提到了一个头衔是头领的证人。④一封出自阿瑞玛城的书信提供了略多一些的背景——写信人写信是为了卖一种布料给阿克巴-哈穆(Aqba-ḫammu)国王及头领们。⑤国王与头领们的组合让我们想到了国王与长老们组成的王室领导圈,不过我们在玛里文书档案中却没有发现此种用法。

74

---

① 关于此职责,另可参见 ARM VI 32:16 和 40:7。
② ARM II 92:12—20,涉及亚米纳特人。对比 ARM II 102:19—23,没有真正提及头领们,还有 ARM II 103:12—13。
③ 参见萨姆斯-阿杜统治时期伊斯米-达甘统领的军队中将领的名单,ARM IV74:21,cf. 29。
④ 参见 *CAD* s. v. *sugāgu* c。
⑤ 阿里马丘(Tell ar-Rimaḫ)100:13—17;Dalley Walker 和 Hawkins 1976,83—84。

3. 部落出身的头领

即使在辛里-利姆王国行政区的核心组织中,我们也不能从字面意义上将头领简单看作是由国王任命的。还记得萨嘎拉图行政区的杜-亚顿-利姆城曾赶走了他们的头领(ARM XIV 46:7—9)。可以说,城镇在谁当头领方面还是有话语权的,不过这并不适用于辛里-利姆的王宫官员、军队官员或者行政区总督。在西米莱特游牧民中,我们甚至也不能确定头领是由国王任命的。至少有时候,这些哈奈人的头领们有相当大的自主权,尤其当他们开会处理集体事务时,这在第四章中将有讨论。① 头领们在集体决策中的作用主要实现于西米莱特游牧民部落组织中,而非王国行政区的各级城镇。"行政区的头领们"在王国的行政层级中似乎处于从属的地位。②

头领们自由集会的传统权力在巴里河的扎玛昆同盟和哈布尔河流域伊达-马若斯同盟中均有存在(见第四章)。扎玛昆同盟与亚姆哈德的谈判是由同盟的国王们和头领们出面进行的,而且在没有国王出席的情况下,代表团则由头领领导(XXVI 12:2'—4',8'—9')。在我们可以参考的文献中,伊达-马若斯只是以国王同盟的形式处理对外事务,不会提到头领们,但是效果没什么两样。

---

① 动词 *pahārum* 的 D 词干表示及物动词"聚集、集会",出现该词形的文本表示了王国政府的主动权(参见 ARM II 92:12—13;XIV 65:6—7)。该动词的 G 词干表示不及物动词"聚集、集会",主动权掌握在民众手中。在 A.2119:29—31(Charpin 1992b,98)中,帐篷居民哈奈人的头领们集会(*iphurū*,G 词干)。另可参见 FM II 123:27'—28'。在 ARM IV 16:11'—13'中,苏胡木(地区)的头领们集会时,国王亚斯马-阿杜发布了命令,虽然使用了同一动词,但该集会某种程度上是自主的;也许有人会怀疑这些人为部落领导者。关于头领们主动集会,另可参见 ARM XXVI 150:11—12。

② 该说法适用于萨嘎拉图行政区(ARM XIV 8,64 和 65)。

这些弱小政体的统治者们妄想着王位能带来个人权力地位,但是
为了不被强权欺压他们又不得不特别依赖传统的集体决策模式。　75
这些同盟形式并非暂时性的联合,而是一种联合政体,可以被称为
麻敦(*mātum*)同盟(见第四章)。

　　没有证据显示苏巴土(Šubartum)同盟的领导层包括头领。
玛里文书档案中的国王同盟是一种可确定的政治实体,并不是对
来自遥远地区外来者的模糊描述,这种政体一定占据着明确的地
理位置。我们不能断定公元前两千纪初苏巴土同盟的国王们原本
就出自该地区,而且苏巴士小王国同盟中的居民甚至可能说西闪
语。一封玛里书信提及了一种与亚摩利语不同的苏巴如
(Šubarû)语,我们期待着能找到苏巴如语和苏巴土同盟的关系。
苏巴土完全有可能就没有头领,头领也许只存在于西米莱特和亚
米纳特部落联盟生活的地区。毕竟,伊达-马若斯同盟与西米莱特
人关系极为密切,扎玛昆同盟与亚米纳特人的关系亦如此。苏巴
土同盟中没有头领一词很可能是因为苏巴如语即胡里安语(Du-
rand 1992b,125;Charpin 1994,181—3)。

第四节　牧场首领:*merhûm*

　　在玛里政治制度中扮演着最重要角色之一的是牧场首领:
merhûm,①但是要定义该词却较为困难,恐怕我在这里所做的考
查还远不够完整。亚米纳特联盟中有牧场首领,但我们掌握的有
关其职责的多数证据出自辛里-利姆统治的西米莱特王国。在几
乎整个辛里-利姆统治时期,两位牧场首领伊巴-埃尔和伊巴-皮-

————————

①　在本研究的每一部分,我都是在选择性地呈现证据,有时仅对现有资料做简单概
　　述。我对牧场首领也只做了概述而且并不完整,因为很大一部分有关牧场首领的
　　往来信尚未发表(参见 Durand 给 ARM XXVIII,p. v 写的序)。关于 Durand 领
　　导的玛里档案出版团队重新组建之前相关史料证据的评论,参见 Safren 1982。

埃尔拥有管辖西米莱特哈奈人游牧社群的特殊权力。因为牧场首领的辖区实际上位于大草原，远离辛里-利姆手下总督们所管辖的位于幼发拉底河河谷地区的行政区，牧场首领通常直接向国王及其核心领导层述职。甚至当游牧部落在幼发拉底河域和哈布尔河流域之间迁移时，牧场首领依然拥有管辖权，总督们不能随意干涉。相比较而言，由于游牧民的活动范围广泛，牧场首领在政治上似乎拥有较大的管辖空间。

　　牧场首领的职责对于我们了解辛里-利姆王国部落组织的地位尤其重要。当我们遇到"西米莱特"一词时，它几乎总是和通常被称为"哈奈人（帐篷居民）"的流动游牧民联系在一起。伊巴-埃尔有时给国王写信收尾时会有把握地说"羊群（nawûm）和西米莱特人均安好"，这句话里包含了牧场首领的两个职责范围。① 唯一已知的西米莱特部落联盟的分支，即伽羽分支，同游牧民哈奈人有着特别的关系。另外，我们尚未发现"一个西米莱特城镇"或者以任何一个西米莱特伽羽分支定义的城镇，然而亚米纳特城镇倒是常见的用语。就政治方面而言，这些帐篷居民、他们的伽羽分支、以及各个伽羽分支下面的头领们都属于牧场首领的势力范围。辛里-利姆称自己的王国为"玛里及哈奈人王国"（见第三章），这样他所有的臣民也就等同于王国中由牧场首领特别管辖的人群——帐篷居民了。

　　我对辛里-利姆王国中牧场首领的角色分析与迪朗及其同事的研究相比并无太大差异；不过，因为我认为西米莱特和亚米纳特两个联盟的组织结构不同，所以也期待牧场首领的职责会有所不同。在 LAPO17 中，迪朗较为详细地探讨了牧场首领一词，他发现西米

① ARM II 33:21'—22'；II 37:25。有关总督问候语的例子非常多；参见基布瑞-达甘的问候语（ARM III 12:6;13:6;17:6 等）。nawûm 一词可以指牧群本身，或者牧民们建在高地的营地，又或者位于高地的放牧地。我使用"高地"一词是为了与地势较低的河谷地区区分开来，而并非指丘陵或者高山。

莱特牧场首领由自己手下的头领辅佐,除了必须发誓效忠国王,一般来说享有很大的自主权(p. 497)。[1] 同时,迪朗提出部落领导的单一模式,在此模式中头领行使的权力与他在牧场首领势力范围内的权力不同。头领们对定居人群($wa\check{s}ib\bar{u}tum$[2])负责,而两位牧场首领则管辖随季节变化需移动放牧的赫布如($hibrum$)。[3]

以上分析将西米莱特和亚米纳特两个部落组织视作大致相当,特别是在定居人群和随季节变化需移动放牧的人群比较方面,以及头领们最终的定居身份方面。我认为如果部落组织存在差异,那么自然地他们的领导者之间的关系也会不同,包括牧场首领在内。此外,我没有找到证据说明赫布如($hibrum$)一词普遍适用于大草原上的部落,而且也并不清楚动词 $wa\check{s}abum$(意思是坐、停留或居住)是否足以描述哈奈人或者"帐篷居民们"扎营或定居的多样化生活方式。将该词的名词形式 $wa\check{s}ib\bar{u}tum$ 解释为"定居"会使人们更难理解部落群体如何以城镇来定义的问题,城镇和部落的直接结合某种程度上是西米莱特人所回避的。

尽管存在着这些差异,我的提议仍然直接建立在巴黎团队的考古发现基础之上。最为明显的一点是牧场首领负责管辖西米莱特联盟中的游牧民群体,他们与行政区以及总督属于两套不同的管理体系。此外,正是辛里-利姆对西米莱特部落有着强烈认同感的这一新分析,阻碍了我们将牧场首领视作部落与立基于城市的国家之间的纽带。[4]

---

[1] Durand 认为亚米纳特牧场首领的情况不太一样,他们为数位国王效忠,但是具体关系和职权系统尚不明确。另可参见 Durand 谨慎的评述,1999—2000,191。

[2] 阿卡德语词,指定居的人群,或者至少是暂时定居的人群,动词形式为 $wa\check{s}abum$。——译注

[3] LAPO 16,pp. 630—631,note d,关于 A. 2741 的评论;cf. LAPO 17,p. 471。

[4] 布塞拉提(Buccellati)似乎提到了这一点,他将 $merh\bar{u}m$ 解释为国王的"部落专员"(1990,103)。与 Rowton 的一样,该分析认为"城市的"和"部落的"或者"乡村的"为对立关系,权力集中于城市国家。

1. 辛里-利姆统治时期的西米莱特牧场首领

牧场首领一职在亚米纳特部落联盟中以及萨姆斯-阿杜统治
77　时期就已存在,但却是辛里-利姆统治时期有关西米莱特部落联盟
的文件中最具可见性的内容。在一个已经证实的制度中解释并不
常见的事情会更容易些。

a. 西米莱特牧场首领

我在前面已讨论过,牧场首领伊巴-埃尔将自己的主要职责范
围定义为"畜群"以及"西米莱特人"。此身份可间接地从个别牧场
首领对充满敌意的亚米纳特游牧民的对抗行动中看出。西米莱特
牧场首领伊巴-皮-埃尔的手下与乌拉普部落的牧民发生了小冲突
(XIV 86:17—20),他警告恰图南的总督小心亚米纳特人再惹麻
烦(XXVII 113:7—11)。亚米纳特牧场首领既不在辛里-利姆手
下供职又不由他任命,不过,事实上,阿普莱蒂(幼发拉底河两岸地
区)的大批定居人口都来自亚米纳特部落联盟。

人们通常把牧场首领与那些被简称为"哈奈人"的帐篷居民联
系在一起。他有权力召集并率领他们去打仗:①

　　　现在,王上应当同他的臣仆们商量,他经过考虑可能想先
讨个兆头,如果是好兆头而且王上有空,他也许会到我这儿
来。如果不是,王上应当会写信给牧场首领,牧场首领会率领
一、两千名哈奈人赶来我们这里……②

---

① ARM XXVI 389:9—15。异乎寻常的是在这里发现了 *paḫārum* 的 D 词干,表示授
权某人将帐篷居民哈奈人召集起来,而甚至连辛里-利姆都不认为自己理所应当
拥有此权力。

② A. 1025:77—81,此信是亚斯-达甘(Yassi-Dagan)写给国王辛利-利姆的,他请求
国王派兵。参见 Kupper 1990,337—339。

安达瑞格王恰尼-利姆的牧羊人们担心牧场首领在牧场分区时会偏袒哈奈人:"牧羊人们到了,说:'我们掌握着水井,可是只拥有三分之一的牧场,牧场首领将把三分之二的牧场留给哈奈人'。"[①]牧场首领的仆人被称作哈奈人(XIV53:6—7),牧场首领通常配有一个随行的副官和作为下属的哈奈人头领(XXVII 93:7—11)。

b. 独立的权力

牧场首领对国王及其核心领导圈负责,置身于行政区和总督的行政体制之外。辛里-利姆将为班纳姆指定继任者,这表明国王确实对哈奈人的领导者有支配权。[②] 在事件涉及帐篷居民、而且行政区总督们不断请求的情况下,国王可以直接向他的牧场首领发号施令。[③] 牧场首领这种独立于行政区之外的权力使总督们大为反感,另外,当哈奈人在河谷地区临时安顿时,总督与牧场首领的管辖范围事实上是重叠的。萨嘎拉图行政区总督亚齐姆-阿杜(Yaqqim-Addu)请求国王就在拉斯昆(Lasqum)放牧一事密切关注牧场首领(ARM XIV 81:11—16)。如果他的管辖范围内出了问题,作为总督他不希望自己因为那些不受其管辖的人们的行为受到责备,[④]辛里-利姆核心领导圈内的其他高级官员处理牧场首领事宜时也十分谨慎。被派往伊达-马若斯同盟成员纳胡的是国

---

① ARM XXVII 48:3'—8'.

② A. 1098:7'—8',Villard 1994,297;动词 šakānum 同样也用于表示头领的任命。萨姆斯-阿杜有权任命位于遥远西部地区的图特尔的牧场首领,ARM I 62:5'—14'.

③ 在 ARM XIV121:45 中,亚齐姆-阿杜使用了动词 wu''urum("命令、指挥"),他想让 nawûm(游牧民们)在四处劫掠的部队到来之前迁移至城里。恰图南的总督们同样没有对游牧民的直接管辖权,他们必须将问题报告给国王,希望拥有足够相同的指挥权(参见 XXVII 61:11;70:22—25)。

④ 在 ARM XXVII 151 中,有关管辖范围的紧张关系似乎逐渐变成了一种怨恨,恰图南总督喋喋不休地抱怨牧场首领伊巴-皮-埃尔,并非抱怨当地行政事务,而是这位牧场首领不该抱着对非哈奈人军队的管辖权不放。这都发生在与埃兰交战期间,即辛里-利姆统治的第 11 年(Z-L10)。

王的特别代表,名叫以图-阿斯杜(Itur-Asdu),他十分小心地解释
说,在往纳胡运送盐和粮食的问题上他想方设法避免冒犯伊巴-埃
尔,他做不了主的地方希望国王能够提出坚决要求:

> 在伊巴-埃尔面前,我没有骄傲自大,"我可做不到傲慢无
> 礼,他会因此怨恨我,从此不给纳胡送来大麦和盐"。我因而很
> 犹豫。现在,请王上严令伊巴-埃尔,只有这样他才会送盐和大
> 麦到阿斯拉卡和纳胡来。现在我们已经没有盐和大麦了。①

虽然并不经常与王宫联系而且也不定居玛里任职,西米莱特
牧场首领与辛里-利姆核心领导圈内的高级官员们地位相等。一
封地址尚未公布的书信引述了汉谟拉比的前任——库达王布努-
艾斯塔(Bunu-Eštar)的一封信,该信讲述了他如何在萨姆斯-阿杜
统治时期艰难度日,并抱怨现在的国王辛里-利姆忽视了他。② 除
了管辖生活在大草原上的帐篷居民,西米莱特哈奈人的军事重要
性还使牧场首领成了位居要职的将领。③ 牧场首领拥有的两种领
导者身份在哈奈人商议作战还是讲和的普伦(puhrum)大会上衔
接了起来:

> 我从身边的人那里听到了这样的一个消息:阿斯拉卡王
> 伊巴-阿杜和德尔城头领哈曼(Hamman)负责给阿斯纳库国
> 王萨德姆-拉布阿(Šadum-labua)带路,并将他带到牧场首领

---

① *FM III 20*:2'—10'。以图-阿斯杜在被派往纳胡之前曾任玛里行政区总督(Gui-
chard 1997,191—192;cf. Lion 2001,184—185)。

② A. 1215,被引用于 Guillot 1997,276;该信文本将出现在 Durand 对玛里档案中
各民族的最新研究中。

③ 关于牧场首领带领军队,参见 ARM XXVI 388:19—21;389:10—13;XXVII 132:
22,27;151:48—50;A. 1025:8—81(Kupper 1990,337—339)。

伊巴-埃尔面前参加在希哈莱塔(Siḫaratâ)召开的哈奈人大
会……①

c. 西米莱特部落组织中的牧场首领

牧场首领在权力方面与行政区总督以及军队将领有些重叠最
令人困惑,因为我们很难想象西米莱特哈奈人会由行政区总督或
者军队将领来领导,他们似乎必须只能由牧场首领来管辖。在居
于帐篷的和定居的西米莱特人均认为自己属于一个统一部落实体
的情况下,我们想知道的是,辛里-利姆的西米莱特部落人更偏爱
哈奈人的身份而不是城镇身份是否是因为牧场首领们享有传统的
部落权力。当亚齐姆-阿杜对他的国王说:"我的行政区也是牧场
首领的",他指的也许不仅仅是哈奈人的营地。他管辖的人口中的
大部分可能是由外部的权力控制。

我们对于这点感到困惑不解。西米莱特部落联盟中有很大一
部分人似乎由头领们管辖,他们由部落指派而且须缴纳一定数目
的羊作为头领费。从管理和象征性方面来看,这些人自认为"帐篷
居民"(哈奈人),由两位牧场首领而非行政区总督管辖;而且头领
们也只听命于牧场首领而非行政区的总督们。所以问题是西米莱
特人中的哪一部分归入牧场首领的领导体系,而理由是什么? 例
如,西米莱特人是否只以哈奈人的身份登记服兵役?

西米莱特人采用的是部落组织形式,在辛里-利姆王国中西米
莱特部落人口似乎就是哈奈人了。我们一再听说总督与其所辖行
政区内的所有亚米纳特部落头领都有信函往来,但是他从未与帐
篷居民哈奈人通信,也未曾与作为一个部落群体的西米莱特人通

79

---

① FM II 63:6—17,哈尼-卢姆(Hadni-ilum)写给辛里-利姆的信。原文已破损,Du-
rand临摹了其中最难辨认的第 15 行。他尝试性地将 Siḫaratā(of the Tawūm)认
定为某个部落所在地,但是该部落并不存在。

信。很自然地，辛里-利姆无需以孤立被其打败的亚米纳特人的办法来界定同族者的身份。但如果其同族者作为一个部落要求特殊行政待遇，那么他们在获得特殊身份的同时怎么可能没有某种称谓描述他们的特殊身份呢？哈奈人一词就是这样的称谓，它明确地表示辛里-利姆治下部落人口中的游牧民。正如迪朗所评述的，很清楚牧场首领下辖着西米莱特哈奈人的头领，当然这不仅仅是领导地位高低的问题，而是反映了整个政治组织结构，在这一组织结构中头领任职于各个部落分支。[①]

d. 伽羽分支的政治地位

从我们目前掌握的证据来看，两种西米莱特组织结构似乎并不吻合。一方面，西米莱特哈奈人个人以伽羽分支定义身份并且由头领追查行踪，而另一方面，西米莱特哈奈人个人由牧场首领和头领管辖。如果我们知道每个伽羽分支的头领不止一人，那么是否有某一个人负责管理整个分支？会是牧场首领吗？从我们掌握的证据来看，答案是否定的。只有两位西米莱特牧场首领同时为辛里-利姆效力，而且已有证据表明萨姆斯-阿杜国王统治时期也可能只有两位西米莱特牧场首领：一位名叫班纳姆，他在萨姆斯-阿杜国王死后从亚斯马-阿杜手中夺取了玛里，另一位名叫亚姆-阿杜（Yarim-Addu）。[②] 但是西米莱特部落伽羽分支并非只有两个。另外，牧场首领的身份从来就不以伽羽分支定义，甚至他们给国王写信时往往使用标准问候语如"西米莱特人"安好，而不会具体提及某一个伽羽分支。西米莱特哈奈人士兵们被分别编为亚巴苏和阿萨如盖姆两支队伍的事实并不能证明只有两个牧场首领的传统。当这两支队伍成为玛里军事力量的某一组成部分时，他们

---

① 关于牧场首领手下的头领，参见 ARM XXVI 508：7—8；XXVII 93：7—12；94：8—11；M. 9175，Charpin 1990a，76—77。在 LAPO 17，pp. 471—472 中 Durand 引用的尚未发表的文本应该具有同样的释义（A. 333 和 A. 332）。

② 参见 FM V 中 Dominique Charpin 和 Nele Ziegler，即将出版。

同时又属于由一位牧场首领伊巴-皮-埃尔统帅的一支更庞大的军队。[1] 我没能找到亚巴苏和阿萨如盖姆两支队伍划分的依据。亚巴苏一词显然来自一个同名的伽羽分支,但是我们不能假设军事二元性反映的就是真实的部落结构。

最后,并没有证据显示伽羽分支行使着任何政治职能,也就是说伽羽分支没有任何指定的领导形式,无论是个体还是集体的领导形式。这意味着什么?问题不仅仅在于定居化,因为在城镇外围牧场首领掌握着强大的部落领导权,而且部落领导形式涉及所有帐篷居民(哈奈人)。有一种可能性:在"利姆"王朝三位国王亚格得-利姆、亚顿-利姆和辛里-利姆统一西米莱特人之前,伽羽分支作为西米莱特部落联盟的组成部分具有着重要的政治意义。甚至连牧场首领这一官职也很难用历史的方法来评价。在萨姆斯-阿杜和辛里-利姆的政权结构中,牧场首领的职位可能是从最初的集体政治环境中脱离出来,特别增设,以此为区域国王们服务的。

e. 辛里-利姆王国范围之外的管辖权

亚摩利人时期政治生活的特色之一是,部落群体并非常常被限制在王国的特定范围之内,无论是他们的定居点还是游牧地。前面引用过的一封信中最突出的内容是,哈布尔河上游的伊达-马若斯同盟所在区域被定义为西米莱特帐篷居民的传统放牧地区,而亚米纳特人的放牧地区为亚姆哈德、恰特纳和阿姆如这3个叙利亚西部王国的农村地区。来自西米莱特和亚米纳特这两个部落联盟的大量人口居住在玛里城周边阿普莱蒂核心区域。[2]

倘若西米莱特人的放牧地集中在哈布尔河河谷地区,那么辛

---

[1] 参见前文中关于 *gayum* 的论述,A. 486 + M. 5319。

[2] 上世纪 80 年代末并没有太多新证据发表,而 Anbar 的书于 1991 年出版,因此书中的结论会有一定的局限性。当然其中不乏有用的分析,包括追踪各个部落群体定居点所需的详细信息。要了解更多最新的有关亚米纳特定居点地理位置的评述,参见 Millet-Albà,即将出版。

里-利姆王国能与北方地区保持着十分稳固的联系也就不奇怪了，与玛里中央王国保持着密切关系的还包括许多没有直接并入王国的附庸政体。西米莱特牧场首领总是跟随着游牧民们一起流动，因此他在玛里王国以外的这些北方地区行使着一定的管辖权，至少在放牧权方面。在这些王国以外的土地上，牧场首领的权力并不明确。据说伊巴-皮-埃尔将玛里以北的牧场划归了自己率领的西米莱特哈奈人以及恰尼-利姆的牧民们，恰尼-利姆是安达瑞格城的亚姆波部落王(XXVII 48)。他曾向恰图南行政区总督抱怨一个西米莱特哈奈人偷羊的事，总督于是命人追查偷羊人，但是当发现此人已经游牧到了库达王国时，追查偷羊人一事也就交由伊巴-皮-埃尔处理了：

> 伊巴瑟(Ibassir)跑了，他从第一个羊圈里偷了 6 只绵羊，第二个羊圈偷了两只绵羊，第三个羊圈偷了一只公山羊。此刻牧场首领伊巴-皮-埃尔正陪伴在国王身边。他应当询问那些羊圈看管人，羊圈看管人可能会知道是谁偷了羊。不过这些人不属我管辖。①

牧场首领虽然管辖大草原，但是碰到具体问题他又必须与库达王国地方权力机构进行商榷。

有关玛里王国或者西米莱特部落在北部地区管辖权的重叠问题源自维拉德引用的一封书信，他在探讨早期牧场首领班纳姆(Bannum)时引用了该信(1994,297 和 n33)。班纳姆曾写信给辛里-利姆让其提防一些竞争对手想要剥夺自己牧场首领权力的企图。这些竞争对手认为他坐镇玛里根本无法履行牧场首领的职

---

① ARM XXVII 70：17—29。根据 ARM XXVII 69：12—13,18,伊巴瑟为(西米莱特)哈奈人。

责。班纳姆是国王辛里-利姆的得力助手,也是第二号领袖,他在信中给国王出主意该如何应对:

> 如果哈奈人逼迫你任命一位新的牧场首领,如果他们说:"我们的牧场首领班纳姆住在阿普莱蒂地区,所以我们需要一位新的牧场首领",那么您可以这样回答他们:"以前班纳姆是住在大草原,他在西米莱特部落、纳姆哈部落以及亚姆波部落中地位稳固。后来他前往阿普莱蒂地区,以武力打开了那些防卫森严的城市的大门,你们也因此在阿普莱蒂有了一席之地。现在我来到了你们这里,而让班纳姆留守那些城市。一旦我返回玛里,会立刻让你们的牧场首领回到你们身边",就这么跟他们说。①

班纳姆认为自己在阿普莱蒂(幼发拉底河两岸地区)是暂时性逗留,而他最主要的身份依旧是牧场首领,而且他应该呆在北部地区。但遗憾的是,辛里-利姆登上王位不久他便去世了。②

西米莱特牧场首领后来在辛里-利姆统治时期对北方地区继续拥有管辖权,这一点在 ARM XXXII 48 和 70 中有明确记载,伊巴-皮-埃尔的管辖权分别渗透到了安达瑞格和库达两个王国。甚至在书信中,安达瑞格的恰尼-利姆说到了管辖者之间日益紧张的关系,他担心牧场首领会偏心他的"哈奈人"(这里特别指更狭义的西米莱特帐篷居民)。

一方面,西米莱特部落之间的竞争在持续,另一方面,亚姆波部落和纳姆哈部落也存在竞争,结果是安达瑞格王阿塔如姆(Atamrum)和库达王汉谟拉比成为了最终推翻辛里-利姆统治的

---

① A. 1098:6'—15'.
② 参见迪朗的论述,AEM I/1, p. 74。

关键人物。纳姆哈部落首领们不满辛里-利姆将库达王希马-伊兰（Simah-ilanê）当作"儿子"而非"兄弟"对待,强烈要求拥有地位相等的部落身份。[1] 辛里-利姆在老部落联盟中占据霸主地位的野心在库达国王们给他的回函中昭然若揭,库达是纳姆哈部落的地盘。希马-伊兰是这些国王中称玛里王为"兄弟"（ARM XXVIII 162:4）的第一人,FM II 117 中的情况亦如此。辛里-利姆统治初期,安达瑞格王恰尼-利姆和希马-伊兰对辛里-利姆都自称"兄弟"。[2] 而在希马-伊兰的继任者布努-艾斯塔写给辛里-利姆的书信中,其立场并不明确,有时自称"兄弟",有时自称"臣仆",或者只是签上名而已。[3] 后来,库达末代国王汉谟拉比认为必须承认臣子的身份,他自称辛里-利姆的"儿子"。也许汉谟拉比从未真正接受此种命运,他最终拒绝与辛里-利姆及其玛里王国结盟。（参见 Durand 1992a,45—46）

82 阿斯拉卡王伊巴-阿杜也许是伊达-马若斯同盟中最强势的国王,他详细描述了关于确认萨德姆-拉布阿（Šadum-labua）为阿斯纳库新国王的一系列事件,阿斯纳库是伊达-马若斯同盟成员之一（ARM XXVIII 65）。在整个过程中,玛里王辛里-利姆手下的一位牧场首领充当了他的代言人,地方管辖者们则执行着他的指示。在另一封书信中,萨德姆-拉布阿本人提到在他与邻国发生矛盾冲突时,牧场首领会保证其安全。[4] 在玛里王国的行政区里,基于游牧民大范围流动带来的区域管辖权重叠导致了地方权力的紧张局势。阿斯纳库王萨德姆-拉布阿在信中对辛里-利姆说:"我根本不

---

① *FM* II 117.

② ARM XXVIII 167:3;168:3;169:4;170:4。关于"兄/弟"、"父/子"、"主/仆"的外交用语,参见 Lafont 2001a,232—238。

③ ARM XXVIII 164:4;165:4;163:3,按顺序排。参见 Kupper 关于历史问题的论述（pp. 235—236）。布努-艾斯塔似乎在萨姆斯-阿杜统治时期曾管辖过库达,后被国王罢免。参见 A. 1215,迪朗的译文被引用于 Guillot 1997,276。

④ ARM XXVIII 100:26,原文已破损。

信任那位牧场首领。"(XXVII 105:36')

看来,西米莱特牧场首领的管辖权一直可以延伸至北部两个势力范围,一个是安达瑞格和库达附近、位于哈布尔河和底格里斯河之间的草原地区,另一个是哈布尔河流域东北部的伊达-马若斯同盟所处地区。各种情形表明,这种管辖权是以西米莱特人为基础的,在辛里-利姆占领玛里之前就已经存在了。尽管存在部落竞争,或许有时也因为部落竞争,西米莱特牧场首领也可能被拉进库达王国政治漩涡中。在前文提及的一封信中,布努-艾斯塔请求一位牧场首领帮助他夺回库达的王位。[1] 伊达-马若斯的乡村地区也是牧场首领的管辖范围,西米莱特人在这里长期拥有放牧权。例如,根据第四章将要讨论的一封信(A. 2226),牧场首领在监督与伊达-马若斯同盟结盟的过程中担当了异乎寻常的角色;而夏宾认为宰杀驴子以示结盟的仪式通常应该由国王主持(Charpin 1990c)。

2. 辛里-利姆中央王国外围

我们几乎没有找到关于萨姆斯-阿杜统治时期或者辛里-利姆西米莱特部落以外的牧场首领的证据。迪朗发现一封亚米纳特部落的书信提到了一次集会,参加者包括他们所有的头领和"他们的两位牧场首领",此处的描述基于新近的资料整理。因为证据表明同一时期仅有两位西米莱特牧场首领,所以迪朗从该书信推断两位牧场首领的领导模式对两大亚摩利人部落联盟(即西米莱特和亚米纳特部落联盟)均适用。据我所知,没有一封书信明确使用了"两个"牧场首领的字眼,而且关于牧场首领的确切人数以及他们之间的政治关系可以说依然是未知的。我未曾发现有书信记载伊

---

[1]　A. 1215,Guillot 1997,276.

巴-埃尔和伊巴-皮-埃尔这两位辛里-利姆统治末期牧场首领之间的团结协作关系。另外有一封信可能提到的是一位亚米纳特牧场首领,他来自伊玛,为达迪-哈顿效力。在这封信中,占卜者伊斯-阿杜(Išhi-Addu)告诉辛里-利姆:"达迪-哈顿来找我,他任命他的一个牧场首领负责此次远征。我以手触摸那位牧场首领的额头来占卜吉凶,结果是吉兆。"①

在萨姆斯-阿杜统治时期,占卜者阿斯曲杜写给亚斯马-阿杜的书信显示有为数不少的地位较低的牧场首领。他们当中的一些人将在图特尔城面见亚斯马-阿杜:

> 牧场首领们将在图特尔城面见并陪同王上。恳请王上给他们下达严格指令,以免他们疏忽军事巡查。他们的羊群分散各处。他们甚至会远去哈拉比特(Halabit)上游的苏曼(Surman)放牧,事实上他们一直比较粗心大意。②

这几个亚米纳特部落的例子可能反映了一种牧场首领人数较多而且地位较低的传统。在另一封提及图特尔城的书信中,萨姆斯-阿杜提议让哈布杜马-达甘(Habduma-Dagan)同时兼任牧场首领和地方总督,这在辛里-利姆统治时期是不可想象的,无论在西米莱特哈奈人之中还是在玛里、忒卡、萨嘎拉图和恰图南等核心行政区:③

---

① ARM XXVI 114:3—9。Dadi-ḫadnu 是 Dadi-ḫadûn 的另一形式,达迪-哈顿为亚米纳特部落联盟拉布部落的统治者;参见 Denis Soubeyran, ARM XXIII, p. 360;Durand 1990b,46,48。
② ARM XXVI 86:11—21。
③ 玛里王国苏胡木地区的情况较为特殊,就这两方面而言,它在某种程度上均处在辛里-利姆行政管理体系的外围。

你写信来说任命阿亚拉-苏姆（Ayala-sumu）的儿子哈布杜马-达甘为牧场首领。他们应当遵照你的指示去做。那么哈布杜马-达甘的管辖权到底多大呢？他已经掌管着大片土地了，在担任牧场首领的同时他还应当管辖图特尔城。其他牧场首领们都是这么做的。[①]

如果说这段文字中提到的第一个职位适用于大草原，那么显然，身在远方的国王则是将其作为奖励制度操纵着，以示国王的权威。

从这有限的证据中我们还可以推断，牧场首领一职在亚摩利游牧民们中广泛适用，而非西米莱特部落的特殊现象。牧场首领的地理和政治势力范围在城镇之外，而他与头领们的关系在亚米纳特和西米莱特部落社会结构中是有分别的，亚米纳特和西米莱特城镇也存在着显著的差异。我们发现的引文只提及亚米纳特城镇，我们知道每个亚米纳特城镇只有一个头领，他也被称为该城镇的头领。西米莱特城镇则不然。

我们还无法知晓是什么历史变化让玛里保留了关于牧场首领的众多证据。亚米纳特部落的活动范围较小，如果该事实成立，那么可能说明其部落规模也较小而且承担的责任也不同。从班纳姆征服玛里的事件来判断，西米莱特牧场首领的军事地位似乎举足轻重，甚至无需辛里-利姆的资助。没有证据显示亚米纳特牧场首领享有同等地位。让西米莱特牧场首领继续大权在握也许更符合辛里-利姆的利益，可以保护他在游牧民中的权力基础；或者反之，也许是西米莱特牧场首领的权威迫使辛里-利姆认可了他们在其王国中拥有着非同寻常的自由。不管是哪种情况，要了解辛里-利姆的部落王国，我们都应当充分考虑到牧场首领在其嫡系西米莱

84

① ARM I 62:5'—13'.

特部落中的重要领导地位。

第五节　帐篷居民"哈奈人"[①]

　　本章开头,我介绍了一个基本论点,即在玛里文书档案中随处可见的"*hana*"一词首先并非指一个叫"Hanean"的部落,而是对流动的游牧民的统称。只有对"哈奈人"进行定义我们才有可能了解西米莱特和亚米纳特部落组织结构的不同之处。虽然哈奈人本身并非一个部落范畴,但实际上流动的游牧民始终以不同部落名称来定义身份,这样即便相距遥远也可以保持着纽带关系。因此,西米莱特和亚米纳特部落联盟中的"哈奈人"群体成了两个联盟如何描述自身以及其他部落的要素。在玛里文书档案中,哈奈人一词对于了解西米莱特部落尤为关键,因为档案中的绝大多数书信出自西米莱特部落王辛里-利姆执政期间。所以,倘若忽略了国王的嫡系西米莱特哈奈人,我们则难以掌握辛里-利姆统治时期玛里的政治情形。

　　甚至在辛里-利姆王国的日常事务中,最突出的问题也是在大草原上流动的游牧人群与定居人群的重大社会差异。西米莱特部落的概念尤其指游牧人群,他们通常被称为"哈奈人",要理解西米莱特社会组织结构中定居和非定居人群,就必须研究该词的用法。我的观点是,辛里-利姆的同族者和手下官员们始终以"哈奈人"称呼那些与王国有着种种关系的流动的西米莱特游牧民,在特别情境中,哈奈人还可以指非西米莱特部落人,但也只是指那些生活在大草原上的非西米莱特部落人。我们掌握的关于哈奈人一词并非指西米莱特人的证据应当都可以按照上述使用原则解释,或者说这些证据反映的应当是辛里-利姆嫡系部落之外的人群对该词的使用情况。

---

① 　Hana(*hana*):该词为西闪语,音译"哈奈人",意思为"帐篷居民(tent-dwellers)"。

1. 作为军事力量和政治单位的西米莱特哈奈人

除了"哈奈人"本身是一种称谓之外,该词似乎通常代表了辛里-利姆权力圈层中的一个政治单位,而且最容易被理解为特别指西米莱特人的一个政治单位,而非含糊的"居于帐篷的(tent-dwelling)"。另外,为辛里-利姆效力的哈奈人军队应该是西米莱特人而非范畴更宽泛的部落人群。该证据表明对于辛里-利姆统治时期哈奈人双重社会身份的狭义解读十分普遍。

a. 哈奈人军队

长期以来的研究显示,辛里-利姆经常提及在其军中服役的哈奈人,他们有时很明确是协同作战的部队,有时则以小分队的形式执行特殊任务。[①] 鉴于哈奈人这一术语问题较多,那么具体分析这支军队非常有必要。迪朗似乎认为该军事力量就是西米莱特人,不过这点值得我们在此简短地讨论一下。

埃什努纳王国伊巴-皮-埃尔二世握有的一份条约对玛里各军事力量作了非常有用的概述,因为根据其中一则条款,辛里-利姆许诺向他汇报军队的所有动向。该条约列出了以下几个支队,每个支队被称为"X 的部队",而这里的"X"包括:玛里、帐篷居民哈奈人、苏胡木、亚摩利人和阿卡德人等。[②] 前两个支队属于玛里和哈奈人,这一事实表明"哈奈人"的称号具有一种真正行政实体的特色,当然此处为军事实体。这一重要军事力量应该就是辛里-利姆调派给阿塔如姆的那支部队:玛里王军中主力是 100 名哈奈人和 100 名来自"阿普莱蒂"的仆臣,他们共同代表了"我王国的头人

85

---

① 比如参见 Kupper 1957,21。很自然地,这些"Haneans"被认为来自一个独立的部落。

② A. 361 iii:13'—15',cf. ii:3';Charpin 1991b,141—144。Charpin 发现前两个支队单位实际上与辛里-利姆国王称号中的两部分是一致的(pp. 146—147)。

们(heads)"。① 玛里和阿普莱蒂实施总督管辖制,管辖范围包括玛里王国核心行政区如忒卡、萨嘎拉图,可能还包括恰图南。所以,哈奈人必定是辛里-利姆大王国的重要组成部分,而且最理所当然地由牧场首领领导。这也与下面的事实相吻合:牧场首领是统帅哈奈人军队的将领,这点在那封提及有关伊巴-皮-埃尔率领其军队面见巴比伦王的书信中有记述。②

军事报告 *FM* III 135 证实其中的哈奈人军队的身份局限于西米莱特人。一个名叫亚塔如的军官在战报中描述了北部地区的一场胜仗,这是一支由两个部分组成的军队的共同战果。书信的开头和结尾以交叉的方式确认国王的军队安好,我在前文中就曾引用过,不过引用的缘由不同:

第 4 行:哈奈人安好。王上的军队安好。
第 5 行:军队安好。西米莱特人安好。

"国王的军队(*ummānāt bēlīya*)"表示的是无所不包的概念,其具体组成部分并不明确;但是直接为国王效力这一点会使人联想到书信 A. 2730 中阿普莱蒂的范畴,该信提到了辛里-利姆王国的头人们(见第四章)。在其他方面很难不将哈奈人与西米莱特部落之间划上等号,但是他们的等同关系所蕴含的意义并不仅仅局限于该事件以及军事方面。③

---

① A. 2730:8—10,*AEM* I/2, p. 3;在论述"头人们"的集体领导时已提到过这段文本。关于辛里-利姆军队中支队一分为二的情况,另可参见 ARM II 25:13:10'(显然是伊巴-埃尔的来信)。同样的军队结构划分法在亚顿-利姆统治时期就已存在;参见 Charpin 即将发表 c。两个支队分别为"帐篷居民哈奈人"和"城里人";参见 A. 4280:32—33 等等。

② 参见 A. 486 + M. 5319,Villard 1992,146—147。

③ Guillot 1997,284,认为这里提到的军队仅由西米莱特人组成,而国王的军队(*ummānāt bēlīya*)和这些哈奈人与大部队的关系均未提及。

辛里-利姆的哈奈人部队有时在其他情况下也会显示出一种西米莱特人的特点。首先,哈奈人部队以队伍(*pirsum*)和伽羽分支为基本组成单位,而伽羽分支本身就是西米莱特部落特有的组成部分,而且不适用于亚米纳特部落。[①] 其次,最著名的两位西米莱特牧场首领伊巴-埃尔和伊巴-皮-埃尔负责率领哈奈人部队作战。[②] 伊巴-皮-埃尔报告说西米莱特人和其他部队都安好,这与书信 *FM* III 135 中的说法一致。[③]

86

b. 作为政治单位的帐篷居民哈奈人

哈奈人部队是辛里-利姆军队中必不可少的忠诚的中坚力量,但是哈奈人不仅仅是一个军事单位。"帐篷居民"的称谓指生活在一定区域内的一群人,他们因种种目的聚集在一起,作为单个的决策实体与外界联络,甚至作为政治实体来占卜吉凶。[④] 在某些情况下,尤其是与玛里正北部地区的主要部落纳姆哈和亚姆波相提并论时,帐篷居民哈奈人甚至可以被看作是一个独立的部落。[⑤]

如前所述,哈奈人常常会主动集会商讨具体决策,商讨的内容往往涉及战争或结盟。他们是辛里-利姆治下拥有相当大主动权的群体,辛里-利姆几乎将其视为独立的同盟者而非其臣民。在伊巴-埃尔的一封讲述与伊达-马若斯同盟达成和平协议的书信(将在第四章"长老们"一节中有详细讨论)中,这位牧场首领提到哈布

① ARM VI 28:7—8,参见 LAPO 17,p. 195。

② 伊巴-埃尔,*FM* III 20:3—4,以及谈论牧场首领的那封信;伊巴-皮-埃尔,ARM II 27:5;XXVII 132:22—25;151:53—55;A. 486+:18(Villard 1992,138)。

③ A. 1610+:19—20(=A. 1212:18—19),Durand 1988,109—110,该信证实了与第11,43 和 47 行中哈奈人(Ḫana)的联系。

④ 参见 ARM XXVI 141:17;注意,为民众占卜吉凶并非一个模糊的概念,对象实为具体的政治单位,即王国自然的利益相关者。通常情况下,这些就是城镇或者行政区。

⑤ 参见 ARM XXVI 24:23—25,纳姆哈;358:6',纳姆哈作为"兄弟";XXVII 14:9—12,2000 哈奈人和 5000 纳姆哈人以及亚姆波人;关于西米莱特人与纳姆哈人结盟,对照 *FM* II117:13—14。

尔河流域麻敦（*mātum*）的统治者们与哈奈人商讨结盟事宜，共同对抗来自东部地区埃什努纳王国的侵犯。① 伊巴-埃尔在书信结尾处肯定地写道西米莱特人安好。有时哈奈人无需国王同意就可以与其对手开战，比如恰图南行政区的总督在信中谈到了他们与大草原上亚米纳特人的冲突：

　　　　一个来自恰图南由 200 个哈奈人组成的小分队在亚塔-利姆（Yatar-Lim）的率领下向亚米纳特部落联盟的草原牧民发动了攻击。我对他们说了下面一番话……②

有时，西米莱特帐篷居民们会傲慢地炫耀自己的特殊地位，这对国王来说也是件棘手的事。恰图南的一位总督向辛里-利姆报告说他不得不将一个哈奈人（男性）关进监狱，因为他发酒疯杀死了一个奴隶。这个犯人竟然手里舞着剑嘲笑试图审问他的总督：

　　　　一个名叫亚斯姆-阿杜（Yasim-Addu）的哈奈人抢走了面包和啤酒，还杀死了王宫里的一个奴隶。我问他："你为何将一个奴隶杀死？"他回答道："国王是你的主人。如果萨梅塔（Sammetar）都不能审问我，你以为你就可以审问我吗？"然后他在我

────────

① 在 A. 2226：1'—2'中，哈奈人显然就是另一方。伊达-马若斯同盟与被称作哈奈人的一群人结盟的事件在其他文书中也有记载：ARM II 37：6—8（也是伊巴-埃尔的信），"我已与哈奈人以及伊达-马若斯同盟讲和了"；A. 2119：25—26 和 M. 9623：11—13，Charpin 1992b，98；以及 1990，79，共同对抗埃什努纳，和平共处；A. 232：8—10 和 M. 7421：4—7，5'—7'，Charpin 1993b，阿斯纳库国王说永远团结一致，哈奈人应当被许可加入伊达-马若斯同盟；ARM XXVII 29：19—21，在出发前往面见辛里-利姆之前，4 位伊达-马若斯同盟的国王与哈奈人会面。

② ARM XXVII 17：5—10，只有在没有明显利益冲突的前提下，西米莱特哈奈人可以这么做；而这里的行动确实是他们采取的主动。这里的情况较为复杂，哈奈人打了胜仗还俘虏了 4 名 *āhizū*（Birot 解释为告密者，pp. 63—64），总督提议将其中一人交给国王（第 26—28 行）。哈奈人不同意，这是其独立自主性的典型表现。

面前挥舞着青铜剑,瑞皮-阿杜(Rip'i-Addu)和王上的仆人们当时都在场。我已将此人收监。王上应该知道此事。①

令人吃惊但也不是不可能的是,西米莱特哈奈人中有一部分人甚至也会反对辛里-利姆而支持其他地方领导者。亚斯-达甘(Yassi-Dagan)将军在一封信中提到,卡哈特王率领了一支由 500 名哈奈人组成的部队在哈布尔河流域东部地区对抗辛里-利姆的一支队伍,不过卡哈特王率领的队伍到底是西米莱特人还是来自北部地区的其他队伍尚不清楚。"遵照王上您的命令,我赶到了卡卡布(Kabkab),埃肯-艾马(Akin-amar)闻讯之后,500 哈奈人作为他的先头部队强行突围。"②

我们掌握的其他证据表明哈奈人一词有时可以表示一个政治实体。一些书信来往记录显示哈奈人是一个独立的决策集体。辛里-利姆为了集结哈奈人的队伍曾写信道:"在哈奈人到达防守严密的兵营前,我经过慎重考虑,派遣同样身为哈奈人的伊巴-埃尔前往哈奈人和哈里-哈顿(Ḫali-hadum③)那里。"④在另一封信中,辛里-利姆希望召开一个部落会议:"去找到哈奈人,让他们也参加,这样他们便会举着火把,如同一人,聚集在我身边协助我。"⑤在一封王室书信中,阿斯拉卡的伊巴-阿杜国王告知辛里-利姆他应该写信给哈奈人(ARM XXVIII 55:13)。

有时,会有消息从哈奈人那里传来或者他们的首领们会来。在去觐见辛里-利姆的路上,哈奈人的使者们与占卜师阿斯曲杜一

87

---

① ARMXXVII 57:18—33.

② M. 7630:3—6,该信发表于 Catagnoti and Bonechi 1992,后又经校勘(Guichard 1994,258)。关于亚斯-达甘,参见 Kupper 1990。

③ 此人是辛里-利姆统治初期西米莱特帐篷居民杰出的领导者。

④ ARM XXVI 27:3—8.

⑤ A. 3567:6—9; Durand, AEM I/₁, p. 184.

起过夜："哈奈人的使者们带来了好消息，他们晚上在我这里过的夜。"①有一次，伊达-马若斯同盟的四位国王与"哈奈人"见了面（XXVII 20：19—21）；另一次，"哈奈人"送来了与亚米纳特部落即将开战的消息。② 在早些时候同样的情形至少还曾出现过一次，当时胜仗之后，伊斯米-达甘就给"哈奈人"送了信（ARM IV 40：5—9）。尚不清楚哈奈人的称谓何以与辛里-利姆统治时期的西米莱特人相重叠，但是该称谓应当是具有特殊含义的。

辛里-利姆统治时期的西米莱特帐篷居民拥有自主权还表现在最后一点：他们显然不参加人口普查。书信 ARM 16 清楚地显示根据萨姆斯-阿杜给亚米纳特人的指示，各部落可以增派未经登记的部队。而在辛里-利姆统治时期，国王集结哈奈人似乎并非依靠人口普查制度或者誓约。哈奈人为辛里-利姆而战是基于双方共同协商后的约定：

> 按照安排好的时间，我已经等候哈奈人整整 5 天了，不过照此速度，军队根本就集合不起来。部分哈奈人早已赶到，他们目前住在村子里。③

我们时常提及的哈奈人人口普查仅限于萨姆斯-阿杜统治时期，也许他采取的是与辛里-利姆完全相反的政策，即让亚米纳特人拥有人口普查的豁免权。④ 所有这些书信的出处很可能是西米

① ARM XXVI 42：5—9.

② A. 2210：5—7，Durand 1993b，54 和 n. 77。

③ ARM II 48：5—9，玛里行政区总督巴迪-利姆写给辛里-利姆的信。

④ 参见 ARM I 37：39—41（在哈苏，Ḫaššum）；I 42：4—11 等（刻在泥板上的名字，第 8 行），注意亚米纳特人仅列出了部落名（未被称作哈奈人），不同于"西米莱特哈奈人"（第 28—31 行）；I 82：13—15（在恰图南）；I 87：4—6（同样？）；II 1：10，24（在伽苏（Gašum））；IV 57：8—12（伊斯米-达甘，他的地盘）；V 51：5—18（伊达-马若斯以北地区）。

莱特人控制的地区,他们也许与纳姆哈部落或者亚姆波部落有着亲缘关系。编号为 ARM V 51 的书信特别令人感兴趣,因为信中所提及的有着人口普查记录的哈奈人并非生活在大草原,他们居于伊达-马若斯同盟的北部地区,包括纳胡、塔哈玉、克达哈(Qirda ḫat)以及阿斯纳库等地,这些地区的西米莱特人后来与辛里-利姆的关系十分牢靠。

88

> 你写信给国王(萨姆斯-阿杜)谈到了在伊达-马若斯同盟的北部地区定居的哈奈人。现在,我已命人将居住在纳胡、塔哈玉、克达哈以及阿斯纳库的每个哈奈人的名字记录在了泥板上,他们属于人口普查的一部分,我已派人将名录呈给了国王。①

根据辛里-利姆统治时期哈奈人一词的常用含义,这里出现"定居的"哈奈人似乎是一个自相矛盾的说法,也许这里定居的哈奈人仅指一个特殊的部落。照此看来,这可能是自封的又或许在国王萨姆斯-阿杜治下只是个很笼统的说法。

我没有发现动词 *ubbubum*(进行人口普查)或者名词 *tēbibtum*(人口普查)与辛里-利姆统治时期的哈奈人联系在一起使用过。在佩罗公布的西米莱特士兵名单中,只登记了哈奈人实到人数作为配给量的收据,而并非作为服兵役的登记,他们显然不是征兵的基本来源(1953,1955,1956)。② 哈奈人按照所属伽羽分支分类而非城镇。相反,ARM XXIII 428—429 书信显示辛里-利姆统治时期的亚米纳特各城镇承诺服兵役的人数非常精确。这些档案文书

---

① ARM V 51:5—19,伊萨-利姆(Išar-Lim)写给玛里王亚斯马-阿杜的信。
② Anbar(1991,183)认为 ARM VI 28 提及的是哈奈人的"人口普查",但是更确切地说该信是关于配给量的,使用了动词 *paqādum*,表示管理的程序(第 6,23 行)。

系统地涉及到了玛里三大行政区中亚米纳特部落联盟的人口，包括了所有 5 个部落，并且都根据其居住城镇作了划定。

2. 辛里-利姆王室档案中的非西米莱特哈奈人

有趣的是，在大多数情况下，写信者或者抄写员在使用"哈奈人"一词表示"帐篷居民"时或许并不能确定他们就是西米莱特人。一般而言，"哈奈人"一词单独使用时通常指"我们的帐篷居民"，不过在萨姆斯-阿杜统治时期的档案中，哈奈人更有可能是哈布尔河上游一个特定的群体（定居或非定居的）。从比较常用的模式来看，尤其是辛里-利姆统治时期的文书中，我们通常不会找到部落名称和"帐篷居民"一词同时使用的双重身份证明，也许写信人和收信人在当时的语境中都彼此明白是在说谁。我们所掌握的有限的亚米纳特书信档案在一定程度上表明，西米莱特人单独使用"哈奈人"表示"我们的帐篷居民"。据 ARM II 53 记载，在亚米纳特人的集会上哈奈人的头领们就曾这样使用过。① 同样地，安达瑞格王国的亚姆波部落或者萨姆斯-阿杜国王这些外人会称呼"西米莱特哈奈人"。

一封来自安达瑞格的书信：

---

① 另可参见 ARM II 12:5—6,28(LAPO 16,no.432)；A.2741(no.433)，一个名叫 Atamrel(Atamar-el? LAPO 16,p.628)男子写的信；ARM XXVIII 25:8,11,14，一个名叫亚顿-利姆的亚米纳特统治者写的信。Atamrel 是来自乌拉普部落的一位亚米纳特首领，ARM XXVI 24:8；M.6874:17'(AEM I/1,p.181)。根据 LAPO 17(p.433)，ARM II 14 出自辛里-利姆统治时期，该信使用 Hana 一词描述一群亚米纳特游牧民，他们被邀请到伊玛参加萨姆斯-阿杜和亚格-阿杜召开的首领会议（如果核对的信息无误，第 7—10 行）。根据 Durand 的解读，这些信息均来自一个哈奈人，他负责将报告直接递交给收信人，而 Durand 分析收信人是辛里-利姆。如果这些亚米纳特首领们确实召集其游牧民并仅称其为哈奈人，那么我怀疑该信是否确实为一个亚米纳特人所写，而且还是寄给了自己人，以上是 Durand 对 ARM II 12 和 A.2741 所作的分析。

自去年以来,自从阿卡德人(来自埃什努纳?)入侵以来,西米莱特哈奈人一直在亚姆波人的土地上放牧。从未有过冒犯或者破坏行为。

亚姆波人的骑兵和西米莱特哈奈人的骑兵已经会合。他们联合了起来,在你们(两股力量)面前不可能有屏障。①

我们之间应当建立良好的关系。亚姆波人和西米莱特人很久以来一直有着兄弟情谊,还有哈奈人的支系……②

一封萨姆斯-阿杜的王国的来信:

……我们西米莱特哈奈人中一支1000人的军队……③

那些哈奈人已经到达了河对岸,我的国王写信给我说:"那些过了河的哈奈人(西米莱特人或者亚米纳特人),他们到底是哪一个伽羽分支的?"给我送一份详细的报告来。④

从萨姆斯-阿杜的王国的角度一般看不出个部落自身的具体情况。⑤

---

① A. 505,该信没有收信地址,其中第 21'—24'和 49—51 被引用于 Durand 1992b, 114n146。

② A. 3572:1'—4',Durand 1992b,114。写信的男子名叫赫提帕努(Ḫittipanum),而且很显然 ARM XXVI 404:4 中也有他,他是安达瑞格国王阿塔如姆手下的官吏。要注意的是在 A. 3572:7'中,西米莱特人也被称作了哈奈人。

③ ARM I 42:28,萨姆斯-阿杜写给儿子亚斯马-阿杜的信,当中列出了各部队人数的清单。

④ A. 2560:4—10(参见第 2,7 行),萨姆斯-阿杜统治时期巴里河流域苏巴-萨马思(Šubat-Šamaš)的总督辛-提瑞写的一封信(Charpin and Durand 1986,180)。

⑤ 国王下令召集亚米纳特哈奈人(M. 8512:5—6,*AEMI*/₁,p. 436)。

萨姆斯-阿杜国王统治时期的书信档案中提及的哈奈人是一个特殊的定居群体,对此一种可能的解释就是,王都苏巴-恩里管辖区内的游牧居民自称哈奈人。最有力的证据来自辛里-利姆统治时期伊达-马若斯同盟苏萨(Susâ)的国王苏巴姆写给玛里王的一封信(ARM XXVIII 95)。据苏巴姆讲,苏纳的一些当地居民与来自阿普木的一群当地人就哈布尔河上游一座小城的所有权发生了争执。萨姆斯-阿杜国王死后,苏巴-恩里重新成为了哈布尔河上游地区一个普通城市,到了辛里-利姆统治时期,以苏巴-恩里为中心的麻敦叫作阿普木。①

苏纳和阿普木的各 4 位代表受命接受河水神判法,双方誓词在信中被引述。苏纳的代表们必须宣誓:"此镇确为我镇,自古以来,它都被指定由亚巴苏继承,阿普木人从未曾将其作为礼物转让他人。"(第 24—26 行)阿普木的代表同样宣誓:"此镇确属苏巴姆国王,自古以来就归哈奈人继承。"(第 29—30 行)②根据前文对伽羽分支的论述,亚巴苏既是一个标准的部落分支,又是西米莱特部落联盟两大军事力量之一。国王苏巴姆命运多舛,不过此时他控制了包括苏巴-恩里在内的阿普木。③

首先需注意的是,地区所有权问题围绕的是争议之镇古老的部落关系,而非它属于哪个麻敦,不过具有政治意义的王国事实上也会起一定作用。苏纳力争所有权是基于它将自己部落身份定位为西米莱特联盟的亚巴苏分支,但是它未并入辛里-利姆王国,也不受牧场首领管辖。另一个需讨论的是"哈奈人(Ḫana)"作为部落名称的问题,在这种情况下,该词应该就是过去常常被译为

---

① 关于阿普木国,参见 Charpin(1987b)。*FM* II 116 详述了突袭苏巴-恩里计划的进展情况,就在萨姆斯-阿杜去世之后,还得到了地方支持(Eidem 1994)。

② 誓约原文(略)。

③ 关于苏巴姆(Šubram)的最新论述,参见 ARM XXVIII, pp. 127—128。苏巴姆出现在了很多不同的场景中以至于我们想问到底有几位统治者和苏巴姆同名。

90

"Hanean（哈尼人）"的专有名词。以苏巴-恩里为中心的阿普木王国居民属于应被认定为一个自称"Ḫana"的当地部落,Hanean 是其专有名词形式。该用法同样出现在了信的后半部,引用苏巴姆国王来说:"这些人是哈尼人(Haneans,帐篷居民之子),而非他的领土上的居民。"(第 60—61 行)此处"他的国(land)"指辛里-利姆统治的王国,苏巴姆认为这些哈尼人(Haneans)并不属于玛里王所说的帐篷居民哈奈人王国。

我们须记住,阿斯纳库王的这封书信中并没有来自辛里-利姆本人及其圈中人的声音。即使阿普木地区的当地居民知道有一个部落群体叫"哈尼人(Haneans)",辛里-利姆和西米莱特人也不会使用这一称谓。在提及阿普木的居民时,他们会使用"阿普木人"这一名称而避免使用"哈尼人(Hanean)"的标签。[①] 在极少数的书信中辛里-利姆的官员们称呼某些非西米莱特人为哈奈人,不过他们也只是采用了该词的一般描述性含义,并非表示某一部落的专有名词。这些信可能出自辛里-利姆统治早期,涉及的是与流动的亚米纳特游牧民特殊的关系往来。最早的一个例子是在亚米纳特战争前,有一次辛里-利姆收到一封信(FM II 116),里面详述了鼓动竞争对手联盟与西米莱特人一起攻打苏巴-恩里的谈判情况。写信人苏穆-哈杜以中立的态度谈到了亚米纳特哈奈人和西米莱特哈奈人,以双名分别指称他们,甚至还提到了另一封信中的一句话"王上写信给西米莱特哈奈人"(第 38 行):

　　关于攻打乡村的计划王上早已写信给西米莱特哈奈人

---

① 关于辛里-利姆手下官员对"阿普木人"的指称,参见 ARM II 49:4''—6''; X 122 +:10—11; XIV 102:19; 125:16; A. 1421:43 和 M. 15083, Charpin 1987b, 135n35 和 136n38。从 ARM XXVI 358 来看,在纳姆哈部落生活的斯尹加城,哈奈人可能反对辛里-利姆,但是写信人并未说这些哈奈人来自其家乡阿普木。Charpin 的结论是,写信人亚努-萨马是阿普木的一位首领(AEM I/₂, p. 130)。

了,他们一定会最先到达,所以此计划可能……西米莱特哈奈
人一定会在玛里附近地区集合,而亚米纳特哈奈人应该在这
里(萨嘎拉图附近)集结。然后亚米纳特正规军会从阿普莱蒂
行政区赶来,人数足够多了就出发,我将服从王上。①

因为是联合行动,既要强调进攻大军严格的游牧部落构成情
况,又要报告与各方复杂的联络情况,所以苏穆-哈杜不得不以如
此不寻常的方式讲明各方身份。② 当双方一同出现时,将亚米纳
特哈奈人和西米莱特哈奈人的身份具体区分开来也是很自然
的事。

另外两封书信出自亚米纳特战争时期,那时辛里-利姆刚登基
为玛里王不久。如书信 FM II 116 中提议的合作尝试已变得不可
想象。其中一封是哈布杜马-达甘给辛里-利姆的回信,因为辛里-
利姆命令他袭击大批亚米纳特哈奈人,将他们赶到巴里河对岸,远
离西米莱特王的领土。③ 行动特别针对游牧人群,无疑他们并没
有被认可为该领土上的居民。同样地,另一封信描述了亚米纳特
人战败后玛里国西部地区的情况,信中特别明确提到攻取了米斯
兰城。写信人姓名不详,他建议辛里-利姆采用一种残酷的方式告
知西部边界的亚米纳特人他们已被打败的消息,也就是将两个哈
奈人押送到那里并在那里砍断他们的手足:

91

    自王上夺取米斯兰以来,我真的是受够了。还有一件事。
先前我给王上写信说:"让他们押送两个幸存的(亚米纳特)哈

---

①   FM II 116:37—43,苏穆-哈杜写给辛里-利姆的信。

②   暂且不论交流语境如何影响到表达方式的问题,苏穆-哈杜自己可能并非西米莱
    特人。和阿斯曲杜一样,在为辛里-利姆效力之前,他曾是亚斯马-阿杜手下的官
    员(Durand 1990c,288,A. 2796)。

③   A. 1086,Durand,*AEM* I/₁,p. 178,note f;最早出自 Dossin 1939,989。

奈人到边境去,在那儿将两人处死。将两个幸存者押送到亚米纳特人面前是为了宣布王上已以武力夺取了米斯兰。"①

信中的哈奈人和亚米纳特人是分开描述的,但从意思上来看它们是关联的,其效果等同于哈布杜马-达甘信中的意思。除了这两封信,我未曾发现辛里-利姆及其手下官员在别处提到过"亚米纳特哈奈人",他们通常使用的是"西米莱特哈奈人"这一说法。②

总之,辛里-利姆国王身处与西米莱特游牧民微妙且复杂的关系中,他们是辛里-利姆王权的支柱。辛里-利姆当然是国王,而作为一支战斗大军,西米莱特哈奈人则是玛里王军事力量强大的核心。但同时,要想得到其同族人的积极支持并不是辛里-利姆简单地发号施令就行的。对待他们就必须向对待一个有着自身意愿的集体,鉴于此特殊身份,"哈奈人"时常被作为一个独立的政治实体被提及,他们有权决定是否支持以及怎样支持国王。在辛里-利姆的核心领导圈层中,很自然地呈现出了一种西米莱特人的视角,不管每个成员的出身如何,"哈奈人"这一专门名词几乎只指西米莱特游牧民。而此圈层之外,我们才会看到该词的其他用法。所有这些证据对于我们理解亚顿-利姆和辛里-利姆统治的"哈奈人王国"提供了必要的背景,我们在第三章与麻敦(*mātum*)有关的章节中将再议"哈奈人"。

---

① ARM XXVI 282:14—25。这里所说的西部地区是亚米纳特人被打败后的势力范围,离玛里距离较近,而且根据一份破损严重的泥板文书(第 28 行),图特尔似乎就位于西部地区。

② 书信 *FM* II 71 似乎为辛里-利姆统治初期一位恰图南总督所写。这位姓名不详的写信人提到了那些被扣留在恰图南为当地王宫服役的亚米纳特人(第 11—14 行)。一些帐篷居民哈奈人也被扣留为王宫干活,而在辛里-利姆统治时期,这似乎更像是亚米纳特人而非西米莱特人的命运(第 18—20 行)。

第六节　另一个部落联盟：亚米纳特

　　玛里王辛里-利姆是西米莱特部落联盟之首，大量的玛里书信在某些程度上反映了西米莱特的视角。我们极少看到真正的西米莱特人的名字出现在书信中，因为那总是被看成是理所当然的了。要探究辛里-利姆治下玛里王国的部落特征、行政事务以及它与外界的关系，最重要的是我们必须走进西米莱特人的世界。本章大部分内容围绕着西米莱特部落用辞及社会结构展开，因为我们能够找到的证据主要集中于此。通常情况下，书信反映的是西米莱特人的视角。

　　虽然辛里-利姆的王国有着鲜明的西米莱特部落特色，但亚格得-利姆王朝当初能成功建立，某种程度上还是因为他征服了对手——亚米纳特部落联盟。众多亚米纳特人的定居点被并入了辛里-利姆的王国，尤其是并入了玛里沿河而上的忒卡和萨嘎拉图行政区之中。① 早在辛里-利姆之前，亚斯马-阿杜同样不得不对付幼发拉底河谷地区众多的亚米纳特人。甚至位于更上游地区的两个古老城镇图特尔和伊玛深受亚米纳特人的影响。由于太多的亚米纳特人曾受制于不同的玛里政权，因此我们在玛里书信中随处可见有关亚米纳特人的字眼。事实上，"亚米纳特"这几个字在书信中出现的频率比"西米莱特"高多了，因为要想将外族人与自己人区分开来，西米莱特人通常会指明对方身份。

　　相比西米莱特人，我们从玛里文书档案中获得的有关亚米纳特部落联盟的证据非常有限，但还算充分，而且它们同样重要。正

96

---

① 亚米纳特人口问题是 Adélina Millet-Albà 博士论文的主题，论文的摘要将出现在其即将发表的文章中。

如我已重申过多次，我研究分析的一个重要内容就是，我认为西米莱特和亚米纳特这两大部落联盟有着不同的社会组织形式和政治传统。西米莱特人以游牧者术语来定义自己，他们分属不同的伽羽分支，依循着游牧的帐篷居民的传统；而亚米纳特人则划分为五个里穆部落，这些部落被分别称为某某国王的里穆部落。亚米纳特人似乎承认城镇在其社会结构中具有非常重要的界定作用，例如各部落领袖的定居地防卫森严，彰显着自己的权力，亚米纳特城镇的个体领导者可以被称为头领。

除此之外，我们期待发现西米莱特人和亚米纳特人更多不同之处，可以肯定地说，他们之间的区别要比玛里文书档案记录的或者我能够发现的还要多。本章节旨在探讨玛里文书档案中亚米纳特人的特征，尤其是在特定语境中的鲜明特征。有一封书信（A. 981）极为重要，根据该信，亚米纳特城镇达彼斯被接纳为辛里-利姆王国的一部分，但是须遵循以下条款：该城镇的亚米纳特人与西米莱特人的一个伽羽分支结盟。在表示服从辛里-利姆条款的声明中，达比斯的领袖们在定义自己的游牧民时用了赫布如（*hibrum*，特指亚米纳特部落联盟中的游牧民）和卡顿（*kadûm*，游牧民的领导者）这两个词语，因此可以断定这两个词语代表了亚米纳特部落社会的重要范畴。

广义上说，因为同为亚摩利部族，所以西米莱特和亚米纳特两大部落联盟游牧民群体的组织架构应该是基本相同的。两大联盟各自均高度融合了定居人口和游牧人口，都试图占领更大的区域性城镇，一旦机会来了就一举攻下，但是他们仍然珍视自己的部落身份。我们发现亚米纳特和西米莱特部落联盟的人口分布有着广泛的区域性模式。西米莱特人主要的放牧区位于哈布尔河流域，特别是在伊达-马若斯同盟的地盘。亚米纳特人的放牧区则集中在西、南方向，直至地中海和叙利亚南部。虽然这种分布情况基于真实的区域性模式，我们必须明白它反映的是西

93　米莱特人的视角，可能也是一种自私的视角。特别值得一提的是，强调伊达-马若斯同盟地区有西米拉特人存在似乎是相当有限的领土主张，但是写信人想借此说明辛里-利姆控制这一人口稠密的战略要地的合法性。同时，该信将亚米纳特人的放牧区描述为在更加遥远的地方，其实完全忽视了这样的事实：自安纳托利亚向南穿过叙利亚北部又绕向东南方向幼发拉底河形成的大弧形地区，居住着众多亚米纳特人。从伊玛到玛里沿幼发拉底河散居着亚米纳特人，而沿河再往北，巴里河上游地区的扎玛昆同盟与亚米纳特人是稳固的盟友。这些河谷地区之间的间隔带为大草原，可以说是亚米纳特牧民们天然的放牧地，不过西米莱特人显然不愿予以承认，因为这些放牧地十分靠近辛里-利姆王国的疆土。

　　从某种程度上来说，亚米纳特和西米拉特部落组织差异可能源于这些地域发展趋势。我们还无法确定亚米纳特/西米拉特、或者右手/左手这种二元性部落定义的历史到底有多久远，我们也不能确定在这两大部落联盟概念形成的背后，又有着怎样的更加古老的部落传统和部落身份。早在公元前三千纪，亚米纳特人或其祖先应该至少已经是幼发拉底河中游河谷地区的定居人群之一了，其定居点从试卡（Tell Ashara，阿沙拉丘）和玛里（哈里里丘）附近沿河直至上游地区的图特尔（Tell Biʻa，比阿丘）以及伊玛（Meskeneh，梅斯肯奈），甚至远至巴纳特（Tell Banat）。也许正是因为这样的历史渊源使亚米纳特人自然地形成了部落与城镇相融合的组织结构，而西米莱特人并未有类似的发展结果。对于这一历史问题，我们无法从现有的证据中找到答案，不过要解释两大部落联盟之间的明显差异，地理因素则不容忽视。

　　我们不知道在亚米纳特人政治意识形态中城镇的重要性是否与以下的事实有关：亚米纳特部落联盟中阿卡德人的名字明显比

西米莱特部落联盟中的多。① 如果说阿普莱蒂地区的亚米纳特人
有着深厚的定居社会传统，而该地区的草原畜牧生活方式由来已
久，那么他们与阿卡德语接触的机会就会比西米莱特人多得多。
虽然亚米纳特人和西米莱特人都在玛里行政区内拥有定居点，我
们却不能小看区域分布格局，西米莱特哈奈人在哈布尔河上游地
区的实力非常稳固。② 如果亚米纳特人是当时阿普莱蒂占据支配
地位的部族，而且在很大程度上接受了与阿卡德语密切相关的文
化传统，那么这也为他们为什么支持萨姆斯-阿杜和亚斯马-阿杜
的统治提供了又一依据。在一封信中，萨姆斯-阿杜训斥亚斯马-　　94
阿杜居然梦想着将亚米纳特人口纳入地方人口普查中。亚米纳特
人不容冒犯：

> 你写信说要对亚米纳特人进行人口统计。这可不是个好
> 主意。如果你这么做了，那么生活在河对岸亚姆哈德王国的
> 他们的同族拉布部落必会知晓，而且定会大怒，不可能再接纳
> 他们回到亚姆哈德土地上了。所以你不能对亚米纳特人进行
> 人口统计。③

相反地，亚斯马-阿杜应当只是告知亚米纳特人他即将出征，
而且应当提醒亚米纳特人根据誓约他们须提供兵力："给他们下达
这样的命令；但绝不能对他们进行人口普查"。④

---

① 参见 Anbar 1991,90,引用于第三章(p. 158),对一封信中的该现象进行了分析讨
　论,信中辛里-利姆被称为哈奈人和阿卡德人之王。我们将很有兴趣去了解阿普
　莱图(Aḫ Purattim)地区亚米纳特人的比例是否比巴里河流域或者遥远西部的要
　高。
② 另外一个值得研究的问题是,玛里附近地区西米莱特哈奈人中阿卡德人名字所占
　比例高,还是哈布尔河流域上游地区的高。
③ ARM I 6:6—13,LAPO 17,no. 641,p. 342.
④ 第 20—21 行。

1. 亚米纳特城镇和草原

各种迹象表明亚米纳特部落意识形态更全面地吸收了城镇和草原混合的现实生活方式的不同方面。我们也许会认为,辛里-利姆的行政区管辖制度给亚米纳特人强加了并不适合他们自身习俗且错误的组织结构,但是该结论并不明显。我们不能以"沙漠和播种"这种对立起来的思维方式解释当时的状况,误认为游牧民们会被控制起来被迫聚居生活。总督们通过各城镇头领召集亚米纳特人,而且我们有证据表明亚米纳特部落联盟也是通过头领们的集会进行联络,甚至那些被称为"帐篷居民"的亚米纳特人也想要回他们的城镇(ARM II 53)。基布瑞-达甘管辖着忒卡行政区,他因此算是个亚米纳特专家了,他曾写信报告说,他辖区内的所有亚米纳特人组成了一支独立的队伍(sābum,阿卡德语)从他们所居住的上游城镇出发了。① 不过,有一封亚米纳特人的书信又将所有这些人划分成了"来自城镇的队伍"和"来自草原的游牧民队伍",他们都是"兄弟":

> 而且,庄稼收割时节到了。王上一定不要忘记写信给您的同胞们,这样就能召集来自城镇和来自偏僻草原地区的两支队伍。王上一旦发起进攻,他们会一并前来增援我们。②

一份法律文件也许反映了对亚米纳特人两种生活方式的最正式的认可,该文件将 150 块(iku)农田(这比大多数个人拥有的

---

① ARM III 58:5—10.
② ARM XXVI 168:16—24,写信人为 3 个亚米纳特人,他们是亚姆斯-哈努、马素(Mašum)和哈米-艾斯(Ḥammi-Esim),该信是在反抗辛里-利姆期间写给亚米纳特人首领苏穆-达比的。

农田的面积都要大)的所有权准予了"来自偏僻草原地区的游牧民"(ARM VIII 11)。[1] 据说,花了 10 锭(约十几镑)银子购买了这块地的所有 8 位接受者和 5 位出售者都是"艾温氏族的儿子们",这是一个非常明确的氏族传承的群体。数据显示参与土地买卖的不只一个家庭,涉及了分别生活在城镇和草原的艾温氏族中的两支同族人。艾温氏族隶属于层级更高的拉布部落(Rabbean Awin)。[2]

事实上,唯一能够区分谁是土地买家和谁是卖家的方法就是看他们住在哪里。5 位卖家是"艾潘(Appan)城的居民(第 9—10 行)",而 8 位买家是"来自偏远草原的游牧民(第 21 行)"。两组人均被冠以某种领导者的称谓,其意思大概就是"接过就职腰带的人"。[3] 从书信 ARM XXIII 428 和 429 的军队名册中可以看出,艾潘城并没有被归为亚米纳特,但是我们知道它隶属辛里-利姆的玛里行政区。[4] 就城镇居民将耕地卖给草原牧民这一土地交易的本质而言,我们不能因此得出结论说游牧者在替定居城镇者照看畜群,而定居者则在为游牧者干农活。游牧者和定居者往往以成年男子为代表,他们相互依存但也都能够自给自足。我们不清楚这两群人是否都有完整的家庭生活,但是拥有农田的游牧民家属们可能就需要呆在河谷地区了。

2. 外人的术语

书信 ARM III 12 揭示了辛里-利姆对亚米纳特人的政策。基

---

[1] 对比 ARM VIII 3:1(多于 1 的 *iku*)和 VIII 14:1(3 *iku*)中农田的份额大小。

[2] 第 30 行,*A-wi-in* [R] *a-*[*a*]*b-bi*,为誓约中的表达方式。艾温应该是拉布部落中的一个氏族,而非某一个人,虽然名字取自一位祖先(对比 ARM VIII 11:30 中的翻译"Awin le [R] abbéen")。

[3] 第 10—11 行。参见 Fleming 1992b,188。

[4] 比如参见 ARM XXIII 70:9 和 595:2(萨姆斯-阿杜统治时期)。

布瑞-达甘讲述了一个与亚米纳特人有关的难题,那些逃避人口登记而且没有宣誓效忠的亚米纳特抵抗者($sarrārū$[1])又自由地回到城镇了,这是违背王国利益的:

> 还有一件事情。过去,王上出征前,那些没有宣誓效忠的亚米纳特人自由地游走于城镇与远离河谷的地区之间。现在,王上已经出外征战,他向我们下达了严令:逃避效忠即为犯罪,所有那些未宣誓效忠的人绝不可以再像以前那样从远离河谷地返回他们的城镇了。[2]

根据信中"他们的城镇"以及"从 $elēnum$(阿卡德语,词义不明,可能指上游的或者远离河谷的地方)返回"的字样,被认定为抵抗者的那些人的行为与平常的部落人无异。唯一的区别是他们没有向辛里-利姆宣誓效忠。奇怪的是,辛里-利姆实施了把这些人驱逐出其王国所属城镇的政策。实际上,这些人是亚米纳特"哈奈人",但他们被赶走了。辛里-利姆的王国接纳合意的、宣誓效忠的那些随季节迁徙的游牧者,但是一般不用"哈奈人"而是其他术语来称呼他们。

迪朗根据这封信及其他书信得出的结论是:玛里文书档案中的抵抗者($sarrārum$)通常指那些没有向国王宣誓效忠的部落游牧民。[3] 这些人的生活与大草原的牧场休戚相关,身处草原的他

---

[1] 可能是西闪语词,意思大概是"抵抗者"。这些人总是逃避定居地的人口普查和效忠誓约。——译注

[2] ARM III 12:16—26.

[3] 参见 Durand 1987a,198,提到了 ARM IV7+:13:15,"在边远的草原地区有一群人来自阿普莱图地区,他们未曾向国王宣誓效忠,而且共有超过 1000 人。"另可参见 Durand 1991,64;1998,335。关于该用法的其他例子,参见 ARM V 81:13—14(拉乌姆写给亚斯马-阿杜的信);XIII 144:42?(塔哈玉国王亚威-艾尔写给辛里-利姆的信);XIV 104+:42(萨嘎拉图总督亚齐姆-阿杜写给辛里-利姆的信,引述了被围困的拉扎马居民的话;Charpin 1993a,199—200)。

们很难被掌控。他们对于畜群的依赖在萨嘎拉图行政区总督写给辛里-利姆的一封信中显而易见,这位总督报告说 30 名抵抗者不断来袭企图偷羊。① 无论抵抗者一词是否特指那些没有宣誓效忠的亚米纳特人,但它肯定是指不受王权控制的那些人。我猜想辛里-利姆统治时期的抵抗者一词和书信 ARM III 12 中的意思一样,专指非西米莱特部落。不妨再看一下早前提到的书信 ARM III 16,信的开头说到一些同样来自远离河谷的地区(elēnum)的男子们晚上会回来看望妻子。这些男子们也是亚米纳特人,他们没被称为抵抗者,不过他们似乎同样被看作外人。

3. 当亚米纳特人与西米莱特人融合:书信 A.981

在我最初提出西米莱特人和亚米纳特人社会组织结构不同时,我介绍了一封意义非凡的书信,该信描述的是一个亚米纳特城镇正式纳入辛里-利姆王国的事件(参见"西米莱特和亚米纳特社会组织结构",第 63 页)。该信提议达彼斯加入西米莱特部落联盟的尼哈杜伽羽分支,但是可以保留亚米纳特亚胡如部落的身份。② 注意,达彼斯城没有采用与城镇不符的"哈奈人"的特征用语。书信 A.981 一个特别的贡献就是,它从亚米纳特人的视角提供了两个关键的社会和政治范畴:赫布如(ḫibrum)和卡顿(kadûm)。没有证据显示这两个词语用于描述辛里-利姆统治时期的西米莱特人,从达彼斯的亚米纳特人宣布与它们断绝关系来看,这两个词是

---

① *FM* II 34:4—8;参见 Bonechi and Catagnoti 1994,69;note a。

② Durand 认为该约定涉及的是亚米纳特身份到西米莱特身份的一次真正转换(1992b,117—119),但是原文未曾提及放弃该城镇的亚米纳特部落身份。根据 ARM XXIII 428:8—10 和 429:8—10 中的征兵记录来看,辛里-利姆统治末期,达彼斯与其他亚米纳特城镇是被列在一起的。Jack Sasson(1998a,105)同样认为 A.981 讲述的是部落隶属关系的一次永久改变。他解释达彼斯的首领们放弃亚米纳特部落身份是因为其地位已经降低了。

非常重要的。

　　a. 赫布如(*hibrum*)

　　hibrum 是动词*habārum*(迪朗解释为"离开某人的家")的派生词。[1] *habārum* 似乎并非从某个城镇内的一所房子搬到另一所房子的意思,而是指从一个政治区域迁移到另一个政治区域。在某些情况下*habārum* 包含"避难"的意思,不过词义的细微差别对该动词而言并不重要。这里所指的一般都是个人的"移居"而非群体行为,然而我们并不清楚这种居住地的变动是否永久。该动词的主动用法可参见注释。[2] 名词*hibrum* 在苏图游牧民中的一种用法似乎证明该词并非唯独用于亚米纳特人,但是并没有成为西米莱特游牧民社会和政治结构术语的一部分。我收集了以下几封书信内容,当然在未出版的玛里文书档案中应该还会包括其他一些资料。

　　书信 ARM XXVI 168. 我在前文引述过该信的内容,对比了"城镇(*ālānū*)"和"偏远乡村"或"草原"(*nawûm*),还对比了定居的和流动的部落人口(*ṣābum*[3] 和*hibrum*)。写信人是 3 个占卜者,有证据表明他们给苏穆-达比(Sumu-dabi)写了多封书信,而苏穆-达比在反抗辛里-利姆之前是亚米纳特人的一位领袖。[4]

---

[1]　参见 Durand 1992b,105—106。Marco Bonechi 发现了埃卜拉人名中带有此词根(*hb/pr*)的多个例子,另外还有名词*habrum*("迁移、移民")(1997,503 和 n207)。

[2]　在所有的情形下,喉头音辅音都以 Ḫ 表达,其符号有 A Ḫ/I Ḫ/U Ḫ 或者 ḪA, BU/PU 符号没有区分两个唇音。ARM XIV 50:14,"我出发前往(某地名)",*aḫ-bu-ur*;78:18,"那个到你们那儿避难的人",*ḫa-bi-ru-ku-nu*;ARM XXVI 510:25,"(人名),从玛里到此处避难,(被关进了监狱)",*iḫ-bu-ra-am*;ARM XXVII 70:17,一名男子被通缉,但是"这名男子已经(移居)库达",*iḫ-bu-ur*;ARM XXVII 116:32,以居住地确认两名男子身份,其中一个定居在玛里王国的萨嘎拉图(动词 *wašabum*),另一个"去了库达",*iḫ-bu-ra-am*;ARM XXVIII 46:6',乌吉斯的国王说他不得不离开当地前往邻国斯纳,"我被放逐了",*a-na ḫa-bi-ru-tim at-taṣi*。

[3]　阿卡德语词,意思是"部队;工人"。通常指几乎总是由男子组成的小分队,他们负责完成军事任务或者非军事任务。——译注

[4]　有关这次反叛证据的论述,以及相关的书信材料,参见 Durand, *AEM* I/₁, pp. 335—353 和 ARM XXVI 168—172。

ḫibrum 和 sābum 结合在一起使用证明ḫibrum意思是一群人,而非一个地方、营地或者游牧群体的其他什么方面,迪朗利用词源学方法分析也早已得出这一结论。迪朗还认为ḫibrum 和 sābum 配对使用的另一深层含义也许是ḫibrum 指的是全男性。[1] 一般而言,sābum 一词指一群因完成某项有组织的任务而集结在一起的男子们。在军事背景下,sābum 一词表示一支军队,而在非军事背景下,则指一起干活的一群人。我没有发现 sābum 在任何时候明确地包括女性,也许这就是该词的常规用法。[2] 在西米莱特哈奈人中,流动的游牧民身份本身也代表了军队身份,自然也都是男性。至少可以说,ḫibrum 和 sābum 这两个词语范畴着重描述的是工作群体而非一个社会群体中生活在一起的家庭单位。

书信 A. 2796(*M. A. R. I.* 6,p. 288). 写信人是亚斯马-阿杜治下的一名官员苏穆-哈杜,后来他摇身一变改为辛里-利姆效力了。他向亚斯马-阿杜国王报告了一支队伍的情况,他们负责护送王后前往远在叙利亚西南端的恰特纳城。队伍成员包括现已返回他们城市的男子们以及被称为"草原的赫布如(ḫibrum)(^{lú. meš} hi-ib-rum ša na-wi-im)"的其他人。该信说明赫布如(ḫibrum)一词在辛里-利姆称王之前就已经存在了,所以赫布如(ḫibrum)不可能只是辛里-利姆王国行政体系中的术语。原文中赫布如(ḫibrum)前面有限定词 LÚ. MEŠ,说明赫布如(ḫibrum)指某一组织范畴的人员,可能指男性组成的集体。我们不知道苏穆-哈杜是不是亚米纳特人,该信来自亚米纳特/西米莱特部落分支之外。西南的地理位置很符合亚米纳特人的特征,但是我们并没有确凿的证据。

A. 981. 达彼斯放弃了它也许使用过的赫布如(ḫibrum)和卡顿(kadūm)两个术语,该城镇很可能有一部分亚米纳特人口,比如

---

① 私人交流,1997—1998 研讨会,École Pratique des Hautes Études (Paris)。

② 参见全部名单,*CAD* s. v. ṣābu 以及 AHw s. v. ṣābu(m)。

亚胡如部落的亚米纳特身份就非常明确。从前面的两处引证来看,赫布如和卡顿都生活在草原,但是前面的放弃却暗示着他们与城市有关。*kadû* 似乎是复数,可能是亚米纳特游牧民的首领。如此一来,这就似乎与管辖达彼斯城的头领产生矛盾了。

ARM VIII 11. 这份法律文件在本章节中早已讨论过,应该就是出自亚米纳特人,因为文书中涉及到的艾温氏族隶属于层级更高的拉布部落,而拉布部落又是亚米纳特部落联盟五个第一级部落之一。如此一来,定居的和流动的对比也就具体变成了赫布如(*hibrum*)和 *wašibūt*-(相当于名词,指"那些定居的人")的对照。动词"定居"(*wašābum*,坐,留下)也适用于在固定行政区定居的西米莱特哈奈人,所以它既非仅仅用于描述永久定居生活又非仅仅用于描述临时性宿营。[①] 显然这些人并不属于同一个家庭,而农田的转让似乎意味着这两组男子们的家人们在某种程度上也会参与耕种。我们说的并不是一个家庭。[②] 前面也讨论过,赫布如在萨姆斯-阿杜治下作为常规的亚米纳特社会组织的一部分是享有法律权利的。似乎仅辛里-利姆坚持所有亚米纳特人作为定居共同体的组成部分必须向自己宣誓效忠,不过传统的赫布如的地位尚不明确。

A. 2801. 一名驻守玛里的官员写信告诉辛里-利姆在他外出期间王都发生的一些事情。[③] 该信已经破损,不过信中提到赫布如到了玛里,一起来的还有库达王希马-伊兰。这群游牧民被称作苏图人(西米莱特/亚米纳特两大部落联盟之外的游牧部族),信中

---

① "住在"城里的哈奈人,参见 ARM II 48:8—9;V 51:5—7,11—16 和 XXVI 508:5。第一份和最后一份文书讲述的是与军事战役相关的短期驻营,而 ARM V 51 提及了哈奈人在哈布尔河上游地区的具体位置:纳胡、塔哈玉、克达哈以及阿斯纳库。

② 并不很清楚 Porter 可以引用该文书说明游牧民的家庭成员为了生计会分别干不同的活(2000,443—444)。

③ 该信发表于 Dossin 1972a,118—120。迪朗的翻译校对版为 LAPO 16,no.268(pp.418—419)。

提到了其中两个人的名字,显然他们是领头人。① 所以,很显然,
"赫布如"一词还可以表示非亚米纳特游牧民,但是对于是否可以
用该词称呼西米莱特游牧民我们尚未找到证据。

ARM I 119. 这封信出自萨姆斯-阿杜统治时期。一个名叫亚
塔如的男子是亚尔(Ya'il)城的头领,如今他死了。辛里-利姆统
治时期亚尔城被划归了萨嘎拉图行政区,但是部落关系并不明
显。② 亚尔城的 5 个"头人"和来自相关赫布如的某个人来见亚斯
马-阿杜,要求有一位新头领:"亚尔城的 5 个头人和一个赫布如来
见我。"③很显然,赫布如在城镇的政治决策中继续扮演着重要角
色,所以说赫布如与城镇有着某种直接的关系。在某种程度上,城
镇头领似乎管辖着包括定居者和游牧民在内的更大的部落群体,
游牧民们有责任参与选择自己的头领。

在上述史料文本其中 3 份中,赫布如表示来自偏远草原的亚
米纳特游牧民,但没有一份出自辛里-利姆领导圈层。在 A. 981
中达彼斯城的领导者们提到的"赫布如"一词与亚米纳特游牧民有
关。ARM XXVI 168 是 3 个亚米纳特人写给另一个亚米纳特人
的。法律文书 ARM VIII 11 是亚斯马-阿杜和他父亲统治时期给
亚米纳特人起草的。只有另一份文本 A. 2801 出自辛里-利姆统
治时期,是国王手下的一位官员写的。这位官员以"赫布如(*h
ibrum*)"称呼苏图游牧民的一支小分队。另外两处赫布如(*h
ibrum*)出现在亚斯马-阿杜统治时期的一封书信中,但没有说明确
切的部落关系(A. 2796 和 ARM I 119)。

从上述证据可以看出亚米纳特人的确使用"赫布如"一词指称

---

① 关于苏图,参见 Durand,LAPO 17,pp. 505—511。

② ARM XXIII 427 iv:42'; cf. 69:15。

③ 其部落关系的性质不太明确,因为原文已破损。相关修复结果,参见 LAPO 16,
no. 81,p. 209。

他们当中那些随着畜群迁移至偏僻草原的人,而且这一用法即使在辛里-利姆统治时期也丝毫没有改变。但同时,辛里-利姆似乎拒绝承认这些游牧民的合法性。在辛里-利姆的领导圈子里,没有人会认可一个亚米纳特赫布如群体,也不会用帐篷居民哈奈人(ḫana)一词指称这些对手部落中的游牧民。如果亚米纳特游牧群体想获得正式认可成为辛里-利姆王国的一部分,就必须宣誓效忠某个城镇,同时他们将面临人口调查和服兵役的威胁,而且法律上也不被允许迁移至偏僻乡村。

99

我没有发现"ḫibrum of the Ḫana(哈奈人的赫布如)"的提法,仅找到一封破损书信中断断续续提到"草原上居住在帐篷之中的赫布如"(Ḫana ḫibrum ša nawêm,M. 5172,未出版;Charpin and Durand 1986,154n67)。这与 ARM XXVI 168 提到的是同一群人也是同样的词语,所以赫布如(ḫibrum)也许是亚米纳特人使用的术语。这封信不太可能出自辛里-利姆行政管理层。哈奈人和赫布如(ḫibrum)两个词在意思上部分重叠,哈奈人是一个更广义的术语,可指所有流动的游牧民。假如这样的话,"草原上的赫布如(ḫibrum of the steppe)"与帐篷居民(tent-dwellers)似乎是同位关系,为所讨论的人群提供了更加精确的描述,尤其当该词特别用于亚米纳特社会结构语境时。

　　b. 卡顿(kadûm)

据我所知,该词在已出版的玛里文书档案中仅出现过一次,迪朗将该词与另一个同根名词 kidûtum 进行了比较。最近研究者们又发现了两处与 ARM XXVIII(辛里-利姆与其他国王们的往来书信集)中相同的同根词,库珀(Kupper)一直关注着迪朗对于该词的翻译及其词义的解释。在其发表的书信 A.981 中,迪朗通过对比未出版的记录形式"inūma ki-du-ut PN(个人姓名)",即"在某个 kidûtum 领导时期",认为卡顿(kadûm)指某种首领(1992b,119 和 167)。当时迪朗将名词 kidûtum 译为"加冕典礼"。但最近,迪朗似乎又改变了看法。

伊达-马若斯同盟的苏纳王伊里-埃斯塔(Ili-Eštar)在写给辛里-利姆的信中确实提到了 *kidūtum* 一词。不论有怎样的细微差别,该信中的 *kidūtum* 意思是一场为这位当地领袖举行的仪式,伊里-埃斯塔从下属的立场称辛里-利姆为"父亲":

> 我父写信给我询问 *kidūtum* 仪式。我父想必知道油是个问题。现在恰尼-利姆已给我施了涂油礼授权予我,但是我身边还没有仆人(servant)为我服务。您的神必须说话了,这样我就能有一个仆人而他也一定是效忠我父的。现在,我父必须就这些事作出裁决了。我将永远不会有争夺您王位的企图。对我而言,我准备做您的臣仆(附属国的国王)或者头领。我将永远跟随您。我是这片土地上您忠诚的儿子。①

另一个同根词则以动词的形式出现,但是上下文中并没有足够多的信息可以帮助我们确定该词的含义。库伯的译文是:"德尔城的地方统治者头领哈曼允诺对萨姆斯-艾拉(Samsi-Erah)'提供保护'之后,[⋯⋯],他们在苏萨抓住了萨姆斯-艾拉"。(ARM XXVIII 91:3'—5')②

也许还有更多的未出版证据促使迪朗将与"Kadûm"同根的动词形式解释为"提供保护",但我并不认为该译文清楚地表述了原文的意思。上面这第二封书信几乎没有为动词形式提供限定的含义。它应该描述的是一个掌权者(显然是德尔的管辖者)对级别较低者的所作所为。萨姆斯-艾拉是塔哈玉城附近地区

100

---

① ARM XXVIII 147:5'—18'.
② 书信中哈曼(Hamman)的名字为修复所得,依据为第六行中的外貌描述。

的一个地方首领，后来被抓住而且被乌拉亚（Ulaya）城的民众处死了。[①]

　　第一封书信对于 *kidûtum* 一词的用法提供了较详细的语境。辛里-利姆想知道是否为伊达-马若斯同盟中的苏纳（其附属国之一）王举行了涂油礼仪式。这是重要的外交事务，甚至这位西米莱特王都要写信给伊里-埃斯塔确认仪式举行情况。伊里-埃斯塔在信中首先告诉辛里-利姆，涂油礼已在安达瑞格王恰尼-利姆（辛里-利姆最重要的盟友）的主持下完成了。但是作为附属国国王，伊里-埃斯塔需要一个特别的仆人，这点完全让我费解。也许 *kidûtum* 仪式尚未举行，这所谓的"仆人"是指主持仪式的神权人员。在这种情况下，伊里-埃斯塔提出"仆人"的问题是给貌似不顺从找借口，接着又给出一连串的承诺，所有这一切都是想让辛里-利姆放心他将一直做一个忠臣。无论涂油礼、仆人以及 *kidûtum* 的真正关系如何，不过仪式最后的内容与附属国国王的承诺有关。"我准备做您附属国的国王或者头领。我是这片土地上您忠诚的儿子。"伊里-埃斯塔将自己定义为辛里-利姆的从属者，自称这位宗主国国王的"仆人"和"儿子"。

　　迪朗似乎也读过该书信，他最初将 *kidûtum* 译为"加冕典礼"，认为"加冕典礼"特别指辛里-利姆授予其附属国国王正式封号的仪式（1997，467）。一封出自公元前 14 世纪阿马尔奈城的书信显示，附属国国王加冕仪式上确有涂油礼的环节。[②] 无论伊里-埃斯塔在书信 ARM XXVIII 147：13'中承诺的做辛里-利姆的"仆人"是否就是"国王（*šarrum*）"，我认为迪朗的第一种译文不应该因为第二种受到关注而被抛弃。很难想象也很难解释如何可以通过简单的保护仪式确保仆人、头领和儿子的长久效忠，除非这就是

① 　ARM XXVIII 61：4—6；参见 Kupper 的论述，p. 67。
② 　EA 51：6，叙利亚奴哈瑟的国王写给埃及王的信。

宗主国国王对附属国国王独特的保护形式。这也许就是迪朗的想法。如上面所说加冕典礼（*kidûtum*）应该是不需要油的，但如果涂油礼是确认附属国国王身份的另一个仪式，那么恰尼-利姆已经主持了该仪式。

现在，让我们再来看看亚米纳特语境中的特殊词形 *kadû*。①以上关于加冕典礼（*kidûtum*）的详述表明，该仪式是地方领导者代表更高权力履行领导职责的重要内容，而书信 A. 981 提到的赫布如（*hibrum*）和卡顿（*kadû*）如果是指大草原的游牧群体和它的领导者就合乎逻辑了。② 当然，卡顿（*kadû*）既不是宗主国国王也不是附属国国王，该词应该更具有一般性含义。如果迪朗关于萨姆斯-艾拉受到上级保护（ARM XXVIII 91）的说法是对的，那么卡顿（*kadû*）可能是指"提供保护的那些人"或者保护者。如果卡顿（*kadû*）的确是赫布如（*hibrum*）的领导者们，那么赫布如应该就不是由头领们直接领导了；不过单个的游牧群体可能会因为加入某个城镇而归属头领管辖，例如在书信 ARM I 119 中，亚尔城的领导者们就曾要求任命一个新首领。我们不清楚赫布如（*hibrum*）和卡顿（*kadû*）与亚米纳特牧场首领会有什么关系，但是即使与辛里-利姆的西米莱特牧场首领相比地位较低，这些亚米纳特牧场首领在放牧地应该还是拥有最高权威的。

上述对于 *kadû* 身份的鉴定依据是已出版的史料证据，不过依然只算是某种推测。不管该词确切含义到底是什么，一种可能性是，"我们既没有赫布如（*hibrum*）也没有卡顿（*kadû*）"的声明描述的并不是永久的状况，而是承诺所有宗族成员都定居一处，可以负起责任，能够宣誓效忠。也许这座亚米纳特城（亚尔城）与西米

①　词形可以是不定式、形容词或者分词，*kadû* 最有可能指人。

②　Dominique Charpin（私人通信）向我指出了名词 *k/qadûm* 和阿拉伯语词 *qādi*（一名地方酋长）的相似处（参见 Lachenbacher 1987）。

莱特部落之间新的从属关系构成了一种令人满意的行政框架,可以批准游牧民们因季节性放牧需要而进行必要的迁移。一旦经由一个忠于辛里-利姆的亚米纳特城镇认同而确立了身份,在与某个西米莱特部落建立关系后,亚米纳特游牧民就可再次前往大草原了。为什么一个拥有亚米纳特部落的亚米纳特城要承诺与某个西米莱特部落建立新联系?为什么这会成为被纳入辛里-利姆王国的必要条件?我们知道萨嘎拉图行政区的达彼斯城由总督管辖,那里采用的是一种非部落的组织结构。也许西米莱特部落标签尤其适用于其游牧民群体。很可能在辛里-利姆王国中,亚米纳特部落联盟中的哈奈人群体都必须以某个西米莱特部落身份登记。

总而言之,就古代世界而言,玛里文书档案中部落身份的重要性如果不是独一无二那也一定是不同寻常的。根据玛里文书档案的记载,部落群体和部落领袖的力量不容小觑,他们绝不是大多数出自权力中心地区的古代文献所描述的那样无足轻重。在亚顿-利姆和辛里-利姆两个王朝之间的中断期,玛里由西米莱特部落领袖们统治,西米莱特部落是公元前18世纪时叙利亚和美索不达米亚地区最强大的部族之一。也许我们最终会找到新的考古证据来揭示早期近东其他地方的部落和血统身份的作用,但是至少在本书中,部落群体的社会结构和政治传统是最重要的,而绝不是次要的。在辛里-利姆的王国,部落群体无需通过与城镇权力中心协商的方式构建某种关系,他们本身就掌握着权力,占据着支配地位。实际上,在部落、王国及其城镇中均存在多种政治传统相遇、相混合的情形,我将在本书其余章节中对此作重点讨论。无论如何,就辛里-利姆的王国而言,部落范畴反映的是国王同族人的主要组织结构。西米莱特部落伽羽分支和他们的头领构成了辛里-利姆的核心支持者——"帐篷居民"哈奈人,他们的身份仍然是流动的游牧者,他们由两个牧场首领管辖。甚至他们的远亲、而且时而敌对的亚米纳特人也是玛里国人口的重要组成部分。亚米纳特人有着自己独特的部落组织结构，这也为辛里-利姆的王权统治增添了多元化特色。巴比伦王汉谟拉比在征服玛里王国后开始自称"亚摩利王国"之王，在这里人们履行着部落职责或许还使用着亚摩利语，为的是与汉谟拉比自己祖先们的"亚摩利"身份相吻合。　　103

第三章 古代国家和麻敦(*mātum*)"国"[①]

    如果不考虑玛里文书档案所揭示的社会和政治生活的基本组织结构,我们就不可能理解玛里文本证据中集体决策的作用。此外,尽管集体决策传统特别与城镇(town)有关,但古玛里政治机构的各个层级中都会有其一定的表现形式。我将古玛里的基本组织结构分成了两大主要范畴,并分别于本书的第二和第三章中进行探讨,而本书第四章将对城镇作全面分析。

    在玛里文书档案记录的年代,亚米纳特和西米莱特两大部落联盟控制着玛里地区以及周边的大片地区。我首先讨论的是辛里-利姆的部落世界,因为玛里王国的绝大部分人口来自部落,从根本上说辛里-利姆本人就是一个部落王。对于那些拥有部落身份的人,部落的重要性优先于城镇和被称作麻敦(*mātum*)"国"的较大政体。像巴比伦、亚姆哈德和埃什努纳这些大国也许支配着区域政治,但是它们的身份会随着统治者们的命运发生改变,王国的强大或者衰亡全部寄望于统治者的胜与败。对于定居者而言,

---

[①] *mātum*(阿卡德语):"(政治的)国家、国土",音译"麻敦",为古代美索不达米亚的基本政治单位,通常但并非总是表示王国。因为没有准确的英语对应词,原文中作者坚持使用 *mātum* 这一阿卡德语词。——译注

城镇也许可以提供一个家族数代人的身份依据，但是家族总是会迁居别处的。相反，对于部落人而言，其部落身份则不受地理和社会因素的限制。菲利普·卡尔·萨尔兹曼（Philip Carl Salzman）讲述过这样一件事：当他承认血统或者世系并不是北美社会的基础时，他的俾路支人（Baluchi）朋友们都惊呆了。"他们一般会继续问：'如果你遇到麻烦了怎么办；你能找谁呢？'"（2000，231）这种绝对团结的意识往往不会因家族成员暂时分开而消失。我们对于古代近东城市社会了解不多，尚不能确定血统关系在城镇的具体作用，但是可能在多数情况下，血统关系构成了原始的忠诚。正是这种部落关系至上使我决定，在本书的开始部分先探讨"辛里-利姆的部落世界"（第二章）。

104

　　最显而易见的是，玛里文书档案中的政治世界由一种完全不同的组织形式支配着，较大的政治单位共同构成了美索不达米亚政区图。根据公元前两千纪初玛里书信所使用的阿卡德语的说法，世界由许多"麻敦（*mātum*）"组成，那里的人们能够自己商讨战和大事。为了理解城镇的集体政治形式，我们就必须考查城镇之上更高一级的政体。除非成为麻敦（*mātum*）或者从属于一个麻敦，否则城镇不可能以集体形式行动，而本章讨论重点就是麻敦。

　　在玛里文书所记载的历史时期，美索不达米亚大部分地区被分割成了众多大小不一的王国，但是政治地图上的主要单位并不是以国王定义的。麻敦由共同代表一个政治实体进行决策的民众组成，它在各政权鼎立的美索不达米亚地区占有一席之地。任何一个承认个体统治者的麻敦就是王国。我们将看到，在没有地方性个体统治者的情况下，伊玛（Imar）和图特尔（Tuttul）两座城镇与强国打交道时具有相当大的独立自主性，但它们不得不分别屈从于玛里王国和亚姆哈德王国的最高统治权。麻敦一词从不用于描述集体共同治理的单个城市政治体。通常情况下，"国王们（kings）"统治下的政体才会被认可为麻敦，而"国王们"这个领导集体中的个人被称为"萨鲁"(*šarrum*)。某种程度上美索不达米亚基本术语并未区分"国王"和"酋长",我们从而很难将"国家"和"酋邦"区分开来,而且麻敦的规模也是大小不一。然而,有三个拥有麻敦称谓的重要政体并非三个一般意义上的王国,它们实际上是由几个拥有萨鲁头衔的统治者缔结的政体联盟,这三个同盟分别是:哈布尔河流域东北部的伊达-马若斯同盟,巴里河流域的扎玛昆同盟以及底格里斯河东边的苏巴土同盟。

在玛里文书档案中的古代美索不达米亚,一个政体或许自身就是麻敦,要不就一定从属于某一个麻敦。在萨姆斯-阿杜和辛里-利姆统治的工国里,从属关系可以有两种完全不同的定义。一方面,国王可以给总督们划定各自管辖的行政区,总督们代表国王对行政区实施管辖。这些行政区没有自己的政治传统,没有政治身份,仅仅是王权统治的延伸部分。另一方面,某些城市虽然被纳入这些王国的领土并服从其最高统治权,但这些城市仍然拥有自己的政治身份和组织。辛里-利姆统治时期的图特尔城就是这种情况,图特尔城位于玛里中心行政区以北幼发拉底河上游地区。

公元前两千纪初,玛里的主要政治范畴为该城市和"国"(麻敦),包括下辖行政区(*halṣum*)。虽然从根本上说麻敦以民众而非领土来定义,但是描述国王统治下的民众的其他词语却并不具有麻敦的政治特性。特别是,*nišū*(音译"尼粟")通常被译为英语中的"people",意思是"人民、居民、民众",但是该词原意指一家之主须供养的一大家子人。穆什根努(*muškēnum*)指全体人口中不直接依赖于王宫收入的一部分人。以上这两种称谓都不具有政治用途,因为均不代表拥有决策权的实体。

辛里-利姆王国最有趣但又令人费解的特点之一是国王的标准称号,该称号涵盖了本章和上一章探讨的两个不同范畴。与先王亚顿-利姆一样,辛里-利姆自称"玛里和哈奈人王国之王"。在本章的最后我将讨论辛里-利姆王国的性质,因为玛里城中心的居民不仅拥有部落身份而且还具有典型的西米莱特部落游牧民（即哈奈人）的身份。

总而言之，为了理解王权与部落社会组织的政治传统以及城镇集中居住的关系，我们需要对麻敦（mātum）进行一番分析。我认为在阿卡德语中，可以被称为古代国家的新兴复杂政体并非以定居中心或者"城市"定义，而是以麻敦领土上的人口定义的。阿卡德语不可能反映现代学者们不断探究的"城市生活"，因为在他们看来，城市具有社会和政治的高度复杂性。麻敦的复杂性在于其大部分人口可能是定居的抑或是流动的。麻敦的经济基础可能主要依靠农耕也可能依靠畜牧。麻敦的社会结构是否包含了十分显著的部落特征也尚无定论。麻敦一词被用于描述古代国家的复杂政体说明，我们的研究不应该局限于常规意义上的"城市"和城市生活。

尽管公元前两千纪初的政治形势是王国林立，不过并不是所有主要政体一定要由一位国王界定或者需要一位国王，注意到这一点至关重要。麻敦可以指一位国王统治的领土或领土上的一切，不过它也可以脱离国王而存在，其民众集体拥有政治意愿表达权，而一个事实上的国王也不得不屈从该意愿。此外，麻敦不一定就是王国，也可以是一个同盟。本书第四章将重点讨论以"城镇（town）"或者"阿卢木（ālum）"定义的另一种政治中心。阿卢木有着深厚的集体治理传统，集体治理无需国王，与个人统治形成了有趣的对比。无论如何，阿卢木（ālum）既可指一个小村落也可是一座王都。对于这一政治词语而言，王权就像是一层镀金，某种覆盖物而已；我们应当明白在阿卡德语传统中，君主政体的术语和制度是建立在个人与集体权力之间各种关系的重要约定之上的。

第一节　城市生活与古代国家

玛里文书档案中政治世界的基本构成单位是城镇(阿卢木),而构筑于阿卢木基础之上的是"国(lands)"(麻敦)。尽管麻敦的规模大小不一,但就概念而言,麻敦的人口分散于多个定居点,这就需要某种形式的协调管理,至少在危机来临的时期。阿卡德语词麻敦体现了被我们称为"国家"的更加复杂政体的存在。除了遍布玛里时期几乎各个社会层面的部落社会组织,玛里的政治世界主要由被称作麻敦或者阿卢木的实体构成。在我们试图阐明这些用语之间的关系之前,非常有必要参考一下有关"城市生活"以及早期"国家"的大量研究。

1. 古代近东的国家和城市

学者们对古代美索不达米亚的解读,已经紧紧跟上了对世界上其他地方的研究步伐,即研究重点从城市在向国家转移。考古学家们采用了定居点分析法对基于勘测证据的政治结构进行判断,而不是仅仅依赖于对重要城市中心遗址的挖掘。在更加复杂的社会里,村落通常分散在较大的城镇各处,很明显与这些城镇是联系在一起的。在国家范围内,这些城镇会分布在全国各地,它们又会和一个或多个名副其实的城市发生关联。这种布局被称为"定居点等级制"。如果一个地方很明显包括了三或四个定居点等级,那么无论是否有书面证据的支持,考古学家都会得出结论认为这个地方就是一个国家。① 在接下来的讨论中,对于那些太死板又十分肯定的有

---

① 有关该原理的概述,参见 Flannery 1998,20—21。该原理应用于最初国家形成的相关例子可参见 Alan Lupton(1996,99),在与公元前四千纪晚期的乌鲁克城建立联系之前,美索不达米亚北部地区就已经出现了三级居住体系。

关国家定义的假设,我持谨慎态度。伟大的美索不达米亚考古学家罗伯特·亚当斯(Robert Adams)花费了大量时间参与寻找以城市为生活中心的早期国家,不过他本人就曾提醒说,不应该仅凭定居点分析法而将答案过度概括化(1988,27—28)。①

尽管在定义和定位早期美索不达米亚复杂政体的过程中我们面临着许多障碍,不过我们现在又遭遇了新问题,而且不止一个。长久以来,美索不达米亚南部城市一直是人们研究早期城市和国家形成过程的中心地区,原因也许是它们拥有一定规模而且地理位置相对集中,另外,研究者们还在乌鲁克城发现了公元前四千纪晚期的楔形文字文献。但是在美索不达米亚更西部和更北部,包括玛里文书档案所描述的地区却存在着截然不同的定居点和政治格局。因此,仅凭对美索不达米亚南部城市的研究就对整个美索不达米亚的城市生活妄下结论是危险的。

那么,我们该如何称呼公元前三千纪时随着美索不达米亚的新城市和新定居中心一同出现的政治形式呢? 考古学家们通过长期观察发现,楔形文字书写系统使用的语言中并没有出现新的、或者特殊的词汇来表述新城市中心。例如亚当斯曾说,美索不达米亚地区关于"城镇"的词汇有苏美尔语的 uru 和阿卡德语的 *ālum*,这两个词既没有明确描述定居地规模,也没有描述具体的"城市"机构(1981,136;Oates,1983,81)。亚当斯关于"城市"机构的看法可能低估了"城镇"用词本身的政治含义,在下一章我将对此类城镇进行讨论。不过亚当斯有关定居地规模的观点是正确的。不同时期不同地区的大量证据显示,uru 和 *ālum* 可以指规模很大的中心城市,也可以指小村庄。例如,出土自叙利亚西北部阿拉莱(Alalaḫ)城的

107

---

① "在受马克思影响的理论框架中,目前大多数早期国家和城市等级模型隐含的假设是:合理地自私和个人主义的地理位置决定,这反过来又要求市场定价原则提供具有可比性的信息,目的是让交通运输成本最小限度化。"他认为最正式的说法就是"中心位置理论",而它在实际应用时通常会被简单化。

古代文书中列出了各个"阿卢木(ālum)"的所有家庭,实际上这里的阿卢木也就是村庄,每个村庄平均约 25 户人家,甚至还出现过只有 3 户人家的村庄(Liverani 1983,160—1;1975,153)。从新亚述帝国的卡切米希城出土的泥板上记录了一个共有 16 户家庭的小镇(small town,Fales 1990,100;参见 Van De Mieroop 1999,10)。威廉·海罗(William Hallo)发现赫梯(Hittite)王国同样只用一个词语 happiraš 来表述各种规模的定居地,这一现象与其他古代近东语言如希伯来语不同(1971,58)。令人感到奇怪的是,世界上最早出现大城市的地区的人们为何从不尝试以不同的词语来定义这一新生事物。他们难道不明白自己在改变世界吗?

我认为他们明白,但是美索不达米亚的居民们看待这种变化的角度与我们不同。首先,他们继续使用描述"村庄"的词语来指称不断壮大的城镇(town)和城市的原因是,与某个政治概念关联的语言不会因社会变革而迅速被抛弃。比如我们在下一章将详细探讨的 ālum 和苏美尔语的 uru 这两个词语似乎首先是由当地居民定义的,尤其是那些集体行动的居民。因此 uru 和 ālum 的典型特征是具有政治性,其机构特征是集体形式。由于"城镇"的专门用语一直在表达一种特殊含义,所以政治变革自然会驱使古代居民以崭新的方式表达他们对于新奇事物的看法。在我看来,美索不达米亚的语言揭示了当时政治环境中城市的出现,并且已认识到城市已成为更宽泛的社会关系网的一部分。因此,城市化的语言就是国家的语言,或者至少也是最终成为古代国家的那些新兴的复杂政体的语言。①

----

① Glassner(2000,38)评论说,早期美索不达米亚"国家"在最初的王室铭文通常以都城的名字命名,如"Ur"或者"Kiš"。Steinkeller(1999)提出我们可以从早期的"en"一词出发,查考苏美尔政治格局的发展,"en(恩)"一词原意为大祭司,后演变为"ensi(k)",指出执政的神委任的独立的政治"管家"。Steinkeller 发现了该发展过程中一个惊人的产物——双都城的出现,例如著名的 Lagaš 和 Girsu。似乎在此情况下,一个通常由男神统治的新政治中心往往会建在一个更为古老、由女神统治的宗教中心附近。

如果回到如何区分真正的城市与城镇的问题上来，没有了苏美尔语的 uru 和阿卡德语的 *ālum* 这两个词的帮助，我们会发现一件奇怪的事情：除非能考证城镇和乡村的存在，否则考古学家们无法确认一个真正的"城市"。那么，当我们评价当地术语时就会很自然地寻找表述"大城镇"(big town)的其他用语。尤其是如果"城镇"的称谓特别代表了我们在第四章中讨论的集体政治模式，而该模式被理解为与每一个无论是小村庄还是大城市的集中定居地有关，那么我们就有必要重新以不同的方式理解城市生活(urbanism)了。正如"城镇"的名称具有政治色彩，我们可能会期待在当地语言中存在着描述城市所代表的更大政治范畴的术语。如果以玛里文书档案中阿卡德语术语来表示，该政治范畴就是麻敦。

2. 城市

几十年前，V. 戈登·蔡尔德(V. Gordon Childe)就早期美索不达米亚城市化在人类社会的重要性提出了一个非常有力的论据。尽管他的理论框架——经济变化的动因以及从蒙昧阶段到野蛮阶段到"城市革命"的胜利性进步——现在已经落伍了，但是我们不应该低估他所追求的潜在真实的重要意义。[1] 又如安东尼·吉登斯(Anthony Giddens)声称，他的有关社会理论的大量论述的核心就是"城市"中心主义(1981,140)。在吉登斯称作"阶级分化"(与后来的"阶级"或"资本家"相对)的社会里，"城市是权力的熔炉"(p.145)。

尽管城市的出现预示着而且本身也代表了人类社会的巨大变

---

[1] 参见其著作 *What Happened in History*(1942)的一至三章，分别为"旧石器时代的野蛮行为"、"铜器时代的野蛮行为"以及"美索不达米亚地区的城市革命"。有关城市革命的更多内容参见 *Man Makes Himself*(1936)第七章。

革,众多当代研究者将目光投向了城市中心之外的它的整个势力范围。吉登斯本人认为城市是生成国家形式的组织关系的"权力容器",与乡村是一种共生关系(1984,195—196)。塞维斯以进化论方法研究"文明",他摒弃了蔡尔德"城市革命"的观点而把研究重点放在了国家形态中发展起来的"中央集权统治的制度化"。乔治奥·布塞拉提(Giorgio Buccellati)认为"'国家'革命的说法比城市革命的说法更为恰当"(1977,20)。[1]

　　近东出现了真正意义上的城市,而毫无疑问,这些城市与古代国家的形成密切相关。然而相对复杂的政体的存在需要以城市化来支持似乎并不明显。另外,以现代术语如"town"和"city"(城镇)这类词语描述古代社会在某种程度上令人费解。"城"和"镇"为集中定居地,至少某种程度上由人口决定。这样的"城市"确实曾出现在早期美索不达米亚南部地区,但是位于美索不达米亚西部和北部地区公元前三千纪的大型遗址揭示,那里的政治复杂程度相似,不过未发现有关大量居住人口的证据。

　　看来古代国家或者那些被有些人称作复杂政体的形成并没有城市化的相伴。安妮·波特(Anne Porter)最近就她与托马斯·麦克莱兰一起挖掘的幼发拉底河中游遗址发表了以下观点:

　　　　巴纳特城(Banat)在其历史上始终是其游牧民创建者们社会政治尤其是思想和仪式制度的重要中心。游牧民们不断地构成城镇的经济和人口基础,尽管一旦城镇建立,它便可能会发展成为一个完全独立的实体。然而实际上并没有证据显示维持这样的定居地需要的人口曾永久地定居巴纳特城,这里没有斥巨资修建的庞大建筑,也没有广泛的产业。相反,正

109

---

[1]　根据 Adams(1972,735),"真正的城市聚居取决于作为政体的国家的建立,而其出现也只是社会阶层分化过程中的一个方面"。

如同一时期美索不达米亚北部其他城市一样,巴纳特城是一个行政、仪式以及制造中心,吸引着大批行踪不定的民众(2002,28)。

3. 国家

从根本上说,我的研究兴趣不是为使用"国家"一词描述古代复杂政体进行辩解,但我愿意探究玛里文本证据是否与有关城市和国家的论述相符。无论是对阿卢木(*ālum*)和麻敦(*mātum*)进行分析还是对玛里文书档案中的社会状况作考证,我认为都无必要对"国家"一词进行严格死板的定义。在研究古代政治的共同特征时,我们碰到的古代社会特征很难符合较为严格的定义,而在这种情况下注释说明就很有价值。在一部很有影响力的关于文化演进的著作中,塞维斯着重研究了强制的权力。国家的特征是权力制度化,这样便于使用或者便于威胁使用武力(1975,14)。迈克尔·麦恩(Michael Mann)详尽阐述了马克斯·韦伯(Max Weber)理论的同时还提出了一种社会理论观点,他认为把领土和准确度等因素都考虑进来可以让定义更加具体和精确:

> 国家是体现集中性的一套分化的机构和人员体系,从这种意义上来说,其政治关系从中心向外围扩展至划定了边界的整个地区;国家具有垄断性的约束力和永久法规制定的权力,并以暴力手段作为后盾(1986,37)。

理查德·泰普提出的是他所认为的人类学共识,即超越权力单独研究国家的支持者群体。国家是"有一定领土范围的政体,拥有中央集权制政府以及合法军队的垄断权,通常包括不同的社会阶层和不同的民族"(1990,50)。①

　　上述所有定义都是基于对较近代的政治环境的假设,未必适用于古代近东。例如,麦恩领土分界的观点涉及到政权与土地的多种关系,但是这在美索不达米亚大部分地区并不存在。如果泰普的"国家"定义中关键因素是领土、中央集权制政府以及合法的军队,那么为何"不同的社会阶层和不同的民族"对于古代国家必不可少,这一点尚不清楚。不过,哪怕我们承认了这些定义的界限,萨姆斯-阿杜和辛里-利姆的王国也都是国家,即使从机构特征来看也许只是初级阶段的国家。两个王国都实施中央集权,两位国王统治的领土范围都相当大,不过界定这两个王国领土范围的主要是定居点以及连接这些定居点的路线,而不是严格划分了边界的一块块二维空间。② 这些国王们当然都掌握着合法军队。无论如何,即使这些关于国家的定义大致适用,玛里时期的政治格局仍有许多层面是这些定义无法解释或者充分解释的。我们如何将麻敦(*mātum*)与"国家"术语联系起来? 这些定义均未规定一个国家必须有多大,无论是其人口还是领土规模;而大多数的麻敦相当小。伊达-马若斯、扎玛昆和苏巴土三个麻敦同盟并未达到真正的权力集中化或者绝对权威性,除非在处理外交事务上。这就引出了"国家"垄断权必须体现在哪些特定的活动区域的问题。

　　西米莱特和亚米纳特两大部落联盟的情况理解起来就更有难度了。两大部落联盟都既是社会实体又是政治实体,其人口众多而且组织结构复杂,分散于广阔的领土之上,部落联盟的形式在某种程度上是出于联合政治行动的目的。在讨论公元前两千纪初的国家时,我们不能轻易地将西米莱特和亚米纳特部落联盟排除在外,

---

①　该卷编辑 Khoury 和 Kostiner 将其简化为"特定领土上权力垄断的体系"(1990,4)。

②　发人深思的相关分析参见 Joannès 1996,326—328。

因为他们也是国家共同体的一部分。可以说亚顿-利姆和辛里-利姆领导下的西米莱特部落联盟已具有国家形态——两位领导者均为定都玛里的国王,不过以国家的定义来理解部落组织复杂的政治制度还是比较牵强。我们将看到麻敦的概念似乎要求有一个或多个定居中心,所以西米莱特人只有通过在玛里定都站稳脚跟以确立自己的国家地位。那么脱离了玛里中心之后,西米莱特部落联盟又是怎样的一个实体呢?也许对于一个部落联盟而言,没有一个或多个大本营是非常不可思议的事情。亚米纳特部落联盟可能会被错误地归类为层级较低的政治组织,而实际上他们的组织结构与其远亲西米莱特人相似,人口规模也相似。不过亚米纳特部落联盟从未被看作是一个独立的麻敦,即使他们也进行集体政治决策。

在这种政治框架中,我们必须理清许多相互联系但又有区别的现象。美索不达米亚南部人口稠密的城市与北部和西部的早期地区中心相比,差异非常大。我们必须将"城市"的出现和"国家"的出现区分开来,国家的存在也许无需依赖传统城市。在我们讨论早期美索不达米亚的复杂政体时,麻敦将会是一个极为重要的术语,但它很难与我们现代分析用语相一致。麻敦并不仅仅表示一个"国家",而且麻敦也并非可用于描述所有复杂的政治组织,亚米纳特部落联盟就被排除在外了。从实用角度来看,公元前三千纪苏美尔人的政治格局也许可以被定义为"city-state(城邦)"制度,城市中心与政治国家是一对一的关系,"城邦"包括城市及其周边腹地。① 然而,这种混合概念存在着双重危险,即任何定居地或者复杂政体都被强制归入了"城市"和"国家"的范畴。② 比如,我

111

---

① 此定义由 Hansen(2000,15)提出,他以苏美尔为例,一并列举了埃卜拉(Ebla)以及其他叙利亚遗址(p. 20)。

② 有趣的是,在 Hansen 编著的合集中,Glassner 在其文章中拒绝将"城邦(city-state)"一词用于描述美索不达米亚社会,并对该词做了非常有有用的评论性综述(2000,35—36)。

们将辛里-利姆的西米莱特王国定义为"城邦"就非常不恰当,尽管它以玛里为"城市"中心而且呈现了"国家"的复杂性。所以,在对玛里政治世界的论述中,我回避了这一术语。

4. 酋邦

接下来我们要讨论的是用于描述那些看似非"国家"的复杂政体的另一个解释性概念——酋邦。"酋邦"是塞维斯对国家产生之前的人类社会组织的一种称谓。酋邦可能和国家一样以中央集权和社会分层为特征,但是"没有正规的、合法的武力镇压机构"(1975,15—16)。他以个人术语定义酋邦的执政方式并不奇怪。当被塞维斯称作"部落"阶段的"大人物"使得自己的角色变成了"要职",而且职位可以被自己的儿子们继承,部落形式就演变成了酋邦(pp. 72—74),不过实际发挥领导作用的主要还是"集体性质"的决策活动。酋邦的酋长们主要负责管理仓库和生活物资的再分配。提摩西·厄尔(Timothy Earle)承认酋邦形态呈现多样性,各酋邦的差异相当大,他提出了完全基于人数的伞形结构概念,他认为"酋邦是将特定区域内数千人口集中组织起来的政体"(1991,1)。①

"酋邦"的概念一直被广泛使用,但是也遭到了尖锐的批评,主要原因是它无法非常明确地与古代国家划清界限。安东尼·吉登斯(Anthony Giddens)认可酋邦一说,但他同时认为给酋邦作界定绝非易事(1984,247)。遭遇这样的难题是因为他反对社会演进学说的解释。吉登斯认为,即使酋邦的确是国家形态的前身,我们也

---

① 他在最新发表的著作中对该定义又做了进一步阐述:"酋邦为区域政体,实施制度化管理,存在着一定的社会阶层分化现象,其人口规模几千或几万不等。"(1997,14)

不能因此断言国家就是酋邦简单的扩张或者内部分化的产物。

一些考古学家们似乎并不赞成"酋邦"这一说法,因为酋邦概念不足以解释他们考古发现的证据。吉尔·斯丹(Gil Stein)找到的新证据表明,古代美索不达米亚社会中存在着不均一性和竞争性,而并不只是单一的中央集权化。他批评道:"通过将酋邦和国家作为两个不相干的范畴对立起来,考古学家们往往高估了国家的权力及其中央集权化程度。"斯丹认为我们最好把国家看作是在部分可控的社会环境中运转的组织形式(1994a,12—13)。而在别处,他还提出将酋邦和国家分离会导致对国家复杂性的过分强调,而实际上早期的国家(segmentary states)非常原始,其行政控制力自中心区域向距离遥远的外围地区迅速减弱(1994b,10—11)。①这就说到点子上了,然而以"距离"和"中心"的概念描述美索不达米亚北部和西部真实的政治格局可能并不合适。尤其是,亚米纳特和西米莱特两大部落联盟的控制力覆盖了广阔的地理范围。奥利维耶·德·蒙莫林(Olivier de Montmollin)的研究对象是中美洲的玛雅人,他反对所有类型学方法,认为该方法注定错将定居地规模视作政治重要性。他对典型的玛雅人进行的定居点分析表明,玛雅人的政治体系并不只是一种格局;避开类型学,我们可以识别关于政治活动的多种人口分布方式,打破了"只有在地理位置上有效的人口分布才是可能的"这种论断的局限性。这种开放的态度最大限度地提高了研究分析的精确度和灵活性(1989,86)。

德·蒙莫林反对在研究个体社会时运用类型学方法的做法,但并没有以比较研究为根据对类型学方法进行探讨。根据厄尔的观点,"进化类型学(或者类型学的进化观)在跨文化比较中有必要加以控制,不过,将规模和组织形式大致相似的社会界定为酋邦这

112

---

① 关于"segmentary states"一词,Stein 引用自 Southall(1988),同时进一步参考了 Blanton et al. (1981)。

一类型是恰当的"(1987,280)。厄尔对于跨文化比较研究必要性的辩护的确令人信服,但是我不能确定塞维斯提出的分类法可以实现不同文化之间的相互阐明。问题是,在没有类型的情况下并且在更加个性化和不稳定的基础上,这样的对比可否卓有成效地继续下去。斯丹在关于国家的论述中提到,分类本身存在着危险——各种模式可能建立在错误的假设之上。格雷戈瑞·珀塞尔(Gregory Possehl,1998)关于哈拉帕(Harappan)文明的一篇佳作证明阐释方法需要具有更强的适应性。面对大规模的城市以及纵横交错的现代定居点,虽然那里没有王宫、没有宏伟的宗教建筑,也没有文字作品以及个人肖像,珀塞尔仍然拒绝放弃无法解释其掌握的具体材料的分类法。最后,珀塞尔将哈拉帕政体直接称为"非国家",但却没有解答这样做如何体现类型系统的整体性。

5. 国家体系

我发现,对于国家/酋邦分类的最尖锐批评主要体现在人们对其在比较研究中的价值的直接抨击。格瑞·费曼(Gary Feinman)采用的是人口标准,这也是厄尔关于酋邦定义的核心要素。费曼说,在国家和酋邦的人口界定问题上并无统一看法,他举了两个例子:古代欧洲的"小国家"人口规模大致在 2000 至 3000 人之间;而夏威夷复杂酋邦的人口规模达 10 万人。同样困难的是以通用的术语来定义领土范围(1998,97—98)。在个别区域内,我们遭遇了人口、领土范围以及权力中央化程度的周期性变化。这样的事实"应当指引我们将思路从对弱小国家和官僚体制国家采用分类学二分法中抽离出来,从而探索持续的模式——把工业化前的社会组织看作是在规模、整合以及复杂程度方面充满变数的组织结构"(pp. 100—101)。费曼认为解决方法之一就是,将研究单个政体拓展至研究"包括一群单个政体在内的更广阔的政治格局"

(p. 101)——这些单个政体在被称为动态的"国家体系"、"国与国之间体系"或者"同等政体网络"(p. 103)中相互作用。

处于上述体系中的古代国家有时可能相对较小,与通常所说的"复杂酋邦"部分情况吻合,不过一些规模更小的古代国家并不符合酋邦的一般形态。费曼提供了一个值得我们重复引用的列表,列举了受到质疑的古代国家特征(p. 104):经济水平分层的各阶级(常常拥有奴隶);居住在王宫建筑中的统治者;稠密的区域人口;文字的使用;一定市场体系;至少三个决策阶层。举例来说,这些特征中有许多适用于玛里北部的麻敦,甚至也适用于哈布尔河上游伊达-马若斯同盟中以城市为中心的各个王国。费曼研究发现,他本人以体系或者网络定义的小国家群体常常以同盟形式组合在一起,比如伊达-马若斯同盟、扎玛昆同盟以及苏巴土同盟。

我反复提及费曼的研究分析的原因是,它尤其适用于公元前两千纪早期玛里文书档案中的许多小规模的附属国。在玛里出土的泥板书信所揭示的历史时期,几个面积不大的强国相互争夺霸权,然而并未出现一个取得区域霸权的帝国。那些争夺叙利亚-美索不达米亚地区霸权的众多麻敦的蜂拥出现,与费曼研究的美洲早期城市化有许多共同之处。

6. 玛里和古代国家

在前面章节,我从跨文化的角度出发探讨了近年来有关国家和酋邦的论点,不过我的目的并不是对公元前两千纪整个叙利亚-美索不达米亚地区的政治体系进行详细的研究分析,而是为理解古代人自己如何使用"麻敦(*mātum*)"这一术语提供一个框架。这一框架最终将对解读城镇的集体政治决策以及定都玛里的王国特定的政治环境产生重大影响。在结束本章对麻敦的讨论之前,我将探讨古代近东国家的形成。

酋邦和国家的二分法在阐释美索不达米亚和埃及政治环境方面所起的作用并不大,因为美索不达米亚和埃及本身就是世界上最初国家形态的标准。在关于早期国家形成的研究中,美索不达米亚一直以来发挥着重要作用。我只简略回顾了关于早期国家形成的一些研究成果,旨在尽快进入到玛里以及同类城市早期历史的语境中:公元前三千纪的叙利亚和美索不达米亚北部。让人特别感兴趣的是安妮·波特的最新观点:我们应当将这一时期这一地区的牧民国家设想为主要以畜牧业为经济基础的国家,这些国家的建立并不只是凭借征服一个或多个其他国家。如果波特是对的,她将公元前三千纪的玛里定义为如上所说的新国家,那么在玛里漫长的历史中辛里-利姆和其部落前辈们的君主统治也就不是什么出人意料的事了。

在对玛里书信所记录的城镇集体传统的研究分析中,我们对公元前三千纪城市化的解读将影响我们对后亚摩利时代的描述。玛里书信本身将表明这种集体传统的表述早于亚摩利人之先就已存在,属于该地区早期城市的惯例。所以,我们需要了解一些背景资料。

在我看来,那时的美索不达米亚语言文字记录了真实政治环境中城市的兴起,城市的兴起只是更庞大的社会体系的一部分。因此,城市化的语言文字也就是古代国家的语言文字。吉登斯评述道:"体现城市—农村关系的国家代表了一种新型的组织原则,它与旧的组织原则相反但是仍然依存它。"(1984,196)在阿卡德语中,体现"城市—农村关系"的政体被称为麻敦(*mātum*,英语对应词为*land*)。除了外来词 ma. da①,苏美尔语词汇 kalam②的意思似乎与整个苏美尔最相关,kalam 似乎是具有政治意义的定义而非地理意义或其他意义上的定义。我们知道,玛里文书档案中的麻敦通常指

---

① ma-da:苏美尔语词,意为"国家,土地",该词借用自阿卡德语词 *mātum*。——译注
② Kalam:苏美尔语词,意为"苏美尔的土地(land)"。公元前两千纪时,该词相当于阿卡德语词 *mātum*,不过并不表示该词的最初概念,仅限在苏美尔人中使用。——译注

由国王或国王联盟统治的具有政治意义的国家。它与类型学所定义的国家或者复杂酋邦有某些共同之处，不过我还是认为，麻敦作为一个整体和费曼所说的古代国家"同等政体网络"应该是一致的。根据该词的通常用法，王国中心和被统治人口是联系在一起的，因此也就和王国中心之外的领土联系在了一起。要想探究与比城市更大的政治或领土实体相关的苏美尔语和阿卡德语词汇的早期发展情况是一件困难的事情。看来麻敦作为一个政治类别的出现，与城镇（uru 或者 *ālum*）固有意识形态中集体政治发生变化有关。麻敦很容易等同于我们翻译为"君主政体"的个人领导，在前工业社会里君主政体有着一些普遍特征：人口众多，经济专门化程度越来越高，以及社会等级化。很有可能麻敦一词最初被创造出来仅仅是为了指称一个"地区"，也许还是中心城市以外的地区。

115

第二节　麻敦：公元前两千纪初 区域政治的基本单位

　　玛里文书档案中美索不达米亚和叙利亚西部的基本政治单位被称为"麻敦（*mātum*）"，通常被翻译为"国家、土地（land）"。从定居人口中心的角度来看，若干麻敦构成了该地区的政治全景。麻敦的定义似乎总是与阿卢木（*ālum*，城镇）有关，但是许多组合方式也都是可能的。根据玛里文书档案，阿卢木是拥有权力中心的王国的基本单位。一个新的附属国国王（vassal）以城镇为单位效忠国王辛里-利姆："像他自己的城镇纳胡以及他统治下的其他城镇，布伦杜（Burundu）城从此以后属于辛里-利姆，阿达尔-塞尼（Adal-šenni）也将成为他的儿子。"[1]

---

[1]　A. 3024＝B. 308，第11—14行。Durand（LAPO 16，p. 475，note c）分析，原文中复数形式的 *namlakātum* 一词始终表示的是单数的"kingdom（王国）"，但是该词似乎指国王统治的核心领土以外的疆域。

　　想要追溯麻敦一词的起源是不可能的,但是与阿卢木表示的简单定居点或者村落相比,该词在某种程度上反映了更新且更复杂的政治组织的出现。尽管每一个阿卢木都有外部特征,人们肯定也会用具体的词语谈论城市、城镇或村落,不过就定义而言,阿卢木一个最基本的外部特征是它拥有聚集的永久性建筑物,可供一定数量的群体使用。阿卢木不一定筑有防御工事,规模可大可小,我们甚至不清楚阿卢木是否一定包括主要用于居住的"房屋"。所以,阿卢木是一个政治现实的物质体现。一群人聚集在一起共同使用阿卢木设施,其聚集的目的有多种可能性,如定居、共同防御、庆典,或者经济交换。作为一个政治实体,该群体具有联合行动的能力,阿卢木似乎从一开始就有着坚实的集体传统而且这种集体传统一直伴随着它的发展。

　　最后,在聚居地相隔遥远的群体彼此各种关系的基础上,更大更复杂的政体出现了。这些关系中可能就有玛里文书档案展示的那种部落认同关系,但也包括这些聚居地之间的盟约。在某些情况下,这些复杂政体包含规模较大的城镇或城市。尽管原先被称为阿卢木(ālum)和 uru 的村落已经发展壮大,而且出现了新的劳动专门化形式以及新的社会结构等级,但是讲阿卡德语和苏美尔语的居民仍然继续使用着 ālum 和 uru 这两个旧称谓。在阿卡德语中,麻敦描述的是由来自不同定居点的人口共同组成的政体。有趣的是,在苏美尔语中除了外来词 ma-da,并没有 mātum 的直接对应词,这说明阿卡德语(属闪族语系)中的 mātum 可能产生于有别于美索不达米亚南部冲积平原的社会环境。出自苏美尔北部和西部地区的文本证据和考古证据均揭示了不同的政治状况,而"麻敦(mātum)"一词可能就是在这样的政治世界中产生的。

　　玛里文书档案记载的时期,约公元前两千纪初,麻敦不再只是表示一个简单的政治概念,它已经有了多种用法。其用法随视角不同而发生变化。首先,我们必须区分对内、对其统治者而言的麻敦与对外、对其邻国而言的麻敦。其次,居民与统治者特定的关系会赋予麻敦一词特别的用法。但是,在任何情况下,麻敦的范围都不会受到个体城镇的限制。在多数情况下,当麻敦的统治者为国王时,该词包含了王都外围的全体居民,他们被要求坚定不渝地效忠国王,但是他们的忠诚并不能假定。从概念上来看,麻敦与国王是分离的,正是因为这种分离,它代表的是一股特色鲜明的政治力量,即使在它归顺服从某个国王的统治时。当麻敦被命名为一个集体单位时,它就变成了集体政治团体,不过大多数时候它由一个居于防御中心的个人统治者管辖。

1. 从外部来看:一个单独的区域

当我们从远处观望时,上文提到的农村和防御中心、统治者和被统治者的区别可能就会变得无关紧要了。人们回到他们麻敦的家,无论身为国王还是平民。① 手工艺品会按照麻敦的分界线具体标明出处,如书信 ARM X 173:16 中就有布匹出自"这里"的纪录。甚至国家之间的政治交易也以麻敦这一通称来描述,无需具体说明其统治者或被统治者。据记载,来自埃什努纳的信使以及埃卡兰特姆王伊斯米-达甘两人,曾劝说安达瑞格的统治者加入他们:

> 除了辛里-利姆和玛里城,阿塔如姆和安达瑞格城,没有其他国王和城市与我为敌。辛里-利姆和巴比伦人——他们没有和哪个国王结盟呢? 没有和哪个麻敦结盟呢?②

---

① 对比 ARM II 13:7 中的玛里王亚斯马-阿杜,以及 ARM IV76:43—44 中的逃亡者。

② ARM XXVI 423:42—47,我在译文中使用了符合英语表达的否定反问句式。关于"touch the chin"表示结盟,参见 p. 318,note h,Charpin 曾证明动词 *talālum* 的意思为"与……结盟",1997b,365。该动词似乎由名词派生而来。

在这里，麻敦是国际外交中无显著特征的单位。有趣的是，我们发现，虽然亚顿-利姆和辛里-利姆避免使用王都的名字称呼其领土，阿塔如姆却从一个外人的视角把它称为玛里王国（*māt Mari*）：

> （敌人突袭了我领土）；所以我自己要立即经陆路长途跋涉 80 小时！我甚至可以不怕麻烦走得更远，到达玛里王国！（不！）我不能就这样对待我的领土。[1]

在另一封信中，一位玛里官员引述了他自己对格瑟拉（Gašera，亚姆哈德的母后）说的一番话，说会赠予她位于玛里王国的一个城镇，这位官员似乎是从外交的角度在与阿勒颇的王室进行交易。[2]

2. 农业的麻敦：设防城镇的外围

从内部角度看，麻敦可以指设防的城市中心以外的人口和领土，它距离政治管辖机构较远。战争时期，麻敦则可以指军队在围攻一个重要城市或者遭遇集结的其他军队之前可以相对自由行动的区域。书信 ARM II 24＋中麻敦的意思似乎就更宽泛了，辛里-利姆手下一名官员曾经与巴比伦王汉谟拉比发生了争论，争论涉及巴比伦和埃什努纳王国的关系问题。如果埃什努纳破坏了预期的和平，"你将围攻城市还是突袭农村？"[3]在一位名叫亚斯姆-艾

117

---

[1]　ARM XXVII 167:4'—8'为阿塔如姆原话。前两句似乎与事实相反，夸张的提议非常可笑。萨姆斯-阿杜在 A. 2231 中也使用过该称谓（Charpin 1984,42 前面已引用），但是这里更有一种来自外国征服者下达指令的特点而非当地人传统的语气。

[2]　*FM* VII 47:58，参见 56 行中的"玛里国（land of Mari）"。

[3]　第 27 行。

尔(Yasim-el)的玛里高级官员写给辛里-利姆的报告中,*libbi mātim*("国土的中央")指一座城市被围攻之前敌人的活动中心:

> 伊斯米-达甘进入了农村(*libbi mātim*),包围了阿特木(Atmû)城。他命人建起了攻击塔并开始堆砌土垒。得知此消息后,阿斯科-阿杜(Asqur-Addu)推迟前来觐见王上,他说:"敌军已经逼近我领土。恐怕我一旦离开去觐见我父王,敌军知晓后,定会随即侵犯我农村(*libbi mātīya*)。除非我父王突袭农村,否则我哪儿都不能去。"①

拉塞(LaessΦe)和雅各布森两人都将"the land of Šušarrâ(苏萨拉)"译为"苏萨拉的农村",这一说法出自萨姆斯-阿杜国王统治时期希姆斯哈拉城(Shemshara)的一封书信中。②

麻敦似乎不仅不包括王都,也不包括任何设防的城市中心。为免遭敌军的抢掠,麻敦居民可以被召集起来进入设防的城市(*dannātum*)。③ 萨姆斯-阿杜统治时期的一封书信提到了与麻敦居民和设防城市(*āl dannatim*)的居民有关的预兆:"祖南(Zunan)对农村和设防城市的情况均作了预测。"④但是这种大致分类包括了仅以具有控制权的城市及其麻敦的所有民众,虽然称谓不同。因巴图(Inbatum)写信向国王萨姆斯-阿杜保证:"亚姆波部落(中心所在地为安达瑞格城)的土地属于您,安达瑞格城也属于您。"⑤

---

① ARM XXVI 416:3—4,6—12(cf. 417:9';419:4').

② LaessΦe and Jacobsen (1991,159),text no. VII:11—12.

③ ARM V 36:8;XXVI 437:29—30;519:21,也许可以对照一下因火灾警报而集结的 *mātum*,ARM XXVI 515:29 and A. 1866(LAPO 17,no. 622)。注意 ARM I91＋:11—12 提及 *mātum* 到达埃卡兰特姆城获得了安全保障和生活所需物品(LAPO 16,p. 503—505;参见 Durand 1987a,178—180)。

④ ARM V 65:10—11;与 ARM XXVI 8:10—11 中的文本相同。两封信均为阿斯库杜写给亚斯马-阿杜。

⑤ ARM X 84:24—25.

这种双重定义的需要并非出于内部交流目的而是出现在邻国之间相互交流时。

麻敦与一系列的农业活动有关。作为设防城市的外围地区，这里有农田和房屋，①尤其是谷物：

> 在农村，哈奈人正在将他们的大麦装袋。②

> 巴比伦王汉谟拉比已经侵袭了埃什努纳国（land），他下令放火烧了那里的大麦。他袭击了那片土地并将那里洗劫一空。③

在美索不达米亚北部，有人居住的麻敦显然比崎岖的 šadûm（"山区或高地"）的地势平坦得多，两者形成了鲜明的对比。④

在整理埃卜拉（Ebla）王室仪式史料（ARET XI）的漫长过程中，安妮·波特发现，国王与王后必须出城巡游以"守卫先王们的王位"（2000，242—246）。这个重要的仪式地点叫内拿斯（Nenaš，又称 Binaš），在"土地之家"（é ma-dim/tim）里摆放着供奉给已故国王们的祭品，不过它一定是坐落在埃卜拉城中心区域以外的地方。波特强调的一个事实是，仪式目的地并不是什么庙宇而是墓室，国王与王后通过拜访这个城外的墓室重申自己的统治权。我们在研究中往往将城市放在优先地位，因为那里有可观的关于中央行政的文本证据（e. g. , Archi 1993，469）；但是埃卜拉王室使农村成了王权合法化的仪式地点，这反映了国王们对农村领土享有由来已久的或者至少是值得记忆的统治权（Porter，p. 255）。一些

---

① ARM V 73：13'；cf. I 7；II 121.
② ARM X 31：13—15；cf. ARM I 67；XXVI 491；511；515.
③ A. 3669＋：22'—23'，Lacambre 1997a，446—448.
④ ARM V 66：8—9.

古代近东的传统仪式通常在城外不远处的神庙中举行，这似乎表明神与土地的深厚联系已经超越了城里的神庙。同时，人们也承认自己对农村领土（territory）的依赖（弗莱明 2000，133—140）。就玛里而言，这里所说的领土就是麻敦，似乎该词最初指的是居住在最接近中心城市外围农田以外的人群。

3. 统治者与被统治者

最简单地讲，麻敦通常指国王所统治的一切。[①] 从这个意义上来说，麻敦并不就是国家，而是它的补足物，所有被统治的、王室以外的民众集体。就法语词"l'État（国家）"指的就是这样的国家而不只是其政府来说，这种古代观点呈现了一种鲜明的对比。即使最野心勃勃的国王也永远不会将其假定的"国家"说成"这是我的"。虽然使用麻敦一词的写信人有着深厚的部落关系，或者与其他西部和西闪米特人保持着密切关系，我们仍须记住我们所讨论的 *mātum*（麻敦）是在美索不达米亚地区广泛使用的阿卡德语术语，不只局限于西部的或"亚摩利人的"范畴。在西闪语中与 *mātum* 相对应的名词是 *namlakātum*（领土），或者"王国（kingdom）"（王国为字面意思，我认为该词相当于英语复数形式"dominions"），*namlakātum* 与常用的西部词语 *malkum*（king，国王）词根相同。

我们对西闪语词 *namlakātum* 的词义范围尚不十分清楚，但是它在出土自玛里的阿卡德语公文中的实际用法表明，它不只是与 *mātum* 词义相同。在萨姆斯-阿杜向玛里守护神以图-麦（Itur-Mer）敬献宝座的题词中，他回忆了神是如何将"玛里的土地

[①]　Mario Liverani 研究发现铜器时代晚期叙利亚的国王与 *mātu* 有着同样一致的关系（1974，335）。

(*mātum*, land)，幼发拉底河流域两岸的土地，以及神自己的（或者玛里的）领土(*namlakātum*)"托付给自己的。① 这样的措辞似乎定义了玛里征服的三个不同的领土部分，"他（以图-麦）的领土(*namlakātum*)"在阿普莱蒂（即阿普莱蒂行政区）以外，但是仍然属于玛里的中心区域。我们须注意的是，最终是国王萨姆斯-阿杜声称拥有 *namlakātum*（领土或王国），而非他的儿子、作为玛里地方统治者的亚斯马-阿杜。在新近出版的一封达瑞斯-利布(Dariš-libur)写给辛里-利姆的信中，这位被派往位于阿勒颇城的亚姆哈德王宫的使节也是将 *mātum* 和 *namlakātum* 并列使用，似乎它们是两个不同范畴。达瑞斯-利布引述了亚姆哈德王亚姆-利姆的话，亚姆-利姆承诺支持西米莱特部落王辛里-利姆去追捕那些反对其统治的领导者们：

> 从今往后，无论今年、明年或者再过 10 年，如果这些人再进入我的麻敦(*mātum*)或者我的领土(*namlakātum*)，我将逮捕他们并将其交给辛里-利姆。②

在上述这两个文本中，*namlakātum* 一词似乎表示国王统治下超出麻敦范围之外的更广阔地区的民众。这一点可以通过另一封信来证实，信中 *namlakātum* 一词被用于描述辛里-利姆治下伊达-马若斯同盟的附属城镇。阿斯拉卡城的国王伊巴-阿杜谈及另一个附属国国王时向辛里-利姆保证："如同他的纳胡城以及他领土(*namlakātum*)上的其他城镇，布伦杜城也属于辛里-利姆，阿达尔-塞尼(Adal-šenni)就是辛里-利姆的儿子。"③构成王国基本单

---

① Charpin 1984, 42, no. 1; 5'—7'.

② *FM* VII 8; 39—45.

③ ARM XXVIII 60; 11—14.

位的城镇可能也适合以麻敦相称。另一位伊达-马若斯同盟统治者——塔哈玉城的亚威-艾尔(Yawi-el)在说到"王上的领土(*namlakāt bīlāya*)"时,同样包括了阿斯拉卡城(Ašlakkâ)和克达哈城(Qirdaḫat)——辛里-利姆治下伊达-马若斯同盟的另外两个附属城镇。[1]

　　迪朗将 *namlakātum* 译为"王国"并称该词频繁出现在玛里文书档案中,但是我尚未发现许多实例。[2] 根据这里引证的文本,凡是有表示"国王"的西闪语词 *malkum*(与阿卡德语的萨鲁(*šarrum*)一词对应)出现时,它只表示能够获得外部附属国支持的宗主国国王。[3] 出自雷兰城一份誓词中的"*namlakātum*"一词有着相同的用法,宣誓对象为"阿普木麻敦(*mātum*)的萨鲁(*šarrum*)、他的儿子们、他的臣仆们、他的军队(*sābum*)、他的牧民们(*nawûm*),以及他的领土(*namlakātum*)。"[4]我把 *namlakātum* 译成了英语单词复数形式"dominions(领土)",但是夏宾发现在一封尚未发表的书信文本中,*namlakātum* 的用法是单数名词。[5] 复

---

[1]　ARM XIII 143:13; LAPO 16, no. 303, pp. 475—478.

[2]　ARM X 51:12,被引用于 *CAD* s. v. *namlaktu*,没有提及该词语,这一点从 Durand 对 ARM XXVI 238 的新版解读中可以了解到。该文本并不符合其他已出版文献的模式,因此 Durand 在新校本中所做的改动很有道理。Durand 所修复的 *na-a* [*m-la-ka-ti*][*li-iṣ*]-*ṣu-ru*(ARM I 113+:66—7)依据了以下假设:*namlakātum* 通常意为"王国",而非一位伟大的国王治下的附属国国王或者封臣所辖的"领地"。亚斯马-阿杜可能会对萨姆斯-阿杜谈到有关玛里王宫新管辖者的任命,希望"他们可以保护好我的领土(my dominions)"(参见 Durand 1987a, 174)。因为修复规模大而且并不熟悉可参照的惯用语,我认为对此解读还需持谨慎态度。即便正确,这样的"dominions"可能也是从属于萨姆斯-阿杜而非其子(所以是"your dominions")。

[3]　Durand 认为 *malkum* 这一头衔源自名词"*namlakātum*"(1993b, 50)。

[4]　L 87—150+:V 24—27(Eidem 1987/88, 118),Bertrand Lafont 似乎同样认为 *namlakātum* 只是国王统治的一个要素,因此誓言中列举的是构成一个完整王国所需要的各个要素(2001a, 219n20)。

[5]　Charpin,私人信件。文本编号为 A. 4309:20,*na-am-la-ka-tam*;将被出现在 *FM* V(即将出版)中。

数用法也许强调的是一个大王国外围那些顺从的民众,而单数形式也许是一种衍生用法。

在大多数情况下,麻敦通过一个占据支配地位的中心来确定,而且可能还拥有独立的地理特性或部落身份,但我们发现文献中还包括了麻敦的其他用法:汉谟拉比的王国或土地(*māt* Hammu-rabi),[①]辛里-利姆的王国或土地(*māt* Zimri-Lim),[②]阿塔瑞木的王国或土地(*māt* Atamrim)[③]等等。[④] 在统治者及其随从当中,"我的王国(land)"或者"他的王国(land)"的说法很自然。[⑤] 神赐予统治者们的不只是一座城市而是一个麻敦。根据预言家的说法,亚顿-利姆和萨姆斯-阿杜各自的土国均为阿勒颇城(Aleppo)的风暴之神阿杜所赐予:

> 阿比亚(Abiya)——阿勒颇城的风暴之神阿杜的预言家——来到我面前说了一下一番话:"阿杜是这样说的:'我把所有的土地赐予了亚顿-利姆,借助于我他没有任何对手。然而他抛弃了我,我便将曾经赐予他的土地都给了萨姆斯-阿杜。'"[⑥]

亚姆哈德王说,风暴之神阿杜拥有自己的麻敦,大概这就是人类君主的王国的构成基础。[⑦] 根据前面提到过的一份文本资料,

---

① ARM XXVI 372:30.

② ARM VI 66:5—6.

③ ARM XXVI 427:26.

④ 我不清楚这是否代表了军事指挥官的视角,他们通常将城镇及人口与其首领联系在一起。ARM XXVI 427 为 3 位指挥官所写(*AEM* I/2, p. 312)。在 ARM XXVII 中,与两位国王一道,第三位被称为 GAL. MAR. TU *ša ma-a-at Ṣú-ba-at-Eš₄-tár*,使用了王室定义。至于我收集的所有该模板实例的使用语境,我尚未核实完毕。

⑤ XXVI 384(伊斯米-达甘);385(巴比伦的汉谟拉比);394,411 和 416(卡莱纳国王)。

⑥ A. 1968:5—9(cf. A. 4251+)(参见 Durand 1993b, 43, 55)。

⑦ *FM* VII 8:27, *i-na ma-at* ^dIŠKUR,"在阿杜的土地上"。

萨姆斯-阿杜表达了一种扩张主义的意识形态。他在登基献词中称自己当上国王还应归功于玛里的守护神以图-麦,"神以图-麦听到了我的祈祷和请求,于是赐予了我玛里国(*māt* Mari)、阿普莱蒂以及他自己的领土(*namlakātum*)"。①

在统治者们眼中,这样的麻敦是一个有着自身意志的脆弱而危险的伙伴——无论是直接管辖的居民还是附属国民众。统治者们可以向他们发号施令,②但又怕其造反,③而且总是不断揣测其情感意向。这样的王国是动荡不安或令人焦虑的?④ 还是让人安定而满足的?⑤ 安妮·波特(2000,260—261)以精英权威阶层与其支持者群体之间的相互作用为基础,从辩证法的角度分析了公元前三千纪埃卜拉城的情况。在这种相互作用中有两组非常特别的对立关系:权力类型(个人对群体)和权力地点(城市对周边地区)。作为描述"王国"的阿卡德语基本词汇,麻敦虽然并不一定要有国王,但是它体现了所有这些对立关系,它强调的是被统治者而非统治者。⑥

麻敦具有生命特性还体现在其民众拥有发言权:"当扎玛昆同盟所有麻敦的民众看到他的状况,他们会说……"⑦根据一封书信(ARM XXVI)的记载,国王伊斯米-达甘对其麻敦发表讲话,而他

---

① A. 2231:4—9 和 1'—8',这份还愿文本中的并列陈述是对以图-麦赋予王权的献词。其实颠倒过来说更完整,Charpin 1984,42。

② ARM XXVI 523:31.

③ ARM XXVI 382:3'; 412:23,31; XXVII 132:11.

④ 动词 *dālaḫum*, ARM IV 25; XIII 146; XXVI 323,542,548;动词 *ḫašum*, XXVI 210。

⑤ 动词 *nāḫum*, ARM I 43; II 16; IV 57; VI 76; XXVI 411,430,519。

⑥ 最有可能的一个例子似乎是那 80 位伊玛人,他们也是"*mātum* 的头人",代表他们的城镇参加在希忒进行的一项重要的法律诉讼(ARM XXVI 256:14—15,在下文中将有讨论)。如果这里的伊玛是 *mātum*,那么它是一个没有国王统治的政体,没有关于国王的记录。

⑦ ARM I 10:19—20(=LAPO 17,no. 475,pp. 522—523).

也得到了麻敦的应答。① 在一次正式会面中,该麻敦向库达王施压,他们拒绝当附庸者臣服于辛里-利姆,并要求保持独立的地位与辛里-利姆以兄弟相称。② 让被领导者保持顺从和忠诚也许只是一种愿望而已。埃什努纳城在认可希利-辛(Ṣilli-Sîn)国王身份时应该要说:"愿他管辖我们的国家。"③顺便补充一点,麻敦也可以与王后有关联,就国家的统治权而言,统治者与其首位妻子有着并列关系。阿斯拉卡王伊巴-阿杜娶了辛里-利姆的女儿伊布-萨莉(Inib-šarri),伊巴-阿杜可以称阿斯拉卡为"她的王位和她的国家。"④

4. 麻敦的命名

如我前面所讲,通常情况下麻敦似乎以其中心阿卢木(ālum)定居点命名。有时候,将城镇与国家区分开来是不可能的,不过有足够的证据显示这种可能性也是存在的。许多重要的麻敦至少在某些时候就是这种情况。⑤ 在一份列表(表 2)中,前 6 个王国和玛里的情况一样,代表的是大王国,它们都包括附属国和许多筑有防御工事的城市。⑥

---

① ARM XXVI 494:6—7,12.

② *FM* II 118:12'.

③ ARM XXVI 377:16,另可参见 A. 230,Durand 1991,54。

④ ARM XXVIII 68:11—12.

⑤ 有一种办法可以了解玛里周边地区的主要政治参与者,那就是详查辛里-利姆的王室书信(ARM XXVIII)。

⑥ 奇怪的是,我尚未发现文献中提及过"*māt Elam(tim)*",虽然这样的表达从美索不达米亚视角看很自然。Elam(埃兰)通常被简称作"Elam"(如 ARM VI 66:4),其军队被称为"the Elamite"(如 ARM XXVII 132:16),其统治者被称为"the vizier (SUKKAL)of Elam"(如 ARM XXVI 362:3,译注:vizier 是伊斯兰国家的高官的称呼)。

表2　以中心都城命名的麻敦

māt Ekallatim(埃卡兰特姆王国)	ARM II 18:4；XXVI 425:8；XXVII 145:25；A. 1289＋ ii:18
māt Babilim(巴比伦王国)	ARM II 25:15'
māt Ešnunna(埃什努纳王国)	ARM X 155:9；XXVI 376:10；XXVII 141:17；143:7；A. 3669＋:22'
māt Larsa(拉莎王国)	ARM XIII 27:15；47:14；XXVI 385:41'；XXVII 161:8
māt Qatanim(恰图南王国)	ARM II 66:16；V 23:12；XIII 46:14
māt Ḫalab(哈拉比(阿勒颇)王国)	ARM V 63:12
māt Andarig(安达瑞格王国)	ARM I 132:6；IV 31:9；XXVI 430:33
māt Kurdâ(库达王国)	ARM II 23:11'

表3　以人口命名的麻敦

māt Yamḫad(亚姆哈德)	王都，哈拉比(Ḫalab)/阿勒颇 ARM I 6:11；IV 6:6；XXVI 365-bis:3
māt Apim(阿皮姆)	王都，苏巴-恩里/塞那 ARM II 49:4'；X 122＋:11；XIV 102:19；125:16；XXVI 358:18'；A. 1610＋:9—10；A. 1421:43；M. 15083
māt Yamutbalim(亚姆波)	王都，安达瑞格 ARM X 84:24；XXVI 383:7；432:8'；XXVIII 172:8'—9'；(II 18:7)
māt Numḫâ/Numaḫîm(纳姆哈)	王都，库达 ARM XXVI 358:9'；521:11' A. 3209；(XXVI 412:12)
māt Yapturim(亚图如)	王都，塔哈玉 ARM XIII 144:4；cf. I 19＋:11

　　然而,有几个确有中央王都的重要王国在被称作麻敦时可能另有名称。这些王国主要位于美索不达米亚的北部和西部,那里是部落人口控制的地区。埃卡兰特姆、巴比伦、埃什努纳和拉莎并不具有这一特点。我们可以参考一下表3。表3中至少亚姆波部落和纳姆哈部落比较有名,在这种情况下,麻敦的名字取自占支配地位的部落名称。① 部落不会局限于一个王国是很自然的事,所以部落名称的重叠使用也就不奇怪了。可以说所有麻敦的名称都是闪语词,其中3个名称带有西部动词前缀 Ya-,因此亚姆波和纳姆哈的部落特征可能也适用于全体。在亚顿-利姆敬献撒马斯神庙的题词中,3个亚米纳特国家是以中央城镇以及"*māt*"加上某个部落(阿纳穆、拉布穆和乌拉普穆,iii 4 - 9)命名的。② 书信 ARM II 18 提到了另一个亚米纳特国家——亚胡拉王国(*māt* Yahrurâ),这是从国王萨姆斯-阿杜的大儿子伊斯米-达甘的角度命名的。据我所知,从未有过这样一个亚米纳特王国(*māt* Yamina),但是书信 A. 3960 中写道:"所有亚米纳特人都在自由地走动,离开了他们的城镇和国家",这对伊玛和图特尔两个城镇造成了威胁。③ 我们须注意的是,当亚米纳特人占领了某个麻敦时,那么这个"国"的命名往往与定居点有关。根据玛里文本证据,麻敦范畴常常也被看作是一个部落,这通常是记录了有固定权力中心

① Joannès 认为亚姆波和纳姆哈之间的地理联系比部落关系更为重要(1996,353—354)。但有些证据却否定了这点。例如,有文献记载了牧场首领班纳姆与他自己的西米莱利特部落的来往,涉及亚姆波和纳姆哈,而后来他负责管辖幼发拉底河沿岸地区(A. 1098:10',有关牧场首领的论述)。需注意的是,当班纳姆提及这些游牧民时,他称其为"西米莱特人",而非他们在伊达-马若斯同盟中的地理位置。

② 缩写词 *māt* 用于表示属格的 *nomen regens*,也就是"……的国"。(缩写词 *māt* 的意思是"the land of",即"……的国"。——译注)

③ Durand 1990b,50—1 and n. 54,书信出自辛里-利姆统治时期。萨姆斯-阿杜曾经斥责其子亚斯马-阿杜打算对亚米纳特人做人口普查,那样一来他们就不能回到亚姆哈德控制的领土上的"他们的 *mātum*"(ARM I 6:12)。

的国王和王国的文书中呈现出来的一个突出特征。无论如何,作为政治参与者,这些部落民似乎需要与定居中心建立一定的联系,以此获得成为麻敦的资格。

那些拥有不同麻敦名称的王国的地理分布状况需要我们予以深思。玛里和亚米纳特部落联盟的土地都位于幼发拉底河流域。阿普木和亚图如(Yapturum)位于哈布尔河流域上游,亚姆波部落和纳姆哈部落生活在哈布尔河以东的斯尹加(Sinjar)。亚姆哈德则位于叙利亚西北部,完全超出了美索不达米亚严格意义上的地理范围。所有这些名称都没有出现在美索不达米亚南部或者底格里斯河流域——即后来巴比伦和亚述的中心;然而这些名称出现的地区却是亚米纳特部落和西米莱特部落时常出入的地方(Durand,RAI,即将出版)。这些部落的根据地分布在幼发拉底河沿河而下的玛里甚至希忒(Hît)、北部地区、哈布尔河流域以及向东至斯尹加,但是并不包括底格里斯河沿岸或其附近的曾经属埃卡兰特姆南部的地区),也不包括美索不达米亚南部地区。

尽管美索不达米亚北部的萨姆斯-阿杜和巴比伦的汉谟拉比一方面与纳姆哈部落有关系,另一方面又与亚米纳特部落联盟的阿纳努部落和亚胡如部落有联系,都统治着属于部落人的家园,但是两位国王却没有以部落名称命名自己的王国。[①] 这种名称的选择至少说明,部落传统中的游牧民传统与更加西部的王国名称所表达的含义之间存在着较大差异。这种差异的产生可能还有地理因素,反映了东部地区的文化和政治状况。随着活动范围不断向美索不达米亚南部和东部古代城市中心扩张,野心勃勃的部落统

---

① 关于萨姆斯-阿杜和纳姆哈部落,参见玛里 *kispum*(悼念死者的仪式),*FM* III 4 i: 21;关于阿纳努部落和亚胡如部落,参见 Finklstein 1966。Charpin 和 Durand 论述了在这些朝代背景下拥有着部落祖先的整体现象(1986,166—168)。

治者们更愿意沿袭当地的传统，如此一来，他们原来的部落身份似
123 乎变得有些次要了。

该过程甚至可以从公元前两千纪初拉莎和乌鲁克城（以前
为苏美尔的城市）国王们的称号中看出，获胜的亚摩利王朝的统
治者们纪念部落身份的方式不久就被当地词语取代了。在拉
莎，沃拉德-森（Warad-Sîn）为了纪念父亲库杜-马布克，称其为
"埃姆巴（Emutbal）之父"以及"亚摩利人（王国）之父"，不过他本
人却没有如此称呼自己。当沃拉德-森之弟瑞姆-森（Rim-Sîn）
接替他登上王位时，很快不再提及他的"埃姆巴之父"的说法
了。[1] 但在乌鲁克城，森-伽米尔（Sîn-gamil）和他那位建立了新
王朝的父亲森-卡斯德（Sîn-kašid）一样，均称自己为"阿纳穆之
王"，阿纳穆是亚米纳特部落联盟的五大部落之一。[2] 不同之处
可能是，拉莎城的瑞姆-森认为自己是一个重要区域王国的统治
者，是苏美尔早期王国的继承人，而乌鲁克城却没有如此定义
自己。

玛里的情况特殊，必须与上述模式加以区分。在亚摩利人统
治的三个重要时期中，每个时期的术语都有变化。从亚顿-利姆的
称号来看，这个亚摩利王国就像是亚米纳特人的弟兄，拥有王都
"玛里"以及部落身份，自称"$m\bar{a}t$ Ḫana（哈奈人王国）"（亚顿-利姆
妹妹王印上的哈奈人相当于"西米莱特人"）。[3] 萨姆斯-阿杜的野

---

[1] 参见这些国王的王室铭文，Frayne 1990,202—237,266—267,270—300。

[2] 参见有关这两位国王的文本资料（Frayne 1990,440—466）。乌鲁克王朝的部落渊
     源还可以从后来的一封信中看出，该信是瑞姆-森在拉莎城开始统治之前 Dingi-
     ram 国王写给巴比伦的 Sîn-muballiṭ，当时"乌鲁克的军队"加入了阿纳努-亚胡如
     的军队"以及（瑞姆-森的）"亚姆波的军队"。参见 Falkenstein 1963,56—59,行数 i
     28—30；cf. ii 27；iii 9。自始至终，阿纳努-亚胡如在地理位置上不同于严格意义上
     的乌鲁克。

[3] 亚顿-利姆在撒马斯神庙的题词（i：19）。将哈奈人替换成了西米莱特人的王印
     （ARM XIII 144）；参见 Charpin and Durand 1986,151—152。

心更大,与部落身份保持着较为疏远的关系。他建立了真正的"美索不达米亚"王国——"底格里斯河与幼发拉底河之间的土地"。[1] 亚斯马-阿杜统治的是西部或者幼发拉底河沿岸地区,这里至少曾一度被称为 *māt Mari u Aḫ Purattim*("玛里王国和阿普莱蒂地区",A. 2231)。当辛里-利姆重新将玛里定为部落首都时,恢复了同族人的称号,部落名称再一次被用于为麻敦命名,而不是王都的名字。[2]

5. 麻敦同盟

在大多数情况下,阿卡德语词麻敦(*mātum*)可以概括为国王统治下的统一实体或者以某种方式组织起来代表利益一致的民众的实体。当我们发现这些"国(land)"中有一小部分仅以同盟的形式存在而本身并没有个体统治者时,可能会感到有些困惑。[3] 这样的同盟只有 3 个:扎玛昆(Zalmaqum)、伊达-马若斯(Ida-Maraṣ)以及苏巴土(Šubartum),它们的名字在玛里书信中反复出现(见表 4)。[4] 每个麻敦的特点都不尽相同,但有一个共同特性:在辛里-利姆统治时期的书信中,这些麻敦同盟也被称为国王的联盟。"扎玛昆、伊达-马若斯以及苏巴土的国王们"这样的说法可以从表 5 所列书信中得以证实,但表 5 中似乎并没有萨姆斯-阿杜国王时期的书信。

---

[1] 参见 Charpin 1984,47—48;Charpin and Durand 1985,296 and n. 16。

[2] 辛里-利姆使用该称号似乎的确受到了萨姆斯-阿杜"两河"王国想法的影响,不过两河是幼发拉底河和哈布尔河。在最后一章中我将对此进行详述。

[3] 这一现象与由双城镇中心构成的单一国家不同,比如Hiwilat 和 Talmuš(ARM IV 68)或者 Azuḫinum 和 Tupḫam(XXVI 437)。像这样的姐妹城镇还有 Isqā 和 Qā,Karanā 和 Qaṭṭarā,以及 Kurdā 和 Kasapā。

[4] 表中仅包括了 *māt* Zalmaqim/Ida-Maraṣ/Šubartim 这样的描述,并未包括非 *mātum* 的许多其他指称。

表 4　关于麻敦同盟的索引

扎马昆	ARM I 10:11,13,19,14'; 53+:29; (II 68:1',cf. 3'); XIII 46:15' 146:21; XIV 76:20; XXVI 24:13 (cf. 44); XXVIII 60:28; 79:12; no. 72—39+; A. 3024:28[a]
伊达-马若斯	ARM II 21:21; 130:7,14,38; VI 66:7; X 34:24; XIV 51:6,11,32; 359:5; XXVII 20:15; 89:8; 132:11; XXVIII 40:4'; cf. 48:26—27(经修复的 *māt*):55:11'—12'; 56:4;148:9
苏巴土	ARM I 18:26; VI 27:17'; XIII 117:3' (cf. 9'); XIV 112:29; XXVI 365-bis:4; 384:20',61'; XXVII 26:17'; 45:6; 80:44; 147:9; 151:86; 162:39; A. 2119:12; A. 3354+:49[b]

a. 最后两份文献资料参见 Birot 1985,129—30；Finet 1966＝LAPO 16 no. 302,pp. 473。

b. 最后两份文献资料参见 Charpin 1992b,98；101n21。

表 5　关于麻敦同盟国王们的索引

扎马昆	ARM II 68:3'; XIII 46:15'(国王们,*māt* Z);XXVI 12:4'; 24:10,15;XXVIII 15:9—10;62:40;A. 215:8;B. 590:25—26;A. 2526:10[a]
伊达-马若斯	ARM II 35:23;XXVI 347:22,25—26;352:13;XXVII 20:15—16(国王们,*māt* I. M.);XXVIII 93:15';*FM* II 123:27';A. 119:26;A. 1610+:4[b]
苏巴土	ARM III 37:7(形容词的 Šubarû);XIII 117:3'(国王们,*māt* Š),9';XIV 112:24(Šubarû);XXVI 308:15—16;309:13—14;384:20',61'(*māt* Š)

a. 最后三份文献资料参见 *AEM* I/1,p. 183；Finet 1966,24—26。

b. 最后两份文献资料参见 Charpin 1992b,98；Durand 1988,109—110。间接提及该同盟国王们的文献资料参见 ARM XXVI 303,306,325,329;XXVIII 78:10—11；A. 3206，Charpin 1993b,176。

　　只有在辛里-利姆统治时期,玛里领导层才出现了以集体形式与外部政权交涉的国王同盟。[①] 麻敦可以表示国王同盟,这突出表明了该词的政治性质。扎玛昆、伊达-马若斯以及苏巴土,这3个麻敦同盟仅在处理同盟以外事务时才会采取统一行动。无论以何种形式存在,麻敦均不以地理、语言或者种族定义。在众多小政体割据、各霸一方的历史时期,一些小政体会以结盟的形式来对抗周围更强势的王国。可以说,麻敦同盟在地位上等同于大王国,可能也因此更加受到尊重。例如,辛里-利姆曾接到报告:卡切米希王为了招募军队已派使者前往叙利亚西部觐见亚姆哈德、恰特纳和扎玛昆麻敦同盟(*māt Zalmaqum*)的统治者们。[②] 恰图南行政区的总督在给国王辛里-利姆的一封信中说道:"苏巴土(国王同盟)的消息、汉谟拉比(库达王)的消息、阿塔如姆(安达瑞格王)的消息,王上写信告诉我这些消息。"从这里可以看出,国王同盟与库达城以及安达瑞格城的个体国王的地位是平等的。[③]

　　3个麻敦同盟某种程度上各有各的特点。扎玛昆同盟和伊达-马若斯同盟与亚米纳特及西米莱特部落联盟分别保持着松散的联系,它们也因此与后来辛里-利姆治下的玛里建立了多方面的关系。伊达-马若斯同盟与西米莱特部落联盟的放牧地部分相交叠,其民众始终是辛里-利姆潜在的同盟者,不过他们同样可能与他反目而成为其对手。在一封书信中,伊达-马若斯同盟的一位地方统治者提到了西米莱特哈奈人与伊达-马若斯之间由来已久的盟约(*FM VI* 6:10—11)。伊达-马若斯同盟的支持者群体并不非常固定,不只是包括扎玛昆同盟中4个稳定的

124

125

---

① 关于国王们为结盟而联合起来的例子,参见阿里马丘(Tell ar-Rimah)出土的辛里-利姆的一封书信,他在信中承诺召集其"兄弟"国王们一起与卡莱纳/恰塔莱的国王哈武努-莱比结盟(Tell ar-Rimah 1:9—11)。

② A. 715,LAPO 16,no. 346,pp. 538—539.

③ ARM XXVII 45:6—8.

城市中心。① 辛里-利姆和其他国王们的书信集（ARM XXVIII）
收录了伊达-马若斯同盟中几位地方国王写的多封书信。这些地
方国王们从未以集体名义写信给辛里-利姆，他们似乎是难以驾驭
的一群人。阿斯拉卡王伊巴-阿杜在一封书信中提到"当我和伊
达-马若斯讲和时"，这表明同盟成员们仍然有权利保持各自的政
治身份。② 在同一封信的后半部，国王伊巴-阿杜区分了"伊达-马
若斯的国（land）"和"北部的国（land）"两个概念，似乎两个都是政
治实体。伊巴-阿杜说他会让它们拒绝与埃兰人结盟，不过在哈布
尔河流域范围内，"北部的国土"具体指什么地方尚不清楚。③ 辛
里-利姆在其统治时期内利用两年时间征服了阿斯拉卡——伊达-
马若斯同盟中最强大的中心城市。④ 当邻国苏萨的国王苏巴姆自
居为伊达-马若斯政治实体唯一的国王而遭到伊巴-阿杜指责时，
哈布尔河流域地方势力之间的对抗出现了有趣的变化。⑤ 但是没
有证据表明，辛里-利姆曾经允许伊达-马若斯同盟除其本人之外
还可以为其他任何一个国王效忠。

　　非常有可能的是，伊达-马若斯同盟在很大程度上是依据地方
条款运作的。萨姆斯-阿杜似乎从没有认可或者与该同盟交涉过，
一个原因大概就是，他声称自己直接拥有哈布尔河上游地区，并将
自己的王都选定为哈布尔河一条支流沿岸上的苏巴-恩里（塞那）

---

① 关于扎玛昆的 4 座城市和 4 位国王，参见相关综述（Kupper, ARMT XXVIII, pp.
　 35—36）。
② ARM XXVIII 55:5—7.
③ 第 11—12 行。伊巴-阿杜始终将"*mātum*"一词用于指称联盟体而非自己位于阿斯
　 拉卡的领土。另可参见 XXVIII 48:61—2, 和 54:5'。
④ 辛里-利姆在位的第 4 和第 13 年；参见 Charpin and Durand 1985, 306。也许值得
　 注意的是，苏巴-恩里在哈布尔河上游的特殊重要性并没有在萨姆斯-阿杜统治时
　 期延续。辛里-利姆统治时期，这座城市重新采用了它原来的名字塞那（Šehna），为阿
　 普木国的定居中心，不属于伊达-马若斯同盟。但是从地理位置来看，塞那本应是
　 该同盟的一部分，它位于同盟所在地的东端，距离苏纳和阿斯纳库很近。
⑤ ARM XXVIII 65:16—17.

城。①　似乎这些城镇中心被直接纳入了萨姆斯-阿杜的王国,但都未被准予"拥有萨鲁(*šarrum*)的麻敦(*mātum*)"的地位。我们掌握的有关伊达-马若斯麻敦同盟的全部文献资料均出自辛里-利姆统治时期,而扎玛昆和苏巴土两个同盟的情况则不同。在编号为 A. 1098的书信中,当亚顿-利姆给"伊达-马若斯的父亲们(fathers)"送上礼物时,采用了一个完全不同的说法,他既没有用"国(land)"一词也没有用"国王(kings)"一词。"以前,当亚顿-利姆前往那里(伊达-马若斯)的时候,会赠送礼物给伊达-马若斯的父亲们(fathers)。"②记住,在亚顿-利姆统治时期,他自己的西米莱特哈奈人的领导者据记载被称为"fathers(父亲)",也可以被叫作"(国王)"。③　迪朗认为国王的头衔必须经宗主国国王批准,而且这只适用于西米莱特玛里统治时期的伊达-马若斯的领导者们,但是仅仅依据已出版的文献证据,我并不清楚此惯例的适用范围是否会更广些(1997,207,467)。

　　一些证据表明在玛里文书档案所记载的时期之后,伊达-马若斯同盟继续存在了一段时间。巴比伦王汉谟拉比的接班人萨姆苏-伊卢那(Samsu-iluna)自称统治着一个伊达-马若斯麻敦同盟,后来的国王阿米-萨杜卡(Ammi-ṣaduqa)曾提及纳姆哈部落、埃姆巴(Emutbal)部落和伊达-马若斯的"儿子们(sons)"。④　埃什努纳的一封书信(显然出自玛里文书档案时期之前)描述了"阿卡德人、亚姆波人、纳姆哈人以及伊达-马若斯人"之间的一个条约。⑤　信

126

---

① 关于该城镇,参见 Charpin 1987b。

② 第 27—28 行(Charpin 1990a,70)。写信人为牧场首领班纳姆,写于辛里-利姆统治伊始。

③ 参见杜-亚顿-利姆城的奠基铭文,RIME 4,p. 602,E4. 6. 8. 1:15—16。

④ 关于萨姆苏-伊卢那统治时期的伊达-马若斯同盟,参见其王室铭文 E4. 3. 7. 8:3'—4'(第 25—26 行,等等),Frayne 1990。萨姆苏-伊卢那之后也许就已失去了这片领土的控制权,因此"阿米-萨杜卡的法令"反映的并不一定是真正的控制权。

⑤ TA 1930 - T575:7—8,被引用于 Stol 1976,64。关于埃什努纳的一般情况,参见 Charpin 2001。

中"阿卡德人"指的是埃什努纳,而其他三方则指分布在杰贝·辛加附近以及哈布尔河流域东北部的北部民族。了解这些民族如何被定义是一件有趣的事情,不过这里并未出现麻敦一词。根据玛里文书档案中麻敦的用法,当一个政治实体能够与其他政治实体签订条约时,它就具备了麻敦的资格。据记载,"阿卡德人"的埃什努纳城和伊达-马若斯同盟后来成为了麻敦。根据玛里书信,另外两个政体是以部落名称"亚姆波"和"纳姆哈"命名的,与安达瑞格和库达这两个城市并无关联。在定义政治实体时,部落名称比都城的地点似乎更重要。

在玛里文书档案中,扎玛昆同盟由哈伦、尼瑞亚(Nihriya)、苏达(Šudâ)和汉扎特 4 个城市组成,似乎是一个非常固定的同盟,这种稳定的局面也许反映了对于远方地区的无知以及并不密切的联系。就同盟的政治功能而言,我们可以从恰特纳王阿穆特-皮-埃尔(Amut-pi-el)的一封信中略知一二。阿穆特-皮-埃尔写信向辛里-利姆报告说,阿勒颇城的亚姆-利姆传来消息说已与"扎玛昆的国王们"讲和了。[①]

玛里国王们对苏巴土同盟内部的具体运作方式似乎并不十分清楚,不过许多书信都提及过该同盟。皮奥特·斯坦凯勒(Piotr Steinkeller)最近指出"Subartu"(即 Šubartum,苏巴土)的名字有两个不同的应用,甚至可以追溯至公元前三千纪末。广义上,"Subartu(苏巴土)"包括底格里斯河上游和巴里河之间广袤的区域,而且还包括了哈布尔河流域的全部。但同时,"Subartu(苏巴土)"还可以指底格里斯河以东、迪亚拉以北以及向东直至扎格若斯(Zagros)山的区域范围,约等同于后来亚述王国的核心地带。这两种用法一直延续至公元前两千纪初,当时巴比伦和埃什努纳的书信中 Subartu(苏巴土)的用法是狭义的,而在玛里的书信中

---

① ARM XXVIII 15:9—10.

应该是指哈布尔河流域地区。广义用法较容易从狭义用法中推导出来,反过来可就不是一回事了,尤其是约公元前 2200 年胡里安人出现之后,到了公元前三千纪末期,胡里安人就已扩张至哈布尔河流域(Steinkeller 1998,76—78)。[①]

　　事实上,没有理由将玛里的文本证据和巴比伦及埃什努纳的文本证据分开。玛里制作的哈布尔地图已经充分证实,那里根本没有苏巴土同盟的位置。底格里斯河以东某一区域可能比较支持文本证据对于苏巴士同盟地理位置的描述。根据公元前两千纪初的玛里书信文本,苏巴土是由多个国王共同领导的麻敦联盟,这表明它是一个实实在在的政治地理实体。斯坦凯勒发现公元前两千纪初该地区居住着胡里安人,那么所谓的苏巴如语(Šubarû)很可能就是胡里安语。[②] 埃卜拉城和贝达(Beydar)城文献证据中地理名称的命名方式显示,公元前三千纪中期(大约公元前 2400 年)曾经讲闪语的这两个地方开始被称作"Subartu(Šubartum)(苏巴土)"(Steinkeller 1998,88—89)。

　　根据最近发表的一批最新的玛里书信中,迈克尔·格查德(Michaël Guichard)提出"苏巴土"可能指包括哈布尔河和巴里河流域在内的整个区域(2002)。辛里-利姆曾命令"苏巴土所有的国王们"都应得到物资供给,他的通讯员回复说他已经将羊拨给了伊达-马若斯的国王们、扎马昆的国王们,还拨给了另外一个并不有名的政体"阿达穆(Adamû)"的国王们(*FM* VI 7:6—10)。不过,这 3 个同盟并不一定都属于辛里-利姆所说的"苏巴土"的单一范畴。它们可能只是表明写信人在自夸早已向其他此类同盟供应了

---

①　这一分析更新了 Michalowski(1986)谨慎的研究方法,Michalowski 认为要确立前后一致的地理定义是不可能的,公元前三千纪末的文献反映了南美索不达米亚对于其北方边缘地带不断变化的看法。

②　Prechel and Richter(2001)搜集了一整套公元前两千纪初苏巴里语的文书,苏巴里语似乎是一种早期胡里安语。我要感谢 Dominique Charpin 提供的文献资料。

物资。因为麻敦一词有着特殊的政治用途,所以伊达-马若斯和扎马昆两大同盟极不可能是苏巴土"大王国"的附属麻敦"国"。

6. 作为定居地的麻敦

按地理学的观点,麻敦的构成包括主要设防中心(特别是政权机构所在地)之外的居民和土地。同时,它基本上指有固定居民从事农业生产的地区。流动的部落可以被看作是从一个麻敦迁移至另一个麻敦,或短期或长期,一部分人可能会在某个这样的麻敦中定居(wašabum)下来。只有在麻敦中定居下来,他们才会真正被纳入以定居地定义的麻敦的世界。

书信 ARM IV 24 解释了萨姆斯-阿杜统治时期土卢库(Turukkû)部族的迁移。他们现在生活在底古纳努(Tigunanum),但之前由于饥荒,他们曾被迫迁移至赫巴扎努(Hirbazanum)。[1] 伊斯米-达甘答应让他的兄弟知道下一步他们将去那里(第28—31行)。在另一封信中,萨姆斯-阿杜对儿子亚斯马-阿杜讲述了拉布部落的情况。拉布部落中的一些人计划穿过亚姆哈德进入美索不达米亚北部王国的领土,萨姆斯-阿杜写道:"住在亚姆哈德的拉布部落写信告诉我:'我们已出发准备过河,但是没有船只'。"[2]以上两封信出自萨姆斯-阿杜统治时期,说明这一时期比辛里-利姆统治时期更加重视部落人与拥有固定领土的麻敦的联系。[3]

---

[1] 第7—8行(另外第26—27行);然后第9行。

[2] ARM IV 6:5—11,该文本由 Durand 读取完成,LAPO 17,no. 706(p. 456),尽管经过修复,但仍有个别动词无法辨认。

[3] ARM V 23:5—13 讲述的是 2000 苏图人集结突袭恰特纳一事,第10—13行中还提及"他们去恰特纳的土地上劫夺羊群"。Durand 对 LAPO 17,no. 745(p. 507)的修复是在 Dossin(1939,988;991)基础之上完成的,被引用于 *CAD* s. v. *namû* A 1a,*nawûm* 为突袭的对象。然而,在此情况下,相比他们的"羊群",牧民的部落身份就没有被特别提及,羊群被视作恰特纳王国的财产。这一视角在萨姆斯-阿杜统治时期很典型。

7. 阿卡德语的"麻敦(*mātum*)"与苏美尔语术语

　　阿卡德语词"麻敦(*mātum*)"早在公元前三千纪中期埃卜拉城
的书信中就已经出现了。[①] 我们没有理由将该词理解为源自苏美
尔语的外来词,苏美尔文化中似乎不存在与该词刚好对应的政治
范畴。随着在单个定居点(uru)基础上复杂政体的出现,苏美尔语
也适应了这样的社会变化,然而苏美尔语中出现的新词所表达的
含义与麻敦的定义完全不同。结果,与阿卡德语词麻敦相对应的
苏美尔语词出现了好几个,而由此导致的语言冲突直至公元前两
千纪初随着不同寻常的苏美尔语文化逐步消亡才得以缓和。当我
们以意思重叠但所指领域不同的苏美尔词语为背景考查麻敦一词
时,其独特的闪族传统变得更加鲜明。

　　虽然在阿卡德语中每一个政治"国家(land)"都可以被称为麻
敦,但是早期苏美尔语还区分了"我们的国家或土地(land)"——
kalam 和"他们的国家或土地(land)"——kur[②]。[③] "kalam"似乎
原来是 úg̃(人民,people)的同义词,与 úg̃有着相同的楔形文字符
号。在 Kalam 的早期用法中,它并不一定就是一个政治概念,但
是后来它的意思发生了细微的变化,表示与"他们"相对的"我
们"——即苏美尔低地地区的居民(Steiner 1982,636—637)。南
部河谷地区以外的人群通常以一个完全无关联的词语 kur 来定

128

[①] Steiner 1988,333—334,完全的音节文字相当罕见,但是 kalam-tim 的拼法较为常
见。单数形式的 kur 可能还表示 *šadûm*,"大草原",但是 kur-kur 和 kur-kur-ri 很
可能指 *mātātum*,"国家(lands)"。Ki 的书写形式出现在名字中,例如 ma+da un-
ug^ki 和 ki unug^ki 可以互换,等等。

[②] Kur(苏美尔语):"(苏美尔以外的)土地,山脉,高原。"与主要指灌溉低地的 Kalam
截然不同。——译注

[③] 关于 kur "Ausland"和 kalam "Inland"的基本差别,参见 Wilcke 1990,470—471;
Steiner 1982,636—637。

义,该词意思是外人的"土地",不过该词最初的意思指对于说苏美尔语的人而言较为陌生的"山"地。

　　据说,在第三早期王朝(Early Dynastic)时期,即公元前三千纪中期,"kalam"一词开始被用于描述整个南部冲积平原。① 作为美索不达米亚南部全体居民使用的词语,"kalam"的意思与表达这一新兴统一体的其他词语的意思非常接近。后来在阿卡德语中被译为"Sumer(苏美尔)"的"ki-en-gi"一词,只是在第三早期王朝末期才具有包容性含义。② 而几乎在同一时期,恩里尔神被奉为苏美尔众神之主,其神庙位于尼普尔(Nippur)城。这究竟怎么回事? 这些现象相互关联吗?

　　至少有一种可能性:在早期王朝末期,意思相近的这些词语反映了苏美尔政治统一的新尝试。"kalam"一词指整个美索不达米亚南部的用法似乎与"这片土地(land)之王"(lugal kalam-ma(k))的称谓是同时期出现的,乌玛(Umma)王卢伽扎格斯(Lugalzagesi)的花瓶题词中就出现了这一特殊称谓。③尽管美索不达米亚南部被称为苏美尔(Sumer,实际上叫Kengir)而为人所熟知,但是我认为也是在同一时期同一背景下,Sumer 这一名称才与美索不达米亚南部确立了联系。在库佩(Cooper)整理的前萨尔贡时期的王室铭文集中,他指出被修复的艾纳图(Eanatum)早期铭文中有两处可能是"Sumer(即 Kengir)"一词,但不能十分肯定。④ 唯一明

---

① 例如,Postgate 1992,34;Limet 1978,6—8。Steiner(1982,633 和 637)承认该用法,但是提出了一个关于"自己国家"的一个更局限性的用法。不过并不清楚该词可以指被视作苏美尔细分的某一特别的国家。

② Glassner 的发现大概也是如此,认为公元前三千纪的最后 3 年中,ki-en-gi 仅用于描述苏美尔自己的土地(2000,39)。

③ 译文,参见 Cooper 1986,94—95(Um 7.1—2);Postgate 1992,35。苏美尔语文本,参见 Steible 1982,Luzag. 1 和 2。相关评论,参见 Steiner 1982,638;Selz 1992,202。

④ 参见 Cooper 1986,37,41—42 (Eanatum La 3. 1;3. 5)。

确提及"苏美尔(Sumer)"一词的是乌玛王卢伽扎格斯以及乌鲁克
王恩萨库萨纳(Enšakušana)的两处王室铭文。① 在卢伽扎格斯的
花瓶题词中,这片土地(kalam)的王位是神主恩里尔赐予的,在尼
普尔城人们敬奉恩里尔。整个美索不达米亚南部被称为 Kengir
(即苏美尔)似乎因为那里原来是一个规模不大的区域联合体,这
一点可以从出自较早时候的苏鲁帕科(Šuruppak,又名 Fara)的书
信中看出。在该信中,来自乌鲁克、阿达布(Adab)、尼普尔、拉伽
斯(Lagaš)、苏鲁帕科和乌玛的劳工们被列入了 Kengir(即苏美
尔)一栏中。乌尔、埃瑞杜(Eridu)和拉莎没有被列入其中(Steible
and Yildiz 1993,25—26)。

　　虽然这些概念中的每一个都有着较为有限的史前时期的背
景,但是它们被用于描述被称作苏美尔(Kengir)的文化整体说明,
该用法与一个政治实体的概念相关联,无论其提倡者是否实现了
该政治实体的确立。作为"土地"(kalam),作为 Kengir(即苏美
尔),或者作为神主恩里尔掌管的领土,这种统一体的概念主要具
有着政治意义。雅各布森认为,苏美尔的概念和尼普尔宗教中心
联合构成了一个"Kengir 联盟"——一个并非源于王权而是源于
早期联合领导的政治实体,它可能最早出现在第一早期王朝时期
(1957,106—107)。普斯盖特(Postgate)赞同雅各布森的解释同
时将"kalam"一词添加了进来,成为了一个政治统一体(建立在以
尼普尔为中心的城市联盟基础之上)的一部分(1994,4—5)。我并
不确定恩里尔(尼普尔的保护神)掌管着一个国("land")、一个苏
美尔的观念是否如雅各布森猜测的那么久远,也许早期尼普尔联
盟只是个推测。② 在卢伽扎格斯称王前不久(大约公元前 2500

① 出处同上,pp. 4—5(Lugalzagesi,Um 7. 1,2)和 p. 105(Enšakušana Uk 4. 1,3,作为
"苏美尔之主和国家之王")。Krebernik(1998,242)注意到有两封法拉(Fara)词汇
文本和几份经济类文本提到了 ki-en-gi,但并不清楚是否指整个区域。
② Lieberman 引用了后来苏美尔统一时期的王表(1992,128)。

129

年)拉伽西(Lagash)王恩美特那(Enmetena)的题词中,首次出现了恩里尔统治尼普尔城的说法。[①] 沃尔特·萨拉博格(Walter Sallaberger)最近得出结论认为,尼普尔的象征性地位是恩里尔成为统一的苏美尔众神之王以后的事情,尼普尔最初并不是政治中心。有研究表明,原来苏美尔(Kengir)的中心位于乌鲁克城(Sallaberger 1997;参见 Klein 1998—2001)。最后,我们怀疑有关统一的苏美尔的整个概念并非源自任何一个早期联盟,而是源自那些怀揣帝国梦的国王们的个人统治。无论国王是恩里尔还是前萨尔贡时期末某个野心勃勃的统治者,统一的苏美尔国家(kalam)可能只是反映了单个城市国家转变为由数个城市组成的国家的一种政治现象。

Kalam 表示统一的苏美尔国家的历史过程与阿卡德语词麻敦($m\bar{a}tum$)的情况在逻辑上完全没有共性,麻敦一词对圈内人和圈外人均适用,与较大的语言和文化身份并没有关系。公元前三千纪末乌尔王国时期,阿卡德语词 $m\bar{a}tum$ 的苏美尔语对应词 ma-da 出现了。[②] 乌尔第三王朝和伊辛王朝时期,短语"a-šà ma-da"意思是某个具体城镇的"农村的田地"。ma-da 一词的其他用法包括可以特指一个中心城镇周围的地区和人口,这与玛里文书档案中麻敦在用于描述内部事务时的定义非常相似。[③]

在公元前两千纪初的王室称号中,我们发现了一个有关阿卡德语和苏美尔语政治术语背后深刻差异的有趣的词语表达。在偶尔会出现的苏美尔语-阿卡德语的双语铭文中,苏美尔语称号"苏美尔和阿卡德之王"的阿卡德语对应称号则是"苏美尔和阿卡德国

---

① Enmetena 32 1:4'—8';参见 Selz 1992,202。
② 该词早在出自公元前三千纪中叶古老的埃卜拉文书中就已存在,显然是直译了闪语系的 $m\bar{a}tum$(Steiner 1988,333—334)。
③ 参见 Limet(1978,2—6)中的文本和论述,其中并没有比较阿卡德语的 $m\bar{a}tum$ 以及该词可以表示周边城镇的土地和居民的用法。

家(land)之王。"①道格拉斯·弗莱尼(Douglas Frayne)在以英语翻译这一常用苏美尔词语时就借用了阿卡德语的翻译。苏美尔语译文中并未使用 *mātum* 的对应词 ma-da 或者 kalam,虽然这两个词是可以选用的,这说明两种政治传统存在着差异。这一差异在公元前两千纪刚开始时尤其明显,最终苏美尔语的 kalam 代替了阿卡德语的 *mātum*,而且南美索不达米亚"我们的国家(our land)"的概念也随之消失。②

如果我们回过头来再次审视无处不在的麻敦(*mātum*)一词被用于描述玛里的阿卡德语书信中大型政体时,我们发现其独特的闪语涵义依然十分恰当,没有受到苏美尔政治术语的明显影响。虽然在抄写记录中阿卡德语词 *mātum* 被译为 kur 以及 kalam 两个字符,但是关键点是,该词的阿卡德语意思是指居住在有别于任何统治中心地区的一个民族(或者一群人)。这一阿卡德语概念的持久性进一步表明,南美索不达米亚以北地区独立的政治传统在公元前两千纪初仍然存在并发展壮大了,而这一时期的亚摩利人扩大了自己在东部地区的影响力。

8. 赫梯安纳托利亚的麻敦

在阿卡德语作为书面用语的后期,麻敦(*mātum*)一词继续保留了大致相同的意思。③ 考虑到我们最终会问这些概念在近东地区的适用范围有多大,尤其是朝爱琴海的方向,那么我们应该知

---

① 苏美尔语称号为 lugal-ki-en-gi-ki-uri(-ke₄),被译成阿卡德语为 *šar māt Šumerim u Akkadim*,如伊辛城里皮特-艾斯塔(Lipit-Eštar)的铭文;参见文本 E₄.1.5.3;14—16,Frayne 1990。

② 参见,例如巴比伦汉谟拉比王室铭文中的说法 LUGAL KALAM *Šu-me-ri-im ù Ak-ka-di-im*,"苏美尔和阿卡德国王"(E4.3.6.17;16—17,Frayne 1990)。

③ 非常感谢 Harry Hoffner 向我指出了赫梯文献证据和早期阿卡德语传统之间的延续性。该小节的内容是在他提供给我的意见和例证的基础上完成的。

道,古代土耳其的赫梯楔形文字传统在公元前两千纪后半叶几乎完全接受了麻敦的概念。人们也许会认为,外来的美索不达米亚词语范畴用于描述安纳托利亚社会形态非常不合适,但是即使该观点是对的,这些外来词语范畴似乎变成了王都哈图萨(Hattuša)所使用的赫梯词语的基本组成部分,研究者在哈图萨发现了大量赫梯楔形文字文献资料。[1]

在某种程度上,美索不达米亚语言种类(包括苏美尔语和阿卡德语)与赫梯语的关系也许可以追溯至这一现象:赫梯大王国由辖下的"行政区(districts)"组成。源自阿卡德语的 halṣum(行政区/附属区域)一词到目前为止仅被证实出现在赫梯历史上的新王国时期,也就是公元前 14 世纪中期至前 13 世纪。赫梯中王国时期(公元前 16—前 14 世纪中期)可能出现了一个赫梯对应词,但是该词在古王国时期(公元前 1700—前 1550 年)是否存在尚不清楚。赫梯中王国时期的一份文献反映了以当地赫梯语描述的一种政治单位的等级状况,一共 3 个等级:国家(KUR-e＝utne),行政区(telipuri),城镇(URU-aš＝ḫappiraš)。[2] 在更宽泛的赫梯语用法中,苏美尔语符号 URU 也许本来就属于赫梯语词汇,而且还是表示"城镇"的一个地名限定词,在这两种情况下,URU 均指任何规模的定居点(Beckman 1999a,167)。注意,这里表示"国家"和"城镇"的两个词的书写形式直接来自苏美尔语,但是美索不达米亚的抄写员们在使用这两个词语时很可能将 KUR 当作了 mātu,而将 URU 当作了 ālu。[3] 在公元前 14 至前 13 世纪的帝国时期,

---

① 对赫梯专家们整理的文献资料进行仔细考察将是一件很有意义的事情,不知能否从中找到美索不达米亚和安纳托利亚的使用差异,以说明其关系。

② KUB 21.47＋23.82(＋) KBo 19.58. Beckman(1999a,161n5)认为表示城镇(town)的赫梯语词(ḫappiya-/ḫappira-)意思为一个"交易之地",该词体现了赫梯地区的传统,与苏美尔语和阿卡德语中的词义并不相同。

③ 最后的 -m 早在公元前两千纪初就已消失,不过并不影响其作为名词的含义。

行政区通常以一个中心城镇来命名,如阿特瑞亚(^{URU}Atriya)行政区,这一点与玛里相同。①

在多数情况下,"国家(lands)"也是以中心城镇命名,典型的表达方式是"某城镇的国家(land)"(KUR ^{URU} X)。尽管根本不适合,但这种表达方式也被用于描述外国的政治实体,包括"埃及城的国家"(KUR ^{URU} Miṣri)以及"卡斯喀(Kaška,为部落名)城的国家"。② 不过玛里文书档案显示,哈提(Hatti)王国并不仅仅指其中心城市哈图萨,它可能由多个城镇组成(Beckman 1999a,168)。总的来说,"城镇"与被贝克曼(Beckman)译为"非城市"的周边地区(如较偏远的大草原或者山区)形成了鲜明对比。

将所有大规模政治实体以一个中心城镇命名的这种赫梯命名方法可能反映了大赫梯帝国在行政和外交领域统治其臣民的模式。然而,赫梯人显然面对的是范畴更为广泛的政治实体,"国家(land)"(KUR/ *mātu*/*utne*)的范畴也被用于指称哈提东北部的卡斯喀(Kaška)游牧民部落以及叙利亚北部奴哈瑟(Nuḫaše)地区结盟的国王们。③ 以上两个例子与玛里文书档案中"国家"一词使用范围一致。在赫梯的档案文本中,"国家(land)"亦是国王统治之地,而且根本上为神明的旨意。一份文本宣称"这片土地属于风暴之神,这里的天空、大地和民众均属于风暴之神;神授予拉巴纳(Labarna)王权,让其担任摄政王;神将哈提的所有土地赐予了拉巴纳,让其用自己的双手统治这整片土地。"④

青铜时代末期,安纳托利亚地区的哈提大王国采用了典型的

---

① 关于^{URU}Atriya,参见 KUB 14. 3 i 37,Sommer 1932。

② 此为 Harry Hoffner 的观点。

③ 关于 Kaška,参见 von Schuler 1965。在赫梯国王穆斯里(Mursili)二世与阿姆如的土皮-忒苏(Tuppi-Tešup)签订的条约中有提及奴哈瑟(Nuḫaše)(Beckman 1999a,59)。

④ IBoT I 30:2—8. Harry Hoffner 的译文,私人通信。关于原文本和早期译文,参见 Goetze 1947,90—91。

美索不达米亚的政治组织方式,即以定居城市为中心实施行政管辖。然而,无论相似之处多么明显,这些所谓的相似之处却不能被狭隘地认定为该时期美索不达米亚所特有,这些政治组织方式似乎轻而易举地就适应了安纳托利亚的社会状况。如果我们试图定义从根本上不同于"近东"文化的前民主时期的希腊文化,那么可能就有必要将其与安纳托利亚文化区别开来。即便像"长老们"以及"普通市民"这样的集体名词在赫梯档案中也有对应词,我们也很难将这些地方性群体解释为帝国中心强制或者革新的产物。①出自安纳托利亚的文献证据对于确定"近东"政治文化的地理范围十分重要。

132

第三节　麻敦的细分:行政区(*haĺsum*)

我在前文说过,楔形文字所描述的世界政治地图被划分成了许多麻敦(*mātum*),或者"国(land)"。这些王国通常以单个王国的形式实施管辖,但也可以是联盟形式。虽然麻敦一词通常用于描述疆域范围相对较大的王国,但实际上许多王国的面积较小而且人口数目也不大。区分大"国家(land)"与其周边小国家的一个重要特征是,疆域较大且更为复杂的王国在行政管理上可再细分为多个行政区(*haĺsum*)。② 这些行政区由国王的仆臣们管辖,其政治以及管理构架与王国中心并无两样,是王室权威向地方事务的延伸。和所属王国一样,行政区由区域人口界定,而这些区域人口

---

① 关于"长老们(elders)",参见 Güterbock 1954;Klengel 1965。Harry Hoffner 认为在表示"司法审判和自主权"的语境中还有"城镇的男子们(men of the town)"(如玛里的 LÚ^{meš} ša a-la-ni)。参见赫梯法律,par. 40,46,47;KBo 22. 2 obv. 10;HKM 52:32。最后一条,参见 Alp 1991,216ff。

② 大约在与玛里档案所属的同一历史时期,卡莱纳/恰塔莱王国的领土足够大,可以划分为几个部分。参见 Tell ar-Rimaḥ(阿里马丘)280:4—5;以及 296:4 中的注释 šāpiṭum。

并非分别定居在某一个特定城镇。

　　亚顿-利姆、萨姆斯-阿杜以及辛里-利姆3位国王均将其王国划分为数个行政区以实施管辖。皮埃尔·维拉德(Pierre Villard, 2001)和布丽奇特·莱昂(Brigitte Lion, 2001)在最近的研究中对后两位国王的王国治理形式进行了系统的探讨。[①] 我并不打算完全复制他们出色的研究成果,此处的部分详述旨在揭示一个一般性问题,即行政区如何服务于及如何体现其所属"麻敦(*mātum*)"的概念。规模较大的麻敦具有行政管理层级化特征,它展示的是另一种明确的政体复杂程度,也更容易被认定为古代国家。从我们掌握的档案所属时期来看,玛里本身就符合这一情况,但在萨姆斯-阿杜统治时期,亚马斯-阿杜国王统辖的玛里被称为西部行政区,为更广袤的疆域的一部分。

　　行政区从来就不是自治的政治单位,行政区的存在只是满足了"排他性"权力体系中国王统治的麻敦在行政管理方面的需求。它并不具有严格意义上的集体的或者"团体的"特性。

1. 基于麻敦(*mātum*)的行政区概念

　　也许有人会说行政区(*ḥalṣum*)是基于麻敦(*mātum*)的概念而产生的。行政区的组织构架在各个方面都是对麻敦的仿效。

　　和麻敦一样,行政区可以根据位处其中心区域的城镇或者其管辖者来定义。辛里-利姆统治时期著名的行政区和总督管辖制度与其最初出现时的情形相比,组织结构已不再那么严格了。靠近玛里的核心行政区和距离玛里较远的两个行政区的地位是不同的,不过这种区别从未得到正式确认。核心区域由玛里、忒卡和萨嘎拉图这3个行政区直接管辖,它们总是被联名提

---

① 　关于亚顿-利姆的王国行政区划分,参见 Charpin 即将发表 c。

及。①恰图南也可以算是核心地区,它的总督们同样经常向其最
高统治者汇报情况,但是哈布尔河沿岸的北部行政区就孤立了
许多。② 第五个行政区与其他几个行政区的关系则更加疏远。
苏胡木(Suhûm)位处幼发拉底河沿岸玛里的下游地区,看似靠近南
部文明之地,但是它却与位于哈布尔河与底格里斯河之间以北的大
草原地区交往密切,那里是流动的牧民们经常光顾的地方。③ 一封
写给梅普图(Meptûm)的书信称苏胡木为"您的行政区",但是这会
使人联想到萨姆斯-阿杜统治时期"行政区"一词的宽松用法。④
此类信件往往仅以总督的名字来指称其管辖的行政区,例如:

  ● 颜塔库姆(Yantakum)行政区,ARM IV 44:6;cf. XXVI

_____

① 参考资料包括 ARM XXII 127,这 3 个行政区大量服装的清单;ARM XXIII 428 和
   429,常被引用的亚米纳特部落城镇的集结者名单;XXIII 430,1600 名男子代表巴
   比伦出征;ARM XXV 783,这 3 个行政区的银子。

② ARM XII 277 列出了一连串辛里-利姆的王国中主要中心城市的地方"宫殿"。列
   表中有恰图南,但也包括了并非行政区中心的杜-亚顿-利姆。列表中的顺序为玛
   里、忒卡、萨嘎拉图、杜-亚顿-利姆、最后才是恰图南(v':2—6)。注意,在亚斯马-
   阿杜统治时期,恰图南某种程度上就已成为玛里王国的一个行政区了(Villard
   2001,78,A. 1139)。

③ 关于苏胡木,参见 ARM XXVIII 84:9—10 以及第 119 页注释 a,辛里-利姆谈及图
   特尔和苏胡木的边远地区,说明王国的疆域包括了幼发拉底河的上游和下游地
   区。苏胡木位于玛里以南的下游地区,易遭到南美索不达米亚各势力的争夺。关
   于玛里和埃什努纳就苏胡木的争端,参见 Charpin 1991b,147;关于苏胡木地区,参
   见 1997b。

④ ARM XXVIII,p. 2,Kupper 称梅普图为苏胡木"省"的牧场首领,这样的称谓组合
   并不符合标准的玛里用语(参见我对牧场首领一词的讨论,下文)。据记载,苏胡
   木地区有两个主要领导者,他们是梅普图和布恰库,不过没有具体的头衔(参见
   Joannès 1996,334)。两位领导者享有极高的威望,他们可以直接收到国外领导者
   的信件:给梅普图写过信的包括巴比伦国王汉谟拉比,扎马昆同盟中汉扎特的领
   袖亚卡布-阿杜(Yarkab-Addu)(XXVIII 38),以及土卢库人的领袖扎兹亚(XXVIII
   179);布恰库曾收到过巴比伦国王汉谟拉比的书信(XXVIII 6 和 7)。据文献记
   载,布恰库以羊支付头领费,这是适合西米莱特牧民首领们的支付方式,他被认定
   为是萨皮莱图人。参见 M. 9881,出自辛里-利姆统治初年,Charpin 1997b,
   353n44。布恰库收到汉谟拉比书信时已是辛里-利姆统治的第 10 年,其身份地位
   与早期相比已大不相同(参见 Kupper,ARM XXVIII,pp. 1—2)。

268:7

- 辛-提瑞(Sîn-tiri)行政区,V 35:14①
- 萨撒莱奴(Šaššaranum)行政区,V 43:11
- 亚努-萨马(Yanuḫ-samar)行政区,V 43:15
- Ikšud-appašu u Ḫabduma-Dagan 行政区,XXVI 87:13

以上名单中行政区和总督的联系可以通过间接引用进一步扩展,比如,辛里-利姆治下的武卡行政区总督基布瑞-达甘曾反复提到"我的行政区"。在谈及保证家畜供给时,基布瑞-达甘说:"我没有疏于管辖我的行政区,也没忘记王宫的需求。"②萨姆斯-阿杜统治时期,一个名叫塔瑞木-萨基姆(Tarim-šakim)的男子在一封信的最后保证道:"行政区一切安好。"③这样的用辞严密地遵循了国王和麻敦的模式。

就像麻敦指不包括王都在内的外围领土,行政区同样指其中心城市以外的区域。辛里-利姆的总督们总是报告城镇和行政区都好。④ 例如,巴迪-林敦促其在萨嘎拉图的同僚时就是按照这一模式表述的,他说:"让你的行政区(居民们)都进入设防的城镇(*dannātum*)里。"⑤在接下来的一句中,他把进入要塞接受保护的人们说成是居于村庄(*kaprātum*)的村民,这里的村庄显然是行政

---

① 参见 LAPO 17,p. 321,在苏巴-萨马思的地理位置。

② ARM III 12:8—9.

③ ARM V 33:14. Durand 认为这种问候语通常出自总督或者拥有地方管辖权之人(1994,83—4)。该问候方式常常出现在辛里-利姆治下行政区总督们的来信中,如 ARM III(武卡的基布瑞-达甘),VI(玛里的巴迪-林),XIV(萨嘎拉图的亚齐姆-阿杜),以及 XXVII(恰图南的总督们)。这位塔瑞木-萨基姆好像是苏胡木的一位官员,但是其官职并不等同于玛里的高官(vizier)(Villard 2001,20—21)。

④ 参见萨姆斯-阿杜统治时期亚斯-阿瑞(Yarši-ašari)说过的话,"行政区安好,城里安好"(ARM V 69:5—6)。

⑤ ARM XIV 121:26.

区的基本组成部分。① 恰图南的一位总督报告说他已经"将行政
区(居民们)"召集到城里了。② 另一个有关麻敦组织结构的假设
基于以下这一点：人们要定居(wašabum)在行政区。③ 恰图南的
总督担心如果进行人口普查可能没有人会继续留在行政区了，这
么一来"该行政区"将被迫迁徙。④

　　类似的奇怪用法还体现在围绕河流流向的相关概念的使用。
辛里-利姆统治时期，人们可以称忒卡为"上游的行政区"，这种称
呼方式也许可以追溯至其祖先。⑤ 萨姆斯-阿杜所说的"上游的行
政区(复数)"一定与玛里的秋季奈伽尔节(Nergal)有关，这些行政
区应该是位于玛里以北的沿河上游地区，大约等同于辛里-利姆所
提到的忒卡。⑥

　　"上国(Upper country, mātum elītum)"的情况就更为复杂
了，是指上游的区域还是远离河谷的区域尚不确定。根据书信
XXVIII 60：26—8，迪朗认为"上国"可能主要指扎玛昆，两者的关
系非常密切；不过"上国"并非一个政治单位，信中的"上国"包括北
部山麓广阔的丘陵地带。⑦ 扎玛昆位于巴里河流域，但是其他书
信则显示它位处更东部的地区。巴比伦王汉谟拉比曾写信给辛

----

① 这些村庄(kaprātum)也出现在 XIV 8：5 中，以及玛里行政区(VI 58：21—2)中。
　　ARM XIV 8：6 也以通用词 ālum 描述了这些村庄，III 41：12 中同样。

② ARM XXVII 14：23.

③ ARM XXVII 46：3'；116：17；120：8.

④ ARM XXVII 46：2'—12'.

⑤ 辛里-利姆非常清楚此联系(ARM XXVI 17：26—8 和 61：—9)，当时前往上游行政
　　区的人们会在忒卡城停留(另可参见 233：10—11 和 note b，不过该地名只是得到
　　了间接证实)。在 ARM XIV 51,69,XXVI 447，以及 FM III 60,67 和 95 中可以确
　　认有同样的地名。至于萨姆斯-阿杜，我在 XXVI 81 和 265 中发现了同样的称呼，
　　可能所指相同，尽管证据不足。

⑥ ARM V 25：21.

⑦ Durand 对该书信的译文为 LAPO 16，no. 302，参见第 74、338 页。写信人为阿斯
　　拉卡国王伊巴-阿杜。"我就在上国附近，所以很易获得艾鲁忒、卢鲁(Lullû)、哈胡
　　(Ḫaḫḫum)、扎马昆、布伦杜和塔哈玉的消息。"

里-利姆,谈论的是埃兰人经由"上国"入侵美索不达米亚一事,所以"上国"应该指哈布尔河流域自东向西的地区。① 同样地,西米莱特牧场首领伊巴-皮-埃尔似乎将埃什努纳人来自北方的侵犯定位在了哈布尔河上游,也就在那里将与伊达-马若斯同盟交锋。② 在较早之前的萨姆斯-阿杜统治时期,"上国"似乎位于底格里斯河流域。③ 另一封来自辛里-利姆统治时期的书信中出现了同位语结构"上国-苏巴土王国(*mātum elītum māt Šubartim*)",④这里指的可能是底格里斯河以东地区。根据希姆斯哈拉城(位处底格里斯河以东地区)的书信档案,萨姆斯-阿杜统治时期的"上国"范围也许还要再往东延伸,直至扎格若斯山。⑤ "上国"似乎指讲话者所在之处上游地区的任何地方,尤其指叙利亚-美索不达米亚北部向东和向西延伸的山麓。这个区域所有的大河和溪流自北流出,哺育着玛里和巴比伦以北的整个上游地区,其地势也相对较高。⑥

　　对下游的记载似乎不是特别多,不过确实有"下游行政区(lower districts)"和"下游国家(lower lands)"的说法。从哈布尔河上游伊蓝-苏拉(Ilan-surâ)城的角度看,"下游国家"应该指位于其下游地区辛里-利姆统治的玛里王国,该说法将麻敦的政治和地理含义合并在了一起。⑦ 在萨姆斯-阿杜统治时期,伊斯米-达甘

---

① ARM XXVIII 1:6,参见 2'。

② ARM II 21:8 和 21;参见 LAPO 16,第 543 页。

③ ARM IV 12. 当伊斯米-达甘(萨姆斯-阿杜派驻埃卡兰特姆的总督)谈及来自上国的母马、安达瑞格和哈布尔河流域的骡子和驴子时,上国指东部地区比指扎马昆的可能行更大。埃卡兰特姆位于底格里斯河流域,而安达瑞格与杰贝·辛加相邻,地处底格里斯河与哈布尔河之间。参见 ARM I 132:20,对比 LAPO 16,p. 338 note c。ARM V 中未有提及其具体地理位置。

④ A. 3669+:7',Lacambre 1997a,446—449.

⑤ 参见 Eidem and LaessØe 2001,84,no. 12:23.

⑥ 这种说法自然非玛里文书中独有。例如,恰塔莱人同样使用"上国"一词,恰塔莱地处哈布尔河和底格里斯河之间(阿里马丘 132:7—8 等)。地处南部的乌鲁克国王丁基拉(Dingiram)也提到过"上国",但具体所指并不能确定(Falkenstein 1963,56—7,ii 3—4)。

⑦ ARM XXVIII 83:3',伊蓝-苏拉国王哈亚-苏木的一封信。

曾提到一个"下游国家",它位于从埃卡兰特姆出发沿底格里斯河下游的地区,很可能是拉莎王国。① 就辛里-利姆王国的规模来看,"下游行政区"也许指远在下游区域的苏胡木。②

2. halṣum——行政管理单位

尽管 halṣum 一词在萨姆斯-阿杜和辛里-利姆两位国王统治时期众所周知,但它作为行政区的用法几乎只在后者统治时期才明朗化。辛里-利姆在位期间,王国被划分成若干行政区,负责处理王国内部事务,而且只有在麻敦范围内才具意义。麻敦一定程度上也是军事单位,可以筹组军队,③而 halṣum(行政区)则是一个行政管理单位,可以提供劳力。④ 从另一角度看,麻敦的 ṣābum(阿卡德语词)是一支军队,而行政区的 ṣābum 则指一群劳工。来自行政区的劳工负责挖渠⑤筑坝⑥以及其他修建工程,⑦还包括谷物收割。⑧

---

① A. 1333:6', van Koppen 1997,419—421 和 note g。Charpin 在 FM V(即将出版 a)中提到过这个例子,"下游国家"指拉莎,拉莎曾是苏美尔地区重要的王国,后被巴比伦国王汉谟拉比征服。

② 参见 ARM XXVI 47:15,阿斯库杜写信报告了为 Ha-al-ṣi-im ša-ap-li-im 占卜一事。或者,这可能指王国的幼发拉底河流域地区,而不是其北部哈布尔河流域地区。

③ 参见萨姆斯-阿杜统治时期,ARM I 22:12;23:11;42:37;69+:13,2';II 31:13—14;辛里-利姆统治时期,XXVI 367:11—12;A. 1610+:9—10(Durand 1988)。

④ 按行政区进行人口普查并不一定因征兵目的,而是因劳务所需。在 ARM XXVII 25:7—10 中,总督表示自己已完成人口普查,他因此可以疏通河道恢复了供水。"神主在本区制定了服从的法令,我因此可以完成本区的人口普查,而且因为有了足够的人手,我们疏通了河道还恢复了供水"。

⑤ ARM III 5:44 和 XXVII 40:19。

⑥ ARM XIV 13:4—5.

⑦ ARM II 101:7—12;参见 LAPO 17,p. 632。

⑧ ARM XXVII 27:31.

我并不想牵强地重复布丽奇特·莱昂对行政区（*halṣum*）的研究成果，但须指出的是，行政区一级有大量的非军事的和地方的事务需要处理（见 Lion 2001，151—159）。表 6 列举了行政区需负责的活动和材料及文献出处。

表 6

人口调查	ARM XIV 70：2'—3'；XXVII 25：7—8
税收	ARM III 70＋：5—6，以衣物来支付 ARM XXVII 37：15，以羊来支付
征兵（*ilkum*）	ARM XXVII 107：6'
一般性劳动	ARM III 6：5
向国王报告	ARM XXVII 58：9
防控蝗虫灾害	ARM XXVII 28：18—21
协调各种节日庆典	ARM III 45：18—21
确认工人身份	ARM XIV 47：23，木匠 ARM XXVI 398：9—14，木匠和造船工匠
粮食生产的方方面面	ARM II 81＝XXVII 76：10—15，王宫庄稼的种植？ ARM III 34：14 和 XIII 39：15'，犁耕 *FM* II 70：9—10，收割

注：我们可以将 ARM XXVII 25 作为行政区一级活动或事务的模板。该档案描述了行政区为招募疏通运河劳工而进行的人口调查、粮食匮乏的惨淡景象、以及行政区总督本人的行政职责。

表 6 中的所有证据均出自辛里-利姆统治时期，当时各个行政区实行总督负责制。萨姆斯-阿杜统治时期就已经出现了"行政区"和"总督"的用辞，不过尚未成为正式制度，具体运作也不尽相同。当时整个玛里王国实际上是萨姆斯-阿杜治下的行政区，由其子亚斯马-阿杜管辖，这一点在其兄伊斯米-达甘的一封信中可见

一斑。伊斯米-达甘坐镇埃卡兰特姆城,管辖着父亲萨姆斯-阿杜江山的另一片重要区域,信中他曾提及"玛里行政区的军队"。[1]萨姆斯-阿杜统治时期,以个人姓名来确认的行政区又可以划归为下一级官员的责任区,责任区并非以地理名称命名(参见 Villard 2001,115;Lion 2001,159)。但就玛里王国而言,亚顿-利姆的地理行政区似乎被亚斯马-阿杜保留了下来。不过这些行政区并不一定就需要总督来领导,这后来也变成了辛里-利姆统治时期的惯例(Villard 2001,62—64)。

3. 从属的行政区(ḫalṣum)

我们所研究的玛里时期美索不达米亚的麻敦社会基本上就是国王们中央集权的王国社会。复杂的等级在每个独立的麻敦以内或之外延伸着。一个"国(land)"可以附属于另一个,萨姆斯-阿杜和辛里-利姆可以随意地以麻敦一词来认可并称谓其附属国,[2]而且较早时期的萨姆斯-阿杜甚至将其子亚斯马-阿杜管辖之地称为一个特别的"国(land)"。[3]与"行政区(ḫalṣum)"不同的是,"国"强调的是君权、君权的尊严以及附属国民众及其统治者的尊严,他们共同构成了权力政体的各个社会层级。

麻敦可能是按等级分布,不过行政区的本质仍然是其从属性。

136

---

① ARM II 16:18,另可参见其他论述(Villard 2001,15—16)。在 ARM I 113+中,萨姆斯-阿杜称呼玛里王国为行政区,与其子亚斯马-阿杜所用称呼不同(具体用词因文献破损不得而知,但是很可能是 namlakātum)。

② 像赫维拉(Hiwilat)和塔木斯(Talmuš)这样的麻敦(mātum)反对萨姆斯-阿杜的统治(ARM IV68:5—6)。据说,阿玛兹和亚图如这两个附属国也都是辛里-利姆治下独立的麻敦(X 84:38;XIII 144:3—4)。另见 II 50:5 库达的附属国阿德那(Adna),A.1289+ ii:5—6 埃什纳纳的附属国斯图鲁(Šitulum)(Charpin 1991b,149—155)。

③ 参见 A.2231:5—6,5'—6',Charpin 1984,42,已引用;"玛里国和阿普莱蒂"。在此情况下,该铭文确实界定了萨姆斯-阿杜征服的领土,而非亚马斯-阿杜奉命管辖之地。

迪朗提出,玛里一般说来可以细分为"划定界限的地区(zone délimitée)"(1997,120;参见 Charpin 1991a,12)。实际上行政区似乎就是一个组成部分,它本质上是更高层级政体的从属部分。被细分的地区并不是简单的地理位置划分而是政治意义上的划分。① 即使当行政区一词被随意使用时,被用于辛里-利姆治下行政区较有限的范围之外,它仍然是从属的概念。一封写给辛里-利姆的书信引用了另一官员的话:"王上已前往一个行政区处理各种事务去了。"②这里的行政区仍然是王国的一个从属部分。一份外交文书提及了埃什努纳境内无人居住的行政区(*halsū nadûtum*),不过强调的是其地理意义而非行政意义:

> 在埃什努纳境内,有一些无人居住的行政区(*halsū nadûtum*)。巴比伦王汉谟拉比派遣信使前往埃什努纳,他们遇见埃兰的统治者,那里的行政区却无人居住。③

然而,同样的,行政区(*halsum*)一词也可以是更大规模麻敦的组成部分。

当"行政区"一词被用于描述写信人所在王国之外的麻敦时,它表示那些麻敦处于从属地位。在辛里-利姆统治时期,纳姆哈和亚姆波(ARM X 157:9),巴里河流域的德尔(XXVI 145:21—2),卡莱纳(Karanâ?)(XXVI 340:12,经过修复),伊达-马若斯联盟的纳胡(XXVI,352:18),安达瑞格(XXVI:416:35),以及塔哈玉都被称作"行政区",它们受玛里控制,是其政治架构的组成部分。各个附属国国王在给其最高统治者写信时也会主动使用"行政区"一词。卡哈特的卡

---

① 这种政治意义优先可以从奉王令为行政区进行占卜得以间接证实(XXVI 81:10;87:23,均出自萨姆斯-阿杜统治时期)。

② *FM* III 147:10'—11'.

③ ARM XXVI.

比亚(Kabiya)曾在信中说到"在我的行政区吃草的帐篷居民们的羊群"(II 59:4—6)。恰–伊斯恰(Qa'â-and-Isqâ)的统治者承认臣属于辛里-利姆,他称自己的王国为"王上的行政区"。[①] 我发现该词的一个不寻常的用法出现在了辛里-利姆写给卡莱纳/恰塔莱(Qattarâ)的哈忒努-莱比(Hatnu-rabi)国王的书信中,玛里王辛里-利姆宣称:"我将从我的行政区中心拔除埃什努纳人的魔爪,我会一直与他对抗直至他不再踏足我的行政区"。[②] 可以肯定的是,辛里-利姆使用"*halṣum*(行政区)"一词并不是在暗示自己从属于埃什努纳抑或卡莱纳/恰塔莱,他也许只是认为玛里在对抗埃什努纳入侵的王国联盟中就相当于一个"行政区"。毕竟他在等待他的盟友哈忒努-莱比国土派兵支援。

从用法来看,从属的行政区服务于而且产生于麻敦。当麻敦的版图大到需划分区域时,"*halṣum*(行政区)"这一新增的行政层级,则成为了当地语言区分麻敦中较大王国的基准。我并没有对这一问题作详尽探究,尚不能确认在更广泛的证据支持下,公元前两千纪初到底哪些王国包含行政区这一行政层级。无论该词起源于何处,它迎合了新的政治秩序需要并且发挥了重要作用,但是该词并不适用于部落或者村落组织,也不适用于任何古老城市概念。[③]

---

① ARM XXVIII 136:5—6,同样如此称呼自己王国的统治者还包括:扎鲁汉国王(79:6,26)和苏杜胡木国王(110:6;参见 112:12—13 中辛里-利姆的用词)。阿斯拉卡的伊巴-阿杜情愿将其它附属王国称作玛里王的行政区(62:10,12,29)。除此卷外,亦可参见 *FM* II 127:7 中的哈亚-苏木;A. 2943 中的扎库拉-阿布(Zaku-ra-abum)(Durand 1987b,230);ARM VI 31 中的亚坤-德如(Yakun-Derum)(参见 LAPO 17, p. 186 评论);参见 ARM II 122:15—16,以及校对(LAPO16, p. 468)。

② 阿里马丘 2:16—19。

③ Durand 通过替换辅音/l/和/r/由动词 *harāṣum*(意思为"切除")推导出了名词 *halṣum*(LAPO 16, pp. 120—121)。Brigitte Lion 在对该词的详尽讨论中并未尝试用词源学的方法(2001, 151—159)。Durand 替换辅音/l/和/r/的词源法是可能的,但非最令人满意的解释。也许值得我们注意的是 *hls* 这一词根与常见的闪语词根*hlq* 相似,*hlq* 的意思为划分、分割(希伯来语,亚拉姆语/古叙利亚语,乌加里特语;参见阿卡德语 *eqlum* "田地"?)。有时闪语词根可以构成意思相近的一组词,而变化则体现在最后一个辅音上。至于古希伯来语中的例子,参见 GKC, p. 101,词根 *q·ṣ*-大致的意思是"分割"。

4. 拥有麻敦级别称谓的城镇和部落组织

在继续讨论之前，我需要研究一下古代社会和政治组织对社会环境变化的适应性。作为城镇和部落显著特征的集体领导，在麻敦和行政区的社会架构中偶尔也有所呈现，会在更宽泛的权力等级体系中发挥作用。

辛里-利姆治下的行政区经常需要与辖下城镇的领导者们进行事务往来，而城镇领导者们通常以集体领导的形式出现，这种组织形式与城镇内部事务的组织形式似乎并不相同。特别在萨嘎拉图，两封来自行政区总督的书信中提到了"头领们（*sugāgū*），副手们（*laputtû*），还有行政区的长老们"，这里的 *sugāgū*，*laputtû* 都是复数形式，指该行政区内各个城镇的个体领导者以及他们的行政副手。两封书信均与一次重要的人口普查有关，其中一封要求所有这些领导者们宣誓效忠，另一封则是召集并敦促其认真完成人口普查任务。① "行政区的头领们"也来自萨嘎拉图，他们写信询问何时才可以继续进行当地城镇的节庆活动。② 有一封书信中提到了"上游行政区的长老们"，这里的行政区明确地与恰图南行政区有关。③

---

① ARM XIV 64：5—8；65：6—7。ARM XIV 65 以复数形式 *halsānū* 界定其领导者们，不过似乎谈论的是萨嘎拉图这同一行政区。显而易见，行政区再细分为次级单位是一种简略的划分，不太可能有正式的固定称呼。

② ARM XIV 8：5—8，关于行政区层级这同一批人的集体交流活动的间接记录，另可参见 ARM II 103：12；XIV 75：8—9（头领们和副手们，萨嘎拉图）和 A. 2801（同样一批人，玛里；参见 LAPO 16，no. 268）。忒卡的情况则不同，因为该行政区的大多数城镇为亚米纳特人所有。当总督称呼同级别的亚米纳特领导者时，仍具有全行政区范围的效果，不过仅用于一部分人。参见 II 92：12—13；III 6：17；21：7；70＋：8—9；XXVI 450：7—8，所有头领们，III 70＋中还有副手们。

③ ARM XXVI 447：7。一般来说，人们可能会认为"上游行政区（upper district）"就是忒卡行政区，但是该"上游行政区（upper district）"的说法紧跟"王上命令恰图南行政区……"这句话之后，所以显然是指恰图南。

这些书信没有一封反映了固定的和正式的政治团体的定期会面，城镇的长老们除外。我们要探讨的是，如何在对于较大王国统治而言可以解释的范围内以合适的术语来谈论城镇领导集体。

我们在探讨相似的麻敦结构时也会碰到同样的问题。很常见的是，我们发现适用于城镇集体领导的主要术语同样适用于整个"国(land)"。在某些情况下，政治实体往往以都城为中心而建，因此我们可以想象一种城镇结构的延伸。一封出自玛里的书信描述了一大群来自伊玛城的"麻敦的头人们(mātum heads)"，他们在希忒城的一项法律程序中代表伊玛："因为女神巴尔塔-玛蒂姆(Ba'alta mātim)的银子，80位来自伊玛的头人们正前往河神那里作净礼。"[1]要判断辛里-利姆治下库达和安达瑞格"麻敦的长老们"可能比较困难，因为这两个麻敦分别由纳姆哈和亚姆波部落构成，或许包含了部落组织的一些特性。[2] 辛里-利姆谈及自己的王国时说，他手下有两百个"麻敦头人们"，其中100人是哈奈人，另外100人来自阿普莱蒂地区。[3] 而在早些时候，萨姆斯-阿杜曾将一位官员归类为"王国的众多头人"之一。[4] 我并没有发现公元前两千纪初之前有关这一领导形式的证据，它也许源自亚摩利人的用法而非早期南美索不达米亚领导模式。[5]

正如我将在下文所述，"长老们"表示的是一种特别不确定的范畴，甚至可以用于"伊达-马若斯麻敦同盟"——该王国同盟只在处理战争与和平问题时以统一体的面貌出现，[6]同盟中的麻敦基于急迫的外交目的临时联合起来，它们与城镇领导群体并没有关

---

① ARM XXVI 256:14—17.

② ARM XXVI 393:463，比较 XXVI 438。

③ A. 2730，*AEM* I/2，p. 33.

④ ARM I 9:17，用的是 *rēšet mātim*，而非更常见的 *qaqqadāt mātim*。

⑤ 在范围更广的阿卡德语文献中，名词"*rēšum*"一般不用于表示领导(者)，与近义词 *qaqqadum* 不同；参见 CAD s. v. *qaqqadu* 3，"一个组织的首领，领导"。

⑥ 参见 A. 2226，Charpin 1993b，182，no. 7。

系。我们没有发现"麻敦的头领们"的提法,但是在另外一次协商中,扎玛昆同盟提到了"我们的国王们和我们的头领们"。辛里-利姆的使节引述了扎玛昆同盟领袖对阿勒颇王说的一番话:"我们必须去。我们必须派遣我们的国王们和头领们前去与你协商。"[1]这里集体的一面也许揭示了这些隶属于亚米纳特人的麻敦的部落组织特征。

我的观点是,我们应当认识到这些具有相同称谓的麻敦部落组织和城镇组织结构的差异之处。很有可能,王国和同盟都采用了城镇和部落的组织形式和术语,赋予了它们应当被认为是派生词的表达方式。

第四节 不受政体限制的人口术语

如果撇开了与之关联的更广大的政治网络,我们就不可能真正理解玛里文书档案中政治术语的任何一部分。城镇和部落清楚明确地保留了集体组织结构,但是这些城镇和部落又是构成整个美索不达米亚的众多"国(lands)"的重要组成部分。这些"国"或者麻敦根本上以人而非国土来界定。倘若了解政体意味着了解其民众,那么我们就需要讨论一下通常与美索不达米亚人口有关的另外两个词语,不过它们最终都未能在本质上发展成为政治术语。这两个词语分别为 *nišū* 和 *muškênum*。尼粟(*nišū*)出现在这一时期巴比伦的铭文中,指汉谟拉比或者其继任者治下的"臣民或民众(people)";穆什根努(*muškênum*)则相当于那些不直接依靠王宫财政支持的大批民众,可以理解为平民。

接下来,我将从政治学的角度对玛里文书档案中的证据进行研究,分析尼粟(*nišū*)和穆什根努(*muškênum*)这两个词语的差异。

---

[1] ARM XXVI 12:3'—5'.

麻敦和行政区由决策或者执政方式确定,而尼粟和穆什根努则不然。麻敦和行政区是政治范畴用语,而尼粟和穆什根努却不是。为掌握充分理由将这两个词语从我的核心术语中排除,同时揭示它们如何适应玛里当时的社会状况,我很有必要在此定义其用法。

1. 尼粟(nišū)——依附者

与麻敦的相同之处是,尼粟也指一群人,不过相同之处也仅限于此。麻敦是一个政治实体,既是王国又包括可以对其统治者进行集体回应的民众,但是尼粟从来就不是一个决策群体。尼粟指某个族长或家长领导下的一群依附者,该词完全只在这种从属关系的语境中起作用。一个统治者有责任像照顾家人那样照顾他的依附者;而统治者统辖的麻敦民众却拥有独立的政治意愿,他们可以选择服从或者反抗。即便是在家庭的语境中,尼粟也不会与家长交谈,所以身为依附者尼粟的人们在其他任何社会层面没有政治发言权也就不足为怪了。

在玛里文书档案中,"尼粟(nišū)"一词适用于一系列的社会范畴,但总是会说明他们所依附的领导者。通常情况下,依附者只从属于一位男性或女性家长领导的大家庭。一位男子与"他的母亲和依附者们"迁居上游了。① 亚齐姆-阿杜在一封书信中说,他在等待一位来自库达的名叫亚姆-达杜(Yarim-dadu)的男子,随行的还有他的依附者们。② 除了直系亲属外,依附者们似乎是另一群家人,有一封书信就提供了这样的记录:一位男子的直系亲属和他的依附者们都被卖身为奴了。③

---

① ARM XIII 108:1'.

② ARM XIV 107:4'—6'.

③ 另可参见 XXVII 2:31;A. 2432:7'—8',Dossin 1972a,125—127。

139

他们没有找到那位男子,于是将他的家人和依附者们全都卖身为奴了。第二天,亚斯姆-达甘(Yasim-Dagan)派人给我送来了一封泥板书信说:"这位男子已经来到此地。"现在王上无论如何得给我回封信,告诉我是否应当释放他的依附者们。①

有一封书信显示,一位地位显要的女性也可以对两部分人负责:萨米雅(Samiya)写信给斯尼纳娅(Sininaya)抱怨说:"你为何放弃操持你的家庭留住你的依附者们呢?"②卡切米希王写信给辛里-利姆谈及了神裁法的潜在后果。如果那些人死了,他说:"我会将其家人和依附者们交出去。"③

整个群体可以以其地位显赫的男性领导者的名字来称呼,他们共同对依附者们负责。④ 比如,一份给辛莱鲁(Zimranum)的建议书可能就是以其首领的名字来称呼整个宗族的,因为信中反复使用了动词和代词的复数形式。⑤ 他们接到指示"将你们的人"迁移至中心地带。"带着你们的依附者们,一起来,到乡村去。到阿巴图(Abattum)来,和你们的亲属在边远地区定居下来。"⑥还有一封信描述的是一位首领和他的依附者们为一座城镇重修了防御工事:一个名叫扎克穆(Za'ikum)的亚波利亚人(Yabliya-ite)与他的依附者们一起逃到了哈布(Harbû),他们在哈布和阿亚布(Aya-bu)之间建了一个村庄。⑦ 伊蓝-苏拉(Ilan-surâ)的国王哈亚-苏木(Haya-sumu)可以称呼居住在另一城镇的他的民众为"我的依

---

① ARM XXVI 199:60—63.

② ARM X 166:8—9,Durand 将原文中动词 *bullutum* 译成了法语词"contrôler(控制、监管)"(LAPO 18,no. 1268,pp. 502 - 503)。

③ ARM XXVIII 20:26—28,亚塔-阿米(Yatar-Ami)写给辛里-利姆的信。

④ 参见 ARM I 22:34—38;IV 77:13;XXVI 365:38。

⑤ ARM I 91+;参见下面几行:10,11,8',10',15'—19'。

⑥ ARM I 91+;15'—19',在我的译文中,我按照 Durand 的做法将动词 *qaḫālum* 译为"to assemble(集合)",可对照希伯来语词根 *qhl*(LAPO 16,p. 504)。

⑦ ARM XXVI 156:5—9。

附者们",①甚至一座神庙也可以被认为有自己的依附者。② 名词
"尼粟(nišū)"的这种定义在公元前两千纪初的美索不达米亚是非
常普遍的,《汉谟拉比法典》(24 条)中的谋杀案说明:死者的依附
者们将从城镇得到银子。

　　依附者没有任何政治身份或者决策权。从语法角度来看,他
们的从属性是由"占有物"的所有格形式表达的。③ 尼粟指一个较
大领域中人的范畴,他们完全从属于其领导者。其剩余领域可以
被定义为领地(bašītum)、④供应(enūtum),⑤或者房屋和粮食。⑥
当尼粟一词在政治框架中使用时,它表达的是个人眼中王国的角
色,首领或者统治者就是大家庭的领头人。该用法在巴比伦的汉
谟拉比及其继任者萨姆苏-伊卢那的意识形态中尤为明显,麻敦对
于其"尼粟(nišū)"而言代表着一种仁慈的统治。⑦ 有趣的是,汉
谟拉比统治时期的一篇双语王室铭文省略了阿卡德语词"尼粟
(nišū)"的苏美尔语对应词,这说明闪米特人的社会结构并非简单
地等同于苏美尔人的社会结构。⑧

140

---

① 　ARM II 62:6'.
② 　ARM XXVI 419:17',"现在,我已恢复了这座神庙自其依附者们离井后就断供了
　　的水"。这句话的原英文翻译译自 Joannès 的早期法语译本(AEM I/2, p. 307)。
　　但是现在,Durand 却有不同的解释。他认为没有证据表明神庙曾被其神庙人员舍
　　弃,信中也未提及恢复旧水井供水的事。但是无论该水井是否新挖,神庙以前一
　　定有某种供水的设施。而我希望能找到名词 nišū 和动词 waṣûm 一起出现的先例。
③ 　我只发现了一种由未使用此"占有物"所有格的形式:ARM IV 24:13,上下文中的
　　指代非常明确。一位袭击者杀死了村子里的所有男性,但掳走了"依附者们和村
　　里的财物"。
④ 　ARM IV 24:13.
⑤ 　ARM XXVI 126:18,22.
⑥ 　ARM XXVI 365:38.
⑦ 　参见 Frayne 1990 中的文本:E4.3.6.16/17;E4.3.3.17:20—23(都是汉谟拉比);
　　E4.3.7.2:41—44;E4.3.7.5:20—21(都是萨姆苏-伊卢那)。
⑧ 　参见 E4.3.6.2,苏美尔语词 zimbir^ki(第 16 行),阿卡德语词 ni-ši ZIMBIR^ki(第 17
　　行);而只是"斯帕"对"斯帕的依附者们"。

2. 穆什根努(*muškênum*)

"穆什根努"一词指那些并不直接接受王室经济援助的臣民群体。在玛里文书档案中,该词属于王宫行政管理涉及的有限的社会范围。穆什根努不拥有任何形式的政治组织,因为该术语本身不具有任何政治意义。他们是彼此无差别的臣民群体,身份以其服从性定义。[①] 虽然穆什根努一词显示了一种王宫视角,但是被以笼统的术语称呼的这些圈外人的孤立状态表明,王权都极少插手他们的经济生活。[②] 从某些方面来看,穆什根努的特点在于经济生活,而麻敦的特点是政治生活:穆什根努是被统治、但又有别于统治者家庭的一群人。

依据玛里文书档案,迪朗将穆什根努定义为居于乡村的自由民,而非城镇居民,不过他们并不属于需要定期迁徙的部落族群。他们无需依靠王宫,如果他们为王宫效劳,也仅仅是对其私人劳动的补充。[③] 这些观点在某种程度上与罗伯特·亚当斯的分析相似,亚当斯的结论是:"非常有可能的是,穆什根努一词不仅表明这个群体处于劣势地位,而且其人生观与文化模式具有着典型的乡村生活特色。"(1982,12—13)亚当斯还转述了约翰·布瑞克曼(John Brinkman)的观点:最常见的早期对立出现在王宫和穆什根努之间,而非阿维鲁(*awilum*[④])和穆什根努之间,该现象主要是一种城市对抗。仅玛里文书档案中的证据显示,因为在都城之外

---

① 该名词衍生自动词 *šukênum*(*šuḫeḫunum*),"跪拜行礼,臣服于,敬礼"(参见 *CAD* s. v. *šukênu* 1,2)。

② *muškênum* 一词确实可以证实 Steinkeller 对于闪语族的美索不达米亚传统中强大的王权的定义,不过该类别的存在也说明有一大批人确实在经济上不受国王直接控制(1993,121n38)。

③ *AEM* I/1,p. 186n25;LAPO 16,p. 221,另可参见 LAPO 17,pp. 523—524。

④ 意思相当于英语单词 men 或 gentlemen,其地位高于自由民。

有着广阔的王宫土地，王宫与穆什根努之间的对立对于农村生活而言至关重要。只要一个麻敦的民众被认为是属于城市中心之外的土地，那么农村定位的观点与克劳斯(F. R. Kraus)对于"穆什根努"的定义就不会有冲突，克劳斯认为"穆什根努"指国家中一群自由的民众，他们并不直接依靠王宫生活。[1]

141

　a. 经济角度

如迪朗所述，穆什根努不是"贫民"(1991, 21n18)，但是因为他们与王宫的分离而被以经济术语定义，克劳斯很久以前就讨论过(见上文)。根据玛里书信，这点首先可以从农业土地方面看出，[2]但是最终还同粮食、[3]家畜、[4]船只、马车甚至奴隶相关。[5]这些财产的拥有者显然不会是贫民，但也会有极度穷困的人，他们置身于王宫经济援助的机构网之外。[6] 从辛里-利姆女儿珂茹(Kirû)写的一封现已破损严重的信来看，如果她的确抱怨自己是"一个穆什根努的奴隶"，那么她首先担忧的不是贫穷抑或社会地位，她通常想表达的是她失去了她的父亲——玛里王的支持了。[7]

---

[1]　Kraus 1958, 144—155; 1973, 92—125, 总的来说, Kraus 的定义得到了普遍认可: 参见 Stol 1997, 492—493; Schloen 2001, 285—287。当然, 也有持异议者, 比如 von Soden 曾认为 *awīlum* 的身份就是"Bürger(德语, 意思为市民、平民)"(1964, 134)。Buccellati 的解读是 *muškēnum* 和 *awīlum* 相当于"农场所有权人、自耕农"和非继承所得的土地拥有者(1991, 92—93)。不过, 这一分析结果似乎过于勉强。

[2]　特别参见 ARM XIII 117+:7, 整个式卡行政区被划分为王宫和 *muškēnum*。在 XXVII 中, 我们发现恰图南行政区的城镇塔巴图有着同样的基本划分。另可参见 ARM II 61:25—26; VI 3:10—11, 17; XIV 81:38—39; XXVII 14: 42—45; 26:11—16; 以及 102:13—14, 40—41。所有这些文献证据均出自辛里-利姆统治时期。

[3]　ARM II 80:9—10; XXVI 181:13—15; XXVII 30:10'—11'; 43:9—10; cf. *FM II* 69:12—15.

[4]　A. 3051:5 (Guichard 1997, 306), "*muškēnum* 的羊"。有一份文书甚至区分 *muškēnum* 和王宫的狗(ARM XIV 39:13—16)。

[5]　ARM XXVI 58:12—13 和 A. 687 (Villard 1990, 74) 船只; ARM XXVI 115:3'—4', 奴隶; XXVII 37:32—35, 收割用的马车。

[6]　因为不与其他人以及政府合作, 挨饿的也就肯定是 *muškēnum*(XIV 14:20)。

[7]　ARM X 33:16, GEME₂ *mu-uš-ke-ni-im*., 这是 Durand 的解读(LAPO 18, no. 1230, p. 444)。

玛里国之外一位姓名不祥的领袖写信向辛里-利姆抱怨说,即便他协助辛里-利姆获得了玛里王位,他自己却不能继承其祖先的王位。他说:"我是一个平民。"①一个人如若不是国王,那么他就是一个平民。这里我们并非在讨论更高的阿维鲁社会层级的资格问题或者土地拥有问题。那么他指的到底是什么?也许他所说的是未获得王宫支持,不管是辛里-利姆的王宫还是他自己所属的王宫。

如果我们可以拒绝将"穆什根努"定义为"贫民",而且主要的对立关系存在于穆什根努与王宫之间,那么一定会有证据表明一个包括阿维鲁在内的等级制的存在。阿维鲁在王室眼中地位较高,这或许可以从辛里-利姆派遣到亚姆哈德的使节达瑞斯-利布给他的信中看出。达瑞斯-利布写信说,有3位亚米纳特国王在一个叫瑟达(Serdâ)的地方被安顿在"亚胡如部落某个阿维鲁家中"。② 此人的地位似乎与其家庭的规模和声望密切相关,他的家庭有能力同时接待3位部落领袖住宿。

在一封写给某个地方国王的书信中,某个城镇的人口被分为LÚ^meš(*awīlû*)和穆什根努两类:LÚ^meš(*awīlû*)必须是定居的,而穆什根努指说话者已经平定的人们。③ 这两群人被描述为属于该城镇主人(*bēl ālim*,town-master)的责任范围,而非更大的行政管辖单位的责任范围:

> 我已决定让阿维鲁继续留在定居地直到城镇主人回来,我已经使穆什根努安下心来。在您儿子回来之前,您务必将

---

① ARM XXVIII 77:28,*mu-ú*[*š*]-*ke-né-ku*.,至于身份未明的寄信人,并非伊巴-阿杜,参见 Fleming 1999,171。写信人很可能是扎马昆同盟中的一位国王。

② *FM* VII 6:5,不过关于部落名称的解读并不十分确定。

③ 迪朗并未说明写信人和收信人的具体身份。*AEM* I/1,p. 169,note a.

穆什根努留在定居点。①

我们很容易将阿维鲁看作那些从王宫获得永久薪俸或者支持的人，他们也许只需向王室宣誓效忠或者作出其他正式的承诺。我们必须谨记，该信揭示的差别源自王宫的视角，而这些被提及的人们对王宫并不了解。无论是作为阿维鲁（*awīlum men*）或是市民（the town），这群占据举足轻重地位的人可能是王宫认可的对城镇决策负责的人。从这点来看，穆什根努可能指那些被排除在与国王有正式的"城镇"关系之外的人。人们也许会想到辛里-利姆和萨皮莱图的西米莱特人城镇之间的合法交易，该事件被记录在编号为 ARM VIII 85＋的文书中，我将在第四章"部落的头人们"一节中对该公文作进一步讨论。这份公文列出了萨皮莱图镇所有男子或者它的西米莱特部落所有男子的姓名，也许这份名单不能被认为是代表了所有家庭，因为里面没有提及与穆什根努相关的内容。另一封信则提到了"*muškēnum wašibūt ālim*"——恰图南行政区中那些"居住在城镇里的平民"。②

b. 村民

无论是在政治术语中还是从真实的居住地来看，穆什根努与重要城镇是分开的。他们属于定居人口，尤其生活在较小的村庄里。他们除了拥有农田外，一封出自萨姆斯-阿杜时期的书信甚至将他们看成与"城镇的穆什根努"一样，这些村民将在当地奈伽尔节（Nergal）时举行庆祝活动。该泥板书信由于破损严重，其中的叙述断断续续，该信将穆什根努与来自偏远大草原的游牧民群体瑙乌（*nawûm*）对立了起来。③

---

① A. 1051:32—35.

② ARM XXVII 1:24.

③ ARM XIV 121:39；43.

这里的分歧非常奇怪，让我们对比另一封出自萨姆斯-阿杜时期的书信，写信人报告说哈奈人的畜群与"阿普莱蒂地区穆什根努"的畜群正在迁徙。"哈奈人的羊群和阿普莱蒂地区穆什根努的羊群已经渡河到了干河谷。"①在辛里-利姆统治时期，恰图南行政区的一位总督（扎科拉-哈穆）非常担心行政区的穆什根努可能会离开，他甚至试图以法律手段将他们留住。

　　那些拥有大麦的富裕的阿维鲁还住在这里，而那些没有大麦、贫穷的穆什根努已经启程往幼发拉底河方向去了。②

　　行政区的穆什根努中任何人如果要离开此地前往苏巴土，如果未经你许可，就逮捕他，将他交由我处置。③

他担心穆什根努会抛弃他的地盘前往幼发拉底河流域或者苏巴土王国，他引述了代表们的发问：没有食物"我们如何继续留下来"？④ 不过，任何人离开必须征得总督的同意，否则逃离者们会被逮捕并被遣送回恰图南。⑤ 这种对穆什根努的管制与西米莱特哈奈人的待遇截然不同，在辛里-利姆统治时期，哈奈人的迁徙不会受到如此限制。

穆什根努也许是自由的而且无需依赖王宫的固定援助，但是他们完全服从王国的行政管辖。国王可以要求他们服兵役，可以征用他们的牛，同时又不能使这些王国顶梁柱们的负担过重。⑥

---

① 　ARM V 81:5—7.

② 　ARM XXVII 25:12—14.

③ 　ARM XXVII 26:15—19.

④ 　ARM XXVII 27:28—29; cf. 30:6'—9'.

⑤ 　ARM XXVII 26:17—19,第 20—27 行阐述了人们为何逃往苏巴土，尤其在夜晚，这再次说明他们需要得到许可。

⑥ 　ARM XIV 48:27—29.

在恰图南的文书中,王宫和穆什根努阶层都是行政区劳动力的来源。① 一封总督的来信设想了需由"王宫的人手"(*awīlūt ekal-lim*)和穆什根努共同完成的一次收割任务。前者不一定是王宫的全职人员而是被允许在王宫田地上耕作的当地人。②

另一封恰图南的书信就阐明了这个问题,该信列出了可以分到国王田地的各类王室受惠者。士兵和卫兵可以分到 5 小块田地(*iku*),而"当地居民(the sons of the land)"每人只能分得 3 小块田地。③

　　　　就像幼发拉底河流域正规召集起来的士兵和王室卫兵每人可获得 5 小块田地,而且他们非常忠心地为王室效力,恰图南行政区的士兵小分队也每人 5 小块田地。因此,同样地,我打算分配给你 5 小块田地,我还可以将剩余的田地分配给当地居民,他们每人 3 小块田地。④

要强调的一点是,这些田地不是完全的授予物:"这些田地是王宫的财产"。⑤ 根据这封书信,所有分派出去的田地显然都为王宫所有,我们认为其余的田地可能属于穆什根努。该信中的"当地居民"似乎指那些分得王宫田地的当地居民,根据定义穆什根努不包括其中。⑥ 将穆什根努一概从"当地居民"的范畴里排除应该没有必要,但原因是,该信关注的只是接受王室固定支

---

① ARM XXVII 39:20'—21',28' cf. XXVII 37;38.

② ARM XXVII 100,尤其第 6—8 行以及第 22—23 行。

③ ARM XXVII 107:1'—9',在第 14—20 行中,第二种军事分类被称为 LÚ *šu-ut* SAG,他们负责为国王握持沉重的青铜长矛。

④ ARM XXVII 107:2'—9'.

⑤ 第 22 行。

⑥ 注意在亚顿-利姆统治初期,"国家的儿子们"(sons of the land)"可以指称那些来自各行政区为玛里王效力的士兵了。

持的那些人。在辛里-利姆统治时期的一封书信中,萨嘎拉图行政区总督宣称他自己"同穆什根努一起"要为"国家的儿子们的献祭仪式"负责,这一点可以证实:在有关当地居民更宽泛的定义中穆什根努是被包括在内的。①

c. 穆什根努的政治他性

玛里书信中有关穆什根努集体行动的叙述往往是出自统治者的视角。只有在行政区总督们直接写给国王的公文中才会出现穆什根努集体的声音:

● **ARM XXVI 154-bis:28—32**,亚斯马-阿杜治下亚波利亚总督哈曼努(Ḫammanum)道:"当他(占卜者孜克里-哈纳特,Zikri-Ḫanat)获得了预兆,即使那些预兆是好的,我也不会交出一升大麦。我行政区内的穆什根努会知晓此事,他们一定会干预的。"②

● **XXVII 1:24—27**:辛里-利姆治下早前一位恰图南总督伊鲁苏-纳瑟(Ilušu-naṣir)非常担心的是,当穆什根努听闻因粮食短缺王宫人员需疏散的计划时,他们会说:"我们如何继续待下去?"③

● **XXVII 27:27—29**,辛里-利姆治下的恰图南总督扎科拉-哈穆(Zakira-Ḫammu)报告称当地的穆什根努遭遇了蝗灾,他们在抗议:"既然蝗虫在啃食我们的庄稼,我们还能继续呆在这个地方吗?"

● **XXVII 37:41—47**,写信人同上;信中长篇引述了穆什根努对采收劳动条款的抱怨,结尾处说:"那些规定对我们太苛刻了。"④

144

---

① *FM* II 38:10—11,写信人为亚齐姆-阿杜,该泥板书信破损严重。

② 寄信人身份其实并不确定,该信将王宫的要求传达给了总督。注意,这位王宫官员早已料想到会有抱怨:"孜克里-哈纳特应该占卜,这样我就可以拿 50(*ugar*)大麦,让 *muškēnum* 不在抱怨。"

③ 27*ni-nu wa-ša-ab-ni*. 注意这里的西式第一人称复数后缀的动词形式,为直接引用。

④ 第 47 行。

以上书信都同样提到了穆什根努的集体行为，他们也都被置于国王及其行政机构的对立面。①

总而言之，穆什根努一词描述的并不是一个可以进行决策的特殊政治群体。他们不会就战争与和平的问题开会谈判，也不会就内部执法或者任何外部事务进行集体决策。实际上他们根本不开大会。他们之间也没有书信往来。更确切地说，穆什根努是宫廷使用的词语，是统治者们描述其掌控的一切时能够体现王权的经济术语。从语法角度看，"穆什根努(*muškēnum*)"是一个单数形式的集体名词，只是偶尔会以复数限定词 LÚ. MEŠ 作标记。② 该词有限的社会视角提醒我们不能将其所指范畴普遍化。里乌兰尼(Liverani)的做法就是过早地将普遍性强加于限制性术语，他认为铜器时代的叙利亚只有两类财产和两类人群。财产分为农村群体的家庭财产以及王宫财产两种不同类型。同样地，两类人群分别是生活在农村的自由人以及王宫机构中的"国王的人"(Liverani 1975，146)。这后一种对立似乎与穆什根努一词所包含的对立一样，但是这无疑是一种过于简单化的做法，就像王宫机构以一种过于简单化的方式看待被统治者的生活那样。这种掌权者"一刀切"的做法从土卢库(Turukkû)王扎兹亚(Zaziya)下达的命令中可以看出，他让苏胡木行政区的领导者之一梅普图从"你的穆什根努"那里收集 1000 只羊，这里的穆什根努乃指没有区分的一群人。③

---

① 参见 ARM XIV 48:45—50，关于他们是否接受征用他们的牛的命令；XXVII 39:8'，这位总督吹嘘自己与他们沟通的水平高；XXVI 412:17—18，418:11'—12'，FM II 71:22 和 FM II 88:28—30，关于他们的反抗或者和平地接受统治。

② 参见 ARM II 80:10；XIV 12"3'；XXVI 154-bis:10,26,30。不清楚有时 m 音的省略是否表示复数形式。当该词语用于确定两个人所属的阶层时其复数形式就非常明显，"不管他们是王宫仆从还是 *muškēnū*，将他们带来"(ARM XIII 141:22—3)。DUMU *mu-úš-k*[*e-nim*]这一奇怪的表达方式仅出现于相似的情形中，表示因反对国王辛里-利姆而遭指控的某一阶层的个人(XXVI 44:10)。注意：*awīlum* 一般说来并非集体名词，但是有复数形式。

③ ARM XXVIII 179:18—20.

穆什根努一词主要出现在管辖者的话语中并非偶然。从这点来看,穆什根努群体是王国的核心,完全由王宫管辖,他们的田地与王宫田地是相邻的关系,他们须给国王服兵役和服劳役。在附属国、异邦或者大草原我们应该找不到穆什根努一词的使用。①在关于辛里-利姆取得亚姆哈德王国的城镇阿拉图(Alaḫtum)后谈判事宜的一封信中,阿拉图的居民被称为穆什根努:

你难道从未卖掉过属于你的田地和房屋? 看看努辛(*Nur-Sîn*)对穆什根努说了些什么:"去山里找木头。拉上你们的驴子。来帮助我。"这就是努辛说的,穆什根努因此对他抱怨说:"难道我们还要像是格瑟拉(*Gašera*,亚姆哈德王国王太后)的奴隶那样为你干活?"②

这些人并不心甘情愿从事国王和王后们分派的劳动。尽管阿拉图距离玛里较远,但它是辛里-利姆国王治下的特殊地盘,穆什根努一词的使用反映了这一事实。

非常有趣的是,与玛里、忒卡和萨嘎拉图这 3 个行政区的情况相比,恰图南行政区的总督们使用穆什根努一词的频率较高。恰图南与其他行政区有几点不同。恰图南位处萨嘎拉图以北哈布尔河上游地区,杰贝·辛加的西南面。恰图南为玛里国行政区之一,由总督(*šāpitum*)管辖,地理位置上完全远离这一历史时期所有玛里王在征服玛里城后顺理成章控制的阿普莱蒂地区。与幼发拉底河流域的行

145

---

① 这不包括原本属于外邦的 *muškênum*,他们是那些国王们的臣民,如 ARM XXVI 412:17—21 中提到的恰塔莱。

② *FM VII* 47:46—52,写信人为辛里-利姆的一位大臣苏努哈-哈鲁(*Šunuḫra-ḫalû*),他向国王汇报了他在阿勒颇的活动。这段文字由 Durand 修复完成并发表,原泥板书信破损严重。引文的结尾部分不是非常明确。*Dabābum* 这一动词的转化表明语气的变化,也许表达了抱怨,因为名词 *rēšūtum* 的意思是"奴隶,苦役",而非简单的王室服务。

政区相比,恰图南似乎更是一座独立的城市,这也使得作为王国前哨的恰图南的民众与其他行政区居民形成了较为鲜明的对比。[①]恰图南总督们的来信详述了对农业问题的抱怨,同时也反映出当地的农耕条件与下游的行政区有很大差异。恰图南靠近哈布尔河上游,因此也更靠近西米莱特人北方的根据地,而在这里,穆什根努应该属于和辛里-利姆流动的"哈奈人"部落群体不同的群体。也许穆什根努越是被经常提及,越是表明他们在该行政区的政治地位较低。

d. 宗教事务

在一种情况下,穆什根努会以集体形式行动,那就是举行宗教仪式时。国王亚斯马-阿杜的两位总督之一的塔瑞木-萨基姆写信给他说:"至于装载奈伽尔节所需祭品的马车,希望村庄里的穆什根努不要下个月就放在那里。"[②]另外一个例子是,萨嘎拉图总督亚齐姆-阿杜恳请辛里-利姆允许穆什根努在"下个月8号"为已故者进行供奉祭品的仪式。[③] 在另一封信中,亚齐姆-阿杜特别指定了一个人同穆什根努一起负责"国家的儿子们(the sons of the land)的献祭仪式"。[④]

倘若穆什根努一词的使用特点主要体现了经济方面的目的,该词出现在宗教事务中则并非为了说明宗教仪式参加者的社会等级,而只是表明那些宗教仪式的举行在财政上是独立的。在萨姆斯-阿杜的两位官员写给亚斯马-阿杜的信中,萨姆斯-阿杜说到了有关石碑节的两组庆祝仪式,一组在玛里王宫举行,另一项则由穆什根努负责。[⑤] 节庆仪式分成了两部分,这说明两组仪式的费用

---

① 该行政区还有另一个重要城镇塔巴图,位于上游地区,地处哈布尔河与各支流的交汇处附近。

② ARM V 25:5—10;关于塔瑞木-萨基姆,参见 Villard 2001,20—21。

③ ARM XIV 12:3'—5'. 关于作为祭祀亡者的仪式 *pagra'ū*,参见 Durand(Durand and Guichard 1997,35)。

④ *FM* II 38:9—11,参考第 4 行。

⑤ A. 2819:6—8,Durand and Guichard 1997,34(cf. 32).

是分开支付的。

两位占卜师阿斯库杜和伊比-阿姆如(Ibbi-Amurrum)报告了与一场"穆什根努献祭"有关的一些先兆。① 每次都没有说明是个人的献祭而只说是"当地节庆",就像上文另 3 封书信中提到的那种,献祭仪式完全个人出资,没有王室的捐款。这类仪式从来不会出现在记录王宫开支的账目本中。

如果上文中的两次预兆献祭也是如此,那么"占卜师的礼仪"(ARM XXVI 1)将有另一种解释了:

> ……穆什根努的……已放在那里了,我看到(?)了,(不)妙,无论我看到了什么……我将在此公布。我不会隐瞒什么。是凶兆(肉)……在辛里-利姆的兆头里……,出生反常或者……我不会告诉其他人的。吾王辛里-利姆给我传来密报,让我去讨兆头……②

尽管该文本开头的几行破损了,但后面的内容提到了有关辛里-利姆的预兆,迪朗还修复了第 3 行中的"在穆什根努的预兆里"。这两份预兆报告也许最好解释为"穆什根努的献祭中",这么一来便与 XXVI 109 内容吻合,而且上述资料没有一个表明占卜仪式是由个人发起的。无论是个人问询还是地方节庆时,穆什根努一词的使用显示他们是仪式的两类发起单位之一,另一类则是王宫。两种情况中占卜师都必须公布预兆,不过阿斯库杜和伊比-阿姆如的报告表明,事实上他们只公开了穆什根努的占卜结果。国王可不愿意用别人提供的动物进行献祭仪式而让自己错过获得好兆头。

虽然有证据显示穆什根努一词的经济定义,但我们须非常谨慎

146

---

① ARM XXVI 85:—10,写信人阿斯曲杜;XXVI 109:4—5,写信人伊比-阿姆如。

② ARM XXVI 1:3—12,这是 Durand 发表的基础文本,包含了修复部分的内容。

地避免将穆什根努看作一个社会阶级。如果我们确定王室视角是唯一重要的,那么根据硬实力将穆什根努与阿维鲁区分开来,可以说为区分不同功能的群体提供了一个重要的出发点。不过,许多玛里证据也揭示了划分群体的其他方法,比如按所属部落或者定居地进行划分。在麻敦中,人们可以以集体的形式表达与国王不同的观点。当然,穆什根努的范畴也会与基于其他视角的范畴产生部分重叠。我们必须承认该词的用法展示的是国王们的角度,不能强迫它满足一般性分析的目的。总而言之,在探讨群体的政治权力时,我们须将穆什根努一词排除在外,因为它不具备政治意义。

第五节　辛里-利姆与帐篷居民王国($m\bar{a}t$ Hana)

我们掌握的玛里书信中的绝大多数出自辛里-利姆统治时期,他是最后一位玛里王,后被巴比伦王汉谟拉比击败。辛里-利姆对王国的定义借鉴了其部落亲戚亚顿-利姆的做法。在萨姆斯-阿杜称霸之前,亚顿-利姆统治着以玛里为都城的另一个西米莱特人的王国。亚顿-利姆和辛里-利姆均自称"玛里和帐篷居民王国($m\bar{a}t$ Hana)之王",此称号中包括了一个城市中心和以流动的游牧民名称命名的区域性势力范围。在"帐篷居民"通常指部落群体的游牧人口的情况下,"哈奈人王国(land of the Hana)"的说法使得麻敦这个较大的政治单位与部落范畴联系在了一起,融合了本章和上一章探讨的要点。辛里-利姆统治时期,王国和部落构成了一个紧密不可分割的整体。如果不了解这一王国称号以及构成王国根基的持续而发展的政治现状,就不可能理解众多玛里文献资料所呈现的政治局势。

1. 帐篷居民哈奈人的王国

在整个研究中,我一直尽力在维护"部落"和"游牧民"两个范畴之间必要的差异性,一个涉及社会政治组织结构,另一个与生计有关。但是在讨论关键术语"哈奈人(*Ḫana*)"时,上述的差异性似乎就站不住脚了。哈奈人一词首先指身为游牧民的"帐篷居民",放牧是其维生之道,但是当被用于描述一个特定部落中流动的游牧民时,它似乎也呈现出了部落色彩。在亚顿-利姆和辛里-利姆的称号中,描述生计的术语"哈奈人"成了王国中被国王统治的区域人口的称谓。这些哈奈人似乎特指西米莱特人——两位玛里王领导的部落联盟,所有部落人因此以他们与游牧民的关系来定义。当使用"帐篷居民"这一复杂术语时,被描述者的基本身份甚至需要解释一下,接下来我将探讨该词的相关使用范围和史料证据。

　　a. 哈奈人王国的"帐篷居民"

　　相比亚顿-利姆的统治,我们对辛里-利姆政权的了解更多一些,因此我们应尽力从文本证据保留充分的最后一位玛里王统治时期入手,研究"哈奈人王国"。辛里-利姆建立了一个混合的行政体制,目的是满足其复杂的拥护者群体的特殊需要。辛里-利姆不仅统治着他自己的西米莱特同胞及其对手——亚米纳特人,而且他还必须与存在已久的城镇居民打交道,他们或多或少与部落保持着一定的关系又或许没有关系。此外,辛里-利姆还需对付各类流动的游牧民,他们与国王或者国王核心领土上的定居点保持着一定的关系。[①] 在这较为广阔的背景下,辛里-利姆治下的民众基本可划分为两类:他自己的部落以及其他人。在辛里-利姆统治初期,原先已向玛里王宣誓效忠的亚米纳特人被打败之后再次表示效忠,他们以城镇的形式被合并到了玛里王国核心行政区内,即阿普莱蒂地区。这些行政区具有城市框架,由总督(*šāpitum*)统辖。

[①]　Adélina Millet-Albà(即将出版)计算得出,根据辛里-利姆在位第 6 年的王国人口统计,亚米纳特人大约有 7620 人,这说明亚米纳特人口总数约有 1 万人,可能占玛里王国总人口的四分之一。

但同时,辛里-利为自己的部落同胞们也做好了打算——他们没有必须定居在某处生活的义务。西米莱特人可以按照他们流动的哈奈人身份来定义,由另一古老的部落角色——牧场首领(*merhûm*)管辖,牧场首领的头衔体现了牧民社会的领导权形式。

148 　如果"哈奈人(帐篷居民)"一词特别用于指称西米莱特人,那么它似乎也可以用于表示"我们的游牧民"。从内部看,"哈奈人"这一泛称可以指单个部落。迪朗以"American(美国人,美洲人)"一词作类比值得我们再次审视,该词可以指南北美洲或者狭义上指美国。从技术上看,法国人的视角属于外人视角,其他人群的命名类目不一定就适用于被命名人群自己。"American"在美国的用法可就不同了。在美国国内,一个"American"就指美国人,绝不可能指加拿大人或者巴西人。生活在美国的人会对任何其他用法感到困惑。迪朗所说的"American"一词的宽泛用途(指南北美洲)仅适用于那些置身南北美洲之外的人们。将两大洲混在一起谈论只可能是欧洲人的视角,因为是他们首先给这两块大陆命名的。法国人视角二元性的第二个部分则借用了我们美国人在国内称呼自己的狭义所指。

　　以上对"American"一词的类比分析表明,哈奈人这一术语的涵义在辛里-利姆王国的内部和外部是有区别的,须分别加以研究。辛里-利姆的"哈奈人王国(*māt* Ḥana)"不是法国人眼中的"American",而是美国人自己眼中的"American"。"*māt* Ḥana"表示"我们"而非"他们",因而"*māt* Ḥana"更可能是一种狭义用法而非一般性概念,它更有可能指的是西米莱特人而非广义上流动的游牧民。同样地,在美国我们可能从不会想象"American"一词竟然还可以表示除了我们美国人之外的人,我们会特别依照封存化的准则将"我们"与周围人群区分开来。

　　我对辛里-利姆王国中帐篷居民这一术语的讨论将从他王室封印上的称号以及正式公文入手。对辛里-利姆具体统治范围作出声明的王室封印重复着同样的表达方式——"玛里和哈奈人王国(*māt* Ḫana)之王"。这也是亚顿-利姆统治早期采用的称号,哈奈人王国的部落概念在他姐姐的印章中有另一种表达法——"玛里和西米莱特部落王国(*māt* Sim'al)之王"(参见 charpin and Durand 1986,151—2;Charpin 1992d,72—73)。王国的官方定义的重要性体现在它会出现在条约文件和誓约协议中。有四个例子证明上述的称号似乎是固定而且正式的,而且在两类文本中采用的形式完全一样:"辛里-利姆,亚顿-利姆之子,玛里和哈奈人王国之王。"

　　这种表达方式在任何情况下都赋予了辛里-利姆官方身份,可以作为具有法律效力的协议的一方。上述称号一方面宣告了辛里-利姆是亚顿-利姆的儿子兼继承人,另一方面描述了其政治继承的具体内容,这两点在辛里-利姆的称号中缺一不可。[1] 两份条约文件均与辛里-利姆统治后半期缔结的主要联盟有关,一份是与安达瑞格王阿塔如姆签订的,另一份是和巴比伦王汉谟拉比,目的是对抗埃兰(Elam)。[2] 而两份誓约协议一方面符合帐篷居民自身的利益,另一方面又符合附属国卡莱纳的官员们的利益,这两份协约对国王的定义完全一致。[3]

149

　　根据夏宾和迪朗的观点,将哈奈人王国与玛里国结合在一起的称号代表的是一种意识形态上的主张——统治所有"贝都因

---

[1] 称号中显然是有意提及了亚顿-利姆,辛里-利姆在其统治初期需要以亚顿-利姆儿子的身份抵消敌视(Charpin 1992d,72)。

[2] A. 96:6—7,10—11,Joannès 1001,167—168;M. 435＋:17—18,25—26,cf. 12,Durand 1986,111—114.汉谟拉比的条约文书似乎只是一份玛里草拟文书,并非最终的那份条约文书(p. 115)。

[3] M. 6060:16'—18',"我向辛里-利姆发誓,他是我的王上,亚顿-利姆之子,玛里和帐篷居民王国之王";M. 7259:12—15,"如果我的主人阿斯科-阿杜造反,我一定会报告辛里-利姆,亚顿-利姆之子,玛里和帐篷居民王国之王";均出自 Durand 1991,50—52,48。

人"。当时,辛里-利姆刚刚取得了胜利,他联合西米莱特人和亚米纳特人一举击溃了萨姆斯-阿杜大王国的西部残余势力(1986,153)。然而,麻敦一词始终还是表示真正意义上的政体。[1] 虽然王国中确实有亚米纳特人,但是多数亚米纳特人显然身处王国之外,更不用说其他流动的游牧民群体了,如苏图人。另外,被成功并入辛里-利姆王国的亚米纳特人仍然是以其所居城镇划分,因此本质上他们与"帐篷居民"是分离的。[2] "米斯兰王国(*māt Mišlan*)"出现在辛里-利姆统治第 6 年人口调查的一份行政文书中,这一奇怪的说法一定是基于亚米纳特城镇的脱离状态。米斯兰位处玛里行政区内,它是亚米纳特部落联盟中亚胡如部落首领的固定居住地。"米斯兰王国(land of Mišlan)"包括 10 个以上的亚米纳特人定居地,从一个玛里国官员的角度来看,米斯兰是一个不同的政体(M. 5085+, in Millet-Albà)。

因此,辛里-利姆的帐篷居民王国应该没有包括亚米纳特人。既明白了"贝都因人"一词早就存在二元性,那么被纳入王国的帐篷居民很可能是国王自己原先领导的部落——西米莱特人。

b. 西米莱特哈奈人,真正的流动游牧民

本节旨在重申看似明显的事实:在辛里-利姆圈层里被称为"哈奈人"的西米莱特人确实是真正的流动游牧民。当"哈奈人"成为一个部落名称,比如成为生活在阿普木(Apum)城的居民中一部分时,这部分的"哈奈人"可以以其定居城镇来确定身份,这些定居城镇中有一个位于苏纳和阿普木之间,颇具争议性,我在本书第二章曾引述过。但是,即便"哈奈人"一词可以保持它一般描述性含义而且可能被一个部族用于指称他们自己的"帐篷居民",该词

---

[1] 只有帐篷居民们组成了 *mātum*,一个政治统一体,誓约文书对于被称为帐篷居民(Ḫana)的人们来说可能才是清楚明白的。

[2] 参见"protocole des bédouins(贝都因人议定书)",Durand 1991,50—52,有关"大草原的帐篷居民"与"城里的人"的对立(M. 6060:22'—23')。

仍然十分复杂。我们也许期望该术语有一个看似合理的定义:指与城镇相对立的真正的流动游牧民,但是此结论却与下面的证据冲突了:亚顿-利姆的"西米莱特王国"与亚顿-利姆和辛里-利姆两人在其王室称号中都使用的"哈奈人王国"显然是对应的。无论亚顿-利姆使用哈奈人一词的目的是什么,在辛里-利姆的政府机构里该词的标准用法具有表示部落的可能性,而实际上并非一个部落名称。"玛里与哈奈人王国"和"库达与纳姆哈王国(*māt* Numhâ)"或者"安达瑞格与亚姆波林王国(*māt* Yamutbalim)"不同,因为"哈奈人"一词首先应理解为完全的流动生活方式,与西米莱特人的部落关系则是次要的。至少在辛里-利姆统治时期,如果其称号中的"哈奈人"被解释为其圈层中所指用意,那么他认可的王国中的部落群体也就只有流动的游牧民"帐篷居民"。王国称号的作用是将部落流动的意识形态置于首位,但事实上,定居方式在西米莱特人的生活中占据着很大的比重。

辛里-利姆治下的哈奈人似乎等同于大草原,与城镇相对立。从哈奈人的誓约协议来看,王国人口由两部分组成:大草原的哈奈人(瑙乌,*nawûm*)和市民:

> 我在此宣誓永不背叛王上辛里-利姆,不管是大草原的哈奈人还是市民,如果我听到他们充满敌意地说:"辛里-利姆及其子孙不能统治我们",我决不会同他们为伍而给辛里-利姆及其子孙制造麻烦……①

大草原的哈奈人由牧场首领管辖,②以瑙乌一词来描述哈奈

150

---

① M. 6060:20'—27',Durand 1991,50—52,原文破损严重。
② 因此,牧场首领伊巴-埃尔报告说牧民们(*nawûm*)和西米莱特人均安好,例如,ARM II 33:21'—22';另可参见 A. 1098:6'—8',Villard 1994,297;n. 33。

人说明了他们的流动性,他们不会定居在某一个固定的行政区,辛里-利姆政权所在地的阿普莱蒂地区也不例外:

> 在我的行政区内,哈奈人放牧的羊群都很好。它们有草吃、有水喝并且受到了公正地对待。哈奈人的羊群和卡哈特城的情况都好。①
>
> 我担心哈奈人的羊群一旦到了河左岸吃草,敌人会袭击它们,那么损失就不可避免了。②

基于他们以人草原为家,西米莱特哈奈人在辛里-利姆的北方附属国的地盘上都是合法的到访者,但是仍由他们自己国王直接管辖。③ 与西米莱特哈奈人一样,亚米纳特的"帐篷居民"与大草原的流动生活方式同样密不可分。④

151 　　为了阐明游牧民们拥有的自由流动权,夏宾引用了一个有关帐篷居民哈奈人流动生活的极好的例子,无论战乱还是和平时期,商人们与游牧民一样可以自由地到处走动:

> 王上知道我管辖哈奈人,和那些在战乱地区与和平地区穿行的商人一样,他们也是周游各地。⑤

---

① ARM II 59:4—13,伊达-马若斯同盟成员国卡哈特国王卡比亚写给辛里-利姆的书信。
② ARM III 15:9—15,忒卡行政区总督基布瑞-达甘写给辛里-利姆的信。
③ ARM II 59(上文)中的卡哈特国王就是如此。在 ARM XXVI 358:13'—14'中,辛里-利姆要决定是否让帐篷居民哈奈人迁出阿普木国,该国都城为苏巴-恩里/塞那。不清楚这些帐篷居民哈奈人是否是西米莱特人,而写信人似乎就是阿普木人。
④ 参见 A. 4530-bis:6',*AEM I*/1,p. 182;ARM XXVI 220:7—10;XXVII 17:8—9。
⑤ A. 350+:4—8,牧场首领伊巴-埃尔写给辛里-利姆的信(Charpin 1990b,120—122)。

对于辛里-利姆而言，哈奈人具有重要的政治意义，他声称哈奈人代表了他自己的麻敦，他们的政治处境与商人们相同，当他们身处其他统治者地盘上时仍然对其"祖国"效忠。哈奈人的居住地不受固定的政治分界线限制，这一点从西米莱特牧场首领伊巴-埃尔的一封书信中可以找到合理的根据，该信同样也说明辛里-利姆的势力也超越了上述的政治分界线。

辛里-利姆哈奈人的流动性特征在哈布尔河流域表现得尤为显著，有一些书信显示，在那里他们与那些对地方国王效忠的人群混居在一起。其中一位地方统治者的书信揭示了多个相关细节。北部中心小城镇扎鲁汉（Zalluhan）的地方国王向辛里-利姆抱怨其城镇受到的对待，还特别谈到扎鲁汉是辛里-利姆王国的一部分。他似乎引用了西米莱特王的话并回复说：

> 你说过"扎鲁汉不属于伊达-马若斯同盟。它是西米莱特王领土的一部分"。王上应当写信给伊巴-皮-埃尔，这么一来我辖区内的居民便可同帐篷居民（哈奈人）一样在［……?］的边界地区到处走动，那么他就可以替我负起责任来。①

首先，我们发现辛里-利姆为自己的部落人（西米莱特人）取得了一个城镇。信中也许使用了正式的名字而不是"哈奈人"，该信非辛里-利姆所写，亦非出自其王宫，尽管其中一些似乎是他的原话。对于辛里-利姆可能向自己的城镇有所要求，扎鲁汉的地方国王在信中的回复巧妙且具有讽刺意味，他建议玛里王任命一个牧场首领来管辖扎鲁汉，这样城镇居民们就可以像帐篷居民哈奈人那样在大草原成群结队地自由流动了，不过这不能算是真实的状况。辛里-利姆的西米莱特哈奈人与大草原上流动生活的关系甚

---

① ARM XXVIII 79：35—39，关于原文，另可参见 Durand 1987b，230。

至在他自己的圈子之外也很明显。更有趣的是，扎鲁汉的地方国王自己很困惑他的城镇——一个帐篷居民都没有的城镇是否也必须由牧场首领来管辖。除非这是其他西米莱特城镇的惯例，不然这位地方国王为何这么说呢？至少看起来，阿普莱蒂地区和恰图南行政区以外、位处哈布尔河上游的西米莱特城镇实施的似乎是牧场首领管辖权制，其主导的意识形态即流动性。那么，西米莱特人的身份就使得扎鲁汉应由牧场首领伊巴-皮-埃尔领导；但倘若扎鲁汉被视作伊达-马若斯同盟的一部分，那么情况便会不同，即使牧场首领的权力覆盖了伊达-马若斯这个北方部落同盟的势力范围。在该地区，在辛里-利姆王权可控的范围内，那里的人们或是西米莱特人（哈奈人），或是伊达-马若斯同盟的民众，他们保持着较高程度的独立性。

我不太清楚的是"帐篷居民"的用辞与辛里-利姆王国核心行政区中更宽泛的西米莱特人身份的关系到底是什么。玛里行政区的总督巴迪-林（Bahdi-Lim）提到了一种情况，即西米莱特哈奈人从大草原来到当地城镇定居下来（wašābum）（ARM II 48：8—9，上文引述过）。他们可以自由地来，但如果不能自由地离开，他们会认为自己"被扣留（kalûm）"了。[1] 留在城镇里服兵役的哈奈人可以领取粮食。[2] 当然，西米莱特城镇很多，然而却不存在所谓的"哈奈人的城镇"，这从西米莱特人的角度看似乎是矛盾的。

c. 辛里-利姆统治之前的哈奈人王国术语

我们对亚顿-利姆国王统治时期的行政架构知之甚少，但是我们不能仅仅因为辛里-利姆是其继任者就假定他只是对亚顿-利姆

---

[1]　写信人为萨嘎拉图总督亚齐姆-阿杜，他引用了辛里-利姆之前一封信中的内容，"哈奈人被扣留在村子里从事繁重的劳动"（ARM XIV 80：5—6）。国王似乎在回应哈奈人首领的抗议——忒卡行政区总督没有权利不让哈奈人与其牧场首领一起随季节变化而迁徙（参看 Durand, LAPO 17, no. 742, p. 504）。

[2]　ARM XXVII 1：33, 45—46；亦可参见 XXVII 16：43—44。

的行政制度进行了简单地重组。尽管如此，我们所掌握的哈奈人
王国的证据仍然始于亚顿-利姆统治时期，这一较早时期的情况对
我们解读辛里-利姆的王国称号可以提供重要的参照，我们不能仅
从辛里-利姆王国的角度解释他自己的王国称号。早在辛里-利姆
之前，亚顿-利姆已自称"玛里和哈奈人王国之王"并在太阳神撒马
斯神庙的敬献铭文中使用了该称号（i：17—19，Dossin 1955）。亚
顿-利姆宣告了自己取得的战果和成就，强调自己也因此有资格在
当地为太阳神撒马斯修建神庙。与后来的辛里-利姆一样，亚顿-
利姆一直行进到了地中海，在那里他获取了建筑工程所需的珍贵
木材。后来他又继续击败了幼发拉底河流域 3 位部落王的进攻，
而其他证据显示这 3 位部落王为亚米纳特人：

> 在同一年，乌拉普部落王国萨马努的国王拉乌姆（La'ûm），阿纳
> 努部落王国图特尔的国王巴鲁库利姆（Bahlukullim），以及拉布
> 部落王国阿巴图的国王阿亚卢（Ayalum）——这 3 位国王发起
> 了与亚顿-利姆的战争，而且亚姆哈德王国的国王苏穆-艾普
> （Sumu-epuh）的军队也前来增援，在属于亚米纳特部落联盟的
> 城镇萨马努一起联合对抗亚顿-利姆，然而亚顿-利姆凭借着威
> 力强大的武器打败了这 3 位亚米纳特王。①

该铭文提到了入侵敌军的统治者们各自都城的名称，同时还
提到了亚米纳特部落联盟 5 个部落中 3 个部落的名称。作为一个
集体他们被认定为"亚米纳特"，铭文中使用了一个奇怪的但显然
是阿卡德语的译词 *marmûm*。② 这几个王国均没有以其游牧民

----

① iii：第 3—21 这几行。有关参考书目和全部原文，参见 Frayne 1990，pp. 604—608，
E4.6.8.2。

② iii：第 17 和 21 行。关于 *marmûm* 和亚米纳特人在一般书写中以 DUMU 表示"儿
子"（阿卡德语 *mārum*），参见 Durand，LAPO 17，p. 418。

"哈奈人"定义。

在回忆如何摧毁幼发拉底河流域亚米纳特防御工事之后,亚顿-利姆接着又描述了可能是发生在北部地区的另一场胜利:

> 他扫平了哈蒙(Ḫaman)城,那是哈奈人的部落联盟(?)的地盘,由哈奈人之父(fathers)修建而成,现在哈蒙已变成了一片废墟。他就这样打败了哈蒙王卡苏芮-哈拉(Kaṣurī-ḫala)。[①]

我们知道哈奈人与哈布尔河上游地区关系密切,因此我们可以判定哈蒙城应该就位于该地区。如果哈蒙城没有灾后重建,那么我们就不会在之后的玛里时期的大量文书中看到有关哈蒙城的消息了。[②]

鉴于亚顿-利姆和辛里-利姆统治之间存在着一定的延续性,主要体现在作为西米莱特人大本营的都城玛里以及最重要的王国称号,我们一定会认为,亚顿-利姆的哈奈人王国基本上和辛里-利姆的哈奈人王国一样。两位国王的称号似乎是基于西米莱特部落人群,而并不包括被打败的亚米纳特部落联盟中的帐篷居民。亚顿-利姆在太阳神撒马斯神庙中的铭文证实,亚米纳特人是被排除在哈奈人之外的,但是该铭文关于战胜哈奈人的敌人的描述似乎仅基于国王自己部族内部的角度。如果我们开始便假设哈蒙的哈奈人与亚顿-利姆王国的哈奈人相同,因为没有人试图去区分他们,那么"哈奈人之父(fathers)"应该就是亚顿-利姆自己部族中某一部分人的领导集体。

撒马斯神庙铭文中所描述的哈奈人情况,在亚顿-利姆时期的

153

---

① iii:第 28—32 行。
② 哈蒙的地理位置仍然不得而知;参见 Charpin 即将发表 c。

另一重要王室铭文中再一次得到明确说明，这份铭文是为祝贺杜-亚顿-利姆城的创建而题写的。国王称颂道："7位国王，哈奈人之父（fathers）联合起来与我交战，而我战胜了他们，将其土地再次收复。"①不过，铭文中的"哈奈人之父"还被冠以了"国王"的头衔。这里的几位国王毫无疑问就是游牧民的首领，他们当时竭力反对亚顿-利姆一统所有哈奈人的野心。更清晰的是，为了建立一个"哈奈人"的王国，亚顿-利姆不得不与哈奈人开战。从杜-亚顿-利姆城的铭文来看，亚顿-利姆面对的是一个哈奈人"国"的领导者联盟，7位国王共同代表着一个麻敦。辛里-利姆统治时期，哈奈人的身份首先是国王本人的西米莱特同族人。考虑到亚顿-利姆宣称要统治的还是哈奈人王国，我们也许会认为哈奈人应该就是西米莱特人。

因此，在太阳神撒马斯神庙的铭文中，卡苏芮-哈拉（Kaṣuri-ḫala）既是一位西米莱特王又是一个劲敌，他坐镇防卫森严的哈蒙城的中心区域，而亚顿-利姆则以玛里为王都。根据铭文内容，哈蒙城并不是玛里那样的著名且古老的中心城市，但它也是由西米莱特人自己修建而成。经过上述两次军事战役，亚顿-利姆开始了对幼发拉底河流域中部地区亚米纳特人的霸权统治，而且在消灭了劲敌之后对西米莱特哈奈人实行了统一管辖。可以说，辛里-利姆重建了其同族人亚顿-利姆曾经创建的统一的西米莱特王国。

虽然亚顿-利姆和辛里-利姆王国的定义存在着延续性，但是它们之间至少有一个重大差异。实际上亚顿-利姆认为自己拥有两座都城：一个是位于幼发拉底河下游的玛里，另一个是上游以西被攻占的亚米纳特人的中心城镇图特尔。在杜-亚顿-利姆城的铭文中，亚顿-利姆称自己为"玛里、图特尔和哈奈人王国之王"。②　154

---

① Frayne 1990，E4. 6. 8. 1；15—20.

② 参见第1—5行。

撒马斯神庙的铭文还表明,在亚顿-利姆看来阿普莱蒂地区为被征服之地,与哈奈人王国和"玛里"不同。这位西米莱特王写道:"他掌控了幼发拉底河流域",而且在杜-亚顿-利姆城的铭文中将此次胜利描述为:"他在幼发拉底河流域(阿普莱蒂)建立了霸权"。[1]辛里-利姆同样认为阿普莱蒂是独立于哈奈人王国的一个实体。其国王印章内容很长,自称"辛里-利姆,由达甘任命、为恩里尔所爱、幼发拉底河流域统治者、玛里和哈奈人王国之王、亚顿-利姆之子"。[2]

　　当埃卡兰特姆城的萨姆斯-阿杜占领了玛里,人们都认为"哈奈人的王国"自然也就消失了,不过大多数的部落人仍然留在那里,定居者与游牧民之间的区别也依然存在。但无论如何,萨姆斯-阿杜确实赋予了阿普莱蒂地区新的地位,称其子亚马斯-阿杜的王国为"玛里和幼发拉底河流域(阿普莱蒂)王国"。[3]萨姆斯-阿杜并非西米莱特人,我们应当了解在他的王国内(包括他的两个儿子——被封为埃卡兰特姆王的伊斯米-达甘和被封为玛里王的亚斯马-阿杜的管辖区),各类文书中"哈奈人"一词的涵义有着本质的区别。在萨姆斯-阿杜的政权结构中,统治阶层既非西米莱特人又非哈奈人,不过他建都苏巴-恩里,将自己置身于西米莱特人和哈奈人领土的中心地带。我们发现在萨姆斯-阿杜统治时期,文书中涉及的哈奈人并不是西米莱特人,但是"哈奈人"的用法可以说与辛里-利姆时期的情况相似。在一封书信中,萨姆斯-阿杜许诺召集"哈奈人",一起去抢回属于阿勒颇王苏穆-艾普以及亚米纳特拉布部落的牲畜。[4] 在写给萨姆斯-阿杜之子亚斯马-阿杜的一

---

① 撒马斯神庙铭文,iv:第 4 行;杜-亚顿-利姆铭文,第 7—8 行。

② RIME 4,p. 626,E4. 6. 12. 4.

③ 参见他向玛里守护神以图-麦(Itur-Mer)敬献宝座的题词,Charpin 1984,42—44 (Grayson 1987,A. o. 39. 4:5—6; cf. A. o. 39. 5:3—9)。

④ ARM I 24+:43—45.

封信中,拉乌姆提出了一个与羊群有关的潜在的问题,涉及到了部分"帐篷居民":

> 　　哈奈人的羊群和阿普莱蒂地区穆什根努的羊群已经到达了干河谷。撒马斯-穆萨利姆(Šamaš-mušallim)管辖下的 11 名牧民和宇马哈穆部落的哈奈人也一起过去了。他们正在杜-亚斯马-阿杜城及其下游附近放牧。我希望那些未曾表示效忠的亚米纳特人不要与他们发生争执以至于伤害到他们。①

　　这两封信中的哈奈人与亚米纳特人是对立的,这似乎也是辛里-利姆统治时期的惯例,不过具体定义也许并不相同。在某种程度上,差异也许反映了自称哈奈人的人与哈布尔河上游的密切关系,那里无论如何都不会是亚米纳特人的据点。第二封信中显然说的是宇马哈穆部落的西米莱特人,而写信人拉乌姆似乎早已熟悉西米莱特人对于"哈奈人"一词的用法,该用法后来在辛里-利姆统治时期十分常见。

　　总的说来,"哈奈人"一词的使用模式始终伴随着西米莱特人政权在玛里的建立、消亡和重建。亚顿-利姆和辛里-利姆统治时期最主要的差异也许在于,为了建立对全体西米莱特哈奈人的统治,早期的亚顿-利姆国王不得不与大多数同族人交战,而辛里-利姆则无需这么做。虽然对玛里的征服实际应归功于班纳姆,但是辛里-利姆登上王位之后并没有出现内部的自相残杀。如果哈蒙城确实位于哈布尔河流域,当然这一点目前仍然只是猜测,那么那里发生的冲突可能会造成辛里-利姆与同族人之间持续的紧张关系。也许与卡苏芮-哈拉的交战留下了可以被萨姆斯-阿杜利用的

①　ARM V 81:5—15.

创痕,他仍然与哈布尔河上游地区被称作"哈奈人"的人们保持着友好的关系。萨姆斯-阿杜通过将王都从埃卡兰特姆迁至塞那,让自己置身于王国的中间地带,这在某种程度上减弱了自己外来人的身份。再者,如果亚顿-利姆和辛里-利姆的家族向西北地区移居去等待新的机会,那么许多西米莱特人就会安乐地留在原地,只要不是打同族人,他们都会愿意为新国王出征。迪朗得出的结论似乎与此相似。①

　　为了拥有统治一个哈奈人王国的权力,辛里-利姆宣称自己是亚顿-利姆建立的西米莱特王国的继承人。当然,他并不只是试图统一所有仅以一种生活方式生存的流动的游牧民,而是以西米莱特联盟的名义,在更加可靠且可达成的部落统一的基础上建立一个新王国。然而接下来的问题是,为什么亚顿-利姆和辛里-利姆选择自称"西米莱特帐篷居民(tent-dwellers)之王"而不采用像"西米莱特王"这样的称号? 我能够给出的唯一答案就是两个王国中的所有西米莱特人都是以流动性这一意识形态认同自己,因而也赋予了"哈奈人"称谓强烈的部落关联性,而其呈现形式多样。当辛里-利姆重申亚顿-利姆的主张想要一统所有帐篷居民哈奈人时,他应该也是同时宣告将统领所有西米莱特人,而现在他们则通过哈奈人的称谓强调其非定居生活方式的传统。西米莱特游牧民由两名牧场首领管辖,特殊的管辖方式使西米莱特游牧民们拥有了极高的声望,就这样辛里-利姆使得流动的哈奈人的意识形态在其王国的政治结构中确立了中心地位。

　　d. 关于 ARM VI 76 中哈奈人和阿卡德人的看法

　　玛里文书档案中能够确定辛里-利姆王权二元性的证据并非只有其官方称号,但是该称号对于王国的正式定义起到了最突出和最重要的作用。另一个具有挑衅意味的定义则出现在了玛里行

---

① LAPO 17,p. 477.

政区总督巴迪-林写的一封信(ARM VI 76)中,他将辛里-利姆治下的人民一分为二:"哈奈人"和"阿卡德人"。在相关段落中,巴迪-林重述了曾经对国王说过的话,很遗憾该泥板书信已不再完好,部分内容经修复而成(参见 Charpin and Durand 1986,143—5;Durand 1998,485—8):

> 一个已知的事实是,当我们在艾潘(Appan)的营地时,我曾对王上说:"今天,亚米纳特人的领土已由您接管了。地上到处是阿卡德人的衣服。王上必须要尊重阿卡德人的国王。您是哈奈人的王,您其次还是阿卡德人的王。因此王上不要骑马。如果要让阿卡德人敬重自己的国王,王上您就必须乘坐轿子和骡子。"我是这么给王上建议的。①

迪朗认为信中描述的是在艾潘的一次会面,发生在[*ma*]-*a-at* I[*a-mi-n*]*a*^{ki}被辛里-利姆征服之后。在讲述了"这片土地"等同于阿卡德之后,②巴迪-林鼓动辛里-利姆也应拥有阿卡德人国王的荣光。因为他既是哈奈人的国王又是阿卡德人的国王,他在行进的队伍中应当乘坐轿子和骡子,而不应该骑马。使用轿子符合他王国中西部、亚摩利人以及帐篷居民哈奈人的传统,而骑驴或者骡子可能更符合阿卡德人的习惯,在一些文书中埃什努纳的显要人物就被描述为"骑驴者"。③ 马不可能被认为是国王坐骑。

156

(1) 阿卡德人和阿普莱蒂地区

上面一段文字的用意何在? 迪朗认为,上文中的建议确实是

---

① ARM VI 76:11—25.

② 我并不清楚这一名称具体所指,Durand 没有给出参考文献,然而部落联盟可以如此定义也并非不可能。目前这一解读也只是尝试性的。

③ Durand, LAPO 17,pp. 486—487,引用了 ARM XXVI 131 和 132;ARM XXVII 16。仅最后一份文书特别提及了埃什努纳骑驴的高官,而原先可能他们也就被看作阿卡德人了。

为了避免在此种场合使用外来的马匹而冒犯当地阿卡德人。不过,我并不十分肯定驴子会被认为是"阿卡德"或者埃什努纳国王们的坐骑。有这样一个例子:"骑驴者"当中没有一个是国王,只有一行 12 个"骑驴者"从埃什努纳来,他们在一次军事冲突中被俘(ARM XXVII 16)。另一个例子似乎涉及了一支巴比伦军队(XXVI 131),他们要求辛里-利姆派一个代表前往伊达-马若斯同盟的一个王国,与阿卡德人居住区毫无关系(XXVI 312)。总之,我们尚不能肯定驴子就是南部或者东部美索巴达米亚统治者们的坐骑。贝特朗·拉封(2000a,214—215)列举了有关驴子或者骡子的图示证据,它们出自乌尔第三王朝王室印章的盖印(遥远的东南地区)和一个巴伯斯(Byblos)剑鞘(遥远的西部地区)。①

最后,似乎所有的选择范围都可能是西部,但是如果我们所说的地区等同于埃什努纳和巴比伦王国,那么特别说明是"阿卡德人的"就讲不通了。无论如何,冒犯的马匹应该是代表了另外一种文化特性,而非东西部文化的对立。很明显,答案并非马代表"西部的"或者"亚摩利人的",书信中也没有进行如此的范畴划分,答案实际上是,马是游牧的帐篷居民最偏爱的坐骑。巴迪-林的告诫说明辛里-利姆本人特别钟爱马。另一位总督写信给辛里-利姆,保证到达的旅行队里所有动物中有两匹白马是专门留给国王的。②无论如何,轿子和骡子对大家而言将印象深刻而且可以接受,如此一来国王就不会看似来自大草原的野蛮人了。

倘若轿子或者骡子都与阿卡德或者巴比伦没有联系,那么这些"阿卡德人"就不能以与原先名称的直接关系来定义了。那么,他们到底是什么人? 迪朗也对该术语进行了探讨(LAPO 17,pp. 480—483),他并不认为"这些阿卡德人"是幼发拉底河流域更古老

---

① Lafont 是通过长耳朵来确认驴或骡子的。

② *FM* VII 20:6'—7',写信人是萨嘎拉图总督亚齐姆-阿杜。

的城镇里"前亚摩里时期"居民的后人。他说,萨姆斯-阿杜的美索不达米亚王国可能有着与"阿卡德人"更直接的关联,现在的危险是会不会激怒上一个政权的拥护者们。

　　寻找阿卡德人新的身份的尝试确实有意义。无论如何,哈奈人之王和阿卡德人之王这样的双重身份与辛里-利姆王国中人口构成的二元性是相呼应的。王国人口由西米莱特哈奈人和阿普莱蒂地区居民两部分构成,对这两部分人的描述是否有更具体的参考点值得我们探究。辛里-利姆既是哈奈人国王又是阿卡德人国王的另一个原因是,他不仅统治着玛里城及阿普莱蒂地区,而且还统治着王国中游牧的西米莱特部落领土。就像他治下的帐篷居民特别指西米莱特人,阿卡德的部分应该是指他所征服的亚斯马-阿杜的整个王国——即阿普莱蒂地区。辛里-利姆王国的阿卡德人应该主要集中居住在城镇中,并不是因为这些城镇曾经是亚摩利人的,而是因为它们是辛里-利姆所夺取的王国基石。该结论与迪朗的观点类似,即萨姆斯-阿杜统治的王国是古代阿卡德人的国家。

　　(2) 阿卡德人与亚米纳特人

　　可以毫无疑问地说,ARM VI 76 中的"阿卡德"就是指萨姆斯-阿杜的王国,或者更确切地说是王国中从亚斯马-阿杜手中夺取的那部分领土。然而,从实际人口看,"阿卡德的"到底代表什么? 事实上,这个幼发拉底流域的王国可能在此历史阶段已经呈现出了亚米纳特人的特色。我并未忽视其他部族,包括占领了该地区的西米莱特人,不过迪朗有关亚米纳特人的论点让我开始对此问题关注起来。[1] 已有证据表明,忒卡行政区中亚米纳特城镇

157

---

[1]　有关亚米纳特人的观点可以从第 6 行中的库黑图(Kulḫitum)得以证实,这是一个亚米纳特联盟阿纳努部落人生活的城镇,属于忒卡行政区管辖(参见 ARM XXIII 428:20; 429:20)。第 12 行中的艾潘也是一座亚米纳特人城镇,这里生活着拉布部落(ARM VIII 11)中的"艾温"氏族。

的地位很重要,除此之外,这些城镇与幼发拉底河中游及更遥远的上游地区的关系也极为密切。亚米纳特人不仅拥有多个城镇而且还有一个共同的麻敦,这对原本传统上也是亚米纳特城镇的伊玛和图特尔来说是个威胁,曾被亚顿-利姆征服的亚米纳特领土的核心区域当然也就是这里:①

> 所有的亚米纳特人都离开了他们居住的城镇和土地,到处游荡。现在,他们中有一些人正在谋划的事情是:"我们应该夺取图特尔城并把它作为我们的据点,那么就会……然后,我们再攻下伊玛。"亚米纳特人正盘算着这件事呢。②

亚顿-利姆在其题赠的撒马斯神庙铭文中提到了一些亚米纳特城镇,但仅仅是准确描述了图特尔城的位置。该城镇位于现在的比阿丘(Tell Bi'a),靠近巴里河与幼发拉底河的汇合处。阿巴图似乎距离伊玛非常近,位处图特尔的沿河上游地区。萨马努的确切位置不详,但是显然它远在下游地区。辛里-利姆统治时期,萨马努隶属忒卡行政区。③

有意思的是,安巴(Anbar)发现带有阿卡德人特色的名字在亚米纳特人中出现的比例比在哈奈人中高出很多:23%比7%。④许多亚米纳特人使用阿卡德人姓名也许说明了一种可能性,即大部分亚米纳特人已经适应了幼发拉底河更古老的文化传统,而大部分西米莱特人却没有。另一份尚未出版的泥板文书资料将辛

① 参见 A. 3960:2'—4',Durand 1990b,50—51 和 n. 54。
② A. 3960:2'—12',写信人显然是莱纳苏,辛里-利姆派驻图特尔的军事代表(Durand,1990b,50—51 和 n. 54)。
③ ARM XXIII 428:34; 429:35.
④ Anbar 1991,90;这里精确的百分比似乎不太真实,当然我们也无需接受他对哈奈人(Hana)的解读。

里-利姆的王国按照语言传统划分成了几个部分,而他就是"阿卡德人和亚摩利人之王"。[1] 如果辛里-利姆王国中"阿卡德人"的部分主要就是亚米纳特人的一个分支,这些亚米纳特人保持着部落习俗而且与东方的大王国联系密切,那么是否使用轿子和骡子对于巴迪-林书信中提及的"阿卡德人"而言是个非常敏感的文化习俗问题就能理解了。

2. 辛里-利姆的部落王国

作为"玛里和哈奈人王国之王",亚顿-利姆和辛里-利姆仍然坚守着部落国王的传统,他们居住在防卫森严的、行政和仪式的中心区域对王国实行统治。玛里泥板文书如此不同寻常和如此珍贵的原因是,这些书信文本向我们展现了玛里王国时期国王与部落的频繁互动。楔形文字记录服务于基于定居生活的行政机构,多数情况下记录的是王宫、神庙的事务,或者记录以城镇为中心的商业活动。这些机构记录的重要事宜极少涉及部落。公元前两千纪初,虽然拥有西闪语"亚摩利人"姓名和部落背景的国王们统治着美索不达米亚所有最重要的王国,我们却不能以他们中的任何一人作为标准来定义这一时期政治组织的部落特性。当然,其中两位最具权势的亚摩利王的确给我们留下了有关他们特殊部落传统的证据,然而这些证据揭示的只是他们治下的王国向非部落政治传统过渡时期的另类适应形式。辛里-利姆是一位活跃的部落王,他以所在部落的支持者群体来定义自己,这一点比其他任何书面证据所揭示的都更为确凿。公元前两千纪初,美索不达米亚地区的其他一些国王以亚摩利部落术语来定义自己或者他们的祖先,所以说,辛里-利姆的行为绝不是独一无二的。然而其不寻常之处

---

[1] A. 489,Durand 1992b,113n137.

在于,出自一位统治者的史料证据竟如此丰富,展示了他与其部落大本营生动的、最直接的联系。而且,美索不达米亚东部城市的亚摩利征服者们也许已经完全适应了这一强势的文化传统。

巴比伦王国的汉谟拉比和埃卡兰特姆及美索不达米亚王国的萨姆斯-阿杜这两位国王,与亚摩利部族都存在着家族关系,这些部落在玛里王国时期非常有名,包括亚米纳特联盟中的阿纳努部落和亚胡如部落,还有以库达城为次要政治中心的纳姆哈部落(Charpin and Durand 1986,最后一节)。萨姆斯-阿杜的父亲叫伊拉-卡喀布(Ila-kabkabu)是众所公认的,但该家族从未对外宣称与任何一个固定的大本营存在着长久的身份关联。[1] 也许这种不依附任何一个固定都城的做法可以帮助我们理解下面这个事实:萨姆斯-阿杜将自己在埃卡兰特姆的根据地(一座声望显赫的亚述古城)移交给他的儿子伊斯米-达甘管辖,而后又将自己重要的政权机构迁至塞那城,并且将其改名为苏巴-恩里。[2] 汉谟拉比则是另一种作风,他十分依赖巴比伦城。他是已知的定都巴比伦的同一家族的第5位国王,而且其称号没有提及与任何部落有什么关系。[3] 我早已回顾了有关定都拉莎的国王库杜-马布克和定都乌鲁克的国王森-卡斯统治时期的其他证据,这两个王国分别与亚姆波部落(即位于拉莎的埃姆巴部落)以及亚米纳特人的阿纳穆部落有关(见第二章,A3小节;第三章,B4小节)。拉莎城的情况似乎表明亚姆波部落身份逐渐失去了声望和优先权,所以瑞姆-森在其称号中没有提及亚姆波部落身份。

---

① Durand 在研究萨姆斯-阿杜的"名祖编年史(Eponym Chronicle)"过程中将具体阐述其家族史,虽然这份泥板文献破损极为严重,但是我们仍然充满期待,希望它能向我们展示宝贵的历史事实(参见 Birot 1985)。1997 年秋,Durand 研讨会的几次小组讨论的主题就是这份文书。

② Eidem 认为萨姆斯-阿杜政权对当地社会结构影响微乎其微(2000,256)。

③ 参见关于巴比伦的部分,Frayne 1990,pp. 323—370。

a. 西米莱特王

同为亚摩利王,巴比伦的汉谟拉比称辛里-利姆为"西米莱特王"而非"玛里王","西米莱特王"是一种部落定义:

> 瑞姆-森(拉莎王)散布了这些充满敌意的话语。除了我的伟大的神站在我这边帮助我,也就是西米莱特王辛里-利姆一直与我一条心了——别无他人。[①]

该称号被视为重要身份的象征,是赞美之词,没有任何贬低的意味,当然并不是对其权力范围的完整描述。[②] 在巴比伦夺取玛里之前的一段时期,库达王汉谟拉比向集结的纳姆哈部落(即生活在库达的部落)人发表讲话,劝他们放弃效忠辛里-利姆。最后,库达王声称巴比伦人希望他与他们联合,因此他决定向"西米莱特人"宣战:

> ……巴比伦王给我派来了军队。直至今日,辛里-利姆从未与纳姆哈部落团结一致。恰尼-利姆在位时,他居然与反叛者为伍。阿塔如姆在位时,他又是这样。现在,他还打算与赫迪亚(Himdiya)联合,而巴比伦人希望与我联合,我准备向西米莱特人宣战。
>
> 纳姆哈部落如此回复他道:"撇开我们的兄弟西米莱特人

---

① ARM XXVI 385:3'—8',该书信的地址缺失,文本内容由 Charpin 编译。Anbar (1996)给出了与 Charpin 和 Durand 不同的另一译本,认为有另一种可能性,即辛里-利姆本人并非西米莱特人,他只是统治者而已。从社会结构的角度以及辛里-利姆政权结构中具体政治从属关系来看,以上的分析意义不大。不过,假设辛里-利姆本人与其同族西米莱特人一样有着部落祖先,似乎理解起来更为简单。

② 一位马里官员向辛里-利姆报告胜利消息时仅提及了哈奈人(西米莱特游牧民小分队)的勇猛,似乎再也没有其他队伍了(ARM XXVI 386:3'—4');参见 *AEM* I/2,p. 213,no. 389。这一具体指称也将有助于巴比伦王的定位。

不说，我们与巴比伦的关系友好，不过我们屡次三番将自己的命运和西米莱特人拴在了一起。"这就是库达纳姆哈部落的回答。[①]

即使巴比伦王汉谟拉比仍保留了某种亚米纳特传统，他的领土仍然以都城定义，而辛里-利姆的王国则以所在部落定义。

据记载，早前一位较为友好的库达王布努-艾斯塔（Bunu-Eštar）曾断然拒绝了一个邻国的挑唆并发表忠诚声明："如果不是与辛里-利姆和哈奈人，我不会缔结任何和平条约。"[②]此处的哈奈人一定就是西米莱特人，辛里-利姆因此被认为是一位部落王。[③]埃什努纳王伊巴-皮-埃尔二世也曾以部落王来称呼辛里-利姆。有一年他攻打过苏巴土王国和哈奈人（Hana），后者指的是玛里（Charpin and Durand 1986, 148）。在玛里文书档案记载的历史时期，"哈奈人"频繁地用于指称游牧的帐篷居民，但是该用法在后来的"哈奈人"王国（中心位于忒卡）时期逐渐失去了原来的涵义。

萨嘎拉图行政区总督向辛里-利姆宣誓效忠的一番话，假定了所有西米莱特人都将是誓约的见证人，如果他因为不服从而受到诅咒，那么见证人们会说那是他应受的惩罚：

> 就让诸神灭绝我所有的后代（"拥有我姓氏的后裔"）以及我的子孙。让西米莱特人见证……以我为例，说："辛里-利姆

---

① A. 3577:20'—33'，Durand 1992a, 45 和 n. 39。我按照 Durand 的做法将阿卡德语中第一人称单数译成了复数形式。

② ARM XXVII 19:14—16，写信人是玛里恰图南总督，因此我们并不能确定这是他本人还是布努-艾斯塔的说法。

③ 库达坚持与玛里和巴比伦均保持密切的关系，辛里-利姆统治结束之前玛里和巴比伦曾一直和平相处。辛里-利姆在位初年，国王希马-伊兰甚至还访问过巴比伦（参见 ARM XXVIII, p. 235）。

支持苏穆-哈杜(Sumu-hadû),但是苏穆-哈杜……(坏事)。①

因为该誓约仪式是在辛里-利姆的王宫完成的,所以誓约内容通过描述国王支持者表明了国王本人的偏好。

b. 萨姆斯-阿杜,阿卡德王

亚顿-利姆和辛里-利姆认为自己是西米莱特游牧民王国的国王,他们在幼发拉底河流域著名而古老的中心城市玛里建立王都。萨姆斯-阿杜的君主统治却是一番完全不同的政治和地理景象。他建立了包括美索不达米亚两大河流域在内的中央王国——"底格里斯河和幼发拉底河之间的国家",让自己的两个儿子伊斯米-达甘和亚斯马-阿杜分别管辖王国的东西两部分领土。② 但最重要的是,萨姆斯-阿杜似乎自称伟大的阿卡德王国的继承人。早在几百年以前,即公元前三千纪末,萨尔贡王朝统治着一个著名的美索不达米亚帝国,王都位于美索不达米亚中心地带的阿卡德城,它靠近后来的巴比伦和现在的巴格达。通过宣称拥有阿卡德身份,萨姆斯-阿杜使自己的中央王国拥有了凌驾于埃什努纳和巴比伦之上的优越感,埃什努纳和巴比伦位于王国南部边境地区,是其重要对手。

夏宾和迪朗只是在注释中提出了这一令人兴奋的假设,表述并不详尽。③ 该假设在某种程度上是基于萨姆斯-阿杜对于阿卡德国王们的痴迷。在玛里举行的纪念死者的仪式上只出现了两个

① M. 6182d:17—26,Durand 1991,26;这是玛里高官唯一的效忠誓言。苏穆-哈杜具体拥有什么头衔并不清楚,不过他似乎曾短期担任过玛里行政区总督。参见相关论述,Lion 2001,176—177,183—184。

② 参见 Grayson 1987,pp. 47—51,A. o. 39. 1,发现于亚述的文书(参见 A. o. 39. 7,关于在玛里出土的敬献给达甘的一个贡品)。

③ 参见 Durand,Durand and Guichard 1997,28;Durand 1998,108—109;关于"l'époque d'Akkad",Charpin,RAI 43,106—107;Charpin 即将出版 b;Eidem and Hoejlund 1999。

祖先的名字，萨尔贡和纳拉-新（Naram-Sîn）。① 现在我们又发现了出自玛里的一份文献资料，叫作"反对纳拉-新"，但也有可能出自萨姆斯-阿杜时期（Charpin 1997c）。在一个高脚杯上的题词中，萨姆斯-阿杜称自己为"阿卡德王"。② 迪朗甚至提出萨姆斯-阿杜的家族祖籍就是阿卡德城，其血统可追溯至伊拉-卡喀布（Charpin and Durand 1997，372n36）。有趣的是，认同阿卡德身份与这一时期南美索不达米亚国王们通常炫耀的事——他们"统治着苏美尔和阿卡德"并无关系，在萨姆斯-阿杜的称号中从未有"苏美尔和阿卡德之王"这类说法。③

　　辛里-利姆在夺取玛里和阿普莱蒂地区时也宣称自己拥有对先前王国的控制权，但是他同样也认为自己是哈奈人王国的国王。辛里-利姆既拥有作为王都的城市又统辖着部落人口。而他的前任可能统治着所有部族，因为萨姆斯-阿杜宣称拥有整个两河流域的管辖权，但是他并不认为有必要以称号来让支持者们感到满意，即使在其领土上有大量这样的部族。④ 迪朗认为，萨姆斯-阿杜甚至还可能鼓励大批哈奈人游牧民迁移到王国疆域界限之外的地方。萨姆斯-阿杜追求的是王国疆域的辽阔，他的王国以整个两河流域定义，而非王国的人口。相反，辛里-利姆认为在称号中保留哈奈人的元素很重要，因为哈奈人是其权力的真正根基。阿普莱

161

---

① FM III 4 i：5—6，18—19；参见第 43 页 Durand 的论述。

② LUGAL A-ga-dé^{ki}；A. 4509：7，Charpin 1984，44—45，当萨姆斯-阿杜在尼尼微的埃丝塔神庙中重建埃麦努（Emenue）神龛时，他希望能够再续萨尔贡时期的荣耀，该神庙最初由萨尔贡之子马尼斯图素（Maništušu）修建（RIMA 1，A. o. 39. 2：I 7—13）。

③ 例如，可以对比埃丁-达甘（Iddin-Dagan）等几位伊辛国王的王室铭文（Frayne 1990）；多位拉莎国王；汉谟拉比之后的几位巴比伦国王（汉谟拉比在征服拉莎后因某种原因称"苏美尔和阿卡德之王"，不过其继任者们也就沿用了）。

④ 参见，例如，萨姆斯-阿杜在还愿铭文中使用的称号（Charpin 1984，文书 1—4（pp. 42—48），印章（pp. 50—51），称号记录表（p. 52））。参见 Grayson 1987，section A. o. 39. 1。

蒂地区只是他征服的成就,防卫森严的玛里是王国的行政中心和权力象征——当然这也是王权的必要条件。① 我们并不了解辛里-利姆重返玛里之前以何处为其固定的权力中心,也不知晓他统治的地理范围及具体人口。将辛里-利姆和萨姆斯-阿杜两位国王进行比较并不意味着我认为他们中的某一个人就是标准。仅玛里文书档案就揭示还有其他以部落定义的王国,如库达城(纳姆哈部落王国所在地),而且这一政权模式很可能是一种普遍现象。但无论如何,能够从辛里-利姆统治时期大量往来的书信史料中发现一个活跃的部落王国仍然十分罕见。

c. 远离玛里王

上述两个王国为我们留下了大量玛里文献史料,但是我们面对的难题是,两个王国的意识形态在王权行使过程中是否有不同的表现形式。在此我仅提出了几点看法,这个问题实际上值得更详细的探究,我目前的研究尚且不够深入。

从亚斯马-阿杜到辛里-利姆统治时期王宫管理和后宫机构具有一定的连续性,不过这并不能证明他们的王权形式相同,因为征服之后接管这些事务是自然的事情。② 另外,某种程度上,亚斯马-阿杜的行政管理是建立在亚顿-利姆及其倒霉儿子苏穆-亚曼统治时期原有制度之上的。③ 辛里-利姆认为自己只是夺回了自

---

① Durand 从亚顿-利姆和辛里-利姆征服玛里这一角度描述了这两位国王,他提到了"游牧民大本营"德尔,在那里两个国王确认并宣告王权,"同时拥有对玛里和游牧部落的统治权"(Durand and Guichard 1997,40)。

② 参见 Durand 1985b,421。Nele Ziegler 目前已对此现象做了较详细的研究,他发现在辛里-利姆统治时期,亚斯马-阿杜的后宫女眷往往被与新国王一同入宫的女眷隔离开(1999,36—38;p. 37 的表格)。

③ Villard 2001,13,亚斯马-阿杜统治时期的玛里领土主要位于阿普莱蒂地区,包括玛里、忒卡和萨嘎拉图这 3 个行政区。这位年轻的国王想将哈布尔河流域的恰图南行政区也纳入玛里,但遭到了其父的反对,直至他统治晚期才如愿以偿。而此时伊达-马若斯可能也已成为了亚斯马-阿杜的势力范围。

己的东西,因为他是亚顿-利姆的继承人。①

　　萨姆斯-阿杜和辛里-利姆还有一个共同点,就是他们保留着"国王亦是战士"的传统,这一点可以被看作纯粹的部落特征;不过,当一个国家通过武力扩张领土时,部落之外的人们也肯定会了解"国王亦是战士"的部落特色了。部落人口中流动的游牧民坚持的生活方式表明,对某些部族而言,他们理想的生活也许就是局限于大草原的游牧生活。有一封被马莱劳(Marello)定名为"游牧生活"的书信饶有趣味,这是一封亚胡如部落的亚米纳特首领哈米-伊斯塔马写给亚利胡部落首领亚斯马-阿杜的信。哈米-伊斯塔马在信中斥责亚斯马-阿杜丧失了在野外生活的兴趣。这一点说明亚斯马-阿杜已经脱离了他本来的权力基础(A. 1146,见 Marello 1992)。

　　探究辛里-利姆活跃的部落王权不同之处的办法之一,就是查阅关于他不在王都的记载,他离开玛里不仅仅因为战事而且还会出于其他活动的目的。首先,王宫档案中保留了一些连续的记录空白——表明辛里-利姆离开王宫的时间较长。迪朗的推断是,玛里王宫的功能是作为辛里-利姆整个王权统治的行政中心,只有出于安全需要时,筑有城墙的玛里才是王室的居住地。如果王室在战争期间居住于此,那么这些时候很可能就是国王本人因出征而离开王都最久的时期。面对战争的需要与和平时期的自由,辛里-利姆的行为似乎没有辜负游牧者对理想生活的追求但是却没能更好履行玛里王的职责。

　　贝特朗·拉封对辛里-利姆离开玛里的问题做了系统的分析,收集了所有记录国王出行的史料。他发现辛里-利姆离开玛里外出的记录大约有 10 次,而多数情况下是与自己的军队一起出征。其他国王们似乎并不像他如此频繁地离开自己安全稳固的王都。

---

① Charpin 讨论了几种相关说法,RAI 43,esp. pp. 96—97,109。他的盟国和附属国也这么认为。

拉封收集的辛里-利姆出行清单如下(以年号 Z-L 0-13 为记录日期):

- Z-L 0,征服卡哈特城;与伊达-马若斯(位于哈布尔河流域)同盟作战;
- Z-L 3,与伊达-马若斯同盟的阿斯拉卡交战;
- Z-L 4,返回哈布尔河流域攻打埃什努纳;围攻安达瑞格(哈布尔河东岸地区);
- Z-L 6,两次不同的远行:年初,确保安达瑞格和库达(哈布尔河东岸)之间的和平;年中,前往苏巴-恩里(位于哈布尔河流域东北部);
- Z-L 7,进入苏胡木,东南部边境地带;
- Z-L 8,前往胡斯拉(Hušlâ)向库迈(Kummê)风暴之神进行献祭,同时会见北部地区诸位国王。
- Z-L 9-10,远行至地中海沿岸,包括乌加里特(最后 5 个月);
- Z-L 10,回到哈布尔河解救被埃兰和埃什努纳围攻的拉扎马(Razamâ);
- Z-L 12,访问伊蓝-苏拉和安达瑞格,对抗来自埃卡兰特姆的伊斯米-达甘的威胁;年末,平定阿斯拉卡的反叛。

波特认为辛里-利姆偏爱旅行正是其统治期间试图超越部落分散的局限性而采取的两种措施之一,另一个就是举行王室祖先祭祀典礼。在波特看来,国王出行的空间范围很广,这不只是在展现国王权力,而且还是在整合一个部族,因为该部族的身份并不是建立在经常面对面交流的定居生活基础上的(2000,447—451)。波特对于辛里-利姆王国的研究分析与我本人的观点十分接近,不过她的结论主要是基于她所掌握的有关幼发拉底河中游地区社会结构的考古证据:

163

　　关键点是玛里文书档案中的游牧部族并不是外人,本质上对王国也没有敌意,……他们在政治、经济以及社会生活方面已经融入了整个王国体系,但是仍然留存着一系列差异,他们与王国大环境保持着有时横切、有时又交叉的关系,在两种不同活动范围内这些关系会依照具体情况而发生变化(p. 445)。

　　那么,相比之下,辛里-利姆的前任又怎么样? 亚斯马-阿杜在其父萨姆斯-阿杜治下被封为玛里王时应该还很年轻,一个无能的享乐主义者这样的名声对他来说可能并不公平。他本要前往恰特纳指挥作战,但最后被伊斯米-达甘叫走一起攻打恰卜拉(Qabrâ)(LAPO 17, pp. 9—10)。先不谈有关亚斯马-阿杜是个不中用的、不喜欢离家的人,不过为了住得舒服,他似乎还真花了不少时间和精力修缮王宫。① 在亚斯马-阿杜和辛里-利姆各自的统治时期,他们的王宫生活方式或许确实存在着实实在在的差异,如果可以避免过于简单化,这一方面还真值得考证。

　　d. 辛里-利姆的两条河流

　　作为国王,辛里-利姆自认为是西米莱特哈奈人王国(在亚顿-利姆治下得以统一)的继承人;不过实际上,他是从萨姆斯-阿杜之子亚斯马-阿杜那里直接继承了王位,不过人们就这点众说纷纭。除了作为王国中心的玛里,辛里-利姆还继承了可以定义其统治范围的具有王室意义的两条河流。亚顿-利姆早期使用的说法"玛里和哈奈人王国"似乎将他的王国等同于西米莱特部落联盟,而"玛里"作为王都,是他夺取的战利品,他还同时继承了那里的财富、声望和人类的成就。从较小规模来看,这其实就是每个被打败的亚米纳特政体的构

――――――――

①　亚斯马-阿杜入主玛里最初几年对王宫改造的相关文献,参见 Charpin 对乌苏-阿瓦苏(Uṣur-awassu)书信的评论,AEM I/2,p. 10。

架——每个政体包括其中心城镇和部落人口:"萨马努和乌拉普部
落王国"、"图特尔和阿纳努部落王国",以及"阿巴图和拉布部落
王国"。如果算上辛里-利姆统治时期,还应包括"库达和纳姆哈部落
王国"以及其他。王都作为国王的居住地,其地位最为重要,而麻敦
民众则指生活在中心城镇周围的居民。我们没有理由不按照同样
的方式去理解亚顿-利姆所使用的称号"玛里和哈奈人王国之王"。
实际上,哈奈人不一定就是指所有的西米莱特帐篷居民,不过这
已经变成了他们的符号。核心人群之外的人们都处于次要位置。①

　　萨姆斯-阿杜统治时期,整个社会结构发生了变化。一个理想
的美索不达米亚大王国(位于底格里斯河和幼发拉底河之间)实行
的是一个真实的二元管理架构。这里的幼发拉底河流域即后来辛
里-利姆治下的阿普莱蒂地区,当辛里-利姆使用该术语时,他已有
意识地控制了整个萨姆斯-阿杜的王国。当他恢复使用亚顿-利姆
的王国称号时,他尚未完全消除萨姆斯-阿杜所定义的王国观念的
影响——一个以两河为中心区域定义并进行行政管辖的王国。甚
至辛里-利姆的称号也暗含了地理二元性的特点,哈布尔河为中心
的西米莱特牧场以及西米莱特定居人口的聚集地是称号中的基本
要素。甚至有人或许会想象幼发拉底河与哈布尔河之间另有一个
"国(land)"。要知道辛里-利姆治下的主要附属国都在北部地区,
位于或靠近哈布尔河流域,而且其中一些附属国与辛里-利姆的西
米莱特部族存在着部落关系。② 另外,辛里-利姆将西米莱特游牧

164

---

①　即使是 *māt Ḫana* 这样的称号也是专用、独有的,而非包容性的。
②　这在辛里-利姆王室通信排序中可以看出,ARM XXVIII。1 至 25 号包括的王国
　　有巴比伦、恰特纳、亚姆哈德和卡切米希,26 至 176 的顺序是自西向东穿越上国从
　　巴里河流域的扎马昆到斯尹加地区。177 至 81 号的书信来自东部地区土卢库部
　　族,以及埃兰王国。玛里与其他一些影响力较大的王国的通信很可能在王宫被毁
　　之前已被受雇于巴比伦人的书吏给剔除出去了,但是我们最好还是相信这些幸存
　　的泥板书信生动再现了辛里-利姆统治时期日常的政治活动。参见 Charpin
　　1995a,37—38。

民的管辖权赋予了两位牧场首领,由他们二人独立领导,其管辖区域主要为哈布尔河上游,所以这种双人管辖模式甚至使两河模式有了新的含义。

可以说,辛里-利姆以两种不同的方式让亚顿-利姆的旧称号为自己所用。身为西米莱特人的辛里-利姆以玛里为权力中心,享有着其部落祖先原有荣耀所带来的好处。与此同时,他让旧称号中的第一要素拥有了更加广泛的意义。"玛里"的概念包括了玛里周边——即幼发拉底河流域和哈布尔河下游地区的所有定居人口,这一区域也被称为阿普莱蒂。

关键是要牢记,我们不是在探讨界限分明的不同人群,而是并不能完全体现社会现实情况而对人群进行粗略划分的意识形态。"哈奈人"的意识形态源自辛里-利姆自己所在的部落,流动的游牧生活是其理想化的生活方式。根本上来讲,可能早在亚格得-利姆和亚顿-利姆的西米莱特部族出场之前,阿普莱蒂地区就已有居住者了。如果说阿普莱蒂的居民与流动的游牧民也有某种渊源的话,可能就要追溯到更早的时期,大约公元前三千纪。

3. 玛里的君主政体

对于玛里文书档案中政治世界的研究重点尤其在于体现"民主的古代先祖"这一主题的方方面面,即那些与集体行使和诠释权力相关的方面。在刚刚讨论了玛里王国的基本定义之后,我想谈一谈君主政体本身的情况,特别是它与集体领导形式相关的部分。下面简述中每一个特征都需要更深入以及更加系统的评估,我在此处进行简述旨在确认任何一个政治集体与国王之间的更重大的关系。①

---

① 关于玛里王室活动的具体综述,可参阅 Durand 的 LAPO 三卷。

我在下一章中引用的许多档案文本揭示了以下的问题：国王们如何与领导集体配合与沟通，此处的领导集体被称为"长老们"或者其他表示集体的词语，有时候领导集体等同于一个城镇或者全部居民。在这些情况下，王权或者其他个人权力与集体政治传统呈面对面的态势，而在种种条件下行使权力的方式产生的结果具有广泛的可能性。据我所知，没有任何史料显示辛里-利姆、亚斯马-阿杜或者其父萨姆斯-阿杜曾经对任何一个代表整个王国或者王宫管理机构的议会团体发表过讲话。因此，玛里王们似乎是通过手下高级官员们的斡旋来听到民众的集体呼声的，这些高级官员们负责与全体居民中各个群体的代表们会面。不过至少根据王室事务的文字记录，集体领导的意识形态在玛里并未得到正式认可。

当然，这并不意味着玛里的国王们实行的是自治政策。相反，玛里书信档案记录了频繁的往来对话，写信人通常对国王毕恭毕敬，不过书信内容都是些意见和建议。比如，一个叫班纳姆的人，正是他攻下了玛里城，此人可以以同等人的身份称呼他的国王，可以如此独立地作各种决定以至于辛里-利姆有时不得不将它们驳回。① 然而，从意识形态方面看，每个可以直接与国王接触的高级官员称呼国王时需记住：自己的身份是仆臣，是一个完全服从国王的个体政治参与者。尽管每个国王都会任命一个庞大的行政管辖队伍，但是他从不会以团队的形式称呼他们。参与王宫管理的官员们拥有相当于其他官员各种等级的头衔，但是每一位管理者都直接而且单独地为国王提供服务，管理者们可能由一位总管进行监督，在王宫范围内任何形式的集体势力均不允许出现。我们不能肯定这种集体政治形式就不存在，但是对此没有任何相关的书面记录的事实表明：具有排他性的王权观念支配着文字记录的

① 参见 ARM XXVI 5—6。

内容。

这一关键问题上,玛里文书档案没有揭示萨姆斯-阿杜和辛里-利姆两位国王的君主统治存在着很大的差异。两位国王都以玛里为王都,王宫内部有一个高级领导层,他们与"总督们"不太一样,总督们负责王宫与管辖定居人口的地方官员之间的斡旋。辛里-利姆统治时期,牧场首领的地位尤其突出,他们仍然充当着国王与管辖游牧民的地方首领之间的调解人。萨姆斯-阿杜统治时期,王国管理机构中新增了一个层级——伊斯米-达甘和亚斯马-阿杜被任命为地方国王,如此一来就同时有了三个成熟的王宫管理机构。

王权支配着社会和经济生活的许多方面,只要国王提出要求,也许根本就没有能够直接拒绝王权统治的领域。在玛里王国中,王宫无疑在举行集体活动方面发挥了一定的作用。重大的节庆活动都集中在玛里举行,从玛里考古挖掘出来的仅有的有关典礼的文书显示,国王是一个极为重要的角色。[①] 自然地,王宫的管理职能涉及日常生活的诸多方面,特别可以通过地方行政区的官员来行使职能,例如地方官员们可以命令工人们干活或者逮捕国王通缉的犯人。国王的收入来自各个城镇和游牧群体缴纳的头领费,地方领导者通过缴纳头领费来获得国王认可从而行使地方事务管辖权。

据记载,王宫拥有的或者分派给他人耕作的土地相当多,[②]迪朗推断幼发拉底河河床区域只有经王宫许可才能开发使用。[③] 也许只要国王愿意,他就有土地授予权,但是也有许多农田经王宫认

166

---

① 参见 Durand and Guichard 1997,52—71,文书原文 *FM* III 2—5。没有迹象显示这些仪式在玛里举行,而且均于萨姆斯-阿杜统治时期举行(Fleming 1999,160—161)。文书还揭示了萨姆斯-阿杜统治时期国王在重大仪式上的角色。

② 例如,恰图南行政区中"王宫的田地",ARM XXVII 36:9。

③ *LAPO* 17,pp. 513—516,关于 *ḫamqum*。

可、属于穆什根努阶层,他们并不直接依靠王宫的经济支持。迪朗提醒说,王宫的土地清单并不一定包括所有农田,而只是列出了那些需要王宫干预确认其身份、或者等待王宫分配的土地。我们无法知晓每个区域的王室土地的实际比例(1990e,1—1—2)。[1] 事实上,至少国王并不认为自己拥有所有的土地。所有关于土地拥有权的考虑仅适用于河床地区(幼发拉底河流域地区)。在大草原上,游牧民们流动放牧,他们的行动不受土地拥有权的约束。我们很难了解王宫拨款的范围或者地方农业基础设施的管理情况,如沟渠或者运河挖掘和管理。当然,王国的官员们一定会参与灌溉系统的修建与维护。[2]

除了农业,王宫肯定也会参与贸易或者各种手工艺生产。然而,在这里,如果我们假定王宫雇用的商人、手工艺人和妇女们所有的收入都由国王发放,那将是危险的。[3] 被王宫雇用并不能保证获得完全的经济支持,这一点可以从驻扎在玛里附近的士兵们的处境中看出,这些士兵们在正式启程作战之前需自己养活自己(Durand 1998,397)。

根据玛里文书档案,不受王宫支配的一个重要经济领域似乎是畜牧业。当行政区总督们和他们的地方宫廷机构深入参与到河床地区的农耕经济时,似乎并没有相应的王宫管理机构负责大草原上放牧的事务。贝特朗·拉封告诉我,几乎没有王宫行政文书

---

[1]　玛里几乎不符合 Piotr Steinkeller 关于北美索不达米亚王国标准模型的假设,而根据该模型,统治者及王室家族为农田的主要所有人(1993,124—125)。

[2]　参见,例如,Lafont 1992b,93—101,一位名叫苏穆-哈杜的高级王宫官员谈到了玛里附近运河的一些问题。Lafont(2000b,138)强调中央集权似乎在公元前两千纪初新建灌溉工程时是必需的条件,但考古发现的这一时期的运河的开凿日期无法确定。

[3]　我发现 David Schloen(2001)关于土地和雇佣劳力的分析十分有帮助。Schloen 从兼职服务的角度探讨了宫廷雇佣劳力的问题(pp. 223—225),还从"权利等级"的角度讨论了土地问题(pp. 230—231)。

关注牧群的饲养和经营，大概只有到了剪毛季节，王宫才会过问。在一些书信中确实也有提及属于王宫的牲畜，但是这些书信似乎出自萨姆斯-阿杜的王国。[①] 值得注意的是，即使在公元前三千纪末实施著名的中央集权制的乌尔王朝时期，王宫花在畜牧业上的精力也是少之又少。普瑞斯-达甘（Puzriš-Dagan）在信中就提到了对于大量牲畜的管理，但是没有谈及如何管理即将返回的畜群，也没有提到羊毛和奶制品（只提到了肉；Zeder 1994，185—187）的分配问题。牧民们要解决的事情特别多，也许他们长久以来就有独立解决问题的传统。然而，玛里国大量的档案文书甚至也没有记载王宫在这一事务层面上的干预。

考虑到畜牧生活对于这片区域的重要性，大规模管理监督中对于畜牧业的疏忽表明该领域实际上是王权行使的一个重要内容。难怪游牧民群体的部落政治组织显示了较高的独立性，这一点在哈奈人的"芮苏会谈（rihṣum）"（第四章）中非常明显。另外，王宫参与地方事务的程度似乎与距离远近有关。在讨论城镇集体领导的传统时，我们发现图特尔城还保留着强劲的地方自治意识，根本不顾是否有国王的代表在场。图特尔城位于辛里-利姆王国最西部沿幼发拉底河的上游地区，那里实行的是行政区和总督管辖制。[②]

没有任何地区和居民可以摆脱辛里-利姆王权的控制。毕竟，他是哈奈人王国之王，他的王国以他的同族人——西米莱特游牧民来定义，对于其游牧民同族他甚少干预他们的地方事务。

167

---

① 在此我十分感谢 M. Lafond 对于我相关问题的非常有帮助的答复。在给我列举的5封书信中，其中4封出自萨姆斯-阿杜统治时期（ARM I 118；IV 80；V 1；V 15）。只有一封（ARM XIII 36）是写给辛里-利姆的，关于王宫的羊群一事。关于王宫在剪羊毛工作中的角色，参见 Durand，LAPO 17，pp. 670—676（3封信，分别出自以上两位国王统治时期）。该问题仍值得深入研究。

② 了解亚顿-利姆如何管理图特尔会是一件有意思的事，因为亚顿-利姆将图特尔变成了他的西部都城。

所谓实际控制权,就是与王国中的各种支持者进行周旋以实施操控的目的。尽管辛里-利姆最重要的政治根基是西米莱特哈奈人,但是他继承了亚斯马-阿杜的阿普莱蒂地区,而在这里他必须通过行政区王宫机构来实施较为系统的管辖。国王通过掌握城镇控制权对地方实施统治,一个显而易见的例子就是,辛里-利姆王国的亚米纳特人的身份仅通过其居住地来确认,这样就可以更有效地监控作为对手的亚米纳特部族。不过,核心行政区之外的城镇仍然拥有抗击国王统治的较强大的力量。王宫权力的一个关键表现形式是发起人口普查,通常只在招募士兵的时候进行(Durand 1998,332—353)。而在核心行政区,国王规定定居居民的流动须获得地方管辖者的许可方可执行,即便自己不可能总是行使该权力。①

我们掌握的大量证据显示,国王对某一特殊领域实行了强有力的中央控制,即信息的流动和传播。辛里-利姆统治时期往来书信的数量极为庞大,这反映他试图广泛地了解王国的方方面面,包括手下官员们各自职责的完成情况。每位官员都觉得有必要向国王汇报任何信息,因为也许有一天这些信息对于国王而言意义重大。一位名叫努辛(Nur-Sîn)的外交官通过回忆往事为自己固执的评论辩护道:

> 以前我在玛里任职时,我会向王上转达预言家(无论男女)所说的任何一句话。现在我在另一个麻敦供职,难道我就不需要向王上写信报告我所听到的以及他们所说的了吗?倘若今后出现什么闪失,难道王上不会这么说?"一个预言家

---

① 根据 ARM XXVII 26:15—19(参见 pp. XXX,上文),恰图南总督无法完成辛里-利姆的命令——将所有穆什根努控制在行政区内,除非他们有特别许可证否则不能离开。然而,他们会在夜里继续逃亡。

为了索取你的土地而对你说的话,你为什么没有让我知道?"
所以我已写信将情况禀告了王上。①

对于这种办事态度的规定几乎出现在了每一个现存的辛里-
利姆治下的效忠誓约中,誓约规定:任何新闻以及任何骚乱的迹象
都必须禀告国王知晓。占卜者的誓约承诺每当发现什么征兆或者
什么秘密都必须立即告知国王,特别是当有叛乱的消息时。② 当
游牧的哈奈人、行政区总督、或者附属城镇向辛里-利姆宣誓效忠
时,首要的一条就是保证向国王禀告所有他可能感兴趣的消息。③
某种程度上,玛里丰富的书信档案能够成为我们的一笔财富正是
因为辛里-利姆政权对于信息掌控的狂热(Lafont,1997b)。

在这些王国制度中,权力始终是可以协商的,不仅与王国之外
的政体而且与王国内部的每一个支持者也都可以协商。但是我们
没有发现在辛里-利姆或者亚斯马-阿杜的王宫机构中存在着明确
的集体决策行为。为此,我们必须考查玛里文书档案所揭示的政
治全景中的其他方面,这也是下一章要探讨的内容。

---

① A. 1121＋:34—45,Lafont 1984,9—10.
② 关于效忠誓约的全部内容,参见 Durand 1001。占卜师的誓约是 ARM XXVI 1,参
　见 1991,14。一些下属向国王宣誓效忠时须保证及时汇报反叛者的消息(M. 794,
　p. 24)。
③ 参见 M. 6060,Durand 1991,50—52(哈奈人);M. 6182,p. 26(一位总督);M. 7259,
　pp. 48—50(卡莱纳城)。

第四章　集体与城镇

　　仅从最表层看,玛里文书档案呈现的政治世界似乎首先是一个由王国组成的共同体,一些王国面积较大,拥有几个重要的中心,而另一些王国面积较小,可能就只是一个单独的城镇或者一个设防的据点。这些档案文本让我们了解了部落政治组织的另一种表现形式。部落体系交叉出现在王国的社会场景中,这些部落组织的活动范围并不受某一个个体统治者所辖疆界的约束,所以国王们(如辛里-利姆)往往根据自己部落大本营的可控范围来定义自己的王国。然而,从较深层面看,无论是王国还是规模较大的部落群体,如西米莱特部落联盟和亚米纳特部落联盟,都是叠加于秉承古代维生之道的较小团体之上的。在玛里文书档案所属时期及更早的时期,两个重要的社会元素极度地相互依存:他们是主要居于轻便营帐中的流动的游牧民和生计依赖所种庄稼的定居的农民。每个群体在不同程度上依赖着对方的劳动成果,玛里文书档案显示在部落社会组织中定居点和大草原往往是连为一体的。甚至从家庭这种小型社会规模来看,游牧民和农民的关系通常也十分密切。无论是否属于部落社会结构的一部分,定居点成了身份以及权力的焦点:这里有防御工事或者至少是为了防守而群集的住所,有雄伟壮观的建筑物显示着统治者或者神的荣耀,还有从事农业生产和交易的居民。

但这是一幅过于简单的草图，而我将试图说明的是处于古代世界考古学研究中心地位的社会现象："town"（城市、市镇）的多种形式——可以是小村落、大村庄或者城市；可以作为政治、军事或者象征性中心。城镇的定义要求一群人聚集在一起固定居于某一个地点。对于"聚集"我们最容易想象到的可能就是人们聚居在一起，但我认为不能排除建筑物的群聚，这些住所可以容纳的人口数量往往远远超过在这里永久定居的人口。一些定居中心只有在特殊的日子才有大量的人口聚集，或为了庆典，或为了躲避危难。①

无论如何，我赋予"town（城镇）"一词属性标签的依据正是它的自然集体，它的所有居民们（无论是长期居住的或是暂时聚集的）。我在第一章中就已说过，苏美尔语和阿卡德语中对于每个定居点类型都分别以单一的基本词描述，如苏美尔语的 uru 和阿卡德语的 ālum，两个词的意思均为城镇。这些美索不达米亚城镇的概念并非以面积大小、防御工事或者强势的领导者来标明。按政治术语说，即使当它归入了具有排他性观念的王权统治之中时，城镇在性质上似乎总是包含着团体的、共同的涵义。

玛里文书档案中有明确记载的诸多政治活动围绕着以城镇定义的政治实体，无论是否有国王。通常这些活动以集体的形式呈现，商讨的不是统治者及其臣仆的事务，而是有关一个群体的事务，他们也许是某个国王统治下的民众或者属于某一种形式的集体。甚至当国王统治处于支配地位时，集体的城镇也经常发挥作用，而这一点往往被研究古代世界的当代学者们忽视了。玛里文书档案中的大量史实表明在许多情况下个体领导几乎就没有被提及，针对这一情况我们还须做更加细致的研究。

---

① 关于王室仪式举行地的观点，参见 Fox 1977。

　　我将以城镇政治生活的术语作为我最后的研究重点,理由是它们相对而言极少受到关注,但却具有根基般的重要性。苏美尔语和阿卡德语中关于城镇的词语似乎首先是政治术语,是所有居住或者聚集在城镇里的所有人的集体称谓。一个城镇可以说话,可以行动,可以协商,还可以战斗。正如意思为"国(land)"的麻敦(*mātum*)一词还可以指全体民众,城镇归根结底也不只是一个地方,而是表示一群人,一群建造和使用有形定居点的人。当我们搜寻城镇一词包含的各种组织机构以及常用术语时,我们仅发现城镇是以民众团体的形式活动和运作的。如果不夺取早已存在的城镇所占据的地盘,国王们不可能建立自己的政府,而这些城镇有着非常深厚的集体传统。

　　我们所研究的民主之前的世界以城镇的政治生活为特色,当然并非希腊意义上的民主,不过这个世界向我们展现了集体决策的基础,这对研究希腊民主或许会有帮助。在早期的希腊,走向民主的运动最初产生于城镇而非部落。在希腊历史的特殊历史境遇中深藏着的观念就是:一个城镇的公民集体就是一个政治单位。我无意以任何直接的方式干扰关于民主起源的对话,不过在此我想以古代美索不达米亚的证据为背景来帮助阐明整个古代政治形态固有的种种可能性。

171

　　我在讨论玛里文书档案的过程中会涉及大量特殊词汇,我认为这种对原汁原味地方术语的重视很有必要。在绝大多数情况下,对于美索不达米亚城镇集体政治活动的描述性用语都过于简单化了,而且还存在着制度化的概念性错误,如"长老议事会(council of elders)"以及"民众大会(popular assembly)",词语在实际使用中的范围和不确定性没有得到认可和验证。我认为研究涉及到的所有术语中集体的理念最为关键,但却很难找到现成可定义的用语来描述当时的固定集体或者团体组织。不同术语的选择的确会带来细微的差别,因此这点还需作进一步探究。在介绍有关集体领导的普遍性观点之后，我将以最常见的方式探讨城镇的集体行动，直接描述城镇本身，或者它的所有居民。居民们通常以明确的复数形式表示，如"Imarites（伊玛人）"，"Tuttulites（图特尔人）"。有几个词语对集体领导作了进一步定义，这些词语透露了真正参与者的更多详细的情况，如"长老们（elders）"，"头人们（heads）"，以及表示会议或者集会（assembly）的其他词语。在根据术语考查相关史料证据之后，我将着重讨论伊玛、图特尔和乌吉斯3个城镇。根据玛里文书档案，这3个城镇最认同集体决策，早在公元前两千纪初亚摩利人到达之前，伊玛、图特尔和乌吉斯就已建成。在本章的最后，我将就如何评价王权占主导地位的政治环境中的集体权力进行更广泛的讨论。

第一节　玛里文书档案中的城镇

在古代叙利亚-美索不达米亚，城镇是构建王国的原材料，甚至也是游牧民们渴望得到的东西，如果不受牵制，他们也会控制城镇。至少在玛里文书档案记载的时期，城镇仍然还是政治生活的基本单位，还常常被看作是重要的决策实体。要判断具体城镇地方自主程度以及个体领导者的权力通常很困难。许多城镇被归入了或者至少从属于一些较大的王国，外部控制的有效性差异相当大。

在呈现玛里文书档案中的城镇时，我并不是在对城镇生活的所有特征进行系统的考查。因此，从概念上讲，本章与马可·范·米若普（Marc Van De Mieroop）最近出版的一本概述《古代美索不达米亚的城市》（1999），截然不同。[①] 在研究中我以更宽泛的社会

---

① 我在研究中还发现了一个明显不同的地理定义。Van De Mieroop 关于美索不达米亚的地图（p. xi）向西仅至玛里和哈布尔河，往北只到苏巴-恩里和杜-萨如肯（Dur-Šarrukin）。

为背景,将写信人自己对城镇的定义及其习俗制度放在了优先的位置。对于"阿卢木(ālum)"一词用法的细致分析,可以帮助我们了解在当时人们的眼中何种活动或者何种组织结构才真正符合城镇的实际情况,而我的研究重点最终在本质上是政治的。

　　在玛里文书档案记载的时期,阿卢木(ālum)是王国的基本构件,组成了叙利亚-美索不达米亚的权力中心。根据一位新的附属国国王的描述,辛里-利姆士通过各城镇构成的网络来统治王国:"正如他的城镇纳胡及其王国中的其他城镇,布伦杜从今以后也是辛里-利姆的城镇,阿达尔-塞尼将成为其臣子。"①总之,麻敦"国"由城镇构成:

172

　　　　亚桑(Yassan)和阿普木两个小国均拥有可信赖的城镇。这也是为什么恰尼-利姆要留守自己的国土上。②

　　　　我父王(辛里-利姆)本人知道我的 7 个城镇都在苏达国境内。③

　　至少是因为对辛里-利姆的承诺,就连亚米纳特人的首领亚斯马-阿杜谈及自己的臣民时也是以其居住的城镇来称呼他们。④而对于王国各行政区而言,它们同样由城镇构成。⑤

---

① 　A. 3024＝B. 308,第 11—14 行。另可参见 Chapter 3,note 12(p. 272)。
② 　ARM XXVII 72-bis: 24'—27'.
③ 　ARM XXVIII 80:8—9,被引用于 Charpin 1990a,71 的 A. 315＋:16 提及了"卡哈特领土上的几座城镇"并且还列出了城镇名,第 20 行总结道"这几座城镇的状况很糟糕。
④ 　ARM II 56,另可参见这些亚米纳特人的多元城镇以及"他们的 *mātum*",A. 3960 (Durand 1990b,50—51:n. 54)。
⑤ 　辛里-利姆统治时期的萨嘎拉图;参见 *FM* II 35 和 46,Bonechi and Catagnoti 1994,69:81。

对于国王而言,城镇显然是他们必须争夺的政治中心。当埃
什努纳的伊巴-皮-埃尔二世向辛里-利姆提出谈判时,他将有围墙
的城镇看作王国在领土上易货交易的主要单位。[1] 在写给辛里-
利姆的一封信中,阿斯拉卡王伊巴-阿杜认为城镇是朝贡的单
位。[2] 在作为王国之间政治交易的单位的同时,城镇还可作为联
盟协商过程中最大的私人礼物。在玛丽文书档案中,有关这一现
象最明显的例子就是迪朗所称的"阿拉图事件"——亚姆哈德王将
自己领土上的一个重要城镇送给(或者卖给)了辛里-利姆。[3] 有
关国王个人拥有城镇的史料文献可参见表7。

表7　被确定为国王财产的城镇

ARM I 2	亚顿-利姆的从属城镇
ARM XXVI 347	反抗阿玛兹国王的城镇
ARM XXVI 384	辛里-利姆时期属于埃卡兰特姆王伊斯米-达甘的城镇
ARM XXVI 406	属于伊蓝-苏拉王哈亚-苏木的城镇
ARM XXVI 489	属于阿迪甘第(Ardigandi)的城镇
A. 1025 Kupper, M. A. R. I. 6,p. 337—339	属于一个可能反对辛里-利姆的地方国王的城镇

173

如果说城镇是国王觊觎和依赖的财富和权力的中心,那么当

---

[1] 这里所说的城镇是哈莱顿(Ḫaradum)和巴-纳里(Bab-naḫli),A. 1289+:iii:8—23;
参见相关论述(Charpin 1991a,149—155)。ARM I 39 记录了一座城镇并入某王
国的事件,使用了动词 šūrubum。关于城镇之间交易,另可参见 ARM XXVI 405:
9'—10';449:58;468:15'。
[2] ARM XXVIII 50:19'.
[3] 参见 FM VII,pp. 59—172。另可参见 Jesper Eidem(Subartu VII,p. 258),艾鲁武
国王苏克莱-特苏普(Šukram-Tešup)在写给塞耳(又称 Tell Leilan)国王提尔-阿努
(Till-Abnû)的一封信中表示,愿意交出一座城镇的所有权(Leilan 87—939:36—
41)。

一个王国受到侵犯时城镇成为终极目标便不奇怪了。在前面提到的谈判条约中,伊巴-皮-埃尔二世表示必须围攻主要中心,同时每天还是要抢劫一些定居点,也就是那些没有围墙保护的容易接近的定居点。① 这些小城镇被认为是依附于一个中心都城,比如阿斯拉卡的情况就是如此。② 在较大的王国中,人口普查、效忠誓约以及农业管理都是以城镇为单位执行的。③

一个城镇就像拥有决策的权力或者资格的个人。在有关用水权的一次争执中,发生冲突的是图特尔和扎尔帕两个城镇,开端的评论就像是在说两个人之间的事:

> 还能有两个人控制的运河吗? 巴里河上游的位置被水坝拦挡了起来,没有了水,图特尔能做什么呢? 实际上王上知道扎尔帕总是支持图特尔的。为什么现在扎尔帕又反对图特尔了呢?④

可以说,一个城镇也有一张嘴,它可以宣誓效忠或者违背誓言。⑤ 它可以收到邮件,⑥可以拥有继承的祖传财物,⑦可以举行庆祝仪式。⑧ 这种一致的声音并非简单地源自个人统治的惯例。辛里-利姆收到的一份文书称"阿玛兹城杀死了曾效忠的阿塔如姆

---

① ARM XXVI 384,伊斯米-达甘向巴比伦王汉谟拉比抱怨道,土卢库人已占领了三、四个定居点;XXVI 512,哈巴-哈穆已攻占了哈特努(Hatnum)国的 5 个定居点。

② ARM X 74.

③ 关于人口调查和誓约,参见 FM II 46 和 ARM XXIII 86(参加宣誓的男子名单);关于田地的管理,参见 ARM XXIII 69;关于城镇的粮食借贷,参见 ARM XXIII 70。

④ A. 1487＋:30—37,Villard 1987,591—2(cf. LAPO 17,no. 788).

⑤ ARM II 33:16',没有嘴巴(即没有话语权),另可参见 ARM X 121(乌吉斯和苏纳)。

⑥ ARM XXVI 310;A. 250,FM I,p. 94.

⑦ ARM XXVI 443.

⑧ ARM XXVI 215,可能还有 FM III 60。

王并宣誓对苏纳人效忠"。[①]

　　一份玛里文书记录了在辛里-利姆面前完成的一项法律诉讼的结果,文中列出了43位证人的名字,他们是萨皮莱图全城人的代表。[②] 案子涉及被私人认领的王宫土地,而文书重申了王室对这片土地的拥有权。文书从头至尾显示,该城镇具有作为一个决策实体的权力,它见证国王的决定并向国王宣誓。通过承认城中有王宫土地,该城镇表明它并非从王宫和王国获得政治存在。萨皮莱图位于苏胡木辖区,苏胡木地处玛里沿河的下游。该地区并不是作为标准行政区并入王国的,其人口属于辛里-利姆的西米莱特部落;与王国中的其他人口相比,他们享有较高的独立自主权。就萨皮莱图与王宫区分财产的事件而言,它也许不能代表一个典型城镇,但是仍然很好地阐释了作为政治实体的城镇的形象——一旦有机会它便会以集体形式发挥作用。

　　然而,在玛里文书档案中从未出现过一个所有权力和人口都集中于城镇的世界。我们不能忽略部落的存在,他们也许居住于城镇,但他们的社会并非以城镇定义;还有大草原,它是流动的游牧民政治独立的基础,而游牧民是部落人口重要的组成部分。不过,古代近东的财富积聚在王国中,这些王国在城镇的基础上发展起来而且仍然以其名称定义。值得注意的是,即使在受到占领了城市或者大草原的国王们的强权压迫时,城镇的声音依然可以被听到。

第二节　集体政治传统

　　集体决策经常出现于几乎各种历史场景之中,而相关研究成

---

① 　ARM XXVI 430：18—20.

② 　ARM VIII 85＋,Charpin 1997b,343—4. 我将列在普斯-阿杜之前的所有名字都算入在内,普斯-阿杜代表的是这项法律诉讼的另一方。

果却为数不多,这让我感到十分惊讶。我所了解的只是以考古学 174
综述的形式进行的一项拓展研究,迄今已有 30 多年。近年来,专
门研究中美洲早期文明的一群考古学家提出了一个令人兴奋的理
论架构,在此架构中,"集体"政治策略是"排他性"策略(国王是权
力形式的最高体现)的抗衡物。在考查玛里具体史料证据之前,我
首先回顾一下古代近东研究之外的一些理论思考。

1. 议事会(council)的领导

对现代和西方语境之外集体决策的拓展研究成果是以"议事
会的运作"为书名出版的,不过现在看来内容确实有些过时(Rich-
ards and Kuper 1971)。研究对象是"实现集体决策的组织"(范围
不论),该研究特别感兴趣的是

> 共同商议的制度化过程,这里的共同商议不同于我们以
> "议事会(council)"一词所描述的公认的协商团体讨论之外的
> 非正式争论(Richards 1971,1)。

尽管这一定义对于我们古代城镇来说未免太严格了,但是书
中的个案研究包括了一些工业化之前的现代社会。

在《议事会的运作》出版之前还有一项综合研究成果,那就是
柏莱(F. G. Bailey,1965)发表的一篇文章,该文反复被丛集著者们
所引用。[①] 柏莱认为,定义"议事会(council)"时需考虑的首要因
素是规模。一个议事会如果超过 15 个活跃成员,一般说来就很难
达成共识。在较大规模的群体中,决定的一致通过实际上就像"口

---

① Bailey 承认自己的研究兴趣产生自他所观察的印度"村务委员会(或五人长老
会)"、以及大学委员会的运作方式。

头表决或者合法化的行为,"规模的扩大则会导致多数票表决(p.
2)。① 在关系多样化的团体中想要达成共识通常很难实现,特别
是对于那些住在一起的人们而言,在协商过程中往往会出现这样
的局面:一方面有人激烈争论而另一方面又有人乐意妥协(pp.
5—8)。为了执行决议,议事会可以下令实施制裁,当然也可以不
这么做。如果选择不强制执行,他们更有可能尽量折中解决和寻
求一致同意(p. 9)。

柏莱定义了两种类型的议事会。"精英议事会(Elite councils)"
认为自己是独立的领导机构,"我们"对"他们"是议事会和民众之间
的主要差异。相反,"竞技场议事会(Arena councils)"代表的是不同
选区的选民,该类型议事会旨在解决各选区之间的争端。因为他们
代表的各个选区不得不彼此打交道,所以竞技场议事会可以充分发
挥其议事功能,在争议中谋求折中方案;而精英议事会的动机则是统
一战线以对抗公众(pp. 10—11)。无论哪一种类型的议事会在对抗
自身及其代表的公众之外的团体时都会团结一致(p. 13)。

在《议事会的运作》一书的导言部分,亚当·库伯对柏莱的分
类做了详尽的说明(1971)。精英议事会具有国家的特征,适用于
具有以下特征的政治制度:有效的中央集权以及差异化的政治角
色(p. 14)。精英议事会通常人数较少,"成员数目固定"(p. 13)。
库伯将柏莱的"竞技场议事会"又细分为两类。"团体议事会
(community-in-council)"或者代表大会(assembly)赋予政治共同
体的全体成员完全参与的权利,不过真正的出席情况波动较大,这
似乎取决于所要讨论的问题(p. 14)。在柏莱看来,团体议事会中
会产生一个精英决策层,所以其规模不会阻碍它作为一个真正议
事会的运作。这类包罗广泛的议事会通常不具有超越公众意见的

175

---

① 在我看来,没有选举传统的文化一定会诉诸于"口头表决方式",通过受影响最大、
更具影响力的一群人劝导他人来完成决策。

决定权。然而,还有一种有别于公众的竞技场议事会。通常情况下,它们发挥的作用更为有限并且可能拥有更加具体的制裁或处罚权力。由于对非洲部落的人类学兴趣过于浓厚,库伯并没有重视柏莱提出的"多数票表决"的观点,其实它在某种程度上同样适用于古代议事会。库伯认为最好别去理会"投票表决"和"一致同意"之间的对立,因为即使是一致同意也可能只是"测验民意的投票"。在非洲,那些居少数而又不愿妥协的人会选择离开(p. 17)。库伯进一步考查了柏莱未作详尽探讨的领域。有时,议事会无法作出决定抑或会发布模棱两可的决定以拖延时间。有些决议实际上也只是象征性的,根本不可能执行,其实议事会有时候也知道自己的决议会被上级否决。

除有用的对比研究成果外,这些关于"议事会"的分析为研究玛里文书档案中的集体决策提供了框架。首先,"精英议事会"不一定就是古代国家的特征,即使那些国家中有三层或以上的权力等级。除非有大量的证据支持,否则我们必须避免借用精英议事会的任何特征来阐释古玛里时期的政体。例如,我并未发现有关"成员数目固定"的证据。所以,我们使用的集体政治术语的整个范围将属于"竞技场议事会"的范畴。包容性更强的会议可以称作"团体议事会",而各种有限群体仍然属于更宽泛的议事会类型,这类议事会鼓励公开辩论和有效的妥协,其成员代表着更广泛的各类公众群体的利益,议事会成员们与公众群体之间非对抗关系。制裁或处罚权力也许与负责处理内政的议事会更为相关,例如被广泛记载的古代美索不达米亚明确的司法职能。[1] 通常情况下,外交函件的角度会向我们揭示城镇与外界交往的情况,而一致同

---

[1]　参见,例如,Dandamayev 1982。关于美索不达米亚传统中议事会的法律作用,可参考相关的几篇文章(Joannès 2000):Lafont,16—17;Charpin,97—98;Michel,113—114;Villard,195—196。

意的决策显然是通过公众舆论的权威得以实施,当然前提是公众
176 认可决策议定的过程。

2. 王权世界里的集体政治组织

我研究玛里是想在不同的背景下发现新证据,而非依据大家
熟悉的南部和东部美索不达米亚的历史文献重新评价雅各布森提
出的"原始的民主"。在本章中,我收集了以城镇或者某些情况下
以部落定义的集体政治活动的一些具体资料。这些来自玛里的原
材料为研究集体政治活动提供了新的证据支持,而在此历史语境
中我们应当思考这些现象何以成为民主制出现之前政治传统的一
部分。

雅各布森将古代美索不达米亚的集体政治形式称为"原始民
主"。他有意担着风险使用了"民主"一词,认为只是援引了该词的
"古典"意义,"意指一种政府形式——国家内部的最高统治权属于
被统治的大部分民众,即所有自由的、成年的男性公民,无论富贵
还是贫贱"(1943,159)。正如我在导言中的推论,古代近东的集体
政治形式远非古典的希腊民主,我们最好寻找其他词语对其进行
描述。它们既不能被轻描淡写为美索不达米亚政治生活的次要特
征,也不应参照简单社会典型的"平等主义"的社会态度来解释。[①]
我们的研究应当基于一个认可集体有效权力的理论框架,特别是
在更为复杂的社会和政体当中。[②]

这样的理论框架似乎在以人类学为导向的考古学研究中一直
是缺失的,该研究倾向于更多地探讨当代社会和政治理论而非以

---

① 我所使用的"简单社会"这一术语包括由多数人类理论支持的社会进化系统中
的群体(bands)和部落(tribes)。"群体"和"部落"是使用最为广泛的分类范畴,出
自 Service 1975,第三章。
② 这是第一章中提出的理论框架的目的。

文本为导向的古代近东问题。特别是,一些研究中美洲早期文明的学者们一直试图构建一个理论框架用以解释他们所掌握的有关集体政治活动的考古证据。在安妮·波特看来,布赖顿等人的研究(1996)为评价古代北部叙利亚社会提供了一个坚实的基础,在那里,强势的集体决策传统甚至存在于公元前三千纪至前两千纪初国家级的政治制度之中。①

布莱顿、费曼以及他们的两位同事提出了一个他们称之为"双过程"的政治模式,该模式的设想是在同一较大规模的体制中并存着两个主要政治行动方式。其中之一以个人领导为核心,因此也是"排他性的";另一方式则以集体为导向,从而是"共同的"(pp. 1—2)。在集体政治策略中,排他性权力并未消亡而是受到了抑制,所以对其进行评价时需仔细权衡。说来十分奇怪,在古代中美洲规模较小的政体似乎是排他性的,而规模较大的政体则倾向于依靠集体政治策略来运作(p. 3)。

为了解释这一状况,布莱顿等人首先区分了"以财富为基础的"和"以知识为基础的"这两种政治经济模式。第一种以控制交易网,尤其是通过建立与本群体之外的联系获得权力(pp. 3—4)。要控制相距越来越遥远的伙伴,行动者需要转移并支配来自其对手的财富和追随者。而基于此需求便出现了以下两套网络策略:"家长式的专制统治手段"——旨在调动劳动力、控制资源和追随者;"贵重商品制度"——对贵重商品的交易实施垄断(pp. 4—5)。

另一种政治经济则是一种集体策略。对于集体的强调可以通过不同的方法实现,但是始终围绕着"重视整体社会集体团结的认知准则"(p. 6)。仪式往往围绕能够联合全体民众的主题,内容极

177

---

① "Blanton 等人关于集体模式观点的进一步研究非常令人感兴趣"(2000,263)。在此我十分感谢 Porter 博士给我提供了她的一份学术论文,让我收获颇多,其中包括了 Blanton 等人的参考文献(1996)。

富包容性。社会地位的定义方式通常限制着个人成就,包括贸易方面的收获。贵重物品的消费量较低(pp. 6—7)。在中美洲,这种集体策略在灌溉农业具有更大发展潜力的地区非常兴盛,而且这些地区人口规模和社会规模都较大(p. 7)。

在另一篇文章中,布莱顿对该模型进行了补充(1998)。为了进一步强调集体政治策略的理念,布莱顿将"平等主义"行为重新定义为"任何旨在建立和维持对排他性权力加以限制的行为",无论在简单还是复杂的社会环境中(p. 151)。集体政治经济通常包含以下要素:

1. 某种"议会"或者"联邦"政府的形式(以早期美索不达米亚和雅典为例,pp. 154—155)。

2. 权力资源的共同管理,如希腊语 *euergesai* 一词,意指古希腊的富人为支持集体性对集体的赠予。甚至最初的美索不达米亚文字也极有可能出现在一个集体意识更强的社会环境中,布莱顿如是说(pp. 156—162)。

3. "本能反应的交流(reflexive communication)"。这些社会可能是信息密集型的,特别是关于服从掌权者预期行为的信息,具有某种角色平衡的体系(pp. 162—163)。

4. 集体认知意识的仪式神圣化和政治交流的仪式化。不要认为仪式和意识形态只为排他性政治策略服务(pp. 163—165)。

5. 社会低阶子体系的半自治,如家庭(pp. 166—167)。

占据本章很大篇幅的玛里史料证据无疑向我们呈现了集体政治形式,不过此处的集体形式包括了多种会议成员组成方式,会议成员可能是"长老们"、"首领们"或者作为统一整体的城镇。通过这些史料证据的支持,我试图更多地揭示复杂社会里集体策略的运作情况,而不是设定阅读玛里书信文本必须参照的条条框框。例如在乌吉斯,为推进个人及集体的利益,国王和集体领导都使用写信的手段以及特定的外交函件的方式。城镇的集体声音这种语言表达属于为了共同利益而采取集体行动的意识形态，比如在与邻近政体发生战事或者冲突时。当我们说立基于城镇的政体（并不一定就是"城邦（city-states）"）——比如"乌吉斯人"或者"埃卡兰特姆人"——采取行动时，我们看到的是"集体认知意识"在发挥作用。

在玛里，围绕纪念女神埃丝塔（Eštar）的宗教节日举行的一整套仪式似乎传达了某种集体信号。这些活动包括了埃丝塔盛会本身、纪念石碑仪式，以及纪念战神与死神奈伽尔的仪式，等等。这些活动鼓励民众广泛参与，提醒人们不仅牢记国王的祖先还包括所有人的祖先。[①] 出自公元前两千纪末伊玛（Emar）的一份仪式记录文书向我们展示了集体政治意识"物质化（具体化）"更为明确的证据。例如据文书记载，伊玛主要的节日是由"伊玛的子民"发起的。[②] 记得布莱顿曾提及 *euergesai*，即古希腊富裕的私人赞助者；而在伊玛，一些特殊以及临时的节庆所需大部分动物牺牲来源于被称为"屋宅的主人（*bēl bīti*）"的捐赠。该称谓并非职业头衔，可能指"为了支持集体"捐赠财物的富有的地方领导者，就好像古希腊的 *euergesai*（Fleming 1992b, 97—98）。

我并不打算详尽且严格地应用上述模型。我只想表明它确实为城镇政治生活提供了理论框架，它并不要求"民主"的形式，而且可以同时解释古代国家以及较为简单的社会的集体政治行为。另外，它还可以灵活地解释在通常由国王统治的同一政体中强势的集体政治模式。[③] 甚至像伊达-马若斯、扎玛昆和苏巴土这 3 个麻

---

① 关于 Durand 对于这些事件复杂的重构，参见 Durand and Guichard 1997, 32—44。目前仍不清楚这些活动在何种程度上构成了单一的宗教事件。

② 参见 Emar(VI. 3)369:1，风暴之神女祭司的职约；373:169(174), *zukru* 节；385:2，"萨塔皮(Šatappi)的居民"，达甘的 *kissu* 节。

③ Blanton 等人在将双过程模式应用于中美洲时描述的就是这些策略的复杂混合体(pp. 7—8)。

敦同盟均符合布莱顿提出的集体统治的"共同体"类型(p. 154)。

在布莱顿和费曼等人的研究成果发表之后,苏珊·克琪·麦金托什又发现了其他大量的证据并据此重新评价了关于早期复杂社会和国王的常见推断(1999a)。麦金托什和她的同事认为,非洲为我们提供了许多中央集权程度较低的复杂政体的实例。罗德瑞克·麦金托什(Roderick McIntosh)注意到许多规模较大的非洲古城仍然不为人知,因为过去的研究者们

> 没有发现预期的工业化之前的城市化符号,即可以反映强制的政治组织的符号,如环绕的城墙以及城堡(或者王宫或者神庙)、贵族的墓穴或者住宅或者其他可以展现经济社会阶层分化的种种配备,以及展现国家意识形态的纪念碑性的建筑物(1999,56)。

从人类学家记录的非洲近况中,苏珊·麦金托什发现"国王"的角色通常受到很多限制,国王的角色有着浓重的仪式特征,其权力因某些团体或者族长协商大会的存在而受到制衡。人们发现"在一些社会里自上而下的(vertical)政治控制程度较弱而同阶层(horizontal)一体化的程度则较为复杂"(1999b,15—16)。苏珊·麦金托什认为布莱顿等人提出的理论模型的确有用,不过他们称排他性的和集体的策略为"政治传统的两个不同过程中相对没有关联的方面"。在非洲,排他性的和集体的策略均为单一制度的组成部分,有关内陆的尼日尔三角洲早期社会的考古学证据表明,那里同样缺乏有效的中央控制。布莱顿等人无疑也认同在单一的政治制度中集体的和排他性的策略往往结合在一起,不过非常值得深思的是它们在关系紧张时容忍矛盾(已察觉的或未察觉的)的程度如何,而非它们如何形成不太对抗的某种互利关系。

在玛里文书档案所记录的美索不达米亚社会中,任何足够强

劲可作为王权的另一替代形式的集体政治传统都不可能长期存在,除非它与完全不同的领导权观念正处于一种紧张的抗衡状态。我们从乌吉斯的局面就特别可以看到这种对抗生动的表现形式。虽然非洲证据说明了在中央集权程度不高的情况下政治复杂性的形成,但是它所呈现的社会图景与古代近东相去甚远。毕竟,人们期待的是拥有"环绕的城墙和堡垒"以及纪念碑性的建筑物的世界。最后,布莱顿等人的理论研究方法依然特别适用于玛里文书档案所反映的社会现象。

第三节　城镇或者国家的集体面貌

有关城镇领导的研究通常集中于两个社会现象,即"长老们(elders)"和"大会(assembly)"。人们通常会提及"长老议事会(council)"和"自由民或者公民大会(assembly)"等诸如此类的说法。这两个概念均蕴含着正式政治组织的意思,关于它们的各种措辞在一定范围内都是一致的,至少在同一时间和地区。古代术语的实际使用范围与这些术语的现代范畴相比更加多样化,每个词语的应用也更加不确定。因此,更加恰当的做法是着重研究构成所有这些术语基础、以及为选择确切文本和术语提供最根本依据的集体理念。

当我们查找作为一个集体采取共同行动的城镇时,我们发现最常见的称呼方式只是城镇或者国家名称加上抄写符号"LÚ.MEŠ"(men;人)作为集体人口的标记。① 这一书面语符号在语法上是含糊的,因为它可以被解释作"the men of GN(某地的人)"或

---

① 当用于表达一个独立的词语时,苏美尔语书写符号 LÚ 相对于阿卡德语词 *awilum*(通常指"男子",或者某一阶层的男子)。MEŠ 为复数标记。LÚ 和 LÚ MEŠ 还可以用于其它词语之前表示某一群人(特别是"男子们"),该标记通常表示某一阶层,官职或者职业。

者"the GN-ites"，这里 GN 指城镇或者国家的"地理名称或地名
(geographical name)"。关于第一种解释，我们必须了解一下与书
写符号"LÚ. MEŠ"密切相关的词语 *awīlû*(men；复数的"人")的含
义，该词指聚集的一群人，通常被解读为一个民众的、由自由"人"
组成的议事会。但我却认为，在多数情况下，书写符号"LÚ. MEŠ"
并非指议事会，只是对城镇或者国家民众的集体指称。而第二种
解释"GN-ites(词尾 ites 表示'人')"是形容词性词语的可能性更
大，因此并非指不同范畴的城镇居民。"GN-ites"出现的频率较
高，相当于常规的楔形文字字译形式"ᵗᵘ ᵐᵉˢ GN"，其中"LÚ. MEŠ"
是不发音的限定词。

第一个术语让我们发现了集体政治活动的通用指称方式。但
是单凭该指称形式，我们往往无法解答"确切的参与者是谁"以及
"他们和国王或者其他个体领导者的实际关系如何"这样的问题。
但是认识到描述这些政治行为使用的是集体的表达方式仍然至关
重要，这些政治行为发起者是城镇或者国家而不是某一个统治者。
集体身份和行动的意识形态掩盖了任何特殊领导权所占的一席
之地。

在大多数情况下，Terqa-ites(忒卡人)、Imarites(伊玛人)和
Ekallatumites(埃卡兰特姆人)等词语都是以中心城镇命名并成为
了隶属这些城镇民众的身份标识。然而，有时，一个集体是以"国
(land)"或者麻敦来命名，如"the Yamhadites(亚姆哈德人)"或者
"the Zalmaqumites(扎玛昆人)"。即使当城镇中心很明确，也不
可能区分"阿卢木(*ālum*, town)"和"麻敦(*mātum*, land)"，那么该
政体拥有麻敦地位。这是因为ᵗᵘ ᵐᵉˢ GN 的指称方式非常明确地用
于描述真正的政治行动，即以集体的名义所作的决策。在民众被
认为属于某个麻敦的地方，麻敦这一更高政治层级则优先于"阿卢
木(*ālum*, town)"的政治地位。实际上，这一通用的集体用语适用
于任何正在运作的政治范畴。当集体用语是麻敦时，该用语指称

的民众也可能属于一个城镇,或者地区联盟(如扎玛昆),或者甚至一个部落,如"Yamhadites(亚姆哈德人)"(见表 10),当然前提是部落名称与麻敦"国"完全等同。

1. 城镇在行动

在某些情况下,城镇的集体行动只是以城镇的名称作为描述对象。一封写给辛里-利姆的信讲述了伊里-苏穆(Ili-sumu)是如何将伊达-马若斯同盟所有人召集起来为辛里-利姆作战的。[1] 只有阿斯纳库王国反抗,而"乌吉斯"抢占了被暗杀的伊斯米-阿杜一半的财物,伊斯米-阿杜是乌吉斯附近的阿斯纳库王国的统治者。在其他地方,书信可以直接写给城镇,城镇即收信人。阿斯纳库王国的继任者萨德姆-拉布阿(Šadum-labua)写信向辛里-利姆报告:"之前我没有写信给艾鲁忒(Eluhut),但是现在我要给艾鲁忒写信了。"[2]接着报告说他还写信给了两位国王,以及两个城镇——乌吉斯和斯纳(Šinah)。[3] 类似现象在公元前两千纪初的巴比伦和亚述的档案文书中也出现过。[4]

我认为单独的城镇名称是识别城镇集体政治面貌的最简单的方法。或许,这种集体表达方式对麻敦同样适用,麻敦也会因此呈现出共同体行动这一古老的意识形态。不过我没有发现只是写给某个麻敦而不是其统治者的书信。但有一次,"扎玛昆人(the Zal-

181

---

[1] ARM XXVIII 98:13—20.
[2] ARM XXVIII 104:33—36.
[3] ARM XXVIII 105:29'—30'.
[4] 例如,在《汉谟拉比法典》第 24 条中,"城镇(town)"(URU)和 *rabiānum*(统治者)应向被谋杀男子的依附者们支付银子。来自安纳托利亚卡尼斯(Kaneš)城的书信以同样的集体称谓描述了亚述的母亲城。我们知道了"那个城市的泥板书信","那个城市的谈判代表们","那个城市的裁决",以及"市政厅";参见 Larsen 1976,161。

maqumites)"写信给艾鲁忒要求进行和平谈判(ARM XIII 144：39—41)。此处，复数形式 Zalmaqumites 一词并非指一个已知麻敦，它仅仅因为集体行动而存在，表示扎玛昆同盟中四位国王的联合行动。[①]

2. "玛里人(Mariotes)"等：城镇名的形容词形式

通常有人说阿卡德语麻敦($m\bar{a}tum$)根本上是指一个民族，而只有在广义上指该民族居住的国家；同样，阿卢木($\bar{a}lum$)一词首先表示一个民众聚集体，他们具有一起进行决策的能力。城镇的物质构成是他们为共同使用而建造。当城镇行动时，它作为一个集体而行动。前面我们提到长老们和议事会，但是描述以城镇身份进行集体决策最常见的方式是"LÚ. MEŠ GN(地理名称)"，通常被解释为"某个地方的人"。事实上，这个表达法并不表示某个大会(assembly)，更不用说是一群阿维鲁阶层自由民或者精英人士的集会(gathering)。当它确实表示整个城镇而并非其民众中有限的一小部分人时，该公式提供的是最无组织的民众的定义，他们以城镇的集体形式行动。这是最原始形式的集体意识形态，无需调解机构，然而也是非正式的。

似乎"LÚ. MEŠ GN"这个表达法的标准解释是形容词性词语而非属格。这首先可以从它的单数形式看出，即 LÚ GN，没有了复数标记 MEŠ。地理名称的形容词形式非常普遍，而且似乎至少可以和标准形式的专有名词同样普遍地用于指称人。表8中列举的只是部分地理名称的形容词形式，这些词末尾都有"-i"，这样地名就变成了形容词性。表中使用了"the Qattunanite(恰图南人)"和"the Qatna-ite(恰特纳)"这样的译法，而没有将其译为"the

---

① 关于 Zalmaqayū 的解读，参见下一章节。

man of Qattunan"或者"the man of Qatna"。这里选取的部分例子可以阐释玛里文书档案中一些较为常见的地名的使用情况。

表8　确认个体身份时使用的地理名称形容词形式

LÚ *Qa-aṭ-ṭú-na-na-yu*^{ki}	the Qattunanite (恰图南人)	ARM I 7:29
LÚ *Qa-ṭá-na-yi*$^{[ki]}$	the Qatna-ite(恰特纳人)	ARM I 15:6
LÚ KÁ. DINGIR-*yu*^{ki}	the Babylonian(巴比伦人)	ARM IV 5:20
LÚ *Su-ḫa-yi*^{ki}	the Suḫâ-ite (苏哈人)	ARM XIII 83:9
LÚ *I-ma-ri-i-im*	the Imarite(伊玛人)	ARM XIV 33:8'
LÚ *Ia-am-ḫa-de-em*^{ki}	the Yamḫadite (亚姆哈德人)	ARM XIV 75:10
LÚ *Kur-da-im*^{ki}	the Kurdâ-ite(库达人)	ARM XIV 76:6
LÚ *Za-al-ma-ga-i*^{ki}	the Zalmaqumite(扎马昆人)	ARM XIV 78:4
LÚ *An-da-ri-ga-yu*^{ki}	the Andarigite (安达瑞格人)	ARM XXVI 375:24
LÚ *La-ar-sú-ú-um*^{ki}	the Larsa-ite(拉莎人)	ARM XXVI 385:8'

182

开头的 LÚ 是个标准用法但绝不是必须的。我们发现了以下两个用法：*Za-al-ma-[q]a-ia-am*^{ki}（ARM XIV 75:10）和 *Ka-ḫa-ta-yu*^{ki}（FM II 127:34）。形容词的标记也可以被隐藏在剩下的未经屈折变化的形式下面，这一点在 Ešnunna-ite（埃什努纳人）军队的书写形式 *ṣa-bu-um* ^{lú}*Ešnun-na*^{ki} 中可以看出（例如，ARM I 53＋:17）。① 单复数形式 LÚ(MEŠ) 的使用随意而且主语和动词的单复数形式不一致，这些均说明表中的地理名称是形容词性词语的可能性更大，而不太可能是属格"man/men of GN（某个地方的人）"。比如，萨姆斯-阿杜就曾写信给儿子说"埃什努纳人（the Ešnunna-ite）"阻拦道路。② 另一封书信显示了集体的和具体的用

———————

① 否则，人们会期待看到书写形式为属格的短语 *ṣa-ab* LÚ*Eš-nun-na*^{ki}，而非同位结构（一般为形容词格式）。

② ARM I 37:26.

法在一起使用的情况：一个被认为是"巴比伦人（the Babylonian）（^{lú} KÁ. DINGIR. RA^{ki}）"的谈判代表团想在属于自己地盘的河岸边扎营，与"恰特纳人（the Qatna-ite）（^{lú} Q[*a-ṭá-na*]-*yi*^{ki}，^{lú} *Qa-ṭá-na-yu*^{ki}）"的代表团保持距离。有人突袭巴比伦人营地还杀死了"一位巴比伦高级官员"。[1] 信中没有出现"a man of Babylon（一个巴比伦人）"的用法，恰特纳（Qatna）集体形容词形式的用法相同。[2]

表9　确认集体身份时使用的地理名词形容词形式

LÚ. MEŠ *Ter-qa*^{ki}-*yu*	the Terqa-ites（忒卡人）	ARM II 94：6
LÚ. MEŠ *Za-*[*a*]*l ma-qa-yu*	the Zalmaqumites（扎马昆人）	ARM XIII 144：39
LÚ. MEŠ *Ia-am-ḫa-di-i*^{ki}	the Yamḫadites（亚姆哈德人）	ARM XIV 75：4
LÚ. MEŠ *Aš-šu-ru-ú*^{ki}	the Assyrians（亚述人）	ARM XIV 128：6
LÚ. MEŠ *I-ma-ru-ú*^{ki}	the Imarites（伊玛人）	ARM XXVI 246：15
LÚ. MEŠ *É-kál-la-ta-yi*^{ki}	the Ekallatumites（埃卡兰特姆人）	ARM XXVI 384：12'
LÚ. MEŠ *Ra-za-ma-yi*	the Razamâ-ites（拉扎马人）	ARM XXVI 409：59
LÚ. MEŠ *I-da-Ma-ra-ṣa-yi*^{ki}	the Ida-Maraṣites（伊达-马若斯人）	ARM XXVII 135：15
LÚ. MEŠ *Tu-ut-tu-li-*[*yi*]	the Tuttulites（图特尔人）	A. 885：4（Durand, 1989, p. 33）

---

[1]　M. 6159：9'—10'.

[2]　作为对比，有一点很有趣，F. R. Kraus 将出自伽素（Gasur）的一封信中的最早的格式 *a-GA-dè/DÌ-um* 解释为"Bürger der Stadt Akkade（德语，意思是一个阿卡德城市的市民）"，形容词用法用于描述城市（1970，27）。

复数 LÚ. MEŠ GN 也同样是形容词形式,这点可参见表 9。在 *FM* III 148 和 149 这两封信中可以看出词语拼写具有不确定性,事实上形容词的变格词尾可有可无,两封信均出自一位名叫马纳坦(Manatan)的行政管理者。在第二封信中,"亚姆哈德人(the Yamhadites)"的表达方式是^{lú. meš}*Ia-am-ha-di-i*^{ki}(第 5 行),原本就打算用形容词形式;而第一封信则是事后想起来改成了形容词形式(^{lú. meš}*Ia-am-ha-ad*^{ki}-*i*)(第 8 行)。因此,LÚ. MEŠ GN 的形容词形式应当被解读为^{lú. meš}GN。根据楔形文字字译法,LÚ. MEŠ 为不发音的限定词,表示被指定的一群人,但是不能将其解读为另一个独立词语 *awīlū*(阿维鲁;men;人)。此形容词形式在类属词如^{lú. meš}*a-lu-yu*,或"公民(citizens)"中也有体现。①

如果 LÚ. MEŠ GN 果真表示^{lú. meš}GN"GN-ites",是作为实词使用的专有地名的形容词形式,那么这类词即使可以表示"men of GN(某个地方的人)"也只是其中的极少数而已。而且,限定词 LÚ 通常并非指名词 *awīlum*,该词可以表示议事会的"自由民"成员。这一结论同样适用于没有复数标识 MEŠ 的一般限定词 LÚ,但它仍然可以表示集体的概念。有一封书信就证实了上述用法,MEŠ 可有可无,不过同样表达了复数概念:例如^{lú}*Ku—b*[*a*]-*a*-[*yu*]^{ki}对^{lú. meš}*ku-ba-a-yu*^{ki}。② 该用语本身

---

① 参见 ARM XXVI 422:29;424:29;XIV 104+:19,27(Charpin 1993a,199);A. 2728:15(Dossin 972a,125;LAPO 17,no. 515)。这些应该是不同于"城镇的儿子们(sons of the town)"(例如,ARM IV 73:7,DUMU^{meš} *a-lim*^{ki}),该表达法指的是所有居民(见下文)。基于这些对比,ARM XXVIII 48:45 中的[LÚ*a-l*] *a-nu*^{ki}这一修复结果的可能性似乎不大。出自较早时期卡尼斯(亚述的殖民地)的安纳托利亚文书中的表达方式似乎有点不一样。Larsen(1976,160)发现一个市民被叫作"亚述的儿子(son of Ašur)","Assyrian"(A*šurīyum*)一词没有被用于表示人。*ālīyum* 也不用于表示"市民、国民"。

② ARM XXVIII 42:2'和 14',复数形式出现在第 3 行,*al*[*iš*]*un*[*u*],"他们的城镇"。

并不表示集体发声的城镇民众，只是一般性泛指，不涉及具体的组织机构。

萨嘎拉图总督在写给辛里-利姆的一封书信中提到的 *āluyū* 就属于一般性泛指的用法。[1] 安达瑞格王阿塔如姆包围了拉扎马（Razamâ）并且正与它的代表们进行谈判，代表们最初被称为"长老们（elders）"（第 11 行）。而之后他们又被称作 *āluyū*（"townites"或者"townsmen"，即城镇居民），所以说是拉扎马整个城镇在集体行动。为了拉扎马，城镇居民们对安达瑞格发起了反击（第19、41 行），他们挖了地道（第 27 行）：

> 当军队到达拉扎马时，就在到达的那一刻，城里的一支队伍冲了出来。他们杀死了 700 埃兰人（Elamites）和六百埃什努纳人（Ešnunna-ites）。10 天之后，长老们（elders）来到国王阿塔如姆面前对他说："我们想要和平……"（第 8—12 行）[2]
>
> 　城镇居民回答他（阿塔如姆）："这里属于辛里-利姆，正规军已随他一起离开了。"（第 19—21 行）[3]
>
> 　当攻城的土墩前部到达了下城区防御墙的墙根时，城镇居民在城里便开挖地道，一直挖到了围攻土墩的前部，左边一个右边一个（第 26—28 行）。[4]

我发现 $^{\text{lú. meš}}$GN 一般并不用于表示城镇居住者，它用于对城镇为了共同利益而采取集体行动的描述中；"the sons of GN（某个地方的儿子们）"的表达法指城镇居住者。据我所知，集体行动从不涉及城镇内部事务。书信中提及的"Terqa-ites（忒卡人），Ima-

---

① ARM XIV 104＋，关于新版，参见 Charpin 1993a，199—202。
② 原文出处同上。
③ 原文出处同上。
④ 原文出处同上。

rites(伊玛人)，Ekallatumites(埃卡兰特姆人)"等用语似乎反映了一种关于城镇的普遍看法，即它是与其他政治单位打交道的政治单位。城镇外部事物似乎激发了关于城镇集体行动意识形态这种朴素的表达方式，不论实际涉及的是个人领导者还是代表团体。

根据我们掌握的玛里证据，"$^{lú.\ meš}$GN(lú. meš＋地名)"可以是写信人也可以是收信人，[①]可以与外部军事力量就战和之事进行谈判，[②]还可以与最高领主做交易。[③]　如果能以武力成功夺取一个防卫森严的城镇也会是"$^{lú.\ meš}$GN"的功劳，[④]有一封书信就记述了胡洛人(Hurrâ-ites)商讨政治策略的情形。[⑤]　其实这些关于全体居民的"报告"的背后就是对集体活动的同样关注。[⑥]　有时候，紧接着"$^{lú.\ meš}$GN"之后会出现给出更加准确定义的第二个名称。在前文引用过的一封书信中，80名伊玛代表(Imarites)也被称为麻敦的头人们(heads)。[⑦]　另外一封重要的书信向我们描绘了两

184

① 参见 ARM XIII 144:39(扎马昆，寄出)；XXVI 246:15(伊玛，收信后寄出)；XXVI 365:20(卡萨鲁(克)，收到)；XXVI 409:59(拉比玛，收到)；A. 2993＋:42—43(乌班和穆胡(Mulḥum)，收到；收入于 Michel 1992,128)；A. 2417:9(鲁哈(Luḥâ)，收到；收入于 Durand 1988,98—100)。

② 参见 XIII 144:39；XXVIII 19:15—16(扎马昆)；XXVI 144:18'(拉莎)；XXVI 365:14,20,34(卡萨鲁(克)；XXVI 409:5,26(苏帕德(Šuhpad))；XXVIII 61:4(乌拉(Ulâ))；XXVI 435:11(阿玛兹)；A. 2769(图特尔，Dossin 1974,30；LAPO 17, no. 789)；参见 A. 2459:8(胡班(Ḥurban)，Charpin and Durand 1997,387,亚述、埃卡兰特姆和埃什努纳签署和平条约之后)。

③ 这包括了效忠誓约(A. 2993＋:42—43,乌班和穆胡)；缴纳税赋(A. 885:4,图特尔，Durand 1989,33；M. 8884:2,达彼斯，Durand,1992b,119—120)；王宫田地的管理(XXVI 62:28 等,忒卡)。这三个范畴除外，还可注意护卫的委派(XXVI 156: 11,亚波利亚)；扣留商人(TH72—16:9,哈塞(Haṣor),Durand 1990b,46；n. 42)；选择或者接受一位国王(A. 257,埃什努纳，LAPO 16,no. 300)。

④ "现在库杜巴人(Kurdubaḥites)攻破了卡马图(Kalmatum)城"(ARM XXVIII 91: 8—9)。

⑤ ARM XXVIII 104:30—33.

⑥ ARM II 75:2'；III 83:5；XXVI 409:56；XIII 139:17.

⑦ ARM XXVI 256:14—15.

个友好城镇伊斯恰（Isqâ）和恰（Qâ）集体决策的一幅复杂的图景，该信的内容在本章论述部分将反复出现：[①]

> 我听到了关于"Isqâ-and-Qâ-ites（两个城镇名加词尾ites）"的消息："他们被召集前来效劳，带上了十天所需的物资。他们将加入汉谟拉比的援军。"当我得知此消息后，便写信给亚穆如塞（Yamruṣ-el）以及伊斯恰（Isqâ）和恰（Qâ）两个城镇的长老们，伊斯恰和恰的头人们聚集在我面前——两百人的集体犹如一个人。我面对他们说了以下一番话……

首先，信中的"消息"是关于 Isqâ-and-Qâ-ites（伊斯恰-恰人）的，用的是泛称的^{lú. meš}GN 表达法，接着提到了与城镇统治者和长老们的通信情况，最后是与城镇领导者的会面。也许非常明显的是，这些书信中附加的说明跳过了姓名不详的集体，因为收信人需要了解实际有效的政治过程。从这里引用的两封书信内容来看，政治过程没有真正涉及大型复数形式的群体，不过我们不应该因此推断集体意识形态只是掩盖个人决策的一种虚有其表的假象。

尽管如此，^{lú. meš}GN 表达法并不就一定表示"自由民的议事会"。一些书信让我们了解到该表达法背后的其他细节，比如它还可以作为一个城镇或者麻敦联盟的复数表达形式。集体的通称同样可用于描述麻敦联盟对抗外来者采取的联合行动。就这样的联盟而言，^{lú. meš}GN 可以表示联盟各成员国国王们的会议。亚齐姆-阿杜曾称"扎玛昆人（Zalmaqumites）"拒绝向交战中的巴比伦派出援兵，[②]而在谈及和平谈判的其他一些书信中也出现了同样的说

---

①   ARM II 75:2'—12'（参见 LAPO 17, no. 557, pp. 171—173）。

②   ARM XIV 76:22。

法："扎玛昆人(Zalmaqumites)不断给艾鲁忒人(Eluhutite)萨拉亚(Šarraya)写信求和。"①通常情况下,扎玛昆联盟的决策集体由所有成员国国王组成。②

按照相同的惯例,另一段书信内容也就很好理解了:"因为这名男子,所有的伊达-马若斯人(the Ida-Maraṣites)简直就是行尸走肉。他们倒不如已经死去。为了伊达-马若斯人,放过他吧。"③这里提到的男子名叫伊尼-阿杜(Ibni-Addu),是被辛里-利姆免职的封臣,他曾是塔杜(Tadum)王。④ 一位玛里官员恳请国王想办法救救伊尼-阿杜的命,他的理由是如果这位地方国王被踢开并被处死,那么伊达-马若斯联盟中其他忠诚的国王们也就不可能幸免于难。暗杀事件威胁到的倒不会是所有民众而是联盟中的其他统治者们。

在另一段提及城镇集体行动的书信中,书写符号 LÚ. MEŠ 的用法就像独立词语 awīlū (men；人)一样,但还是泛指姓名不详的领导集体:

提兹拉人(Tizrahite)班库姆(Baqqum)认命了。因此提兹拉的居民们(儿子们)中的一些人(men)来见我,他们说:"派卡利-鲁马(Kali-ilumma)来担任我们的头领吧……"⑤

185

① ARM XIII 144:39—41,另可参见 ARM XIV 78:7,同一群人要追踪 4 个哈奈人。
② 参见上文,关于 mātum 同盟的论述。对于 LAPO 16,p. 408,note b 中的书信,Durand 给出了相似的解释。这种复数形式罕见的并列用法好比以 ᵗᵃGN 表达法用于对国王们的常用称呼,如"the Babylonian(巴比伦的)"。据我所知,名词通常为外人使用,而非国王们本人。实际的头衔只是说明了在群体内部的优越性。
③ ARM XXVI 312:32'—34',注意这里的单数和复数限定词都同样表达了集体的概念。
④ 参见 ARM XXVI 310 和 AEMI/2,p. 40。关于塔杜的位置,参见 Guichard 1994,242—244。
⑤ ARM V 24:5—12. 有关这封信的评论,LAPO 16,no. 80,p. 206。

　　"提兹拉居民中的一些人（men）"前来面见亚斯马-阿杜手下的一位大臣塔瑞木-萨基姆（Tarim-šakim），谈论有关给他们城镇派遣新头领的事。[1] 就单独的城镇而言，书写符号 LÚ. MEŠ 指的是该城镇挑选出来的代表们，他们负责头领的任命或者至少可以就头领人选与国王手下大臣进行沟通和谈判。因为要经过一段旅程才能见到塔瑞木-萨基姆，所以真正前来的代表人数有限，比我们预想的"议事会"的人数少多了。[2]

　　如上一个例子所示，名词 awīlû（men；人）有时会出现在书写符号 LÚ. MEŠ 之下，至少是指代表整个城镇说话的一小部分人。尽管我们不应把[lú. meš]GN 表达法理解为指称任何集体领导的一种宽泛用法，但该用法有时确实作为一个正式的阶层出现，他们并非为做决策而联合，但其身份仍然等同于整个城镇。我在前文提到过一份文献资料 A. 1051（AEM I/1, p. 169, note a），它将一个阿卢木（ālum）中的阿维鲁（awīlû）阶层与穆什根努（muškênum）区分了开来。对待穆什根努就是要让其消除疑虑，而对待阿维鲁则需要一种更为具体的协助或者监督形式，让他们"定居某处"。因此，亚当斯所认为的穆什根努指农村人口与地位较高的城镇阿维鲁成对立关系的论点似乎站不住脚（1982，12）。实际上，无论在城镇里，还是亚当斯可能认为的属于农村范畴的村庄里，都同时存在着阿维鲁阶层与穆什根努阶层。

　　A. 1051 关于给阿维鲁提供住所的问题也可以通过另一个城镇的等级制度来解释清楚。这个叫卡萨鲁克（Kasalluk）的城镇位于美索不达米亚南部，城里居住着穆提巴（Mutiabal）部落人口。据记载，巴比伦王汉谟拉比对"卡萨鲁克的头人们"发表了讲话，他

---

[1]　关于亚斯马-阿杜的两位大臣之一的塔瑞木-萨基姆，参见 Villard 2001，21。

[2]　也许有人会问 LÚ[meš]DUMU[meš]GN 是否与更简单的表达式不同，表达了一种特殊的细分。不过，这些"人（男子们）"代表了整个城镇，因此上述区分实际并无太大意义。

下令全城居民迁往别处。① 在同一封信中,"卡萨鲁克的头人们"
等同于"卡萨鲁克人(Kasallukites)"($^{\text{lú. meš}}$ *Ka-sa-al-lu*^{ki},第 14
行)。我们无法将阿维鲁从集体身份中分离出来,但是这封信向我
们详细描绘了这些阿维鲁在社会架构中的合适位置。除定居的城
镇外,卡萨鲁克人还共同拥有城外的土地,在那里他们可以放羊
(第 31 行)。卡萨鲁克的头人们拥有"屋宅(houses,*bītum*)",甚至
当他们的依附者离开了仍然可以住在那里(第 32 行)。这些屋宅
是进行粮食生产的农业中心(第 28、38 行)。头人们的依附者即他
们的"尼粟(*nišū*)",汉谟拉比打算把这些依附者们用船运送到巴
比伦(第 29—30,37—39 行)。

> 他(被俘的穆提巴人(Mutiabalite))动身前往卡萨鲁克。他转
> 交了埃兰人(Elamite)统治者的一封信。卡萨鲁克人(Kasal-
> lukites)对此非常关注。他们集体讨论之后给埃兰人统治者
> 写了封回信(第 12—15 行)。②

> 当他们带回了一个非常肯定的消息时,汉谟拉比便写信
> 给卡萨鲁克的头人们,说……(第 19—21 行)③

> 国王对头人们说:"把已收割的大麦和稻草,以及所有男
> 孩和女孩都送到巴比伦来。你们的乡村仍然可以放牧,而你
> 们自己应当留守你们的屋宅。"头人们回答道:"王上既然已经
> 说了,那我们马上就走。我们将行动起来。"如此答复国王之
> 后他们就动身了。他们走了以后,国王派出了一支 6000 人的
> 队伍以及可以运送大麦和他们依附者的船只。④

186

---

① ARM XXVI 365:20.
② A. 1051.
③ A. 1051.
④ A. 1051.

在另一封书信中,特殊用词阿维鲁(*awīlû*)可能等同于户主的意思。该信出自萨姆斯-阿杜统治时期,信中写道:"50 个阿维鲁与其家人们(houses)离开哈拉顿(Harradum)前往乌班(Urban)了。"[1]此处的"家人"是一个流动单位,但在新地方重建之后它一定会有具体的对应单位。就阿维鲁一词而言,"阿维鲁与家庭"的关系可能比"阿维鲁、穆什根努及王宫"的组合用法更为重要。倘若如此,那么王宫似乎抢用了该词以及该词本身蕴涵的威望以区分王宫援助家庭和非王宫援助家庭。根据其早期词义,阿维鲁的范畴应该是包括了被王宫称作阿维鲁阶层或者穆什根努阶层的家庭户主们。

上述文本资料让我们再次想到了集体泛称表达法[lú, meš]GN 和所谓的"自由民议事会"的关系。尽管[lú, meš]GN 表达的也许是一种广泛参与,并不一定涉及任何议事会,但它也许假定只有户主(曾经,阿维鲁?)可以参与城镇决策。从这个角度来看,有一封信的内容就非常有趣了:两百名拉扎马人(Razamâ-ites)(没有证据显示是指全城人)在阿塔如姆的煽动下修建屋宅。[2] 另一封信让我们对户主也会产生类似的印象,该信描述了哈布人(Harbû)遭放逐的事:"哈布人离开了,带上了他们所有可搬动的财产以及所有自己的东西。"[3]该信还提到,[lú, meš]*Ur-ba-na-yu*[ki] 和[lú, meš]*Mu-ul-ḫa-yu*[ki] 被迫与"他们的孩子们和妻子们"分开了——对户主们的描述非常有限。[4] 上面两封信均未涉及决策活动,但即使作为受害者,所有相关城镇的民众们都会在对外政治事务中发挥一定的作用。

总而言之,所谓全城参与集体决策也许可以定义为户主们的参与,但是认为他们的每次出现就一定是全体参加则是危险的推

---

① 　M. 10991:7'—9',阿比-艾普写给亚斯马-阿杜的信;no. 9,Charpin 1997b,361。

② 　ARM XXVI 409:63—64。

③ 　ARM XXVI 410:22'—23'。

④ 　A. 2993+:36—39,Michel 1992,127—128。

论。正如书信 ARM II 75 中关于伊斯恰和恰两个城镇的描述那样，^{lú, meš}GN 表达法有可能指各种各样的决策集体，在那封信中也许就有两种，即一位个体领导者和长老们及其领导的一群"头人们"。在认识到这个集体术语所能触及的一个强势中央集权领导者的权力范围后，也许我们该思考一下，对于统治者们诸如"巴比伦人（the Babylonian）"之类的称呼是否包含着更多的信息，而不单是他统治着"巴比伦"。因为城镇名称的形容词形式无论复数还是单数（^{lú, meš}GN 和^{lú}GN）均可表达集体概念，所以它的使用也易为个体统治者左右。那么，对于国王的习惯称呼如"the Babyloni-an（巴比伦人）"或者"the Ešnunna-ite（埃什努纳人）"很可能出自国王统治的圈层，在王权世界里城镇或者王国的所有政治意愿都体现在国王一个人身上。以地理名词的形容词形式来称呼国王们借用了城镇集体决策身份的指称方式，此种情形表明，统治者们在借助集体意识形态为一个完全不同的政治秩序服务。从语言学角度看，集体领导形式向个体领导形式的过渡平稳且容易，但是它掩饰了深层的权力转移。

3. "某地的儿子们（The sons of GN）"：居民们

从严格意义上的拼字法来看，LÚ. MEŠ GN（LÚ. MEŠ＋地名）或者"GN-ites（地名＋词尾 ites）"似乎与另一个不太常用的表达法 DUMU. MEŠ GN 可以通用。苏美尔语书写形式 DUMU 的意思是"儿子（son）"（阿卡德语为 *mārum*），两种表达方式通常被理解为"某地的人（复数）"和"某地的儿子们"，几乎没有太大差异。不过，按照我自己的解读，LÚ. MEŠ GN 相当于形容词形式的"GN-ite"，如此一来，LÚ. MEŠ GN 和 DUMU. MEŠ GN 这两个表达法就有明显的差异了。在楔形文字书写系统中 DU-MU 并非不发音的限定词，因此 DUMU. MEŠ GN 只能被解释为一个属格短语,"某地的儿子"。同时,这里的"儿子(son)"并不代表一个泛指的社会范畴,比如阿维鲁和穆什根努,它表示的是以世系(血统)确定的身份,与我们所理解的"人(LÚ. MEŠ)"截然不同。

"某地的儿子们(the sons of GN)"指一个城镇或者王国的所有人口,不过并不具有政治的、决策制定的特征。从一封描述萨嘎拉图行政区发生瘟疫的书信中,我们可以了解该表示法在辛里-利姆王国中的使用范畴:

> 神在用瘟疫惩罚上游的行政区,我匆忙地从那里经过。现在,王上必须下达命令,这样感染了瘟疫的村民(村庄的儿子们(sons of the villages))就不能进入未爆发瘟疫的村庄了。他们可能会将瘟疫传播到整个王国,这太危险了。如果王上曾计划前往上游行政区,那就应该在忒卡停下来。他不能再继续前往萨嘎拉图了。那里也已爆发瘟疫了。[1]

鉴于此信由一位名叫阿斯曲杜(Asqudum)的玛里高官所写,很自然他首先提到的是王国的一部分——"上游行政区(ḫalṣum)"(第20、27行)。[2] 接下来讲到了"麻敦(mātum)"和"行政区典型的组成单位,即城镇。面对致命疾病的威胁,写信人并未提及流动人口。[3] "村庄(城镇)的儿子们",显然指所有居住在那里的人,被禁止前往其他地方。这种表示全体的用法在另一封书信中也很明显:有一道指令禁止所有居民进入卡哈特王国所有受灾城镇的中心避难

---

① 　ARM XXVI 17:20—30.
② 　关于占卜者阿斯库杜,参见 Durand,*AEMI*/1,chap. 1(pp. 69—228)。
③ 　尚未发现有文献提及可能被称为"哈奈人(Ḫana)"或者"草原游牧民(nawûm)"的流动群体。(可能指包括帐篷居民和草原游牧民瑠乌(nawûm)在内的流动人口。——译注)

188

所——"一定不要让城里的任何一个居民进入避难所"。①

　　如果不是指全体人口而是某一个人，那么使用"son（儿子）"一词则是为了说明此人最初的居住地。一封出自辛里-利姆统治初期的书信写道，西米莱特资深领袖班纳姆想要败坏占卜者阿斯曲杜的名声，他所说的关键点是这个占卜者是"埃卡兰特姆的儿子（son）"，那里曾是萨姆斯-阿杜早期王国的中心。② 班纳姆借助阿斯曲杜的出身认定他是敌人，但是辛里-利姆婉拒了班纳姆的提议而且似乎未曾后悔过这么做。LÚ（人）可以表明一种现时的关系而且有时表示一种代表性的角色，但 DUMU（儿子）仅提供了出生地的信息。③ LÚ和 DUMU 在用于描述个人时的意思比较接近，而在描述与整个城镇的关系时则不然。④

　　DUMU^meš GN 和^lú, meš GN 之间的差异还体现在这两个名称出现的具体活动中。^lú, meš GN 表达法用于描述对外交涉时城镇集体这一行为主体，而多数情况下"某地的儿子们（the sons of GN）"短语的使用则强调每个男人（如果不是每个人）可以有何贡献（或者能做些什么）。基布瑞-达甘写给辛里-利姆的一封信提到了忒卡所能提供的开挖运河的劳力资源：

---

① 　A. 315＋：29—31；Charpin 1990a，74，另可参见 ARM XIII 146：14—17；147：32—33（塔哈玉）；XXVI 144：4'，6'，9'，13'（拉皮库（Rapiqum））；XXVI 320：14 ；XXVI 462：9（辛尼亚）；A. 4513：21'（阿拉突（Alatrû），AEM I/1，p. 309）。

② 　DUMU *É-kál-la-tim*^ki，ARM XXVI 5：20.

③ 　另可参见 ARM XXVII 99：21—22，两名男子原本是某一城镇（ālum）的"儿子们"；M. 7630：7（Guichard 1994，258）和 A. 4687：5（Charpin 1993b，181），那些总是远离家乡的男子们的出身。ARM XXVI 495：17—19 报告了伊斯米-达甘的死讯，写信人还提到他是从"埃卡兰特姆的儿子们"那里得到的消息。其他较大规模的分组包括 A. 285：22'和 25'（Charpin and Durand 1997，385），出生于埃卡兰特姆的人被允许进入卡莱纳；A. 4535-bis：2'9（同上，p. 389—391），亚述商人们抱怨他们受到的待遇。

④ 　注意：另有一个表示"居民（inhabitants）"的西闪语词 *maskanū*，该词似乎和地名没什么关系，动词形式为 *sakānum*，"定居下来"。参见 ARM V78：6，Durand 1987b，227；*FM* VII，pp. 77—79。

　　我担心他们会对王上说:"忒卡的中部地区有大量的劳力。"忒卡四百名男性居民(sons,儿子们)中,有两百人分散在各处,现在能派出的只剩 200 人。①

　　人口普查中"城镇的儿子们(DUMU^{meš} *a-lim*^{ki})是必须统计的,②而且他们还要宣誓效忠。③ 称呼归于居住地的类别总是最好理解的。④ 阿斯拉卡王伊巴-阿杜写信给辛里-利姆说,在艰难的一年里,"居住在阿斯拉卡的穆什根努"翻越了大山离开了王国。⑤ 亚姆哈德王的代表来到已被卖给辛里-利姆的城镇阿拉图(Alaḫtum),召集了当地所有居民,反复传达了亚姆哈德王的命令。⑥ 有关居民离开的描述说明"sons(儿子们)"表示居民的意思。克若斯(Kraus)将萨尔贡碑文中 DUMU. DUMU a. ga. dè^{ki}解释为阿卡德城的"Bürger/Bewohner"⑦,而玛里文书中的表达法显

---

① ARM III 3:9--17,另可参见 ARM III 6:5—6; 26:12—13; XIII 123:24; A. 2757: 9, Villard 2001, 64。

② ARM XIV 61:7 等。在 *FM* VII 30:41 中,"阿拉图的儿子们"指那些必须服兵役的居民,征兵名单以人口普查结果为依据。

③ M. 5157+:19', Durand 1991, 53, 与哈奈人交战。有关"某城镇的儿子们"这类通称的其他例子,参见 ARM I 10:6(提尔-阿伯尼(Till-Abnim)); II 137:9(图特尔); IV 11:12'(巴里河流域的一座城镇); IV 73:7—8(亚斯马-阿杜治下的一座城镇, "Mariotes"都迁出了); III 148:3(塔哈玉); XXVI 215:28(图特尔?); A. 315+:25, 29(卡哈特国的城镇)。

④ 有趣的是,DUMU^{meš} *mātim* 表示一个"国(land)"的所有居民,但从未有过一个 LÚ^{meš}*mātim* 的表达方式,这或许被看作是多余的。参见 ARM I 43:7(军队); I 118:15(牧羊人); IV 17:18(服兵役); IV 78:11(人口,战时?); XXVII 23:6'(为 *bazaḫātum* 招募人手); XXVII 27:15(描述行政区人口); XXVII 28:22(拥有羊群); XXVII 107:18'(王宫赠予土地)。另注意"行政区的儿子们", A. 2943:38 (Durand, 1987b, 230)。

⑤ ARM XXVIII 51:9—10.

⑥ *FM* VII 36:8—9, 51—53, 55.

⑦ Bürger(德语):市民,城市居民。Bewohner(德语):居民,住户。——译注

示"Bewohner"为"Bürger"的上一级范畴(1970,29)。①

　　常用的模式使得一些特例更加异乎寻常。在这里我们发现了罕见的全体议事会的形式,但并未采用^{lú, meš}GN 表达法。在图特尔(Tuttul),全体民众有义务向辛里-利姆缴税,这些有纳税义务的民众被称为"儿子们(sons)"或者"Tuttulites(图特尔人)",但具体行为主体是"塔赫塔蒙(*taḫtamum*)议事会",即前亚摩利地方议事会。②

　　参加塔赫塔蒙议事会了。他们说要征缴效忠税(*sīrum*-tax)了,所有图特尔的居民(sons,儿子们)都有份。③

　　　说说王上对图特尔人征收的效忠税的事,我参加塔赫塔蒙议事会大概 3 次了,我向他们说明了征税要求,可这些人不止一次写信给伊玛(Imar)。④

189

　　当所有萨嘎拉图民众被召集起来听总督喋喋不休地谈论人口普查的程序时,他们被统称为 DUMU^{lú, meš} *a-lim*^{ki},该集体相当于一个正式的议事会,不过它没有决策权。⑤ 那位总督还传达消息说,某个亚米纳特城镇的儿子们已开会决定联合埃什努纳共同对抗辛里-利姆。

　　综上所述,我们发现有 3 种方式可以表示城镇或者麻敦"国"的集体行动:某政体简单的地理名称(GN);某政体地理名称的形容词复数形式(^{lú, meš}GN,同"GN-ites");或者某城镇或者某"国"的"儿子们"(DUMU ^{meš}GN)。前两者职责相同,是代表城镇或者王

---

① 同样,dumu-nita-dumu-nita-eb-la^{ki}应该就是"埃卜拉的儿子们(居民们)",而不是"埃卜拉的孩子们(children),市民们(citizens)"(可比较 Pettinato 1991,78)。
② A. 2951:7;A. 885:23,Durand 1989,33—35,在第一封信中,参见第 6 行的 *taḫtamum*。两封信均出自玛里国王代表莱纳苏之手。
③ A. 2951:7,Durand 1989,34—35.
④ A. 885:4—7,Durand 1989,33.
⑤ ARM XIV 61:7 等。

国的集体行动决策者。"某地的儿子们(the sons of GN)"只是表示那里的居民,往往指行动对象,并不用于描述作为一个政治单位的城镇或者王国。要注意的一点是,"……的儿子们"的表达法也为部落所使用,它也许又可以与其他一些表达范畴合并在一起,如麻敦的"儿子们"、"西米莱特的儿子们"以及"纳姆哈的儿子们"。"西米莱特的儿子们"和"纳姆哈的儿子们"可以分别代表以玛里为中心的王国(哈奈人王国,māt Ḫana)和以库达为中心的王国(纳姆哈王国,māt Numhâ)进行交涉。[①] 此现象凸显了有时被理解为相互排斥的"部落"和"王国"范畴潜在的同时性。

我们讨论了这些集体表达法却几乎没有发现有关集体政治生活具体形式的证据,不过有一点是非常明确的:城镇或者王国的集体行动观念远比那些关于"长老们"和"议事会"的有限研究所揭示的更加普及。同时,本小节的目的就是在讨论民众大会(popular assemblies)时要将"某地的人(the men of GN)"和"某地的儿子们(the sons of GN)"两种表达法完全剔除。因为其中之一很可能被误解,而另一种一般不用于表示作为城镇决策者的居民们。

第四节 长老们

根据玛里文书档案,或者说,根据更具广泛意义的楔形文字文本资料,除通称"GN-ites"外,关于城镇集体决策者的最常见的定义就是"长老们"。[②] "长老们"一词的苏美尔语对应词是 šu-gi,阿卡德语对应词是 šībum,这些早期美索不达米亚词语的实际含义

---

① 参见 FM II 117:12。

② 关于"长老们"的参考文献相当多,不过一般说来都是很久以前的了。这些文献包括 Walther 1917,52—63;Oppenheim 1936;Klengel 1960,1965;Schlechter 1968;Reviv 1989,137—177(关于叙利亚-美索不达米亚);Anbar 1991,150—154。

为"年长者",字面意思就是"资格老的"。玛里书信通常使用苏美尔语拼写方式,以 LÚ 和 MEŠ 作为身份限定词,这在上一节已有讨论(如^{lú, meš}ŠU. GI 或者^{lú}ŠU. GI^{meš},即复数形式的 šībūtum,"长老们")。有关美索不达米亚"长老们"的研究通常认为他们是"议事会(council)"的组成部分,[1]而"议事会"一词给人们的印象是:一个拥有固定地位的组织机构,负责处理一些常规事务并定期开会协商。[2] 实际上,"长老们"这一术语通常表示一个广泛的地位类别,并非个人永久头衔的称谓,"长老们"可以以具有固定功能的"议事会"形式召开会议。

　　无论书面形式上还是政治现实中,关于城镇"长老们"的实际称谓具有明显的不确定性。[3] "长老们"可以指资深领导者,其集体权力区别于国王的权力。但同时,一个城镇的长老们可以担任国王的代表,直接服务于王权及王国治理。我们不能想当然地认为所有这些实际上表示不同组合的同一群人。我们应当认识到"长老"一词表示资深领导者,而因为特定的政治局势或者书写者的意图存在差异性,其定义自然会有所不同。作为"城镇的长老们",他们代表着城镇这个集体,不过当他们作为国王的使者时,情况或许会发生变化。

190

---

① Klengel 1960,364—365 将此描述为"Stammesverfassung",依据为 ARM II 75(伊斯恰-恰)。他将集体治理划分了几个等级:"Vorsteher der Gemeinde","Ältestenrat"和"Volksversammlung"。Mario Liverani 将这一团体称为长老们的"协会"(1975,154)。

② 这些确实符合 F. G. Bailey 所说的"精英"议事会,但这样的议事会并非古代社会的特征(1965)。

③ David Schneider 关于雅浦岛 tabinau 的论述提供了一个有用的方法论的对比。根据具体语境,tabinau 可以表示一座房子,因为土地而联系在一起的人们,或者某一个地方。Schneider 发现对于文化仔细的描述必须优先于一个模型的假设,只有当我们有意识地将敏感性放在优先位置,才能认识到这一重要社会范畴的多样化含义(1984,21—22)。

1. 长老的职责

　　"议事会"一词总会让人联想到一个由长老们组成的固定集体，成员们有权利以各种头衔参与其中。[①] 这样的理论架构其实对我们是一种负担，它往往会阻碍我们去理解对城镇长老们的个人称谓。我们应当在涉及具体职责的特定语境中解释"长老"一词，比如在对外交涉事务中。这些原本被普遍视为适用于集体领导的具体职责，差不多也就是"长老们"代表集体需要完成的事务了。"长老"这一术语与地理名称形容词形式（[lú, meš]GN 和"the GN-ites"）的区别在于前者强调的是群体的代表性质，他们是全体人口的一部分。除了资历有些许不同，长老们之间并没无等级之分。

　　和[lú, meš]GN（[lú, meš]＋地名）一样，"长老们"总是会出现在对外交涉事务中。书写者可以选择提及他们当中的一个领头人，[②]或者将他们作为一个统一体来介绍。[③] 从本质上来讲，长老们写信基本上都是为了与城镇或者王国以外的政府机构进行交涉。[④] 一旦长老们与其他具体范畴的领导者们一起开会，通常都是在处理对

---

① 例如，Klengel 认为苏美尔语 ab-ba 是一种"头衔（title）"（1960,358）。

② 参见 ARM II 75:6'—7'（和亚穆如塞一起，没有头衔；伊斯恰-恰）；VI 12:5—6?（和亚齐姆-阿杜一起，没有头衔）；XXVI 48:5—6（和尼玛尔（Niqma-el）一起，没有头衔；恰）；503:5—6（写信人为吉布斯-阿杜（Kibsi-Addu）和乌鲁班（Uruban）以及杜纳玉（Dunnayu）的长老们）；A. 981:32（和乌努姆一起，没有头衔；达彼斯）。有趣的是，这里的个体领导者作为长老们中的一员均无头衔，否则他们应该可以被称作头领（sugāgums）。注意 ARM III 65:5—7 中的"伊里达努和十位哈奈人长老"，同样的现象出现在了一个纯部落以及非城镇的语境中。

③ 首先要提及的是 A. 2226 中的各类长老。另可参见 ARM IV 29:22（恰塔莱?）；XI-II 148:3（塔哈玉）；XIV 104＋:11（拉扎马）；XIV 114:8—9（库吉斯（Kurgiš））；XX-VI 391:7（拉扎马）；XVI 411:73（萨玛兹（Samaz?））；*FM* II 122（伊那-哈（Iluna-aḫi））；FM II 125:3（乌吉斯）；A. 2567:16（乌吉斯，Charpin 1993b,178）；A. 2417:3—4（塔哈玉，Durand 1988,98）。有关部落哈奈人的相似用语，参见 M. 687:17'。

④ ARM XXVI 503，乌鲁班和杜纳玉；*FM* II 125，乌吉斯；A. 2417，塔哈玉。

外事务。① 关于这些领导者的称谓也往往是大致的分类，并非某个具体官衔或者某个固定机构的称谓："信使"，宫廷侍臣（*gerse-qqum*），或者要员（*wedûtum*）等。②

长老的第二个职责使该词产生了派生用法，意思是"见证人"，词义转换现象表明在使用"长老"一词时行使的具体职责要比固定头衔重要。当法律问题已超越了单个城镇或者政治单位的管辖范围时，这第二种职责在某种程度上就会与第一种部分重叠。有一封信就描述了一个不同寻常的议事程序。该信为一位附属国国王（库达王布努-艾斯塔）所写，他在信中向恰图南行政区总督扎科拉-哈穆提出正式的抗议，而这位总督打开信当着几位"行政区长老们"和 100 名城镇长老们（或者见证人们）的面宣读了来信。③ 或相反，这些长老们的职责完全就是参与城镇的内部事务，古巴比伦时期的文献中有许多关于长老们与城镇的个体管理者（*rabiānum*，相当于市长或镇长）一同出现的记载。④

---

① 参见 ARM IV 68:7—8，赫维拉和塔木斯的长老们和要员（*wedûtum*）一起前来给伊斯米-达甘赠送外交礼物；XIII 145:5—6，亚吉波-阿杜（Yarkib-Addu，扎马昆同盟的一位国王）的信使和长老们访问辛里-利姆的一个附属国；XIV 64 和 65，萨嘎拉图行政区中各个城镇的头领们、副头领们和长老们聚集在一起等候国王发布命令；XXVI 438:8'，安达瑞格的王宫侍臣们和长老们参见一个礼仪性的宴会；XXVI 463:6，纳姆哈的头人们和库达王国的长老们聚集一堂与国王讨论对外政策。注意，亚米纳特人的部落头领们和长老们为了相同目的聚集起来与扎马昆同盟讲和（XXVI 24:11）。

② 关于后两个头衔，参见 LAPO 16，pp. 85—86 和 457。关于身为高级外交官的"信使们"，参见 Lafont，1997b，317；1992a。

③ ARM XXVII 67:13—22，原泥板书信的该部分破损严重，所以需谨慎处理书信内容，不过缺失的部分似乎主要是人名。如果正确的话，已修复的 ˡᵘŠU. G[ˡᵐᵉˢ]，[*ša ha-al-ṣ*] *ḫ-im*（第 14—15 行）应该可以被称为附属"行政区"，表达一般的隶属关系。

④ 参见 ARM XIII 106:11（只是"长老们"；被偷的物品）；XXVI 206:13,32（只是"长老们"；预言的见证人，萨嘎拉图）；XXVI 479:10（只是"长老们"；目的不详）；XX-VII 60:9（ˡᵘŠU. GIᵐᵉˢ *ālim*；被送入辛里-利姆王宫的 *ḫarimtum*-女子们，显然是恰图南）；A. 2500＋:14，Durand 1990b，77n199（5 位"德尔的长老们"；封印仪式）。Charpin 发现在古巴比伦文书中，长老们通常会与管辖某一城镇的"镇长或市长（*rabiānum*）"一起出现，这样的城镇包括斯帕、拉莎附近的阿斯杜巴（Ašdubba）、基斯附近的布兹比苏（Burzibišur）、拉莎，以及巴比伦（2000,99）。

只有在非常特殊的场合,没有领头人的长老们会被赋予主持仪式的职责。忒卡的长老们($^{lú.\ meš}$ŠU. GL *a-lim*^{ki})代表国王辛里-利姆及他的军队向神主达甘祈祷。"愿王上平安归来亲吻神主达甘的脚。城镇的长老们按时进入神庙,祈求神主降福于王上及王上的军队。"①一份送货清单记录了送牛给几个遥远的北部地区城镇(如胡洛、乌吉斯还有斯纳)的长老们,这一定程度上也反映了玛里在分配生活物资时的外交策略。② 一份关于油的支出记录包括了乌若的长老们在达甘神庙中祈祷需要的油。③

虽然"长老"不是官衔,但却标志着个人地位,可以负责管理生活在王宫里的依附者们。④ 所以就这点而言,"长老"与国王的青睐似乎有着直接关系,而与单个城镇的治理好像并无关系。总之,文献资料揭示了围绕"长老"这一术语的一组用法的三种职能:对外交涉、司法以及宗教仪式。

2. "长老"一词的可变性

有两份确切的文本资料显示了"长老"用辞的变化性。第一份资料(ARM VII 311)提到身份为某城镇长老的 3 名男子,但是他们进行支付的行为却更能准确地表明他们拥有头领(*sugagum*)的头衔,所谓头领就是一个城镇或者部落单位的地方领导者。而在第二份资料(A. 2226)中,辛里-利姆的一位牧场首领认为称呼一群北部地区领导者们为"长老们"非常合理,即使他们当中似乎包

---

① ARM III 17:14—20; ARM XIII 117+:6'.

② ARM XXIII 504:1—9,在最早出版的书信中第一个城镇经修复为苏纳,其依据为 ARM X 121,不过在 A. 2226 中,胡洛为三座城镇之一。ARM XXIII 504,尚未出版。

③ *FM* III 28;另可参见一份简短文书 III 60:35—36,其中并未提及神庙。(祈祷仪式上需在身上涂油。——译注)

④ 参见 Lafont,1985m 163;ARM XXI 388,*sābum* 也编在其中。

括了麻敦的萨鲁（*šarrum*，国王）。两份文书均表明"长老"一词在使用时包容性较强，而无需理会具体的头衔。

　　a. ARM VII 311.

　　这份法律文书是研究头领的重要文献资料，据该文书记载，头领需向国王支付银子。文书主要内容如下：

> 　　萨嘎拉图的 3 位长老伊斯－萨若（Isi-sara'e），伊姆斯－艾尔（Yimsi-el）和穆若迈（Mut-ramê）来交头领费——他们支付的银子已被核实过了。我会亲自将他们支付的银子转交王上。①

　　就像前文关于行政区的讨论中提到的萨嘎拉图"头领、总督副手和长老们"一样，文书中提及的不是中央城镇的长老而是整个行政区的长老，萨嘎拉图是玛里王国的一个行政区，位于王国的幼发拉底河流域地区。这 3 个人应该不只是信使，而且显然要承担"自己的支出"。作为个人，他们一定是来自不同城镇的头领，而他们共同的身份是"长老"。并没有证据表明他们是此时才成为头领的，或者说他们支付头领费就意味着停止行使长老的职责。该文书不应被理解为是对职位晋升或者头衔变化的记录。更确切地说，"长老"一词可以表示行政区领导者这种比较笼统的分类。

　　b. A. 2226（Charpin, M. A. R. I. 7, p, 182）

　　就个体统治者或领导者可能拥有的地位等级而言，其中 3 种主要头衔均产生于不同的社会背景。牧场首领只以他对游牧民的领导权来定义。头领的称谓源自部落政治传统，在玛里时期其表达方式不止一种。城镇的地方领导常常被等同于头领。在较大的政治共同体中，让人梦寐以求的头衔似乎是萨鲁（*šarrum*），相当

192

———————————

① 　第 12—21 行。

于"国王"。巴比伦、埃什努纳、埃卡兰特姆、玛里、亚姆哈德（阿勒颇），以及恰特纳的统治者们，另外还有一些地位较低的地区统治者们都自称"萨鲁"。一般说来，他们均以某个"城镇"为权力根据地，该城镇是否有大量人口居住似乎并不重要，或许只是一个设防森严的仪式和行政管理中心。

基于此背景，在一封写给辛里-利姆的信中，"长老们"一词似乎就被用来指称一次集会中的几位国王，不过在某种程度上国王本人肯定不乐意接受。伊巴-埃尔（辛里-利姆的两位牧场首领之一）在向辛里-利姆谈及伊达-马若斯同盟的几位国王时，将他们一并称为"那里的长老们"（^{lú}ŠU. GI^{meš} ma-at I-da-Ma-ra-aṣ^{ki}，第 4 行）。伊达-马若斯同盟是第三章中讨论过的三个麻敦同盟之一，这些王国同盟通常被认为是由"萨鲁"领导的独立政体的联盟。在玛里出土的泥板书信中，称呼国王们的方式几乎总不外乎各自的姓名或者城镇或者领土的名称（如："巴比伦人"），又或者"萨鲁"（šarrum）。除此之外，我们尚未发现其他称呼国王并能表明其身份地位的用语。

所以说，我将 A. 2226 号文献资料中"长老们"一词解释为包括国王们是一种违反直觉的做法，该文本值得我们进一步思考与探究。在北部地区一群领导者们正式签署和平协议的一次集会上，伊巴-埃尔拒绝称他们中任何人为"国王"。首先，看一下部分文献内容：

> 阿斯纳库人（Ašnakkumite）伊斯米-阿杜、伊达-马若斯同盟的长老们、乌吉斯的长老们、斯纳的长老们、胡洛的长老们，还有亚图的长老们都来到了马拉哈图（Malahatum）。苏杜胡木人（Šuduhhumite）亚塔-马利科（Yatar-malik）、阿斯纳库人阿皮-新（Apil-Sîn），还有乌吉斯的头人们一起来见我，他们说："请允许我们杀死一只山羊和一只小狗，这样我们才

可以宣誓。"①

最初的领导者名单可能是这样排列的：
- 阿斯纳库人伊斯米-阿杜②
- 伊达-马若斯同盟的长老们
- 乌吉斯、斯纳以及胡洛的长老们
- 亚图的长老们

当伊巴-埃尔报告了这些参会者已到达大会地点之后，他又列出了另外三组参会者，显然他们是较大政治群体的代表，带来了同盟的具体提议：
- 苏杜胡木人亚塔-马利科
- 阿斯纳库人阿皮-新
- 乌吉斯的头人们

第一份名单中提到的个体领导者只有一位，即伊斯米-阿杜，他是伊达-马若斯同盟中一个重要城镇的国王。而与"乌吉斯的头人们"共列在一起的另外两名个体领导者亚塔-马利科和阿皮-新，似乎分别是苏杜胡木王和阿斯纳库王的高级副手，苏杜胡木和阿斯纳库均为伊达-马若斯同盟所属城镇。至于名单中的亚塔-马利科，直至 Z-L4（辛里-利姆统治的第4年）苏杜胡木一直有一位同名国王，所以非常奇怪的是代表团领队的名字居然与前任国王相同。倘若非巧合，确实也有可能，这位亚塔-马利科是没能继承王位的老国王的亲戚，甚至也可能是老国王本人，他仍然负有仪式和外交方面的职责。③

---

① A. 2226：3—12。
② 伊斯米-阿杜（Išme-Addu）成为阿斯纳库国王的时间极为短暂，相当于辛里-利姆在位的第 11—12 年（Charpin 1993b）。
③ 关于亚塔-马利科以及苏杜胡木王表，参见 ARM XXVIII, p. 161；n. 166。

与"伊达-马若斯同盟的长老们"进行政治协商的说法非常罕见,因为同盟中的集体领导者通常被称为"伊达-马若斯同盟的国王们"。在迪朗最近发表的一份研究报告里,另有一封书信提及了"伊达-马若斯同盟的长老们",不过该信仍然出自伊巴-埃尔之手。他写信给玛里王辛里-利姆,斥责他对伊达-马若斯同盟的一名统治者过于宽容,[1]他向辛里-利姆报告了"伊达-马若斯同盟的长老们"对自己提出的要求。[2] 据 A. 2226 号文书记载,这几个人与辛里-利姆的牧场首领见了面,而牧场首领认为自己的权力更大些。另外,伊达-马若斯同盟国王们中的一人也说过"伊达-马若斯同盟的长老们"的话,不过用法有点不同。阿斯拉卡王伊巴-阿杜告诉辛里-利姆"王上的臣仆们和伊达-马若斯同盟的长老们将在阿斯纳库会面"。[3] 身份相当于封臣的伊达-马若斯同盟的国王们写信给最高统治者辛里-利姆时,都会自称"您的仆人"。如此一来,伊巴-阿杜便将自己的王室同僚们(即国王们)与他所称为"长老们"的其他高级领导者们区分开了。

我们是否可以认为,伊巴-埃尔的信中伊达-马若斯同盟的"长老们"并不包含真正的统治者(即同盟成员国的国王们)?我的结论是,在特定情境中,"长老"一词甚至可以将国王们包括在内,而这表明将"长老"认定为行政等级中严格且固定的头衔是危险的。阿斯拉卡王的来信说明国王们亲自参加这种会议已是惯例。在 A. 2226 号文书中,伊巴-埃尔明确列出了他认为是领头人的国王的姓名,不过至于还有谁也参加了会议,我们不得而知。伊达-马若斯同盟在开会商讨战和事务时只相当于一个麻敦,当然不会有"长老们"一说,除非在同样特定的情境中。如果伊巴-埃尔所说的

194

---

① 苏巴姆,克达哈和后来的苏萨国王;参见 ARM XXVIII, pp. 127—128。

② A. 609:26—27, Durand 1999—2000, 191.

③ ARM XXVIII 59:9—13.

"伊达-马若斯同盟的长老们"确实包括同盟成员国的国王们,那么他就是在隐约地贬低这些国王并且强调他个人的权威。这种权威似乎让人意想不到,不过伊达-马若斯同盟的国王们自己似乎也认可牧场首领的权威地位。在另一封信中,阿斯拉卡王伊巴-阿杜向辛里-利姆详细叙述了苏萨王苏巴姆对自己的夸耀,说自己如何闭城不出还与"牧场首领"(姓名未知)达成了和平协议。① 伊巴-阿杜说,现在苏巴姆称自己拥有对整个伊达-马若斯同盟的最高统治权。这里提到的牧场首领被认为是授权苏巴姆说了上述一番话。另外,阿斯纳库王萨德姆-拉布阿写信向辛里-利姆抱怨说,一名牧场首领(姓名未知)向他发出了居高临下的警告。② 鉴于这些文献史料,我们不能单从牧场首领的角度认定,A. 2226 号书信中参与协商谈判的都是级别较低的官员。

3. 关于国王们和长老们

也许有人会将长老议事会想象为某种早期民主形式,一个由代表组成的团体某种程度上与国王专制统治之间保持着权力平衡关系。当学者们谈及"长老议事会"时,它通常不是被解读为资深顾问组成的内阁,也非国王挑选出来的高级官员和心腹们。然而,有时候,"长老议事会"确实会有上述用法,"长老们"与国王的个人领导权之间的关系似乎有多种解读。

"长老们"有时会与其他词语一起出现,如信使、高官以及王宫侍臣——所有这些称谓都反映了他们与国王的关系,我们也许因此会认为"长老们"同样为国王效力。在几封书信中,"长老们"是作为使节出现的,那么在此种状况下他们的身份就是代表国王进

① ARM XXVIII 65:15—17.
② ARM XXVIII 103:4—6.

行协商谈判的高级官员。"长老们"一词的这种用法通常出自王宫。塔哈玉王亚威-艾尔写了封信给辛里-利姆，该信显然是由开头提到的"长老们"送交的。塔哈玉要与玛里签订一项条约，而这是国王最信任的臣仆才能处理的事务。"我向身为城镇居民的长老们下达了全部命令并且已派他们前往面见王上。"[1]阿斯拉卡王伊巴-阿杜曾两次谈到派遣了被他称作"长老们"的使节团。[2] 另外，伊巴-阿杜还提到伊斯恰人（Isqâ-ite），即恰-伊斯恰的统治者的来访，随行人员中就有一些长老们。[3] 萨姆斯-阿杜在写给土卢库部落（其中心位于希姆斯哈拉）国王的一封信中也设想过这种一起出行的情景。[4] 阿比-迈克穆（Abi-mekim）写信向辛里-利姆报告，库达"国"（麻敦）的长老们与"纳姆哈的头人们"一起作为国王希马-伊兰的臣仆，执行由王宫下达的集中检查的命令（siniqtum）。"纳姆哈的头人们和王国的长老们——希马-伊兰的臣仆——一起召开了议事会，一项系统的核查工作将在全国范围内展开。"[5]在萨姆苏-伊卢那（Samsu-iluna）统治下的巴比伦，"麻敦的长老们"同样代表国王的内层亲信们。[6]

在拉扎马被围困期间，被称作长老的男子们发挥了关键作用，

---

[1]   ARM XIII 148:3—5；LAPO 16，p. 462，note b.

[2]   ARM XXVIII 50:25；52:22'，第二封书信中只提及了一次。而在第一封信中，我们可能应将其译为"来自阿斯拉卡的长老们"，而非"阿斯拉卡的长老们"，好像我们所说的是拥有该头衔的所有人。

[3]   ARM XXVIII 64:4—7，另可参见 67:23—24，胡洛的头领和 5 位长老；103:23—24。在 91:11—12 中，辛里-利姆委派他称为伊达-马若斯两位国王的"长老们"前往接受河水神判。他们也只是"代表"。ARM XXVIII 95 同样要求两位国王各自将"他的长老们"送到伊蓝-苏拉国王哈亚-苏木面前，这样他才能宣布判决。这里"长老"一词似乎与纯粹的法律用语"证人、目击者"的意思部分重叠。

[4]   Eidem and LaessØe 2001，91，no. 18；8—10，25—26，"麻敦的长老们"。

[5]   ARM XXVI 463:5—10，阿比-迈克穆写给辛里-利姆的信，这位高级官员是辛里-利姆派往库达的特使。注意，A. 2326 中"你的长老们"这句话是回应阿斯纳库国王说的（Charpin 1993b，175）。

[6]   TCL XVII 76:21，Klengel 1960，367.

也许他们与国王的关系并不能完全确定。拉扎马对安达瑞格王阿塔如姆的进攻予以了反击，10 天之后派出长老们前往谈判。① 阿塔如姆问道，如果国王萨拉亚不来怎么能算是真投降。针对这一观点，该信强调"居民或市民们（citizens）"（$^{lú.meš}$ a-lu-yu^{ki}，第 19、27、39、41 行）可以代表拉扎马进行谈判，不过他们似乎就是参与最初谈判的"长老们"。长老们的确可以代表国王进行谈判，而且作为一个成员姓名不公开的集体他们更消耗得起，也可以保证国王的人身安全，直到绝对避免不了国王亲自出面时。尽管没有迹象表明这里所说的"长老们"是某种固定议事会，该信却依然坚持如此描述阿塔如姆与拉扎马城的谈判，认为长老们代表了城镇集体的声音而非国王个人。虽然非正式团体而且由国王派遣，但是集体领导的重要性在该书信中显然更为突出。国王的权力尚未渗入城镇作为一个整体本身的事务之中。

　　这种特殊的、独立于王权的长老自治现象在 A. 2417 号信件中也有描述。塔哈玉的长老们写信告知了辛里-利姆他们的国王被暗杀一事（Durand，1988，98—100）。作为外交公文的寄件人，这些长老们承担着代表城镇讲话的责任，不过写信人身份并不属于早已存在的政治团体。相反地，只有在需要给其最高统治者玛里王写信的情况下，他们自称"长老们"才恰当。② 这些资深领导者们需要一个新国王，这表明他们也曾为以前的国王效力。不过，长老们颇具声望而且某种程度上是可以独立自治的，所以在等待新国王的过渡阶段他们掌握着临时的权力。从信中可以看出，他们似乎期待着继续为新一任国王效力，这让我们感觉到塔哈玉王

---

① 　ARM XIV 104＋:11—14；参见 Charpin 1993a，199。

② 　如果对 ARM XXVIII 111:9'—12'的修复是正确的，那么"长老们"一词可用于描述那些将国王扶上王位的一群人。苏杜胡木国王哈米-坤（Hammi-kun）以同辈的身份写信给伊巴-阿杜："还有一件事。如果你真是我的朋友，你爱我，那么长老们一定会将我父王的王位交给我。"

好像并没有自由任命顾问以及高级官员的权力。这可不是完全独裁统治的特征。

作为国王顾问的长老们拥有独立发言权的现象在库达尤为明显。有两封信记述了两个不同的插曲:长老们分别向两任国王施压,希望与辛里-利姆保持距离,两任库达王分别是希马-伊兰和汉谟拉比:

> 而且,说到希马-伊兰没有以儿子而是兄弟的名义给王上写信这件事——纳姆哈的头领们和长老们曾来到希马-伊兰面前说了下面一番话:"你为什么以儿子的名义写信给辛里-利姆?就像阿斯塔马-阿杜(Aštamar-Addu)写信给亚顿-利姆总是自称兄弟,你也必须总是以兄弟的名义写信给辛里-利姆。"希马-伊兰听从了纳姆哈头领和长老们的意见,还真就照着做了。王上不应因为这些事情对我们动怒啊。①

> 也许是汉谟拉比本人并不想宣誓效忠,又或者是王国的长老们迫使他不宣誓。②

伊玛的独立自治程度似乎更高,没有证据显示在玛里大王国时期那里有国王,所以伊玛"长老"领导集体需向阿勒颇(亚姆哈德王国中心城镇)负责,驱逐常驻伊玛的亚米纳特国王们。③ 在玛里

---

① *FM* II 117:27—42. 注意在希马-伊兰写给辛里-利姆的信中,这位库达国王自称"你的兄弟",正如 *FM* II 117(ARM XXVIII 162)中所要求的。

② ARM XXVI 393:7—9. 根据另一封信的内容,还是这位汉谟拉比会见了自己的纳姆哈部落人——他的"国"(*mātum*),他们是拥有独立政治意愿的特殊群体,所以必须说服他们与他一起与辛里-利姆解除盟约。参见 A. 3577:10',Durand 1992a,45;n. 39。

③ A. 3347,最早发表的只是译文,Durand 1990b,64—65。现在原文发表于 *FM* VII 7:30—33。在伊玛生活着一些亚米纳特首领,亚姆哈德国王视其为外来人,因为他们是被伊玛城"长老"领导集体驱逐的人。

国范围内,有两个前亚摩利城镇的长老们的地位似乎与任何君主都没有直接的关系。忒卡的长老们只服务于神主达甘,他们可以代表国王辛里-利姆祈求神主降福,但是这些显然说明了长老们的某种地方身份,而非王宫或者王国行政架构中的官方身份。① 萨嘎拉图行政区总督在信中提到的"城镇的长老们"毫无疑问来自图特尔,他在信中引述了莱纳苏(Lanasûm)的一番话。莱纳苏是玛里王在图特尔的权力代表,他似乎在谈论自己的城镇。"因为献祭仪式需要,王上北上前往亚姆哈德,他答应将进入到图特尔城中心,来到城镇长老们的面前……"②

　　在这 3 个城镇中,伊玛和图特尔之所以突出是因为它们有"塔赫塔蒙议事会",它是正式的官方机构,城镇事务的决策必须由该议事会开会决定。伊玛和图特尔两座城镇均无头领或任何地方性个体领导者,不过图特尔接受了辛里-利姆派来的国王代表。我们不应将"长老们"视为与塔赫塔蒙议事会不同的团体,但以该术语指称地方性的领导集体似乎也不够精确。从外人角度看,除非有特别的理由以自己的术语来称呼地方管理机构,否则,人们很自然地会选择使用常见而笼统的术语。忒卡的情况非常有意思,因为这里是幼发拉底河流域行政区的中心,它既有总督又有地方王宫。同时,作为古老的地区中心和供奉神主达甘的圣地,忒卡不仅享有极高的地区声誉,而且还有着地方集体领导(可以被称作长老们)的传统。有关这类独立自主的长老们的记载实际上并非只出现在玛里文书档案中。在希姆斯哈拉(Shemshara)史料库中保存有一封萨姆斯-阿杜写给土卢库部落地方统治者的信,萨姆斯-阿杜讲述了自己与恰卜拉"国"(麻敦)一个叫作撒芮(Sarre)的城镇的长老们进行谈判的事情。③

---

① 　ARM III 17;XIII 117+.

② 　ARM XIV 55;19—22.

③ 　Eidem and LaessØe 2001,93,no. 19;14—18.

4. 乌吉斯的长老们与集体治理

　　最后,古老的胡里安人城镇乌吉斯值得我们多加关注。乌吉
斯有着强势的集体政治传统,其集体政治的具体行为者通常被称
作"长老们";而且我们还掌握了几封乌吉斯王忒鲁(Terru)写给辛
里-利姆的信,信中忒鲁承认,面对城镇的集体领导自己有着强烈
的无奈感。① 在其中一封信中,忒鲁告诉玛里王:"因为我总是服
从王上让王上高兴,我城镇的居民们看不起我——有两三次我差
点死在他们手上。"②

　　从忒鲁所言我们可以看出,他是多亏辛里-利姆才当上了乌吉
斯的国王,而这一头衔根本不太受到城镇领导者的尊重。③ 辛里-利
姆回答说:"我没想到因为我的缘故你会被乌吉斯居民看不起。
即使乌吉斯属于其他人,你也还是我的人。"④忒鲁不但不认为玛里
军队驻扎是一种侵扰,他还要求玛里王派代表(*hazzannum*,相当于
镇长)常驻乌吉斯和毗邻城镇斯纳,消除城镇内部的纷争不和。⑤
在这件事情上,忒鲁认为公众意见("乌吉斯的嘴巴")就是反对他,
他又说:"可不能让乌吉斯的长老们知道我信的内容啊。"⑥很显

---

① ARM XXVIII 44,44-bis,45,46;关于乌吉斯以及它从属阿斯纳库的情况,参见 p.
　　55。关于"国王"称号,参见 A. 2939:3;Charpin 1993b,188。

② ARM XXVIII 44-bis:7—11,注意"居民们"就是"儿子们"。地址部分破损,但是提
　　到了寄信人的主子是阿斯纳库国王萨德姆-拉布阿,与乌吉斯相符,21 行中还直接
　　提及了该城镇。关于寄信人的推测是恰当的:[*T*]*e-er-*[*ru*](第 3 行)。

③ Durand,LAPO 16,第 207、467 页,次级国王需由地位更高的宗主国国王认可并施
　　涂油礼。然而不管该惯例是否普及,辛里-利姆与其附属国国王们(北部哈布尔河
　　地区)的关系确实如此。

④ 第 18—22 行。

⑤ ARM XXVIII 45:7—9,p. 61,note a;"不和"就是原文中的 *busārum*(参见 ARM II
　　38:18;LAPO 16,p. 521)。

⑥ 以下几行:4',11'—13'。

然,这里提到的长老们并不属于国王顾问圈的人而是一个完全独立的政治力量。最后,忒鲁承认他逃离乌吉斯也是没有办法的事:"现在我已离开了家也舍弃了家中财物,我在斯纳也就是个难民。"①上述这些王室书信中的具体内容为我们提供了重要证据,说明在这一时期某些城镇的集体领导掌握着实际权力。一方面,我们知道一个曾经是伟大的胡里安人王都的城镇有一个辛里-利姆认可的领导者,其地位相当于"萨鲁"。而另一方面,这位国王在与当地独立的集体领导机构打交道时屡屡碰壁。由此看来,在君主统治占主要地位的政治结构中,集体领导的力量不容小觑。

还有大量其他书信进一步揭示了乌吉斯集体政体力量之强大。在处理外交事务中,长老们总是优先出面,而国王则充当隐身人。在伊巴-埃尔写的 A. 2226 号书信中,乌吉斯的名字在两份参与者名单中均有出现,以长老们为其总代表,而在实际和平谈判时其代表者是"头人们",乌吉斯是唯一以集体领导形式参会的城镇。乌吉斯长老们写给玛里王辛里-利姆的信(*FM* II 125)与其城镇国王毫无关系,该信与塔哈玉的那封信不同(A. 2417)。泥板信是由一位乌吉斯特使捎来的,他还带来了赎金准备赎出在哈扎卡努姆(Ḫazzakkannum)被趁火打劫期间被抢走的一名妇女。阿斯拉卡王伊巴-阿杜的一封信显示,整个乌吉斯城的人都是自由行动者,作为国王的忒鲁根本干涉不了。某人及其死党占领了一个"营地",乌吉斯被迫召开普伦大会(*puḫrum*)来做决定。显然伊巴-阿杜向辛里-利姆提出了抱怨,因为辛里-利姆命令他们释放所有被抓的人。这位阿斯拉卡王报告道:"亚斯-哈努(Yansib-ḫadnu)和哈兹兰(Ḫaziran)前往乌吉斯要求召开大会。"乌吉斯人(Urgišites)

---

① ARM XXVIII 46:4'—6',原文中的名词"*ḫabirūtum*"指因某种原因无家可归的状态,我将该词译成了难民,反映了忒鲁的特殊处境。参见 Durand, *AEM* I/1, p. 428, note d; ARM XIV 50:14; p. 228(Birot); XIV 72:18; ARM XXVI 510:25; ARM XXVII 70:17; 116:32。

回应道："我们将释放营地里的一切……"①注意当辛里-利姆命令这
两名乌吉斯男子放弃他们的掠夺物时，他们并没有回到自己国王那
里，而是找到乌吉斯城议事大会要求他们集体做出决定。②"普伦"
(puḫrum)一词指开会这一形式，它本身并不发声。当开会的人们
说话时，他们代表的是整座城镇，被称作"乌吉斯人(Urgišites)"。
一封阿斯纳库王萨德姆-拉布阿的来信讲的也都是"乌吉斯人"的
事；而苏杜胡木王阿穆特-帕-埃尔(Amut-pa-el)的来信提到了乌
吉斯的另一次普伦大会，它这一次的职能是战争议事会。③

　　政治形势发生变化也是有可能的，在辛里-利姆统治的最后几
年里乌吉斯有一个国王。④ 我们所发现的乌吉斯王忒鲁的书信均
出自 Z-L11-12(辛里-利姆统治的第 11 至 12 年)，而那时萨德
姆-拉布阿则是邻近城镇阿斯纳库的国王。⑤ 伊巴-埃尔的信写于
较早些时候，应该是 Z-L10(辛里-利姆统治的第 10 年)，而 FM
II 125 号书信就更早了。⑥ 如果国王忒鲁的出现是政治形势变化

---

① ARM XXVIII 69:8—10,原文中的动词"nadûm"意思是"initiate(发起)",其宾语为
　 puḫrum,"assembly(议会,代表大会)"。关于ḫayatum 被译为"encampment(宿营、
　 营地)",人畜在一起,参见 Fleming 1999,170—171。其他信件还显示,一位玛里
　 官员前往乌吉斯,"召集人们开会"(puḫram nadûm,再一次)。"就部队来看他们表
　 示响应",再次作为一个整体(ARM XXVIII 99:11'—13')。
② 我们无需将哈兹兰看成一位不出名的乌吉斯统治者,但 Kupper 似乎是这么认为
　 的(p. 68)。
③ ARM XXVIII 107;113:7—11。
④ Dominique Charpin(私人通信)认为一些城镇可能只是短时间有过国王。他认为
　 提莱也是如此,不过辛里-利姆王室文书档案中并没有该城镇的王室来信。
　 Joannès 分析萨姆斯-艾拉就是提莱的"国王"(ARM XXVI 417:15'—16'),信中他
　 被称作"the Tillâ-ite",但没有"萨鲁(šarrum)"的头衔。这封信出自辛里-利姆统
　 治的第 13 年(Z-L13)。萨姆斯-艾拉的名字自辛里-利姆统治的第 11 年(Z-
　 L11)开始就出现在书信之中了(ARM XXVI 313:42,78),甚至更早出现在辛里-
　 利姆统治的第 7—8 年(Z-L7—8)(XXVI 357:10')。在 ARM XXVIII 61:4—6
　 (Z-L11—12)中,阿斯拉卡的伊巴-阿杜报告了萨姆斯-艾拉去世的消息,不过与
　 这里的萨姆斯-艾拉一定不是同一人(另可参见 62:18 53;91:4'—5')。
⑤ 参见 ARM XXVIII,pp.55—56。
⑥ 参见 Charpin 1993b,169 中的 A.2226,伊斯米-阿杜当时还是阿斯纳库国王;Gui-
　 chard 1994,254—255,FM II 125 可能出自辛里-利姆统治的第 6 年(Z-L6)。

所致,这也并没有能压制乌吉斯长老们继续行使自己的权力。那封提及乌吉斯集体政治发言权的王室书信也出自同样较晚的时期,当时萨德姆-拉布阿已是阿斯纳库的国王了。①

和本章后面要探讨的伊玛和图特尔一样,乌吉斯早在公元前三千纪时已是一个城镇,所以我们并不能断定乌吉斯的政治形势反映的只是公元前两千纪初的最新发展状况。与国王统治相抗衡的集体治理传统可能是漫长的城镇发展演变的遗产。在乌吉斯当时的政治环境中,地方国王确实没有什么权力地位,不过个人的或者"排他性的"统治与集体领导之间的较量应该是存在已久了,甚至可以溯源至几百年前。在乌吉斯及其他地方,有关集体的"长老"领导的说法似乎并非源自王宫的管理体系,而是出于对德高望重且年长资深者的尊重。"长老"这一术语无疑产生于村落以及游牧民组成的小型共同体之中,从根本上来讲,该词的出现一定远远早于统治着更加复杂的古代国家的"国王"。从玛里文书档案来看,被称作"长老们"的集体领导形式自治权程度的变化反映了公元前三千纪至前两千纪初更加复杂政体的兴起及其发展状况。

5．部落的长老们

虽然本书研究的重点是城镇而非部落,但我应当特别指出我们在玛里文书档案中也发现了关于部落长老们的史料证据。与外界沟通交涉同样是部落"长老们"的主要职责。兹卡总督基布瑞-达甘的一个便条传递了以下信息:一个叫伊里达努(Iridanum)的首领带着哈奈人的 10 个长老们正赶来拜访辛里-利姆。"伊里达努与 10 个哈奈人长老们将来面见国王。给国王通报一声。"②在与恰塔莱/卡莱纳的国王阿斯屈-阿杜(Asqur-Addu)签订条约之

---

① 　ARM XXVIII 99 的写信人是萨德姆-拉布阿,XXVIII 107 和 113 出自同一时期。只有 XXVIII 69 具体时间不详,但很可能出自较晚时期。

② 　ARM III 65：5—9.

前,据称安达瑞格王阿塔如姆坚持说自己必须与一个名叫哈巴-哈穆(Ḥaqba-ḥammû)的男子以及纳姆哈的长老们谈一谈:

> 你是我儿子——还是这样。我打算与哈巴-哈穆及纳姆哈的长老们谈一谈,我要跟他们说……①

> 在月亮神哈伦的神庙里,整个亚米纳特联盟的头领们和长老们与扎玛昆同盟的国王们会面,正式签署了一份条约,这将是他们联合攻打西米莱特城镇德尔的基本依据。②

> 阿斯帝-塔科姆和扎马昆的国王们,还有亚米纳特人的头领和长老们,他们在哈伦城的月亮神神庙里宰杀了驴子以示正式签署条约。扎马昆的国王们不断提出下面这个建议……③

另外有一封信详述了如下这件事:20 位亚米纳特部落联盟长老们与联盟中乌拉普部落的首领阿塔瑞-埃尔(Atamri-el)会面,④一起讨论与西米莱特部落联盟议和的问题。⑤ 尽管有个体领导者

---

① ARM XXVI 404:35—38,这是亚斯姆-艾尔写给辛里-利姆的一封长信。

② 关于德尔,参见 Durand and Guichard 1997,39。邻近玛里的德尔是西米莱特部落人的特别家园,这座复制城代替了作为西米莱特人"祖国(fatherland)"的巴里河地区的德尔。辛里-利姆喜欢将自己的女儿们嫁给这一地区的统治者们(p. 40)。

③ ARM XXVI 24:10—13,阿斯帝-塔科姆为哈伦国王,哈伦是扎马昆同盟的四座城镇之一;参见 ARM XXVIII,p. 35。

④ 阿塔瑞-埃尔参加了哈伦城的亚米纳特人大集会,ARM XXVI 24:8。

⑤ M. 6874:17'—18';Durand *AEM* I/1,p. 181,还有一个同样的集会,约 100 名亚米纳特头领们和长老们陪同阿斯帝-塔科姆一起宰杀驴子见证签约,A. 2692+(Durand 1994,92;n. 24,没有行数)。ARM II 83:18—19 提到了亚米纳特长老们,他们将一起前往与辛里-利姆商讨事务。最后,在 *FM* II 116:10—16 和 23—24 中,穆特巴的头领们和长老们似乎就是亚米纳特人;参见 p. 208,note d;关于 ARM XXVI 39,参见 Durand,AEM I/1,p. 175,n. 20。

出席大会并在发挥着积极的作用，但集体领导的力量同样令人印象深刻。

我们在城镇和部落中均发现有"长老们"，这应该不会让人感到困惑。倘若城镇的"长老们"一词用于表示和部落"长老们"不同的一个特殊城镇政治机构，那么我们就需要更严格地区分两种"长老们"之间的关系了。不过，事实上，与其说"长老们"是一个机构，还不如说它是一个可以描述各种形式集体领导的术语，无论它代表君主抑或整个共同体。我们不必去想象所谓的城镇或者部落长老们一定会遵循相同的运作模式，实际上，认为城镇和部落长老们之间存在重大差异也并没有什么根据。只不过基于社会组织结构的清晰界线，二者的人员构成方式可能有某种程度上的不同。

第五节　头 人 们

关于城镇集体领导的第二个界定词是"heads"（*qaqqadātum*，头人），该词可能会引起少许隐喻性的混淆。这一拟人化的概念通常以复数形式出现，对于城镇和规模较大的麻敦均适用。我们基本上没有发现个人领导者被称作某个城市或者某"国"的头人。如果头人是以集体形式"头人们"的身份与城镇或者王国确立关系的，那么我们一定想知道"头人们"的次一级组织形式是什么。在不同的语境中答案似乎并不相同，不过该词主要还是表示集体领导。首先，"头人们"可以与家庭（household）联系在一起使用。"头人们"还与部落领导形式关系密切，也许相当于承担着家庭结构中家长的职责。非常有趣的是，我们发现甚至在王国的政治语境中，"长老们"一词的用法仍然是复数形式，为集体领导传统的一部分。

1. 家庭领头人或户主(Household Heads)

我在之前讨论过 ARM XXVI 365 号书信,信中卡萨鲁克人 (Kasallukites)被认为指当地的各个"家庭"。表示卡萨鲁克人 (Kasallukites)的完整形式是 $^{lú.\,meš}qa\text{-}qa\text{-}da\text{-}at\ Ka\text{-}sa\text{-}al\text{-}lu\text{-}uk^{ki}$, 所以更确切地说,他们是"卡萨鲁克头人们"。根据该书信,这些领 头人均为屋宅的所有人,他们拥有一定的财产以及若干依附者。 前文讨论过的 ARM II 75:9'—11'号书信提到,伊斯恰和恰镇有 200 名头人,这个数字差不多达到了总户数的水平,因为我们不妨 回忆一下忒卡能提供的劳力也就只有定居的"儿子们"共 400 人。[1] 迪朗估算这样的劳动力规模说明其总人口约两千人(1998, 602)。第三封信写道,伊玛(麻敦)的 80 个头人来到希忒要求通过 河水神判法公正地审理一桩案子,即被告人或者代理人将经历一 项通过幼发拉底河水域的考验。这些例子没有一个表明这些城镇 头人们似乎与王宫有联系,出自卡萨鲁克的书信给出了最简单的 解释:他们实际为户主。

里乌兰尼发现阿拉莱村庄的名单以"家庭"为基本单位,每户 以一个名字确认。[2] 由户主们组成的领导集体很普遍,他们也被 称为家长们,但值得注意的是,家庭领头人的范畴很难与玛里文书 档案中关于集体领导的各种说法相匹配。本小节中引用的书信文 本确实表明户主们属于"头人们(qaqqadātum)"这个大范畴,不过 需谨慎处理。即使这种基于家庭的社会结构是常态,而且确实如 此,但是要弄清楚以下的问题就比较困难了:比如什么人会有资格

---

① 　ARM III 3:15,宇马哈穆宗族的 37 位头人曾代表萨皮莱图城进行宣誓(ARM VIII 85＋:54—7,Charpin 1997b,344)。这可以说明小城镇基本拥有相似的结构规模。

② 　Liverani 1983,157;为青铜时代晚期叙利亚的普遍现象,1974,329—330。

担任城镇领导集体中的"头人",其总人数比户主们的总人数多还是少。①

2. 部落的头人们

要分清楚城镇的头人们和部落的头人们并非易事。这一点在多米尼克·夏宾详尽讨论过的一份法律文书中尤为明显,该文书编号 ARM VIII 85+(1997b,343—344,text no. 2)。宇马哈穆宗族的 37 名头人出现在泥板文书的见证人名单中,他们被描述为萨皮莱图镇代表(第 50—54 行):②

> 亚巴苏部落分支(division)的普斯-阿杜(Pulsi-Addu)及其家族成员要求收回为王官所有的一块田地,他们说:"这是我们的田地。"
>
> 萨皮莱图镇的居民召开大会,辛里-利姆在哈纳特

---

① 关于这一普遍社会结构的最完整情况,参见 Schloen 2001。

② Charpin 的论述很有说服力,他认为这块泥板文书中 43 人的名单里应包括宇马哈穆宗族的 37 位头人,他们在早前已宣誓(p. 347)。因为宇马哈穆伽羽分支中有两个名字出现在了名单的第 20 和 39 行,而同一伽羽分支的人名应排在一起,所以 Charpin 提出,多出来的 6 个人应该属于另外一个伽羽分支。他认为其中的第 6 个名字 *Bi-ha-la-nu* 应该等同于曾经得到证实的 *gayum of Ba-ar-ha-la-nu*(A. 3592,未发表)。从音位学角度乍一看好像不是特别相配,但是 Charpin 向我提议说,如果我们将上述名字修改为可替换的词形如 Bin-halanu 和 Bar-halanu,那么这种匹配还是成立的。"Bin-"是西闪语词"儿子"的亚摩利语词形,而"Bar-"则是前亚拉姆语(pre-Aramaic)对应词。目前尚未发现这一时期的玛里或其他亚摩利文献资料中其他亚拉姆语词汇存在的证据。另外,Barhalanu 并不在 Durand 提供的伽羽分支的名单中,所以没有相关用法的例证,该证据仍然没有说服力。仅从这份文书的视角来看,比较简单的做法就是把全城的人看成是宇马哈穆宗族,两次宣誓仪式举行的间隔时期内随着城镇规模扩大导致参加者人数增多也是自然的事。(仅从这份文书来看,我们可以将宇马哈穆宗族等同于萨皮莱图镇的所有居民。——译注)

(Ḫanat)神庙公布了一个决定,他强迫萨皮莱图居民宣誓。宇马哈穆宗族的37名头人在以图-麦神庙宣誓,承认那块田地属于王宫。

阿兹哈土(Azraḫatum)13绳索测量单位,亚布克-艾木(Yabruk-ilum)村7绳索测量单位。

总共:20绳索测量单位。

任何声称拥有国王在萨皮莱图镇的那块田地以及拉木穆(Laḫmumu)亲属的那块田地的人必须向王宫付10锭银子。①

在这个部落城镇中,居民的身份既以镇名称定义又以其所在部落名称定义,但有趣的是,"头人"这个术语只和部落定义有关而非阿卢木(*ālum*)。也许在西米莱特人的共同体中,部落仍然是更基本的社会参照点。

关于"头人们"如何与城镇及部落建立关系的问题,我们可再次参考 ARM II 75 号文献资料中伊斯恰-恰的事例。城镇名被提及了3次,每次都与带有新定义的参与者一起出现。首先是 LÚ[lú.meš],接着是长老们,城镇名被写成了 *Is-qa-a*[(ki)] *ù Qa-e-em*,而第二次出现时城镇名加上了地名限定词(KI)。只有在头人们集会时城镇名书写的顺序才会颠倒,将"头人们(*qaqqadātum*)"这一领导范畴与 Qâ(恰)直接连在一起:*qa-qa-da-a*(*t*)*Qa-a-em ù Is-qé-e-em*。② 在最近出版的辛里-利姆王室书信中,其中11封为伊斯恰-恰(Isqâ-and-Qâ 或者 Qâ-and-Isqâ)的统治者宇拉斯-埃尔(Yumras-el)所写,其中一封解释说伊斯恰-恰并非一个城镇,实则是一对城镇(paired towns)。据称,辛里-利姆对当地国王说:"任

① 第48—63行。
② ARM II 75:2′;7′—10′.

命布努(Bunum)管辖伊斯恰，至于恰就随你任命谁去管辖吧。"很
显然，两位管辖者的地位相当。① 不过，根据 ARM II 75 号文本资
料，"头人们"被小心地仅与"恰(Qâ)"联系在一起使用，而 Qâ 是这
一对城镇名(恰-伊斯恰)的基本词根。如果"恰"是最初的部落名，
那么"头人们"的定义遵循的也许又是亲属身份原则。②

　　在前文有关"长老们"的讨论的最后一个例子中，"头人们"
一词优先用于一个王国的部落(包括流动的和定居的)组织。另
外有一封信将库达王希马-伊兰的臣仆分为了两类："纳姆哈的
头人们"和"麻敦的长老们"。③ 纳姆哈是在库达王国中占据支
配地位的部落，但作为一个稳定的麻敦，库达的集体领导者被称
作"长老们"而非"头人们"。我们尚不清楚成对的称谓是表示真
正不同的群体，还是代表了以王国两大基本身份范畴定义的分
生组织。

3. 高级官员

　　我们不应试图将"头人"一词的所有用法整合在一个单一社会
中。有些"头人们"代表的是处于政府权力中心的核心小圈子。而
在规模较大的王国中，"头人们"则与麻敦有关而非阿卢木
(ālum)，对于大王国来说这也是自然的事。萨姆斯-阿杜提议说，

---

① ARM XXVIII 141:7—9，均收入于 nos. 134—144。管辖者的职位并未提及，但我
　们可以想象应该就是头领。
② 伊斯恰(Isqâ)的名字某种程度上应该是从它与恰(Qâ)共有的 Qâ 衍生出来的，而
　且显然是通过添加前缀 is-的办法。将 Isqâ 解释为"属于 Qâ(民众、人民)"似乎最
　简单，is-与腓尼基语的限定代词形式('eš)一致，而不是阿卡德语的 ša。意思为"之
　一"。亚摩利语通常将最初的/š/("sh")表达为/s/("s")。关于腓尼基语代词，参
　见 Hoftijzer and Jongelling 1995, s. v. š₁₀, pp. 1089—1094，特别是 Zinjirli Kilamu-
　wa 铭文, KAI 24:4,6,14,15 和 16(ca. 800 B. C. E.)。
③ ARM XXVI 463:5—6.

忒卡的一位高官必须被撤换掉,应当换一个"可靠的人,王国的一位头人"。[1] 后来,辛里-利姆同样使用了"头人"一词来指和他一起出席与拉扎马王宣誓结盟仪式的一群领导者。安达瑞格王阿塔如姆为抗击拉扎马请求军事援助,而牧场首领伊巴-埃尔建议辛里-利姆拒绝阿塔如姆的请求,并建议辛里-利姆可以如此答复:

> 那么,你可以就此事和以下这些人商量:库达王汉谟拉比、站在你一边的哈忒努-莱比(Ḫatnu-rabi)和撒如-可卡利马(Šarru-kikalima)两位国王,以及你的臣仆亚努-萨马。我和萨拉亚有盟约,那是已被认可的具有约束力的协定。100 个哈奈人和来自幼发拉底河流域地区的 100 个仆臣都是见证人;我十分信赖的这 200 名仆臣——我王国的头人们,参加了签订盟约的仪式,我确实向他(萨拉亚)发过誓。[2]

从这段文本资料可以看出,哈奈人所代表的部落范畴和通过继承得到的阿普莱蒂地区是分开提及的。值得注意的是,这里关于"可靠的"精英们的具体定义几乎与萨姆斯-阿杜曾使用的定义一样,萨姆斯-阿杜使用的是已经证实的"qaqqadum"一词指头人们。在阿斯纳库王萨德姆-拉布阿写给辛里-利姆的一封书信中,"可靠的人"指一支 50 人的队伍,从军事角度来看人数并不多,但这 50 人也许只是国王信任的领导者们当中的一人所带领的一支军事小分队。[3] 伊巴-埃尔信中所说的"我王国的 200 名头人们"似乎并非指家庭领头人,但是该说法表明,国王们借用了集体政治

---

[1] ARM I 9:16—17,我仅在这封出自统治初期的书信原文中发现了 rēšum 一词的使用而不是 qaqqadum。在更宽泛的阿卡德语用法中,rēšum 可以指一个奴隶,但是一般不用于领导者(CAD s. v. rēšu)。因此这种替换用法可能是受西闪语的影响。

[2] A. 2730:4—11,Charpin,*AEM* I/2,p. 33;n. 24.

[3] ARM XXVIII 106:34—35.

组织的意识形态和术语来定义王国的行政机构。①

　　在一些小国家，"头人们"的用法同样局限于一定的范围。从伊巴-埃尔的一封信（A. 2226）来看，"乌吉斯的头人们"似乎是对长老代表团的具体称谓或者说只是表示一部分长老。这些人应该同时还具有高级官员的身份，他们联合苏杜胡木王以及阿斯纳库的代表向伊巴-埃尔提出了和平倡议。类似的一个例子是，哈巴-哈穆和仆臣（头人）们（ÌR^meš qa-qa-da-tum）代表他们的国王阿斯屈-阿杜，出席了附属国卡莱纳宣誓效忠的仪式。②

第六节　表示议事会的词语

　　有三个重要词语与我们讨论的政治集会密切相关。阿卡德语词普伦（*puḫrum*）字面意思是"集会"或者"会议"，而这一古代术语通常被认为是描述民众大会的基本名称。玛里文本证据显示，普伦（*puḫrum*）表示一般性会议，并不等同于任何城镇议事会组织。在玛里文书档案中，唯一直接被用于描述城镇议事会的是一个西闪语词塔赫塔蒙（*taḫtamum*）。该词只表示伊玛和图特尔（地处幼发拉底河谷的两座古老城镇）地方领导者们的集会，这种限定性用法揭示了一种地方政治传统非常具体的应用。另一个西闪语词与游牧民哈奈人的集会有关。"芮苏（*ri ḫṣum*）"从未以城镇定义，它指游牧民集会时进行的会谈或协商，算不上是"议事会"。

　　作为关于玛里文书档案中议事会研究的一部分，上述词语十分重要。不过，"民众大会"的整个观念可能会妨碍我们理解玛里文书档案中集体决策的各种各样的集议形式和组织形式。甚至塔

203

---

① 在 ARM XXVI 35：13(阿斯曲杜和阿斯麦德的)和 XXVII 67：21("王上的仆人们，头人们")中，同一术语更多地是间接用于辛里-利姆王国的官员们。

② M. 7259：7，cf. 1—2；Durand 1991,48.

赫塔蒙议事会也可能指参加议事会的有限的一群人。一些更具包容性的会议的相关例子中并没有使用该术语，这些会议似乎是临时性的。通常情况下，集体决策运作的基础似乎是相当有限的代表制而非全民参与的形式。

1. 美索不达米亚议事会

有关美索不达米亚议事会的文献数量庞大，不过其中大部分有些陈旧或者原先的分析方法已过时。现代的论述以雅各布森的两篇经典文章为开端，它们仍然经常在其所属研究领域内外被引用（1943，1957）。① 雅各布森收集了有关亚述和巴比伦两大势力范围内议事会合法权限的证据，证据尤其围绕着公元前两千纪初（1943，161—164）。某种程度上，他坚持神授议事会的观点，还以此推断早期议事会的权力范围较为广泛，特别是拥有选择和处置国王的权力（p. 165—172）。甚至后来的马尔都克神话（马尔都克升任众神之主）也彰显了所谓的神授集体决策权。② 雅各布森设想了一个包容性更强的议事会传统，但这是他所掌握的证据证实不了的。无论是关于"议事会"还是关于"城镇"的讨论都没说清楚参与的民众人数（cf. p. 162）。雅各布森引用了巴比伦的一句谚语来描述议事会的包容性本质：

> 不要参加议事会；不要走近那争吵的地方。正是在争吵中厄运会降临到你身上；而且，你可能被他们当作证人，他们会让你去替别人的一桩官司作证。③

---

① 注意 Evans(1958)后续的文章，重点探讨的是苏美尔社会为何变得更加"专制"。
② Enūma eliš ii：16—26；iv：3—10，13—16，28—32.
③ K. 8282 obv. I 25—29，Jacobsen 的译文（pp. 163—164；n. 23）。

此段引文更多说明的是充当司法程序中证人的责任，而并不是全城范围的集体决策，对我们了解较大规模会议的人员组成并无帮助。总之，那句谚语表明这里提到的"议事会"成员只包括那些愿意参加的人，而他们也因此有义务担任所谓的古代"陪审员"，无论在当时还是在现在，这真是太有趣了。

很清楚的是，这些基于城镇的议事会确实存在于早期美索不达米亚地区，但是要判断它们实际的活动和权力范围却是件棘手的事，因为我们并无任何证据。最早的楔形文字文本出自公元前四千纪末的乌鲁克，文本确实提及了"议事会（assembly）（UK-KIN）"和"议事会的领导者"（GAL：UKKIN），不过除此之外就无更多信息了（Selz 1998，301；Glassner 2000，45—47）。格拉斯纳（Glassner）发现，一些关于公元前三千纪中晚期的文献资料显示，城镇可以选择（提拔）他们自己的国王，例如拉伽斯（Lagaš）的两位国王恩美特那（Enmetena）和伊卡基纳（Irikagina）。阿卡德王纳拉-新（Naram-Sîn）在王室铭文中写道，"他的城市"向他表达了它的愿望。该表达方式也出现在了玛里史料证据中，表达的是某种程度上积极的政治权力，这种权力超越了被授予的法律权限范围。然而，我们不能同意雅各布森的观点，即议事会是最早期美索不达米亚南部最重要的政治权力机构（Selz 1998，291 和 n. 40；Heimpel 1992，17n44）。

卡茨（Katz）关于吉伽迈锡（Gilgamesh）和艾伽（Agga）的苏美尔传说中两个"议事会"的文章引发了必然的讨论。卡茨认为我们可以将现存文本中的"文学材料"与"真实材料"区分开来，"文学中的"社会阶层不能用于重构古代社会，尤其是年长和年轻男子的议事会（1987，105—108，各处；参见 Kuhrt 1995，31）。早在卡茨之前，雅各布森就将此类议事会解读为单一政治现象（即市民议事会）的多种表达形式（1943，165—166）。暂且不论在乌鲁克可能同时存在多少个议事会的问题，将这些历史文献中"真实的"历史材

料与虚构的文学材料完全分离开肯定不可能做到（参见 Van De
Mieroop 1999,124n6）。事实上，所有争论可能源于对议事会这个
术语的普遍误解，以及对具体文本的误解。首先，"议事会（assem-
bly）"或者"会议（meeting）"，无论是苏美尔词语 ukkin 还是阿卡
德语词 *puhrum*，只是一个描述大型公众集会的词语，并非指一个
正式团体。确切地说，甚至没有一个"团体"可以脱离"大会"的组
织形式。如果能够认识到"年长者"和"年轻人"是决策集体中两个
对立的群体，我们就能更好地理解下面的文本内容了："在议事会
（assembly）召开过程中，城里的年长者（或者'父亲们'）……"；"在
议事会召开过程中，城里的年轻人（或者'身强体壮的男子
们'）……"①

　　尽管我们没有理由将吉伽迈锡和艾伽的苏美尔传说中展示的社
会真实看作虚构的东西而丢弃，但无论真实背景如何，集会中年长者
和年轻人之间的冲突的确是文学的惯用主题。据希伯来圣经记载，
在所罗门死后的一次冲突中，其子勒哈贝罕（Rehoboam）分别向老
一代和年轻一代的领导者征求意见，而长老们再次倾向于采取更加
谨慎的行动步骤（1 Kings 12）。有趣的是，《议事会的运作》一书中的
一项人类学研究发现，参加伊波（Ibo）村庄议事会的男子们要按年龄
分级，差不多就是分成"年长者"和"年轻人"两个级别。② 在此种背
景下，只有一种"议事会"传统，所谓"一分为二"不过是一种意识形态
界限，并没有任何严格的制度化措辞。所有这三个涉及面广泛的例
子均源于同样的基本现象——定义并不特别明确的大会。

　　出自公元前两千纪初的各种文献史料已经证实，整个叙利亚-
美索不达米亚地区的议事会传统由来已久。除了玛里文书档案，

---

① 该译文译自德语译本，Wilcke 1998,460。另一相似译本参见 Römer 1980,38,50。
　　我的理解参照了 Römer(1980)和 Falkenstein(1966,47)的方法。关于"able-bodied
　　men(身强体壮的男子们)"，参见 Van De Mieroop 1999,125。
② Jones 1971,68—69，只要有个人成就，年龄标准并不能阻止年轻男子成为"长老"。

出自巴比伦和亚述的史料文献也记载了有关"议事会"的情况。在巴比伦王国,法律裁决须特别通过普伦大会(*puḫrum*)进行(Oppenheim 1936,224—235;Driver and Miles 1952,I:78—79)。从一份古亚述文本史料来看,在与来自殖民地的代表谈判时,古亚述的"全市居民"与"长老们"相当于两个同义词;而殖民地的当地人需做决策时会召开会议,无论事情"大或者小"(Larsen 1976,162—164;以及 Michel 2000,113—114)。且达马耶夫(Dandamayev)(1995)曾研究过公元前一千纪巴比伦的社会形势,不过在范·德·米若普(Van De Mieroop)看来,当时的社会形势对于全体居民而言远比我们想象的有利得多(1999,118—138)。关于希腊化时期乌鲁克议事会的证据似乎仍然体现了美索不达米亚议事会的有限参与性,还不完全是"所有公民参与"的希腊模式(van der Spek,1987,71—72)。

2. 普伦大会

"议事会、会议、大会"的阿卡德语一词普伦(*puḫrum*)很可能源自常见的阿卡德语动词"*paḫārum*"(集合),在玛里往来信件中经常出现,不过它涵盖了多种集会形式。在我考查过的文本资料中,没有证据显示普伦大会曾与某一城镇名联用表示城镇议事会,而文本中唯一提到的 *puḫur mātim* 并不是一个政治团体而是一个非专用短语,意思是"为了让所有人都听到"。[1] 我没有接触过 *puḫur ālim*(城镇议事会)的用法。[2] 所以从大量证据来看,普伦

---

[1] ARM XXVI 371:19,31,指在伊斯米-达甘王宫门前马尔都克预言家的公开预言。"如往昔,他站在伊斯米-达甘王宫门前,面对聚集在一起的全体国民,不断大声呼喊,他说……"(第18—20行)。

[2] Larsen 对于公元前一千纪的巴比伦也有同样的发现,当时有 *puḫru*"议事会",但没有巴比伦城议事会的文献证据(2000,125)。

大会一词并不用于指任何古代城镇或者村庄的组织机构,只是表示集体政治架构中的一种特殊会议形式,就会员资格以及参与限制而言并无具体规定。①

　　puḫur šarrī 是个生造词,用来描述伊达-马若斯同盟所有成员国的国王会议,而并非指所谓的民众议事会。② 部落大会可以以 *puḫur šarrī* 来指称,而且并不限于某个特定团体使用,可用于纳姆哈人、哈奈人(辛里-利姆统治时期),以及亚米纳特人。③ 哈奈人大会包括获得邀请的国王,而不仅仅是帐篷居民军团的集结。哈奈人是辛里-利姆军事力量的重要组成部分,玛里官员们通常很关注军团集结,因为这意味着大战在即。④ 有两份文书显示,在描述大会性质从一般到具体的发展过程时,"普伦大会"出现在"图特尔塔赫塔蒙议事会"之前,它是表示"会议"的一个泛称词。⑤ 乌吉斯的情况可能也是如此,详见 ARM XXVIII 69:9(前文关于长老们的章节)。书信中提及乌吉斯的普伦大会应该就是一般性的会议,因为未出现任何具体组织机构的名称。⑥

---

① 有趣的是,著名的巴比伦神话 Enūma eliš 描绘了只有 3 位神参加的 *puḫrum* 会议;Cassin 1973,111。

② ARM XXVI 347:5—8,16—19,"所有国王在纳胡集结,与哈亚-苏木一起会谈,他们说……";"几位国王在会谈中说到了这点,但是萨梅塔没来参见会谈。"另可参见 ARM XXVI 306:42; 352:17; *FM* VI 9:11'。

③ 参见同一顺序,A. 3577:9'(Durand 1992a,45;n. 10);*FM* II 63:16;ARM XIV 84+:4—5(Charpin and Durand 1986,176—178)。

④ 关于动词"*paḫārum*"表示集结哈奈人去打仗的用法,参见 ARM I 24+:43(萨姆斯-阿杜);II 48:12—13;XXVI 27:4,15; 30:8; 31:14—16; 40:27; 43:62—64; 45:28; 46:3; A. 3567:7(*AEM* I/1);XXVII 4:9;*FM* II 116:40—41; 123:28'—29'。

⑤ 在两份文书中,"*puḫrum*"用于"*taḫtamum*(图特尔文书中为 *tâtamum*)"之前,表示从一般到具体、全面到专门的过程。莱纳苏写信给萨梅塔说:"你将纳布-萨马斯(Nab-Šamaš)派过来准备大会的召开。我召集了图特尔的 *tâtamum*,(他说……)";A. 3243:6—9,Durand 1989,35。沃拉德-伊苏(Warad-ilišu)从伊玛写信给玛里说了船只的问题。他说:"所以,在 *taḫtamum* 的会议上,对于被扣留的船只我提出了一个办法……"(A. 228:11—13,p. 36)。

⑥ 另可参见 ARM XXVIII 99:12'—13'; 113:11。

军事语境中的普伦大会一词最难理解。首先，让情况变复杂的原因是由"集结"的队伍组成的正规军似乎被称作 *pihrum*，该词出自相同的动词词根（*phr*，集合）。[1] 甚至当普伦大会一词被明确用于表示军队集结时，它仍然具有某种政治的或者决策的特征。例如，玛里的一位高级官员亚斯姆-艾尔（Yasim-el）向辛里-利姆报告说，恰塔莱的一名将领企图造反。该将领在军队召开的会议上诉说自己的苦衷，劝说与会者和他一起反抗国王： 206

> 天色渐渐变亮，纳姆哈军队开始在恰塔莱城中心集合。当军队集合完毕，库克塔努（Kukkutanum，国王阿斯屈-阿杜手下一名将领）离开了他所在城镇努纳萨如（Nunasaru），来到集结完毕的队伍面前，向大家抱怨道……（造反并不是我的错）。库克塔努对全体将士说了这些及其他一些事。他让将士们变得疯狂并成功劝说穆什根努一致同意反抗他们的国王哈巴-哈穆。而哈巴-哈穆在不知情的情况下派卡基亚（Kakiya）前往恰塔莱参加军队议事会（assembly），卡基亚此行目的本是执行审议结果、发动一次军事远征。[2] 接下来就是卡基亚被杀，穆什根努都站到了库克塔努一边，他们发起了对恰塔莱城的进攻。[3]

虽然刚开始也许只是一次正常的部队集结，但是它却演变成了重大政治决策的场合。另外有一封信提到了亚米纳特哈奈人的一个类似的大会，写信人是一个名叫亚顿-利姆的男子，可能是亚

---

① 参见 Durand, LAPO 17, p. 362. 对于这一名词的解读一直都不确定。

② 参见 Charpin 1993/4, 17。关于 "*sikkatam epēšum*"，"进行军事远征"，Charpin 引用了该书信和 M. 11070：11，而关于 "*ana sikkatim alākum*"，"继续军事远征"，参见 M. 13217。

③ ARM XXVI 412：6—10, 16—22.

米纳特部落联盟的一位领袖。大会讨论的议题同样关于战争与和平。[1] 所以，通常情况下（即便不总是），军队召开的会议并不是简单的队伍集结，它还包含了进行决策的特征。[2] 当然，单纯的队伍集结也是有的，比如出自辛里-利姆统治末期的一封书信就曾报告说集结的队伍没有抱怨什么。[3] 总之，因战事而召开的各类会议并不是民主的民众议事会的前身。

3. 塔赫塔蒙议事会

与塔赫塔蒙（*tahtamum*）一词相关的所有证据都可以在迪朗的一篇文章里找到，而在本书中我只打算简略地讨论一下该词的含义。[4] 最重要的是，塔赫塔蒙议事会所反映的前亚摩利城镇机构的真实情况在古巴比伦王国时期的玛里文书档案中均有记载。让我们印象深刻的是该词的使用情境，塔赫塔蒙议事会与城镇的关系可以从"图特尔的塔赫塔蒙议事会（the *tahtamum* of Tuttul）"的表达形式中看出，而且这是一种非常明确的联系。[5] 相比之下，普伦大会一词从未与某个城镇名称如此搭配使用过。塔赫塔蒙议事会是一个真正的城镇组织，与城镇身份密切相关。与我

———————————————————

① ARM XXVIII 25:8—6，特别是第 11 和 14 行。

② ARM II 33:12'中的 *puhur Hana* 可以作为军队实施军事行动，但是从上下文看，它需要与牧场首领伊升-埃尔进行商议（参见 LAPO 17, p. 217；note a）。如果[*a-n*] *a šu-ku-un pu-[uh-ri-im*] *ip-hu-ru-ma* 这句话修复正确的话，那么 ARM V 23:9—10 应该记载了苏图部落人集结起来突袭恰特纳这一事件，不过部落集结可能还包括做开战决定。卡莱纳国王阿斯屈-阿杜动员lú, meš *pu-uh-ru-um* 抵抗进攻（XXVI 523:32），但很可能只是 *pihrum* 的变体，*pihrum* 表示一般正规部队的集结，这也正是 Dominique Charpin 的观点（私人通信）。

③ A. 3976:8'，参见 Durand 1991, 64—65。

④ Durand 1989，我使用的是完整形式"*tahtamum*"，不过更常见的拼写形式中没有-*h*-（参见 A. 623+:11,14，出自伊玛）。

⑤ A. 3243:6, *ta-ta-ma-am ša Tu-tu-ul*ki.

们之前讨论过的所有术语不同，比如"地名加词尾 ites（GN-ites）或 lú, meš GN"、长老们、头人们或者普伦大会，塔赫塔蒙议事会是阿卢木（ālum）集体身份的具体表现形式，它本质上是一个政治组织。

"塔赫塔蒙议事会"具有非常明晰的地方性和专用性，只存在于幼发拉底河中游河谷的伊玛和图特尔这两个城镇，是一种职责明确且相对固定的议事会，它负责城镇重要事务的决策。① 在伊玛，一个外来者可能会说"他们的塔赫塔蒙议事会正在开会（puhrīšunu）"：

> 在我动身前往伊玛时，我派人给王上送了一封信，信是关于伊素-阿杜（Iṣṣur-Addu）的。我从阿勒颇来到伊玛，现在因为伊素-阿杜的缘故我的船只被拦劫了，在他们的塔赫塔蒙议事会开会时，我就船只被拦劫一事与他们争吵了起来。②

公元前三千纪埃卜拉城的文书中就有对伊玛和图特尔的记载，一直到几百年后的亚摩利时期，相关记载未有间断。③ 出自埃卜拉

207

---

① 关于图特尔的文本资料包括 A. 402，A. 885，A. 1230，A. 2951 以及 A. 3243；关于伊玛的文本资料包括 A. 228，A. 623＋，可能还有 A. 2428。较年轻的城镇阿巴图很可能也有一个相似的机构，但是名称不同。在 M. 13096：12—13 中，DUMUmeš　A-ba-at-timki 被召集起来（[na]-ap-ḫu-[ru]），因文本破损而地点不详；Durand 1990b，46；n. 42。在 Bonechi 列出的埃卜拉城名单中我并未发现与阿巴图相符的城镇名（1993）。据记载，图特尔的 taḫtamum（＝tatamum）有一次派出"该城镇的儿子们"帮助玛里国王的代表莱纳苏（A. 402：17—19），我找到的唯一关于 LÚmeš 相当于 DUMUmeš 的例子也出自图特尔，而且作为市民他们均需承担纳税义务。在阿巴图被召集起来的城镇"儿子们"可能代表了同样的集体政治组织。

② FM VII 18：5—13（A. 228），事情与伊素-阿杜有关，而当地议事会坚持要求这位玛里官员支付一定数目的银子。

③ 关于来自埃卜拉以及来自贝达、布拉克、莫赞和玛里的文献证据，参见 Bonechi 1998，224—225，227（伊玛），228（图特尔）。

的一份词语表似乎证实塔赫塔蒙议事会一词历史悠久,原词条为 KA. UNKEN=*da-da-mu*。[1]

迪朗认为在上面的一段引文中,*puḫrum* 表示"开会",而 *taḫtamum*指商议本身,其缩写形式为 *tâtamum*,其名词形式可能来自阿卡德语动词"*atwûm*",意思为"谈话(converse)"。[2] 然而没有更多的相关细节或者其他已发表的实例说明该词与谈话有着特定的关系,阿卡德语词源似乎与带有"-ḫ-"的非缩写形式"*taḫtamum*"并不相符。不考虑它的词源,"*taḫtamum*"一词除了表示议事会并没有其他已知的用法,它似乎是表示议事会这个组织机构的专门用语。"*taḫtamum*"与使用范围较为广泛的"*puḫrum*"截然不同。我们在阿卡德语中没有发现"*taḫtamum*"一词,如果我们确定它大约出现于公元前两千纪,那么它应该是一个叙利亚闪语名词,而非亚摩利语词。人们也许会想到希伯来语和亚拉姆语中的一个带有词根*ḫtm*("动词,盖章")的词语,该词表示有权使用城镇印章的一群人。[3] 以"*tapras-*"为词根可以组成表示行动媒介的词语,如阿卡德语词 *tamkārum*(商人),以及 *tamlākum*(劝告者),此外还有希伯来词语 *tôšab*(决定者,动词为 *yšb*)。有证据表明,铜器时代后期的伊玛(Emar=Imar)确实使用城镇印章。[4]

我们尚不清楚参加塔赫塔蒙议事会的领导集体具体包括多少人。埃卜拉的文献资料显示塔赫塔蒙与 en-en 有关,而 en-en 仅仅表示最高层的领导者们。根据玛里书信,在图特尔,塔赫塔蒙议事会与"男子们(LÚ^meš)"[5]或者"儿子们(DUMU^meš)"[6]的关系显示了

---

[1]　*MEE* 4. 4—6 III':2';Durand 1989,27;Selz 1998,301.

[2]　*FM* VII,p. 46 note b.

[3]　Durand 1989,39—40 没有考虑到这一可能性,所以问题未得到解决。

[4]　区别于当地国王,城镇守护神^dNIN. URTA(Il Imari?)的印章代表的是城镇这个整体,参见 Yamada 1993 和 Fleming 2000,93—95。

[5]　A. 885:4—5.

[6]　A. 402:17—19;A. 2951:6—7.

一种更加广泛的集体基础，但它本身也许只是一个代表全城民众做决策的集体组织。据一封出自图特尔的书信记载，莱纳苏（辛里-利姆派驻图特尔的王室代表）主持召开了一次塔赫塔蒙会议后，"城镇的儿子们"决定提供 30 名男子参与当地的治安保卫工作（FM VI 4＝A. 402）。塔赫塔蒙一词可能只是表示某种代表形式，并非指包括全城居民在内的完全议事会。塔赫塔蒙议事会的一个特征是它设有席位，我们因此可以判断参加会议的人数是有限的，而且他们的身份地位较高。[①]

4. 芮苏会谈（*rihsum*）

与"*tahtamum*"一样，有关 *rihsum* 一词所有已发表的证据都被收录在了迪朗的一份研究报告中。*rihsum* 也不是阿卡德语词，而是西闪语的一个名词，与"*tahtamum*"相比，它的使用范围有限但又是完全不同的。芮苏会谈从来不用于表示一个城镇的议事会，它仅与身为游牧者帐篷居民的集会有关，有时也可能指游牧民圈子之外的当权者们召集的会议。芮苏会谈一词在亚米纳特人和西米莱特人中都有使用（例如 A. 4530-bis 和 ARM XXVI 45），但是我并不了解该词在其他游牧民（如苏图的游牧民们）中的使用情况。

在最近出版的《芝加哥亚述语词典》的 R 卷中，"*rihsum*"的定义是一种"集会或聚会"（s. v. *rihsu* B），其同根动词是"聚集"（s. v. *rahasu* D）。迪朗以法语单词"palabre"表示 *rihsum*，和"palabre"相对应的非洲词语原指领导者们之间的交谈或讨论（参见英语单词"palaver"）。[②] 根据已有的文本证据，我们似乎可以肯定 *rihsum* 并

---

① 参见 A. 402：9；A. 885：5；A. 1230：10；A. 2951：13 均出自图特尔，莱纳苏的来信。
② *AEM* I/1, p. 183.

不是议事会而是指"会谈"行为本身。举个例子,莱纳苏从图特尔传来报告说扎马昆同盟和亚米纳特部落联盟开会确认结盟:"扎马昆人与亚米纳特人见了面,他们进行了会谈。其谈话的内容与结盟一事有关。"[1]首先是集合开会(动词 *pahārum*,集合),接下来才开始会谈,芮苏会谈取决于开会的行动但又非开会行动本身。芮苏会谈的重点似乎是交谈。关于辛里-利姆和亚米纳特人初步和平谈判的一份报告提到了这样一个要求:必须派至少 20 名亚米纳特长老与辛里-利姆对话。这位不知名的报告人然后说:"让他们加入到与其他人的交谈中,这样我就能听见他们的说话内容了。"[2]因为会议地点会发生变化,所以参会者通常不得不赶路前往约定地点。[3] 会谈往往在城镇举行,[4]但是有一次,莱纳苏不得不离开他在图特尔的大本营,前往大草原与亚米纳特乌拉普部落领导者见面举行会谈:"50 个乌拉普部落人来图特尔见我,我便和他们一起前往大草原,在那里与乌拉普部落领袖们进行了芮苏会谈"。[5]

芮苏会谈可以以不同的方式进行,但是该词语特别用于不同团体之间的互动交流。在前面提到的一封书信中,会谈的发起人似乎是身为西米莱特王辛里-利姆代表的莱纳苏,不过他却亲自赶到了大草原与那里的亚米纳特领导者们进行了芮苏会谈。通常情况下,如果涉及与以部落定义的群体(亚米纳特哈奈人或者西米莱特哈奈人)进行协商谈判时,芮苏会谈似乎通常由被定义为王国或者国家的一方发起。在下面一个例子中,哈奈人的范畴强调了所

---

① A. 954:7—9,p. 183,注意原文中 *pānum* 加 *ana* 用于表示谈话的"对象"。
② M. 6874:18'—19',p. 181.
③ 另可参见 A. 4530-bis:6'—8',p. 182;A. 2526:13—15,p. 183;A. 3567:6—7,p. 184。
④ 例如,在扎尔帕,扎马昆和亚米纳特人的会谈,A. 2526:10—17,p. 183。
⑤ A. 4530-bis:5'—7',p. 182.

指人群的游牧生活方式。一位名叫阿斯麦德（Ašmad）的玛里官员在信中引述了辛里-利姆的命令：

> 快去追上哈奈人和他们进行芮苏会谈，把他们都号召起来，这样在天黑需要火把照明之时，他们便会团结一心赶来助我一臂之力。①

芮苏会谈参与者范围有时非常宽泛，不过要说明与会者的具体情况则是件困难的事。莱纳苏从图特尔城跋涉至大草原进行会谈这件事说明，就当时情况而言，50 名乌拉普部落代表似乎还不足以代表整个部落说话。辛里-利姆下令将他的西米莱特哈奈人召集起来开会，这样他们就会"团结一心"。玛里王希望所有人都来参加会谈，也许是因为在他看来所有可能成为战士的人也都应当出席。会谈似乎还是级别较低的个人合法抱怨或批评高级领导者的特定场合。辛里-利姆最信任的侍从官阿斯曲杜写信说，他料想牧场首领伊巴-皮-埃尔会在哈奈人的会议上受到批评：

209

> 我担心在他们的芮苏会谈中，伊巴-皮-埃尔可能会受到（西米莱特）哈奈人的批评……
>
> 现在，王上在芮苏会谈之前写信给我说到了伊提利姆（Itilim），我会把伊提利姆派往塔巴图城或者哈亚-苏木（伊蓝-苏拉的国王）那里，这样他就不用出席会谈了。至于其他人，我会尽力阻止他们在会谈中批评伊巴-皮-埃尔的。②

不过，我们并不清楚会谈是否总是具有如此的包容性。根据

---

① A. 3567：6—9，p. 184.
② ARM XXVI 45：4—6，18—27.

那封提及扎尔帕城会谈的信来看,会谈涉及"扎马昆同盟的国王们"以及"亚米纳特部落联盟的国王们",并没有说明参与者范围是否较广。当然,信中内容只能代表亚利胡部落的亚斯马-阿杜自己的说法,而他的身份是一位亚米纳特国王。[①]

总而言之,芮苏会谈一词确实表示讲西闪语者的一种会谈传统,但是它与城镇集体治理没有关系。与伊玛和图特尔的塔赫塔蒙议事会不同,芮苏会谈通常指涉及部落人群的会谈,有时还可能指游牧民参加的会谈。虽然芮苏会谈及其体现的习俗非常古老,但无论从语言还是社会的角度来看,芮苏会谈都是亚摩利人的一个重要传统。相比较而言,如果对埃卜拉文本证据的解读是正确的话,塔赫塔蒙议事会似乎早在亚摩利时期之前就已存在了。塔赫塔蒙议事会与部落人群的联系是间接的,就部落人与伊玛和图特尔有限的接触来看,两个城镇与亚米纳特人有着较为明显的联系。仅凭埃卜拉的文本证据,我们很难断定塔赫塔蒙议事会一定源于亚米纳特人的传统,不过在公元前两千纪初期时,塔赫塔蒙议事会一直存在于具有强势亚米纳特传统的区域范围内。相反,芮苏会谈一词与两大部落联盟之一的亚米纳特人并没有特别的依附关系。

5. 议事会与个人领导权

即使集体领导拥有一定的实际权力并非易事,它在整个古代近东错综复杂的政治等级关系网中也同样占有一席之地。虽然不是总能实施专制统治,但个体统治者始终拥有着至高无上的地位。

在图特尔,玛里高级官员莱纳苏可以召集塔赫塔蒙议事会开会,但是他不能强迫与会者作决定,而且在处理地方事务时还可能需要他们授权才行。有一次,玛里王辛里-利姆想以掳掠罪抓捕一些图特

尔人,但是发现不通过塔赫塔蒙议事会是不可以采取抓捕行动的
(A. 402)。还有一次,塔赫塔蒙议事会拒绝服从上级让他们派出劳
动力的命令,他们谨慎地坚持说他们的人手太少了。"我召集了塔赫
塔蒙议事会商量砍伐一千棵树的事情,我让他们派出劳动力但是他
们没有应允。"①迪朗认为,两份伊玛文书内容表明集体大会由自身
发起,但是几乎没有资料证明伊玛比图特尔拥有更大的自主权(*ME*
2, p. 39)。这一时期的伊玛和图特尔均没有国王。我们已经了解了
乌吉斯集体领导的自主程度,他们甚至直接反对玛里王辛里-利姆任
命的国王忒鲁。所有 3 个城镇——图特尔、伊玛和乌吉斯——不得
不服从一个身在别处(玛里或者阿勒颇)的宗主国国王。不过,我们
不能将他们的集体决策解释为君主统治下权力层级中某个简单的组
成部分。这 3 个古代城镇和玛里文书档案中的其他众多麻敦一样,
都是玛里王辛里-利姆或者其他大王国国王的附属国,其集体决策形
式并不局限于司法事务或个人事务。相反,在关于城镇与外界交涉
的描述中常常会出现集体术语。

　来自远方的至高王权与地方自主权抗衡的状态同样存在于部
落世界。有一次,还是那个叫莱纳苏(辛里-利姆派驻图特尔的代
表)的人召集亚米纳特人举行芮苏会谈(A. 4530-bis),不过我尚未
发现辛里-利姆或其权力代表在西米莱特人(或哈奈人)中召集过
类似的会谈。根据文献史料记载,对(西米莱特)哈奈人集会的描
述通常会使用动词"*paḫārum*"和名词"*puḫrum*",但是此类会议均
与外部更高的权力机构无关。在 A. 3577 号书信中,库达王汉谟
拉比称纳姆哈部落大会(*puḫur Numḫîm*)为"他的麻敦(*mātum*)",
但该大会的召集人并非他本人。② 辛里-利姆与西米莱特人也有

210

① 　A. 1230:9—11.
② 　Durand 猜测主格后面为不及物动词确实是对的, *Nu-um-ḫu-um ka-lu-šu i-na Ka-s*
　　[*a-pa-a*ki *ip-ḫu-ur*],第 8 行(1992a,45;n. 10)。

着类似的关系,与王国内被征服的民众相比,亚摩利国王们的部落大本营似乎仍然保留着较高程度的自主权。

最后,玛里为我们提供了理解城镇及部落集体领导的丰富的原始资料,但没有证据说明那时就有全体自由民参与的城镇议事会。用于表示城镇议事会的术语只有"塔赫塔蒙",但它也许只是一个少数人参与的议事会,与会者不可能代表城镇的每一户家庭。然而,部落的芮苏会谈似乎具有参与者范围较广的特征,尤其当会谈涉及亚米纳特和西米莱特部落联盟中游牧民时。无论如何,人人有份参与的城镇大会传统不可能保持原状地体现在像普伦大会这些表示大会的特定术语之中。

第七节　伊玛、图特尔和乌吉斯:
具有强大集体政治传统的古代城镇

从本章列举的证据中,我们可以清楚地发现,古代美索不达米亚的集体政治生活主要体现于城镇。不过在国王个人权力同时存在的情况下,我们又该如何评价集体传统呢? 集体决策传统难道只是国王或者其他个体领导者至高无上的权力范围中某一组成部分吗? 我们可以以玛里文书档案中的任意一组文本资料为出发点探讨这些问题,不过伊玛、图特尔和乌吉斯这3个城镇尤其值得关注,其集体决策形式十分鲜明。

伊玛和图特尔的关系非常密切,它们位于叙利亚西北部幼发拉底河中游同一段河谷地区,地理环境相似,农耕生产只能在狭长的河谷地带进行,它们与来自幼发拉底河以南、以北草原地区的游牧民们联系密切(Porter 2000,14—15,452—456)。公元前两千纪初,伊玛和图特尔与亚米纳特部落人保持着亲近的关系,其实这种关系远远早于玛里文书档案中的记载。另外,在"亚摩利"民族到来之前,伊玛和图特尔属于讲西闪语的地区。① 乌吉斯的历史和地理环境则完全不同。该城镇位于哈布尔河流域的东北部，自大约公元前三千纪开始，那里就生活着说胡里安语的居民。② 乌吉斯的地理位置要更往北一些，这里的雨量也比幼发拉底河中游充沛，农业特点为旱作农业而非灌溉农业。

无论如何，公元前两千纪的玛里文书档案证据表明，这 3 个城镇的集体政治特点鲜明，而且占据着重要地位的集体概念和称谓在玛里文书档案中被屡屡提及。这些证据之所以能够保存在书信文本中，部分原因是 3 个城镇规模适中、影响力一般。辛里-利姆统治时期，伊玛和图特尔是幼发拉底河以西地区的两个重要中心，那里非常接近西叙利亚两个大王国亚姆哈德和恰特纳。两大城镇对于美索不达米亚和西叙利亚、以及北部地区（如卡切米希）之间的商贸和旅行意义重大。乌吉斯虽已不再是几百年前那个伟大的胡里安人首都，但是它仍然是连接美索不达米亚和安纳托利亚地区之间的桥梁，该城位于玛里国北部的边缘地带。

让人感到惊讶的是，在公元前三千纪的大部分时间里，尽管具体情形不同，伊玛、图特尔和乌吉斯均为地位稳固的重要中心城镇。鉴于这 3 个城镇历史悠久，我们不能草率地将其集体政治传统归功于作为后来者的亚摩利人。当然，考古挖掘尚未能证实这里是否连续有人居住。一方面，伊玛、图特尔和乌吉斯均有着异常活跃的集体政治传统，而另一方面，在玛里文书档案出现之前的几百年中，这 3 个城镇的地位一直非常重要。因此，我认为集体决策应当是一种古老的、而并非后来者亚摩利人引进的政治实践。

---

① Bonechi 注意到，根据公元前三千纪中叶历史文献中个人的名字来看，埃卜拉、玛里以及纳伽（哈布尔河）地区的闪语方言存在着差异，而更为保守的地理名称并无差异（1998，236—237）。地名共享至少可以追溯到公元前三千纪初。

② 关于大约公元前 2200 年胡里安人的到来，参见 Steinkeller 1998，88—90。莫赞丘（乌吉斯）的挖掘者本人 Buccellati 和 Kelly-Buccellati 认为，整个公元前三千纪物质文化的连续性表明该城镇讲胡里安语的历史可能还更早些（2001，93）。但是也有某种趋势就是新来者接受了当地的物质文化。

1. 伊玛

伊玛城位于幼发拉底河的一个大转弯处,而幼发拉底河源于土耳其山区,自伊玛城改变方向向东流经叙利亚内陆地区。在对梅斯肯奈地区的考古挖掘中,人们发现了大量铜器时代晚期第二阶段(当时的伊玛是赫梯帝国的前哨基地)的历史文献,其中有大批楔形文字泥板文书(Fleming 2000,1 and n.1)。但令人失望的是,考古工作者们没有发现任何早期城镇的遗迹。据马古隆推断,铜器时代晚期之前的遗址也许在别处,可能更靠近幼发拉底河,但那里早已被河水淹没了。① 然而,毫无疑问,在公元前三千纪至两千年的大部分时间里,伊玛一直是个重要城镇;叙利亚西部的中心城镇埃卜拉或阿勒颇与美索不达米亚各民族之间的往来交流都要经过伊玛。公元前两千纪初的玛里文书档案以及公元前三千纪中后期的埃卜拉档案均包含了有关伊玛的诸多证据;*M. A. R. I.* 6 (1990)中有迪朗和阿切(Archi)写的两篇文章,文章对上述两个时期分别做了历史概述。

乌韦·菲克贝那(Uwe Finkbeiner)指挥下的考古队与由肖基·夏史(Shawki Sha'ath)和法罗克·伊斯迈(Farouk Ismail)带领的叙利亚一支考古队共同完成了最近的一次考古挖掘工作,他们发现了铜器时代中早期伊玛的建筑物遗迹,正好位于铜器时代晚期城镇遗址的下方。② 两个时期的遗迹都包括房屋,但是我们仍然无法判断早期伊玛的人口规模。这与克兰兹吉尔(Kranzhügel)所描述的城镇类型不同,而且也没有所谓的环城

① 关于距离该河流更近的较早时期的遗址,参见 Geyer 1990。
② 参见 Finkbeiner 1999—2000,14—7;Finkbeiner et al. 2001,74—75,80—81,88—94;Finkbeiner et al. 2002,11—15。我收到了 Anne Porter 寄来的这些报告的复印件,在此非常感谢她和 Uwe Finkbeiner 让我能够接触到最新发现和研究成果。

围墙。

在玛里文书档案记录的历史时期，伊玛是叙利亚-美索不达米亚地区一个独特的城镇。它位处玛里和阿勒颇两个大王国之间，被认为是阿勒颇的附属城镇，但因为与两个大王国都相距遥远而独立程度较高。[①] 在伊玛，没有国王派来的常驻总督或者指挥官，而且，就我们所知，那里也没有地方国王。[②] 据文献记载，伊玛城的众多事务都以集体决策方式处理，比如塔赫塔蒙议事会就是它的一个集体决策机构。[③] 在玛里中央王国时期，伊玛城的政治经济运作模式似乎主要是一种集体模式；当时中等规模的王国势均力敌相互制衡，而众多小政体（有或没有部落渊源的）之间则纷争不断。由于远离中央王国的势力范围，受外部政治势力的干扰较少，伊玛城的地方政治传统（很显然是集体政治传统）因此得以传承和发扬。

那么，是否能够将公元前两千纪初伊玛城的政治特征解释为亚摩利人统治的结果——即一种新的社会发展现象呢？我发现在铜器时期早期和中期伊玛的居住规模并无明显差别，没有证据显示公元前三千纪初伊玛出现了新居民。也许仍在继续的考古挖掘将澄清这一问题。出自埃卜拉的证据显示，在伊玛的政治组织中有一些被标识为"en"[④]的个体领导者，如埃卜拉的统治者们（Archi 1990，24）。很难弄清这些个体领导者与集体政治传统的关系，另外，为野心勃勃的埃卜拉统治者们（en rulers）服务的抄写员

213

---

① 参见 Durand 1990b，42. Charpin 发现伊玛不得不向分别来自玛里、阿勒颇和卡切米希的 3 位国王朝贡（*FM* V，即将出版）。这反映了伊玛距离任何一个权力中心的地理位置。

② Durand，1990b，55—56，一个名叫达迪-哈顿的男子在伊玛城颇有影响力，但他似乎是亚米纳特人的首领（拉布部落），他的主要活动中心在阿巴图附近（pp. 45—46，55—56）。

③ 见上文，*taḫtamum*；ARM XXVI 256。Durand 论述了概况（如上，pp. 55—57）。

④ en：苏美尔语词，"统治者"或"治理者"的意思。——译注

们可以在多大程度上解读伊玛也很难弄清,因为抄写员们身处王宫管理体制之中。

我们不能轻易将伊玛的集体政治组织"塔赫塔蒙"议事会解释为亚摩利传统,有如下两个原因。首先,玛里文书档案所记载的亚摩利人实际上分散生活在整个古代叙利亚和甚至更远的地方。他们一直坚持使用富有自身部落特征的社会和政治术语,如伽羽分支(*gayum*)、里穆部落(*li'mum*)、牧场首领(*merhûm*)以及头领(*sugāgum*),所有这些词语渐渐适应了亚摩利人不同的生活环境。甚至芮苏会谈(*rihsum*)一词似乎就属于亚摩利人用语,所有这些词语的使用范围很广,不过在公元前三千纪时还不为人知。相反,塔赫塔蒙议事会一词只见于伊玛和图特尔——两个同样位于幼发拉底河中游河谷的相邻城镇。该用法与公元前两千纪时其他亚摩利政治术语的特点不相符。

不认为"塔赫塔蒙"议事会是亚摩利传统的第二个原因是,该词出现在公元前三千纪的埃卜拉,早于亚摩利人控制该地区之前。鉴于玛里文书档案中的"塔赫塔蒙"和其他西闪语词可能在公元前三千纪的叙利亚已有使用,因此以公元前三千纪末亚摩利社会发生剧变来解释这些词语所体现的传统根本讲不通。如果说这些词语也为亚摩利人使用,那么它们也一定是从更早历史时期流传下来的。

2. 图特尔

在玛里文书档案记录的历史时期,图特尔是另一个被证实有塔赫塔蒙议事会的城镇。图特尔位于伊玛沿幼发拉底河下游的地区,那里正是巴里河与幼发拉底河交汇的地方。图特尔属于玛里中央王国的势力范围,但并非其核心行政区。辛里-利姆委派了一位名叫莱纳苏的王室代表常驻图特尔,当时那里似乎没有任何地方性的个体领导者。① 从有关塔赫塔蒙议事会的证据中可以看出,图特尔同样具有鲜明的集体政治传统。现有的证据表明,只有伊玛和图特尔这两个城镇有塔赫塔蒙议事会,该事实强调了两者的文化亲缘关系。苏菲·拉封(Sophie Lafont)发现,非常明确的是,只有伊玛的城镇议事会可以自主召开大会(2002,94),但也许只能反映一个事实,那就是我们所掌握的图特尔证据是玛里王派驻的代表莱纳苏写的信。取道幼发拉底河从东面很方便就可以进入伊玛和图特尔,当然也可以取道幼发拉底河和巴里河由北面进入。这两个城镇在交流和贸易方面表现活跃,不过它们首先是重要的定居中心。根据波特的研究,幼发拉底河中游河谷非常狭窄,仅凭灌溉农业(无论是广耕法还是精耕法)无法满足城镇居民的生活需要;而周边的大草原干旱贫瘠,不适合大规模旱作农业的生产,不过旱作农业曾是公元前三千纪哈布尔河泛滥区一些小国家的重要支柱(2000,14—15)。② 波特认为,在公元前三千纪中期,首次出现的具有国家特征和社会复杂性的城镇主要依赖于游牧经济。伊玛和图特尔均位于这样的游牧地区,而下游的玛里也是。

214

　　和伊玛一样,图特尔城的名字也常常出现在埃卜拉早期的文书中。它位于埃卜拉和玛里之间,是一座历史悠久的城镇(Bone-chi 1998,228)。埃卜拉文本资料中记载了一个神圣的"图特尔神"。③ 在比阿丘(Tell Bi'a)近期的考古挖掘中,人们发现了一些坚固的公共建筑物的遗迹,这些建筑物被认为是王宫,与埃卜拉的王宫 G 建于同一时期(公元前三千纪中晚期)。对于挖掘者而言,

---

① 参见 Durand 对该情况的概述(1990b,45);Lafont(2002,93)。Charpin 认为亚顿-利姆从阿纳穆部落的亚米纳特国王巴鲁-库利姆手中夺取了图特尔,并将它建成为自己的西部都城,而在辛里-利姆治下,它则是有着"受管制的自主权"的独立实体(参见 *FM* V,即将出版)。

② 关于一个北部"旱作农业"地区的观点,参见 Weiss 1988。

③ Archi 1979/1980;Pettinato and Waetzoldt 1985,237,243,该头衔书写格式中还可以用^dLUGAL 代替^dBE。

王宫建筑标志着一定的富裕程度和社会等级的存在,所以该遗址完全可以与同一时期其他重要的叙利亚城镇遗址相比拟(Strommenger 1997;Strommenger and Kohlmeyer 2000)。考古证据至少可以证实,图特尔在公元前三千纪的几个历史时期中始终保持着强势的城镇传统。然而,我们目前仍然无法从挖掘报告中得到确认的是:图特尔是否拥有大量居住人口,或者围墙是否主要用于围合公共建筑。

基于排他性权力和集体政治同时并存的社会背景,我们很难去评价公元前三千纪图特尔的考古和文本证据。我们确实发现了财富的证物以及具有重要意义的建筑物,但却无法知道那是一个什么样的社会。作为敬奉神主达甘(幼发拉底河中游地区的神主)的一个重要圣地,图特尔城的一部分居民应当是来自整个中游地区而非图特尔本地人。我们对当时图特尔城居民的组成情况了解甚少,不过仍在进行的挖掘工作也许会为我们揭示更多的信息。图特尔古老而且颇具影响力,它尤其还是敬拜神主达甘的圣地,但它或许从不曾是一个政治权力中心。除此之外可以确定的因素就少之又少了。不过,我们还可以确定,塔赫塔蒙议事会是图特尔和伊玛特有的集体决策机构。至少,目前的考古证据没有要求我们去解释这种集体政治形式与公元前两千纪亚摩利人的关系。

根据玛里文书档案,伊玛和图特尔的塔赫塔蒙议事会是一种"城镇"传统。它显然等同于城镇的政治发言权。不过,我们不能因为塔赫塔蒙议事会的城镇背景而否认它与部落社会组织或者游牧民的关系。伊玛和图特尔所处的地理环境完全不同于南美索不达米亚,塔赫塔蒙议事会和苏美尔议事会赖以存在的社会和经济基础也一定大不相同。波特认为,位于幼发拉底河更上游地区、有着相似生态环境的巴纳特城(Tell Banat)的葬礼仪式,为我们揭示了城镇集体政治意识形态的起源。巴纳特城的墓碑群是该地址上最早的重要建筑物。在大型公共建筑物和坟墓开始兴建的时期，被称为"白碑"的一个较大坟墓曾两次被扩建增大，所以坟墩的重要性是连续的（2000，347）。坟冢里有二次葬的脱节的人骨，具有集体意识形态的特征，墓碑的巨大规模说明：即使在城市精英出现之后很久，集体意识形态的影响力依然强势（pp. 364—366，387—393）。波特的研究指出，我们可以依据公元前三千纪幼发拉底河流域游牧经济的架构，来解读我们所掌握的伊玛和图特尔证据。幼发拉底河沿岸城镇巴纳特的墓碑群可能反映了流动的游牧民部落的活动领域和社会身份，对于这些游牧民而言，夏季的时候幼发拉底河可以提供水源，而且其沿岸还是进行补给性农耕生产的好地点（pp. 430—432）。所以说，即使在势力日益强大的精英阶层和富裕的城市中心形成之时，这些区域中心仍然保持着强势的游牧民集体组织形式和意识形态。

3. 乌吉斯

　　早在乌吉斯（Urgiš，或 Urkesh）的考古挖掘工作开始之前，我们就已从文本史料中知道了它的名字。它是胡里安人在美索不达米亚的早期城市中心之一，至少可以溯源至公元前三千纪最后的200 年（Wilhelm 1982，13）。最近，位于哈布尔河上游的莫赞丘（Tell Mozan）遗址被确认就是乌吉斯，这将使我们对其历史有一个更加全面的了解。我们发现乌吉斯与玛里一样，自公元前三千纪初甚至更早时期以来，那里的城市生活传统十分活跃。城周围有防御墙，城中心有神庙，面积大约 30 公顷（Buccellati and Kelly-Buccellati 1999，14—16）。公元前三千纪中期，乌吉斯城的规模更加壮大，面积增至 150 公顷；而到了公元前两千纪初规模开始逐渐缩小。但我们无法确切知道当时已建成的城区规模有多大。考古挖掘表明，至少在公元前三千纪末和公元前两千纪初大量人口居住于此,乌吉斯是一个拥有大量居民的真正意义上的城市(Buccellati 1998,20—31)。考古挖掘还发现了阿卡德王朝中晚期的王室印章,那位统治者的胡里安语头衔是"*endan*",这一发现证实了公元前三千纪末乌吉斯城有关胡里安人的书面记载。布塞拉提和凯利-布塞拉提(Kelly-Buccellati)认为从考古学沉积物连续性的角度来看,在公元前三千纪这段历史时期,乌吉斯毫无疑问一直是胡里安人的定居中心(1997b,93)。

和图特尔一样,到了玛里文书档案记载的历史时期,乌吉斯城的规模和声望都大不如从前。而且还和图特尔一样的是,公元前两千纪初的乌吉斯似乎仍然保持着历史悠久的城市传统(可追溯至1000年前或更早),并没有因为胡里安人(如果他们的确是公元前三千纪末来到此地)的到来而发生本质的变化。就乌吉斯而言,国王们的存在可以从往来书信中得到确认,所以我们讨论的乌吉斯城,一方面继承了相当规模的古代传统,而另一方面其社会结构较为复杂。确定乌吉斯集体政体的起源比较困难,不过我们也没有发现可以被看作全新政治模式和意识形态产生的导火索——突然的文化中断现象。因此,集体治理传统活跃且颇具影响力的伊玛、图特尔和乌吉斯,都是历史悠久的古代城市中心。从3个城镇的情况来看,我们很难将所谓的全新社会实践模式(即集体治理)解释为亚摩利人时代的产物。相反,非常简单明了的是,这几个"城镇"的集体决策现象只是对其祖辈们古老政治文化的一种传承。

4. 公元前三千纪的其他城镇

玛里文书档案中有着集体治理传统的其他城镇是否同样古老,而且是否同样建城于亚摩利人到来之前呢?我们现在可以了解到一些公元前三千纪叙利亚的地理状况,这得益于大量的埃卜拉文本档案以及出自贝达、玛里、纳伽（Nagar，布拉克丘）和乌吉斯（莫赞丘）等城镇的文献资料，而该研究由马克罗·波尼切（Macro Bonechi）于不久前刚刚完成（1998，cf. 1993）。考古发现在哈布尔河流域，有纳伽、塞那（Šehna，Tell Leilan）、乌吉斯等城镇；而已经证实的位于幼发拉底河河谷地区的城镇有玛里、图特尔以及伊玛，包括上游地区的卡切米希，可能还包括位于玛里北面沿河上游的忒卡。月亮神神庙所在地哈伦则位于巴里河上游地区。

忒卡虽然是玛里中央王国的重要组成部分而且还是辛里-利姆治下一个行政区的中心，我们却发现在宗教这一特殊领域，忒卡城延续了古老的集体传统。在之前引述的两封书信中，忒卡的长老们代表国王到神庙中祈求神主达甘降福，而且显然是他们常规性的义务。[①] 政治上的集体决策功能也许只是体现在举行仪式方面。

不管最早的文本史料如何记载，忒卡无疑是公元前三千纪发展起来的又一个幼发拉底河河谷城镇。威福德·兰伯特（Wilfrid Lambert）将玛里一份最古老的诸神名单中的/ter/解读为 BAN，该名单出自早王朝时期（Early Dynastic period）末，里面提到了一位神圣的"忒卡之神"（^{d}LUGAL Ter_5-qa），兰伯特对文本中的地名进行了十分详尽的解读。[②] 基于兰伯特的突破性研究，马提·鲁西尼（Marti Luciani）从阿布-萨拉比（Abū-Salābiḥ）和埃卜拉的史料文本中识别出了忒卡的名字，文本中的 BAN-ga ki 应当被读作 Ter_5-ga^{ki}，忒卡的名字还出现在了公元前三千纪末的其他书信或文书中（1999，1—3）。忒卡（又名 Tell Ashara，阿沙拉丘）的遗

---

① ARM III 17：14—20；XIII 117＋：7'—10'，经修复，达甘的名字出现在了第二封书信中。

② Lambert 1985，531 在注释 14 中有关于 BAN 就是 ter_5 的讨论。

址所在地直到最近才被挖掘,考古工作者们证实该遗址所在地于公元前三千纪的上半期已有人居住。[①] 罗奥特(Rouault)认为,仅从公元前三千纪的围墙长度和规模来看,这里曾经一定是重要的中心城市,而且某种程度上它是一个等级社会,与美索不达米亚南部诸城市的情况相类似(2000,266)。不过,罗奥特的结论似乎有点草率了。这样的城墙确实可以说明里面是个复杂的社会,但是我们并不能确定城内的具体情况。达甘作为区域之神的神圣性是可能的,但忒卡是否就是政治中心或者居住中心还是个问号。

就忒卡而言,在公元前两千纪初几个大王国共存的时期,由于其地理位置靠近玛里,忒卡似乎不太可能保留任何政治上的独立性,无论是个人的还是集体的。只有在辛里-利姆的玛里中央王国消亡以及巴比伦势力稍有退却之后,或许才有可能出现以忒卡为王都的一个新的"哈奈人"王国(Buccellati 1988;Podany)。

5. 古代叙利亚的集体决策传统

公元前两千纪初的叙利亚-美索不达米亚,其集体政治形式并非单一的社会背景和生活方式的产物。雅各布森等人认为,不管议事会和长老们在早期南部美索不达米亚的具体权力范围如何,他们均出现于以灌溉农业为主的定居城镇。乔伊·麦考斯顿认为"美索不达米亚社会的核心在于公有土地的分配基于亲属关系,但是随着神庙获取土地,获得土地的条件(即使不是有关如何获得土地的表达方式)发生了根本变化"(McCorriston 1997,529—530)。

无论如何,玛里文书档案向我们显示了一系列完全不同的地

①　Rouault 1993,186 附有文献书目的基本陈述,参见 Buccellati and Kelly-Buccellati 1997a,188—190。

理环境和生态区域。尤其是辛里-利姆统治时期,玛里文书档案揭示了一幅前所未有的古代部落民族的图画,其政治生活有着鲜明的集体组织形式和意识形态的特征。为了维持生计,这些部落主要依赖于放牧羊群,常常要将绵羊和山羊赶到很远的地方吃草,其集体决策传统的形成在某种程度上可能是由于为了整个群体利益,游牧民们倾向于对牧场的使用实施统一管理。①

　　即使伊玛、图特尔和乌吉斯的政治传统早在公元前三千纪末亚摩利人取得控制权之前就已形成,这些城镇的传统也还是深深根植于一个具有部落社会组织的世界。这样的组织形式一定就是随着亚摩利人的到来才出现的新生事物吗?也许不是。伊玛和图特尔的塔赫塔蒙议事会可能源自以下社会背景:在幼发拉底河中游地区,定居中心是部落占主导地位的社会组织中常见的组成部分。公元前三千纪的叙利亚依然是一个谜,但考古挖掘工作将向我们披露越来越多的有关设防中心和大规模建筑物等证据。我们既不能断定玛里文书档案中记载的城镇集体传统源于亚摩利人,也不能认为该地区所有部落组织是因为亚摩利人的到来才出现的。

218

第八节　公元前三千纪美索不达米亚的玛里

　　无论如何,公元前两千纪档案中的玛里一定是与公元前三千纪的玛里保持着连贯性。乌尔王朝的灭亡、伊辛的崛起、亚摩利人入侵美索不达米亚南部等等,这些公元前两千纪伊始发生的事件长期以来成了人们解读当时历史的依据,那一时期被普遍认为是

---

① 参见 Bonte 1979,203—204。放牧的工作是在居住群体内部完成的,而且"公有的资源确实需要划拨"(p. 212)。Evans-Pritchard(1940,17)很久以前就注意到了这一现象。

文化中断或者混乱时期。玛里文书档案中部落的重要性可以说证实了一种新的社会秩序的产生。但实际上,就公元前三千纪末至公元前两千纪初的幼发拉底河中游河谷地区而言,其社会变化的程度和性质很难判断,我们在历史文献中既看到了传统的延续又发现了新生的事物。我本人也解答不了这个问题,不过在本章节中,我仔细考查证据而且不断提醒自己不要妄下推论,我们不能想当然地认为玛里文书档案记录的政治世界与公元前三千纪时完全不同。

1. 公元前三千纪叙利亚的城市化

在过去的大约 30 年里,对叙利亚和伊拉克北部地区的考古挖掘显示,公元前三千纪时规模较大的城市并不只局限于美索不达米亚南部。从西面的埃卜拉一直往东至哈布尔河流域的雷兰城(塞那),考古学家们发现了大量公元前 2500 年之后的大型建筑物和城市遗址。[①] 威斯(Weiss)认为在整个叙利亚北部的杰兹莱(Jezira)地区,这种城市化现象可能主要是因为旱作农业产生了盈余。[②]

虽然该时期是美索不达米亚北部和西部地区城市发展的新阶段,不过城市的雏形在更早之前就已经出现了,这一时期只是城市发展的迸发期。例如哈布尔河流域的雷兰城和布拉克城都属于此种情况。[③] 公元前三千纪中期的社会变化并非经济模式突然转型

---

① Schwartz 1986 总结道,几乎没有关于这一时期之前叙利亚东北部地区等级分化社会的证据。

② 关于这同一基本方法的完整说明,参见 Wilkinson 1994,502—504。

③ 布拉克的情况比较特殊,因为在公元前四千纪末至前三千纪初布拉克是一座重要城市,它与南美索不达米亚地区的联系密切,而当时乌鲁克已经存在。在保持较小规模几百年之后,布拉克成为了公元前三千纪后半期叙利亚东北部地区最重要的城市(Eidem 1998—2001,75—77;Oates and Oates 2000)。

产生的结果,似乎某种程度上更是一种承前启后的平稳过渡。①
这些模式完全以农业为经济基础吗? 畜牧业的作用很可能被低估
了。在对埃卜拉进行研究的早期阶段,吉尔普(I. J. Gelb)曾指出,
我们不应该假定所有早期城市文明都是以农业为经济基础,而且
埃卜拉和叙利亚北部的发展很可能主要依靠的是羊毛而非谷物的
盈余(Gelb 1986)。

鉴于公元前两千纪早期的玛里文书档案有很多关于畜牧业重
要性的记载,那么从公元前三千纪的考古证据中寻找有关畜牧经
济的词语也是有道理的。例如,公元前三千纪初在叙利亚出现了
一种新型的圆形定居点,似乎是城市迅速发展起来的前奏。这些 219
定居点被马克斯·冯·欧派恩(Max von Oppenheim)命名为
Kranzhügeln,或者皇冠型山丘,后来利埃(W. van Liere)和劳弗
莱(J. Lauffray)在勘测报告中也使用了这个名称。皇冠型山丘
(Kranzhügeln)的遗址包括哈布尔河的贝达丘,往西哈布尔河和巴
里河之间的楚莱丘(Tell Chuera),也许还包括了玛里,现存的外
围土丘组成了整齐的弧形。楚莱和玛里的这种环形围合建筑似乎
修建于公元前三千纪初,远远早于埃卜拉档案记载的繁荣时期(约
公元前 2500—前 400 年)。② 同一时期的类似遗址在远至约旦的
南部地区也有发现,另外还有加瓦(Jawa)及乌玛德丘(Tell Um
Hammad)(Helms 1987,49)。

2. 畜牧业和公元前三千纪的城市化

波塔尔·利奥奈特发现,所有皇冠型山丘(Kranzhügeln)遗址

---

① 在一篇关于哈布尔河流域尼尼微 V 文化的文章中,Roaf 描述的正是这一情况,他
   认为那里的农业完全依靠"旱地谷物种植"(1998—2001,438)。
② 参见 Kouchoukos,1998,421。关于楚莱,参见 Orthmann 1986。

尽管占地面积较广,但都位于半干旱地区,那里雨量太少不适宜旱作农业(Lyonnet 1998,180)。这些圆形定居点一定在其中心土丘上构筑了防御工事,不过我们不清楚最外围的环形土丘是否具有军事防御目的。利奥奈特认为最合理的解释是,这些定居点主要服务于游牧民群体,他们可能会带来跟随他们的依附者以及畜群。尤其在大型共同体的语境中,将畜牧业与农业完全分割开应该是没有必要的。从游牧民的角度解释环形围合物并不意味着排斥托马斯·麦克莱兰的观点,麦克莱兰认为这些环形土丘外围的洼地可能是为了储存雨水的径流。[1] 利奥奈特认为图特尔(又名 Tell Bi'a,比阿丘)也属于皇冠型山丘(Kranzhügeln)遗址范围,所以玛里和图特尔的兴建至少一定程度上是为了满足游牧民的生活需要(1998,180n5)。

安妮·波特在她本人与麦克莱兰对巴纳城考古挖掘基础上,提出了另一个从游牧民入手研究公元前三千纪叙利亚城市化的方法。巴纳城位于幼发拉底河中游偏上游地区的卡切米希城以南50公里处。波特认为,叙利亚境内的幼发拉底河流域大型地面墓葬建筑物是游牧民社会的特征,与各自祖先相关的二次葬的大型墓碑是其势力范围的标志。巴纳特城与其他公元前三千纪的中心城镇玛里、图特尔以及卡切米希城所处的地理生态环境相近,都坐落于幼发拉底河流域较狭窄的区域。这样的地理位置无法提供足够的土地,因此无论是旱作农业还是灌溉农业都无法满足城镇大规模而且复杂的发展需求,仅以农业生产为经济基础在这种情况下是不可能的。巴纳城(面积只有 25 公顷)的定居点从未发展到其他定居中心那样的规模,但是这里大型王宫风格的建筑物以及

---

[1] 参见 McClellan 1995;McClellan,Grayson 和 Ogleby 2000。该推测的依据是,许多环形土丘周边的放射线(小径)工程可以承载径流。Wilkinson 反驳了 McClellan 的推论,认为这些小径的地形非常凹凸不平会影响水流(1994,492),而 McClellan 解释说这些洼地连续的下坡地势不会影响水流。

精心修建的坟墓表明,曾有精英阶层居于此地,他们也许可以被看作"国家"政体存在的证据。"国家"特征可见于公元前 2450—前 2300 年,大致与早期埃卜拉王国属于同一时期。那个被称为"白碑"的巨型坟冢就更古老了,大概可追溯至公元前 2600 年以前(pp. 327—345;McClellan 1998)。

　　对于一个经济"以畜牧业作补充"的地区来说,如何解释其定居中心权力和财富的集中是一个非常关键的问题。[①]　波特坚称这些大规模定居点可能产生于游牧民经济社会制度,不过,没有随后发展为"大规模的定居生活,也没有转型为固定的农业耕作,以畜牧业为补充的社会经济制度得到了保留和发展"。巨型坟冢就是有力的证据,通常建于大草原和河谷相交的地方。幼发拉底河应该是夏季的水源地,也是补充性农作物生产的地方,而不只是具有封闭性文化特征的狭长地带。流动的游牧民们需要一个"不受流动性影响的灵活的社会融合制度",这也成了亲属关系的主要功能,虚构的或者真实的,其标志就是与领土所有权密切相关的集体墓葬点(pp. 435—436)。

　　马古隆基于河谷地带有开挖的运河的事实对玛里社会基础进行了阐释,因为有运河,装载着木头和其他商品的船只可以在幼发拉底河的上游和下游地区通行无阻(见第一章)。马古隆认为,公元前三千纪玛里的规模和影响力可能只是农业发展的结果。那么问题在于是否有充足的贸易支撑这个城市。另外,我也未能找到证据说明玛里城兴起时幼发拉底河谷地区运河的开挖是出于此目的。

　　波特认为畜牧业也许是一个决定性的经济因素。玛里位于两

---

①　Porter 波特定义了 4 种人类社会的生存活动,它们依次为单纯畜牧业的、以畜牧业为补充的,以农耕为补充的,以及单纯农耕的(p. 30)。关于游牧民只有通过征服才能拥有国家的观点,参见 Khazanov 1984,228—230,参见 Ernest Gellner(前言,p. xiii)。

个大草原的中心,与幼发拉底河及哈布尔河相连(p. 452)。与布塞拉提的理论相悖的是(1990,98—102),我们没有任何理由认为,畜牧业是随着亚摩利人的出现才兴起于偏远的叙利亚幼发拉底河流域地区。相反,公元前三千纪至前两千年玛里的经济状况保持着长期的连续性,始终结合了河谷地带的农耕和内陆地区的畜牧业(p. 453)。① 所以,公元前两千纪初玛里文书档案中畜牧业的重要作用并非亚摩利人创造的新奇事物,而是更加古老而持续的经济模式的一种亚摩利版本。

3. 亚顿-利姆和美索不达米亚南部

到了亚顿-利姆、亚斯马-阿杜和辛里-利姆这 3 位国王统治玛里之时,玛里早已是一个历史悠久的幼发拉底河流域的中心城市。真正的变化似乎发生在亚摩利人的势力不断向东部美索不达米亚扩张的时期,但是在玛里,从重新使用古代旧址可以看出,新的变化和历史的延续性达到了某种平衡。亚格得-利姆和亚顿-利姆在玛里建立一个新王朝,我们不清楚那里是否曾经是亚摩利人的地盘,但是他们选择的玛里当时已经有了基于王宫管理架构的建筑物,这些是公元前三千纪自称萨卡纳库的玛里统治者们留下来的。

我们无法肯定这些建筑物曾经是否被有效地利用过,但是不管怎样,亚顿-利姆认为自己就是玛里悠久的区域政权的继承人。无论玛里的成功得益于贸易、农业以及畜牧业三个方面何种形式的经济板块组合,这里一直以来都是美索不达米亚南部通向幼发

---

① 根据 Buccellati 的论述,暂且抛开这一模型的合理性,我发现以下观点是有问题的:即古巴比伦的忒卡地区不够"专业的"选择性宰杀牲畜的做法说明整个地区的游牧民们都缺乏经验(p. 99)。大体上,Frangipane 认为公元前三千纪初游牧民的生活方式越来越普遍(1998,199—201)。

拉底河中上游地区的大门。玛里并非哈布尔河与幼发拉底河交汇处的唯一城市,但是一旦人们离开了阿卡德和巴比伦,或者斯帕和埃什努纳,玛里就成了上游地区第一大中心城市。亚顿-利姆似乎十分看重玛里作为美索不达米亚下游地区桥梁的声誉。他在撒马斯神庙的碑文中对自己征服了西北部地区表示庆祝,与此同时,碑文还以一种美索不达米亚东南部人的口吻颂扬了苏美尔的主神恩里尔,恩里尔是美索不达米亚南部的众神之王。亚顿-利姆对幼发拉底河中游地区古老传说中的神主达甘只字未提。在重建玛里并将它作为重要的行政中心时,亚顿-利姆修正了抄写的规范,大概是想与埃什努纳当时的抄写惯例保持一致(Durand 1985a,170——172)。

因为缺少有关上一段历史时期的可靠证据,要评价亚顿-利姆王国治理的效果并不容易,[1]但他似乎恢复了一个已被忽视的古玛里传统,而不是直接引入亚摩利部落的外来文化统治模式。我们不清楚为什么亚顿-利姆、亚斯马-阿杜和辛里-利姆三位国王统治时期玛里的基本关系,如城镇与农村的关系、田地与畜群的关系,被认为在本质上大有区别。在公元前两千纪初,与其说玛里的城市中心是社会变化的引擎,其力量由固定的中心向外扩散,还不如说它是其他群体想要霸占的目标地区。我们不应该摒弃这种可能性——即从更深的层面看,事物的变化越大,他们就更是保持不变。

第九节 关于集体权力的解释

毫无疑问,玛里文书档案中的政治环境由国王和王国掌控着。如果说个人和集体的政治形式总是同时存在又相互对抗,那么在

---

[1] Durand 怀疑萨卡纳库统治者们和亚顿-利姆之间的区域都城是否建在了忒卡,而且认为埃什努纳甚至可能在玛里留有一支守备部队(同上)。

公元前两千纪初美索不达米亚的大部分地区,个人统治似乎还是占据着主导地位。但同时,我们越是深入研究玛里的文本证据,就会发现集体治理的政治形式似乎更普遍也更具影响力。它并非规模极小或者仅为次要的治理形式,比如说只出现于村庄或者游牧部落中。集体治理的职能并不局限于地方事务(如司法裁决),更可能的是,集体领导在战争与和平的决策中同样发挥着重要作用,这或许也是外交函件感兴趣的内容。然而,集体治理模式与个人专制的关系通常十分紧张。玛里文书档案证据并没有支持那种非此即彼的二元性观点,即我们或者承认实权只掌握在个体统治者手中,或者认为只有当个人权力被削弱时集体权力才可能存在。

最后,本研究试图理解在民主政治之前的古代世界中,集体政治权力是如何得以体现的。为此,接下来我要讨论一下与理解公元前两千纪初叙利亚和美索不达米亚权力运作相关的一些宽泛的问题。首先,部落和城镇的交互作用使我们在研究城市化及国家的出现等问题上感到纠结困惑,这些问题通常被置于进化论的理论框架中进行解答,但是我发现这种理论框架会阻碍我们公开坦率地回应和解读真实的证据。我还会再次提及理查德·布赖顿及其同事们的研究,他们描述了一种与权力个人化意识形态同时起作用的"集体认知代码"。

1. 关于起源问题

一般而言,集体决策形式在小规模共同体中较为突出。在现代化之前的社会里,无论以流动还是以定居方式为生存策略的群体都是这样,而且对于现代小规模群体而言通常也是如此,这一点可参见巴雷(F. G. Bailey)的议事会研究。一直以来,关于小规模共同体中集体决策的历史作用的一个主要观点就是,它本质上是一种原始的政治形式。根据被广泛引用的艾尔曼·塞维斯的等级制理论,具有集体决策特征、权力集中程度不高的社会群体可被称为"家族群(band)"或者"部落"社会,与日益复杂的"酋邦"和"国家"相对立。① 塞维斯以及其他学者认为,这些社会类型之间的关系是进化的、发展的,较为简单的社会群体中的某些特定条件必然促使其发展成为更加复杂的社会群体。撇开民主政治的发展问题不谈,塞维斯认为酋邦和国家较为复杂的政治制度主要表现为一种个人领导权的政治模式。

的确,随着人类人口的不断增长,新的社会形式也会应运而生。早在巨型建筑物、堡垒、以及等级制的行政管理出现之前,更不用说在一连串新技术(包括书写)出现之前,人类经历了极其漫长的历史时期。问题在于历史性转变是否可以归类于一种进化系统,而在此系统中,被认为是"原始的"形式会不可阻挡地朝向更高级的阶段发展。从进化的角度看,较小的共同体中突出的集体政治生活会被酋邦和国家的中央集权取代,尤其是在未受现代政治进程影响的社会中。

实际上,进化理论家们几乎没有涉足过像早期美索不达米亚的地区集体政治的研究领域,因为这些政体的发展情况并不符合进化论理论。我发现,安东尼·吉登斯和迈克尔·麦恩以反进化论的方法,毫不迟疑地接纳了真实社会群体的多样性特征。他们提出的理论架构更具说服力,非常有助于解释我所探讨的难题——在通常由国王们统治的国家中集体政治是如何实现的。对社会是通过"适应"所处环境中的物质条件而发生变化的进化论观点,吉登斯予以了抨击。他反对的理由是,历史上的成功并不能说明一定是变化的结果。事实上,那些幸存下来的简单社会群体并

---

① Service 1975,47—64,71—94(参见 Fried 1967),"主张平等的"和"等级的"社会与"分层的"和"国家的"社会相比。当然,研究此类社会前后历史状况的文献著作相当多。

非变化("进化")的结果,因为在那样的环境下无需什么变化。麦恩反对将社会的演变简单地公式化为"一种单一的内在过程"。他承认提升"人类能力"的变化,不过仅将其视为必须分别进行评价的插曲。"社会本身要比我们关于社会的理论更为混乱"(1986,3—4)。

无论是否贴有进化论的标签,有一部分人类学家们确实一直致力于研究某些特定社会群体的异常情况,而且希望找到可以包容更多细微差异的社会模型。菲利普·卡尔·萨尔兹曼于1980年开始研究游牧部落的定居化问题,他告诫人们不要想当然地认为变化是"不可逆的、具有方向性的以及日积月累的"。我们应当将社会看作是"不固定的、可变的、灵活的以及适应性强的"。社会文化的变化"只有在某些情况下是不可重复的、具有方向性的而且日积月累的,但通常以交替阶段的重复循环的方式"实现(pp. 1,4,7)。在一篇关于"排他性的"和"集体的"政治策略非此即彼的论文摘要中,布赖顿、费曼及另外两位同事们呼吁对社会进化问题应作更精细的研究:

> 目前的新进化理论不足以分析过去的社会变化,因为该理论缺乏合适的行为理论的支持,而且该理论的简单阶段分类法无法解释复杂程度和规模相似的各社会群体之间的差异。(1996,1)

似乎取自非洲的证据也不太支持进化论的解释。[1]

毫无疑问,古代近东最初国家的形成代表了一种真正的人类

---

[1]　由 Susan Keech McIntosh 编辑的 *Beyond Chiefdoms*(1999)整本书都未提及进化论分析法的范畴。可参见 Vansina 1991,171:"最新进化理论和来自非洲赤道地区的证据之间的冲突导致进化理论的分析结果完全失败。没有证据显示权力集中化是一个普遍现象。"

能力的提升,代表了某种崭新而且强大的力量。国家的出现与其他社会发展等要素又必然导致林林总总的社会现象的产生。我试图比照这样的过去和这样的变化来理解玛里中央王国时期的城镇集体政治生活,而没有过于简单化地将其归类于某种研究图式中。

2. 集体权力

如果我们想要理解已经玛里文书档案证实的集体政治权力的真实情形,那么就需要借助一个更一般性的权力模式,以解释比中央集权的、基于制度化的单一权力形式更为微妙或许也更令人捉摸不透的权力类型。权力通常被大致定义为"一种持续地强迫别人服从自己愿望的能力"(Donlan 1997,40)。[①] 该定义通常将权力(power)与权威(authority)区分了开来,更加表示一种许可,而且倾向于从个人的角度来定义。塞维斯也倾向于这么理解,但是他扩展了分界线而且明确承认了集体的潜在权力:权力是"一个人或群体让另一个人或群体服从的相对能力,反之,一种"不必屈服的能力"(1975,11)。

解读玛里文书档案中城镇和王国中政治力量的相互作用,需要一种适应性更强的权力分析方法,而不能仅仅聚焦于最具吸引力的行动。事实上,政治人类学领域常常忽略了集体政治行动及其导致的个体社会分析的复杂性。举个例子说,乔治·柏莱迪(Georges Balandier)在其文章中根本没有提及集体政治形式(1970)。弗莱德和塞维斯同样忽视了集体的作用,即使在讨论个人领导与集体行为已融为一体的简单社会群体时亦是如此。

_____

① 该定义与 Fried 观点一致,Fried 认为权力为"通过威胁或者制裁手段引导他人行为的能力"(1967,13)。Earle 认为权力指 "一位统治者对他人的控制",而且至少凭借了含蓄的威胁手段(1997,3)。

　　迈克尔·麦恩对社会权力历史的研究是以这句话开始的:"社会是由多种重叠而且交叉的权力社会空间网构成的。"他认为社会权力的最根本来源是意识形态的、经济的、军事的以及政治的种种关系(1986,1—2)。① 在塔克特·帕森(Talcott Parsons)研究的基础上,麦恩探究了权力的"集体性"一面,"人们通过合作能够增强集体力量以对抗第三方或者大自然"。这种集体权力与参与者 A 的权力分配大于参与者 B 的情形是同时运作和相互交错在一起的。"为了达到自身目的,人们会走进合作的、集体的权力关系网之中。但是在实现集体目标的过程中,社会组织与劳动分工就会出现。"(pp. 6—7)麦恩还将被自己称作"分散的(diffused)"权力与被普遍认可的"命令式的(authoritative)"权力区分了开来。命令式的权力包括了明确的命令和自觉的服从,而分散的权力"则以自发的、无意识的、离心的方式在一群人当中传播开来,结果产生了相同的社会实践——这种社会实践既体现了权力关系但又非明确的命令式关系"(p. 8)。以上观点仅是近期的一项研究成果,然而,清楚的是,要想对社会权力的所有表现形式作全面分析,就必须承认集体的存在,因为集体既是有组织的治理方式中潜在的参与者,又是一种比较模糊的集体力量,即使处于被统治的状态。

3. 集体认知代码

　　也是在最近,理查德·布赖顿及其同事们提出了一种研究政治权力的方法,该方法明确承认了现代化之前复杂社会中的集体形式,它不只在个人统治下行使职责,而是一种积极的治理模式。根据该研究小组的观点,政治行动涉及两个共存的权力策略之间的相

225

---

① Giddens 也超越了对权力的关注,因为权力与强制有关,而马克思认为强制必然导致社会冲突。在 Giddens 看来,权力只是"实现预期结果的能力"(1984, 257)。

互作用,即"排他性的"和"集体的"。排他性权力基于对其资源的垄断控制,而集体权力"由不同的社会群体和社会领域共享,这样就可以抑制排他性策略"(1996,2)。① 一般来说两种政治策略都是存在的,不过其中任何一个都可能占支配地位。如果研究者们是正确的,那么在个人政权制度中,集体策略也可能比排他性策略更占据优势。在集体类型下,"通过对享有权力之人的政治行为加以限制,可以使权力资源的垄断无法实现"。"集体认知代码占优势时",权力的分配是系统的、确定的、法定的以及受约束的。

最后,"集体认知代码"的观点提醒我们,在研究玛里文书档案时,我们处理的不只是文字本身,而是一封封书信,这些写信人代表了与玛里国王们的多种不同的政治关系模式。不管实际权力的真实情况如何,当然这确实值得了解,有趣的是,书信本身总是可以体现集体治理模式中权力行使的方式、具体的行动或者决策。这些书信反映了集体政权的意识形态,在某些情况下,无论是有意识还是无意识,将权力描述为集体形式在一定程度上也是有利的。集体术语的使用显示了对于政治行动的一种特定的解读。在对近东的研究中,我们更习惯于认可个人权力的意识形态,但事实上,这样的意识形态并不能代表古代政治思想的所有特征。

4. 意识形态

在一篇关于权力策略的文章中,德马赖斯(DeMarrais)、卡斯提罗(Castillo)和厄尔(1996)认为意识形态是高压政治的另一替代手段。意识形态的策略控制"有助于政治权力的集中和巩固"

---

① Giddens 没有探讨集体政治权力占据支配地位的可能性,但是他提出了关于统治者与被统治者之间"控制的对立统一"的视角。他说,在所有形式的依存关系中,处于从属地位的人也能够借助某种资源影响上级的行动(1984,16)。

(p. 16)。某些意识形态取得首要地位的过程会涉及到被赋予一些有形的表现形式,如仪式、象征性物件、纪念碑以及书写系统。意识形态的"物化"赋予了社会权力支付所需资源的能力以及对价值观和思想的控制力(p. 17)。德马赖斯和同事们没有继续研究服务于集体政治权力的物化表现形式,不过节庆活动显然是具有此服务功能的物化表现形式之一。

公元前1300年伊玛的公共仪式就是一个有趣的例子。伊玛的仪式档案中保存有一个叫作 *zukru*(对神主达甘表示感恩的仪式)活动的两个记录版本。伊玛王的名字出现在了每7年举行的该仪式的详细报告中,他出资支持了活动的大部分费用,但却只作为捐助人出席。这个例子清楚地表明,精英阶层试图利用他们已经掌握的权力以提升并巩固自身的社会和政治地位。但同时,*zukru* 节庆活动真正呈现的意识形态在本质上具有明确的集体性,全体市民居于最突出的位置,国王和任何精英阶层的个人或团体在节庆活动中均非活跃的角色。[1] 该节庆活动是证明公元前13世纪伊玛城强大的集体政治意识形态的诸多证据之一,在赫梯帝国时期的伊玛城,集体政治与地方王权并存(Fleming 1992a)。事实上,出自玛里的文本史料表明,其集体政治传统比伊玛城的仪式记载早了几百年,同时也证实在公元前13世纪的伊玛城,国王的权力刚刚开始占据支配地位。

5. 古代近东

我们不可能否认古代近东集体政治形式(如城镇大会或者长老组织)的存在,自雅各布森早期研究(参见前文)以来,一些专家学者偶尔也会关注古代近东的集体治理模式。但是,相对于讨论

---

[1] 关于伊玛 *zukru* 仪式的更多论述,参见 Fleming 2000,第三章。

226

个体领导者(国王)的政治权力,评判集体领导的政治权力似乎就比较困难了。最近,马可·范·米若普提出"在美索不达米亚历史上,平民的权力和自主性不断增强,而不是不断被削弱",雅各布森也曾有此观点(1999,118)。米若普认为,在公元前一千纪的美索不达米亚,许多城镇被免除了纳税义务,表明城镇集体权力取得了实质性的增强,不过这一现象只出现在拥有多个城镇的国家,而且这些城镇都不是王都(pp. 135—138)。暂且不论发展趋势的问题,当然也不可能只朝单一的方向发展,该分析并没有解释,在涉及国王的情况下或者甚至在没有任何个体统治者的情况下,集体行使的实际权力的基础是什么。

戴维·施隆(David Schloen)将所有古代近东的政体和社会定义为一种"祖传的家庭模式",所以"从权力中央化到权力分散,整个过程各个阶段的社会群体均遵循着相同的社会秩序原则"(2001,63;cf. Fleming 2002)。他认为所有铜器时代的社会群体有着相同的基础架构,国王就是拥有最高权力的家长:

> 世袭制度中,统治者在一个包括其领土上所有土地和民众的完整社会经济体系中拥有最高地位。从根本上说,每个人都是统治者家庭的成员——在这个大家庭中,"自由的"经营者和"非自由的"王宫依附者们享有的观念和法律地位没有区别(p. 65)。

我认为施隆的观点非常有吸引力。尽管祖传的家庭模式完全能够将集体政治形式包括在内,但无论如何,施隆还是没有找到理解集体政权的方法。施隆的研究分析遵循了马克斯·韦伯的假定——即世袭制度中的任何一个政府从根本上讲就是一个统治者,一个站在家庭金字塔顶部的"父亲"。

然而,从历史的角度看,集体决策的意识形态基于一种社会几何结构,该结构不同于王权金字塔。即使村庄也并不把自己仅看作是一个父亲的大家庭里附属的家庭成员。相反,集体决策的理念基于以下观点:一个共同体可以由许多家庭或者家族组成,他们将彼此看作是同等的人,他们并不一定只服从一个父亲的权威。在许多情况下,个人和集体这两种意识形态可能是同时存在的。我们不应该将此种情形下的政治权力形式理解为一种意识形态必定控制另一种意识形态。

在一般世袭环境中,酋长和国王也许会为了自己的利益而利用"家长制的"隐喻,也就是说,他们会强调一家之长的权威高于同时存在的头人们集体决策的传统。不过,个人和集体政治传统的普遍共存,即布赖顿等人提出的"排他性的"和"集体的"策略表明,古代近东的君主政体中,共识构建的现象很可能比我们有时假定的还要多。在著名的《汉谟拉比法典》的序言中除了有对王权的颂扬,序言还试图小心谨慎地将巴比伦王塑造成每个重要城镇(包括他刚刚从辛里-利姆手中夺取的玛里)及其神祇的守护者。汉谟拉比并非一个让人畏惧的征服者,而是受人欢迎的上天派来的保护者。《汉谟拉比法典》的序言本身反映了为构筑共识所做出的努力;而且我们可以想象,这位巴比伦王凭借着将军事实力和不断协商相结合的精明手段,最终提升了自己的权力地位。

为了更好地理解个人王权和其他各种政治权力形式(个人的或集体的)之间的相互作用,我们还需对巴比伦和玛里的王权实际运作情况作更深入的研究。该研究远远超出了我目前从事的项目范围,但是进一步的再认识再评价是必要的。据相关研究表明,苏美尔以北幼发拉底河上游的美索不达米亚部分地区的早期王权比其南部地区更加专制(Steinkeller 1993)。这种以国王和王宫为中心的强大的个人领导也许已经适应了与其权力相抗衡的地区传统,包括城镇和部落的集体形式。

第五章 结 论

自着手撰写本书之际,我始终秉承的理念就是以小见大进行研究,以玛里泥板文书史料呈现的特别视角为出发点探究古代社会的性质。这种以小见大的研究方法并不意味着玛里只是一个次要的研究兴趣点。相反地,除了玛里文书档案所展示的历史图景,我对古代政治生活所知甚少。另外,如果本书不能为我们对于玛里文书档案及其反映的社会现象的理解提供新的信息,那么我的研究将是非常失败的。对一组单一而连贯的历史文献证据进行细致的调查研究要求对真实情况反应迅速,因为历史事实会引导我们对理论性问题进行思索,而且会左右我们的理论推测。那么顺理成章地,我得出的结论分别来源于研究的不同层面,而在此我将分别对其进行介绍。首先是有关玛里政治世界的结论,然后是关于民主制之前古代政治世界的结论。

第一节 玛里文书档案呈现的政治世界

让-玛丽·迪朗的亚述专家团队在过去 20 多年里致力于发表和解读玛里文书档案,他们在理解玛里文书档案内容及其蕴意方面取得了重大成果。自他们之后,之前所有关于玛里文书档案揭示的社

会中部落的古典学研究在某种程度上就过时了，如库伯、鲁克
(Luke)、罗顿、马修斯(Matthews)、海尔泽(Heltzer)和安巴。[1] 我接
受了迪朗及其同事们的许多新提议，而且可以说接受了太多太多。
将来的研究也许会证明本书有助于吸引更多的研究者投入到此项工
作中来。法国团队和他们的研究成果让我的研究受益匪浅，不过就
玛里文书档案本身而言，我在研究中还是收获了数个新结论。

229　　　●占据重要地位的西米莱特和亚米纳特部落联盟的"左右手"
关系的具体特征体现着各自社会与政治组织结构的显著差异。

　　　●辛里-利姆是一位活跃的国王，而在某种程度上对于当时那
个历史时期和地区来说是个普遍现象，不过辛里-利姆与其他统治
者(如埃卡兰特姆的萨姆斯-阿杜以及巴比伦的汉谟拉比)不同。

　　　●阿卡德语词麻敦(*mātum*)反映了非南部美索不达米亚大型
政体的发展状况，麻敦与国王有关，但它不是真正意义上的"王
国"。

　　　●我在玛里文书档案中找到了有关集体决策的大量史料证
据，集体决策现象尤其体现在"城镇"(阿卢木，*ālum*)的层面上。
仅有有限的证据显示存在着执行城镇、部落或者军队政治行动的
完全议事会，但是显然这种完全议事会形式在特定的情况下确实
出现过。

　　　●玛里文书档案中集体政治色彩最浓的 3 个城镇——埃玛、
图特尔和乌吉斯——都是公元前三千纪的重要中心，其集体政治
传统很可能历史悠久。

1. 西米莱特部落联盟和亚米纳特部落联盟

　　　玛里王亚顿-利姆和辛里-利姆都来自西米莱特部落联盟，所

---

[1]　我提到了所有这些研究，除了 Heltzer 1981。

以玛里文书档案反映了与西米莱特部落人的深厚关系。西米莱特人与亚米纳特人既是远亲又是对手，他们是"左右手"关系。有关两大部落联盟的权益关系在玛里文书档案中随处可见。在迪朗看来，两大部落联盟的社会和政治组织结构基本上是同性质的，但我的观点是，西米莱特部落联盟和亚米纳特部落联盟的社会组织大不相同。无论是之前成功建立了联盟的亚顿-利姆还是后来的辛里-利姆治下，西米莱特部落联盟都只有一个国王，而亚米纳特部落联盟则有 5 位国王，分别为组成联盟的 5 个部落王。西米莱特游牧民个人身份由伽羽分支确定，到了辛里-利姆统治时期伽羽分支的范畴已失去了所有政治意义。每个伽羽分支中，各个群体以他们的头领来确定身份。我们知道许多西米莱特人居住于城镇中，但是西米莱特部落身份只使用游牧民用语来描述，即哈奈人（很可能指"（我们的)帐篷居民"）。

亚米纳特人早就被确认为包括各自拥有名称的五大部落群：乌拉普部落、亚利胡部落、亚胡如部落、阿纳努部落以及拉布部落。这些部落名称既包括了城镇居民又包括了大草原上的游牧民，与西米莱特头领不同，亚米纳特地方头领身份由他们领导的城镇确认。大草原上的西米莱特和亚米纳特游牧民们承认牧场首领的权威，不过尚不清楚亚米纳特牧场首领与部落王之间的权力关系。辛里-利姆治下，两位牧场首领享有非常大的政治权力，比任何现有证据显示的亚米纳特人的权力都要大很多。西米莱特部落伽羽分支从未用于描述亚米纳特部落群，亚米纳特部落联盟的 5 个统治者分别管辖的部落被称为"里穆"。亚米纳特游牧民群体被称为"赫布如"，他们拥有自己的地方领导，被称为"卡顿"。

西米莱特与亚米纳特部落联盟的不同之处决定了我们对玛里时期整个叙利亚社会研究的方法。部落社会完全融入了王国和城镇的政治生活，或者我们甚至可以说王权和城镇生活完全能够适应部落的社会组织形式了。同样，部落社会所能适应的地理和生

230

态区域范围也越来越广,其组织结构也发生了相应的变化。玛里文书档案向我们展示了组织结构变化的多种特有的表达形式,我们也期待可以发现更多。亚米纳特和西米莱特部落联盟的双轨制概念应该并不古老,不过部落组织的更深层的模式可以说是历史悠久。

2. 部落王

　　辛里-利姆继承了亚顿-利姆曾经使用的称号"玛里和哈奈人王国之王"。作为人口与政治实体均被定义为哈奈人的国王,辛里-利姆和亚顿-利姆均自认为西米莱特部落统治者,他们的名字来自他们所在的游牧民群体。依据玛里文书档案文献,部落王多数居于设防森严的行政与仪式中心,如被亚顿-利姆打败的三位亚米纳特部落王,亚顿-利姆在撒马斯神庙的铭文中也提到了此事。尽管如此,就辛里-利姆在玛里文书档案中的支配性位置而言,能接触到部落王的楔形文字档案是一种特殊的、被低估的特权。鉴于从王宫行政文书中很难有机会看到辛里利姆王国部落的信息,王室书信却向我们揭示了大量现代人很难接触到的关于部落的史料。

　　除了官方称号,各种证据显示辛里-利姆被认为是一个西米莱特部落王,而非因统治玛里中央王国而被定义的国王。这种占据优势地位的部落特征与同一时期另外两个拥有部落血统的重要人物形成了对比。无论是埃卡兰特姆和北部美索不达米亚的萨姆斯-阿杜,还是巴比伦的汉谟拉比,都没有把自己看成部落王。我强调辛里-利姆与其他人的区别并不表示我会将重要部落特征存在的可能性从这两个王国的政治和社会生活中排除。相反地,我认为通过研究辛里-利姆统治时期的档案文本,我们可以发现部落身份融入一个基于城市的大王国是无可争议的历史事实,所以一

方面是部落,而另一方面是他们当中流动的游牧民,他们都不能被
降级为古代美索不达米亚政治或者社会的边缘或者次要群体。玛
里文书档案中的部落对于玛里政权而言既非外围也非别人。从辛
里-利姆统治时期档案中稳固的社会现象来看,我们可以在空间和
时间上将研究范围扩展至毗连的历史环境。

231

3. 麻敦

玛里文书档案所属时期,以楔形文字为书写系统的世界可以
划分成许多被称作"麻敦(*mātum*)"的最高级别的政治单位,最为
简单地就是将其非常含糊地翻译为"国(land)"。与表示"领土或
统治权(dominions)"的西闪语词 *namlakātum*(意思是个体领导者
的统治)不同,阿卡德语词麻敦本质上并非真正意义上的"王
国"。① 尽管麻敦一词可以用于表示国王的领土或者出远门至外
国的旅人的政治家园,不过该词更加精确的用法显示它区别于统
治者所在的中心城市。麻敦指被管辖的一群人,他们远离中央王
国国王及其设防的行政中心。玛里文书档案中 3 个麻敦同盟的存
在证实了麻敦不一定就是"王国"的观点。哈布尔河上游地区的伊
达-马若斯同盟、巴里河上游地区的扎马昆同盟以及底格里斯河以
东地区的苏巴土同盟都分别被认为是单个麻敦,它们所起的作用
是地方"国王"团体的集体政治工具,这些地方国王们统辖的国土
范围有时非常的小。

作为受中央王国国王统治但又与之不同的民众群体,麻敦被
国王看成了与自己政府有区别的政治实体,要么安心地效忠于他,
要么就会背叛他。与国王的"臣民"或者"依附者"相比,麻敦是一

---

① 这一连串的西闪语词汇包括名词"*malkum*"(国王),动词"*malākum*"(像国王那样
统治),以及 *namlakātum*"dominions"(国王统治的领土)。

个政治范畴,是以集体形式说话和行动的一群人,无论是否受某个个体统治者的领导。那么,麻敦的基本思想是否有可能是集体的而非"排他性的",像同盟中各成员那样进行集体决策? 人们甚至怀疑该词语是否源自部落政治组织。玛里文书档案文本中的许多麻敦"国"似乎以部落名命名,以一个设防的都城为中心。

4. 集体政体与全体议事会

在雅各布森关于"原始民主"的论著发表60年之后,所有关于集体政治活动的楔形文字证据全部被收录完成真是件让人兴奋的事情。文本库的资料相比过去大大增加了,而且涉及的地理范围也更加广阔。而我在本项研究中只是尝试分析了其中一小部分内容,仅玛里就提供了大量各式各样而且之前未经系统研究过的历史资料。我发现集体政治活动和术语与3个麻敦联盟、部落群体、尤其城镇有关。

玛里提供了特别丰富的关于城镇作为集体行动单位的文献资料,这种集体行动单位通常以城镇居民的复数形式表示,如"图特尔人"、"伊玛人"等等。关于集体行动单位的术语各不相同,如"长老们"。真正决策大会的公众参与度通常难以判断,术语本身也反映不了大会的规模。我们没有发现明确的议事会范畴,无论是规模较小的"长老议事会"还是更具包容性的"自由人议事会"。

在整个玛里文书档案的实际用法中,"城镇(town)"一词包含着物质的和政治的两层意思。城镇或者阿卢木(ālum)确实由一系列永久性建筑物构成,但这只是一群人共同修建并使用这些建筑物的具体表现。公元前三千至前两千纪初古代定居点的真实本质仍旧是个疑问。虽然在叙利亚和伊拉克北部挖掘出的古代大型城镇居住区遗址非常少,但毫无疑问,许多人居住在村庄和城镇里。至少在某些情况下,作为王都使用的设防中心似乎更是一个行政管理和举行仪式的地方,这里除了王宫和庙宇中居住的人口几乎没有别人。尽管如此,文本证据记录了城镇及其居民的基本关系,特别是城镇居民在处理战争与和平问题时的集体行动。很有可能的是,所有关于城镇集体行动的记录指的是真正居住在城里的人们,而集体决策机制如塔赫塔蒙议事会的成员应该仅来自城镇居民群体。另一种可能是,以城镇作为当地居民集体政治的表达形式的做法也许是以使用城镇的所有人而非只是居民来定义的。如果说一个"城镇"在物质上包括了防御性围墙、神庙和用于行政管理的建筑物,还有一部分常住居民,那么政治意义上的"城镇"则还可能包括那些来参加节庆、赶集以及逃避战乱的所有人。

有关城镇或者部落集体决策机制的大多数文献资料表明了一定程度的有限参与,并非所有居民(至少所有自由人)都是议事会成员。不过,也有一些文本资料清楚地揭示了一种更具包容性的大会形式。有时,似乎整个城镇都会被召集起来一起聆听圣旨的宣读。此处被召集起来的人等同于城镇居民(城镇的"儿子们")而不是集体决策者。① 有一封书信就描述了一种类似的情况:恰图南行政区总督面对几位"行政区长老"和100位"城镇长老"大声宣读了库达王下达的指令。②

还有两封信也记述了称谓不同的城镇领导者们的大型集会,他们负责处理城镇内部事务,而且两次都被称为城镇的"头人们"。一次,200个"恰-伊斯恰的头人们"召开大会商议如何答复一位来自玛里的高级官员,因为这位官员想知道恰-伊斯恰将如何帮助国

---

① 至少有两个明确的例子。在第一个例子中,萨嘎拉图行政区总督将"该城的儿子们"(DUMU^meš *a-lim*^ki)召集起来传达国王关于人口普查的命令(ARM XIV 61:7)。第二个例子出自一系列书信之中,这些信件均关于辛里-利姆从亚姆哈德国王手上购买阿拉图城的事情。一个名叫亚斯马-阿杜(并非那个同名的玛里王或亚米纳特王)的男子召集了"阿拉图的儿子们"并告诉他们该城控制权转让一事(*FM* VII 36:8—9)。

② ARM XXVIII 67:13—22;"长老们"也可以被看作法律诉讼中的"证人"。

王辛里-利姆。这群头人们代表恰-伊斯恰声明道："我们是辛里-利姆的仆人。"①另一封信出自辛里-利姆的一位官员,他报告说
"伊玛城的头人们"被派去代表伊玛经受过河的考验了。这里的头人们肯定不是城镇的所有人口,但是数量还是相当大的,尤其考虑到他们这么多人要沿河下游方向旅行经过玛里才能到达位于希忒的神判地点。② 尽管过河考验具有法律功能,这群人代表整个城镇就意味着他们在政治上要对全伊玛城人负责。看起来,负有真正政治责任而且具有包容性的城镇议事会的最明晰的例子就是那些被称为"头人们"的集体机制。唯一显示了全体"民众"议事会的文本资料就是与恰-伊斯恰有关,我们最好将这里的"头人们"理解为来自各个家庭的头人们。

有一份关于"芮苏会谈"的资料揭示了整个部落人口参加的议事会。国王辛里-利姆在图特尔的代表讲述了乌拉普部落 50 个亚米纳特人到来的情况。这位玛里官员陪同他们去了大草原并参加了在那里举行的会谈。③ 似乎这 50 个部落人回到大草原和原先留在那里的人会合了。还有一份有关部落芮苏会谈的文书预测了一个严肃的会谈内容,在大会上一位身居要职的西米莱特牧场首领可能会受到批评。④ 这种公开辩论在恰塔莱城的纳姆哈部落军队(sābum)普伦大会中同样会发生。⑤

总之,上述文本资料没有表明全体议事会是一种常见形式。不过,我们从中可以看出,大草原的游牧民和城镇居民有时确实会聚在一起,但他们不仅仅是为了共同聆听中央王国国王的指令,甚

---

① ARM II 75:17'—18',寄信人和收信人均不详。
② ARM XXVI 256:14—15;关于希忒(Hīt)一词表示河流神判法的用法,参见 Durand,*AEM* I/,pp. 521—523。
③ A. 4530-bis:5'—7',Durand,*AEM* I/1, p. 182.
④ ARM XXVI 45:4—6,18—27;阿斯曲杜写给辛里-利姆的信。
⑤ ARM XXVI 412:6—10,16—22;亚斯姆-艾尔写给辛里-利姆的信。

至可能就是为了协商的目的。

5. 伊玛、图特尔和乌吉斯

根据玛里文书档案资料,拥有集体政治组织最有力证据的 3 个城镇在公元前三千纪就已经是重要中心了,远远早于被通常称为"亚摩利"动乱时期的公元前两千纪初。在伊玛、图特尔和乌吉斯,集体决策形式占据主导地位或者至少可以与任何当地的个人掌权者抗衡。我们可能会想象这些城镇突出的集体领导机制是随着公元前两千纪亚摩利人的到来才出现的,而这 3 个城镇之前的使用模式显示集体领导形式也可能是对古老习俗的传承。我们尚不清楚在公元前三千纪末胡里安人光荣年代和公元前两千纪玛里王国时期之间乌吉斯城是否曾被废弃过。伊玛城和图特尔城的塔赫塔蒙议事会这一术语在公元前三千纪的埃卜拉城就有记载,比玛里文书档案早了几百年。所有 3 个城镇也许都是因为新来的亚摩利人而重新成为定居点的,然而我们知道亚摩利人继承并接纳了美索不达米亚南部地区的地方传统。所以非常可能的是,伊玛、图特尔和乌吉斯的集体政治传统早在公元前三千纪就已经出现了。当然,在漫长的历史时期里随着当地形势的不断变化,这些传统的成功延续一定不可能是一帆风顺的。玛里文书档案时期的重要历史特征并不是帝国的权威,与它之前或之后的历史时期相比,较小规模的政体享有较高程度的独立自主权。这段时期可能也是古老的地方集体治理形式的兴盛期。

234

第二节 民主的古代先祖

虽然我着重研究的是单独来自玛里文书档案中的证据,但是这项研究有意识地挑战了雅各布森曾经关于美索不达米亚"原始民主"的定义。通过选用"民主"一词,雅各布森认为美索不达米亚议事会与希腊民主和现代民主属于同一性质类别。他不仅强调了集体特征而且还强调了这些议事会(包括所有自由的成年男子)的包容性。我在本书书名中也用了"民主"一词,一方面重提雅各布森的观点,另一方面提请大家关注作为希腊民主制发展的历史背景的近东证据,但愿我能够对那些有助于理解后来新的政治发展的原始素材提供较清楚的分析。同时,如果严格按照"民主"一词的定义,玛里文书档案中的集体政治形式肯定不是"民主的"形式。它们不是民主制的"原始"形态,但一定也存在于雅典民主制发展之前的政治世界里。玛里的集体治理并非希腊民主制的直系前身而是更大区域范围内民主的"祖先"之一。

最后我将简单回顾一下玛里文书档案证据如何可能与希腊民主政治的起源有关,但在这之前我将先评述本书中另外两个主要观点。首先,玛里文书档案显示,随着城市化的兴起古代美索不达米亚的语言当中并没有产生一个描述"城市"的新词,但却涌现出了表示城市中一些复杂政体的术语。其次,不能将集体权力和个人权力的关系归类为一种个人权力至上的等级关系,实际上它们是相互对抗的关系,而且或许还是一个单一政体中互补的两个要素。

1. 政治复杂性的语言表达

考古学家们常常会评论说,美索不达米亚地区的语言没有以不同的词语来区分不同的定居点规模。无论是小村庄还是大城市,都可以用苏美尔语词 uru 以及阿卡德语词 *alum*(阿卢木)来表示。长期以来,学者们在研究城市起源的导言中总会提到该事实:古代语言也无能为力,因为古人们并没有采用新的词语范畴来描述事物本质上的变化。对于如何解读考古证据以及将"城市"与其他定居点区分开的意义,学者们的看法大相径庭。

人们可以从许多出发点来研究文本中的语言文字证据,但是玛里的政治术语本身就显示了一种不同的视角。在某种程度上,关于苏美尔语词 uru 以及阿卡德语词 *ālum* 的观点是正确同时也是重要的。美索不达米亚人自己并没有意识到定居点规模变大代表了一种本质上不同的新生事物的出现。对于描述"防御工事"他们有具体的不同的词汇,如阿卡德语词 *dūrum*(壁垒上的墙)以及 *dannatum*(堡垒);然而在他们的语言中却没有出现一个新词来表达"城市"的概念。不管我们如何定义什么样的中心居住地才能称得上是城市,就政治术语而言,继续使用阿卢木(*ālum*)一词说明美索不达米亚人并不认为村庄和城市的集体组织有什么区别。

无论如何,到了玛里文书档案所属的历史时期,美索不达米亚的政治地图首先被认为是由麻敦(*mātum*)构成,而每一个阿卢木(*ālum*)的政治容量则根据麻敦来定义。阿卢木可以是麻敦的都城和中心,或者以某种方式与其他阿卢木一起融入某个麻敦,但是区域政治则取决各麻敦之间的关系。事实上,阿卡德语中也出现了一些反映日益复杂的政治形势的术语。这种复杂性没有以城市中心来定义,而是以这些城市中心周围的人口来描述,阿卢木"城镇"本身是实际居住点还是主要用于仪式、行政管理或者防御入侵的目的则并不重要。我们不能用区分国家与酋邦的语言轻易将麻敦与现代意义上的"国家"等同起来,麻敦的范畴呈现的是一种与被有些人称作古代国家的复杂政体之间的地方契约关系。关于早期近东复杂政体的形成和定义的讨论仍在继续,不过玛里楔形文字泥板证据也许确实被人们低估了。在美索不达米亚南部地区的苏美尔就有一个明显不同的词语可以描述包含"城镇"(uru)的政体,但是语言证据之间的诸多差异值得进一步探讨。

2. 集体权力与个人权力

有关古代近东君主们的大量证据很容易让人们以为近东的最高政治权力通常掌握在个人手中。虽然集体政治传统得到了认可，但是往往被认为只限于大王国中的小村庄。此观点可见于里乌兰尼对于铜器时代晚期农村群体的研究分析(1975)。施隆虽然强烈排斥里乌兰尼关于社会和经济制度双领域的解释，但是他同样认为各种集体政治形式一定从属于个人王权。[①]

玛里文本证据向我们展示了大量有关较强大的集体治理形式的实例，比被大家公认的例子要多得多，而与之同时并存的就是犹如手足关系般的活跃而成功的君主统治。我没有将所有集体政治活动都看作是执行国王的命令，而且确实很难做到；也没有将绝对集体权力的现象当作例外情况而不作考虑，而是从单一制度中两种政治形式的角度出发来解释玛里文本证据，但分析结果似乎更为丰硕。在某种程度上，个人形式与集体形式在组织结构和意识形态方面有着非常明确的区别。虽然说国王拥有一个完善的包括顾问团和行政官员在内的体制的辅佐，但是王权统治最终是一份独立或者说孤单的职业。许多古代王室文书档案都将国王描述为上天选派来守护和统治民众的个人。集体领导形式则因为实际行动的集体构成不同而有多种表达方式，不过个体统治者总是将行动集体称为诸如"图特尔人"或者"长老们"或者"头人们"这样没有区分的一群人。集体行动的城镇表达法体现了一个群体的集体特征和利益。

事实上，在单一的政治制度中，个人与集体权力的组织和意识形态似乎是混杂在一起的。一般来说绝对权威或权力是个毫无意

[①] 特别参见他关于"伊玛的长老们"的论述(2001,309—310)。

义的范畴,因为个体统治者与集体机制在每一个政治层级上都是相互作用的,各自发挥着不同的政治作用。当然,美索不达米亚的确也出现过一些占据至高支配地位的君主,他们拥有着"排他性的"权力,但是该现象似乎代表了某种特定的历史发展状况,而非近东政治的普遍性倾向。最后,个人和集体领导均起源于刚开始出现人口集中居住以及社会群体变得更加复杂化之前的历史年代。个人领导具有多种表现形式,而我们所说的"王权"则是伴随着这些复杂政体的形成而产生的。所以某种程度上说,围绕着"排他性"国王统治的中央集权管理体系的建立一定就是随后发生的了,这并不是因为在任何内在演化过程中就只有从简单到复杂这样的逻辑,而只是我们认可了人类历史上会产生新的社会现象。我们也许还应该考虑为了适应日益复杂化的社会,集体领导的政治生活呈现出的新的表现形式,如麻敦同盟或者部落联盟。无论如何,集体"城镇"的基本概念本质上似乎根植于复杂政体出现之前的历史年代。

也许有人会问,上述的政治体制组合与美索不达米亚南部地区早期政治发展这一老问题又有何关系,包括雅各布森"原始民主"的理论模型。实际上,我重点研究的是出自美索不达米亚偏北和偏西地区的证据,有意留下了早期苏美尔以及后来巴比伦时期的问题未有涉及。有关苏美尔集体领导的证据十分古老,而且可以肯定它与公元前三千纪末"国王统治"之前的个体领导形式是同时存在的。在最早期的苏美尔寻找某种纯粹集体治理的原始政治全景是一种错误,而且在其他地方也一样。同时,个人统治的支配地位似乎也受到了来自神庙和城市机构强大的可与之相抗衡的力量的约束。不存在所谓的"原始民主",存在的只是集体领导和个人领导之间活跃的相互作用。这并不是我们误以为的一个王权至上的世界,古代近东并非只有君主统治一种固定的政治模式。最后,我想说我不可能完成对美索不达米亚各个历史时期所有证据

237

的研究分析，我期盼着各个时期和各个领域的专家学者们会对地方性政治生活中的集体决策的作用和背景予以再次关注。尽管许多共同的因素相互重叠，但单一的模式并不存在。

3. 美索不达米亚与雅典

雅典民主政治曾是如此令人震惊的新型政治制度，以至于人们有时似乎很难将它视为起源于更早历史时期人类实践和可能性的一个真实的历史新生事物来加以说明和解释。将雅典政治史往前追溯至更早的几百年前来研究成熟的雅典民主制的直接背景并不难，但是我们又将如何看待这种历史背景和成熟的雅典民主制之间的关系呢？在探讨有关民主制的任何历史背景时必定会出现很多的难题。[①]

从古典学者的角度来看，民主制在很大程度上似乎是在排斥之前各种集体治理形式的过程中产生的。[②] 希腊民主政治基于对个体权利的特别重视，而这一权利往往是一些更大群体在力量对比和博弈中所回避的。[③] 我们完全不清楚近东的集体政治传统是否某种程度上可以被视为先于民主政治的某种政治形式。不过，就古代叙利亚-美索不达米亚而言，所谓背景问题应该从更加广义

---

① Morris 似乎很固执，他坚持将希腊民主与该地区更早期的政治史联系起来（1991；1996）。

② 在严格意义上的雅典民主政治出现之前，地方法官（*archai*）由出身高贵阶层的人（*eupatridai*）互选产生。权力最大的地方法官为"九位执政官"，每年由他们其中一人担任领袖。另一重要议会形式是 *naukrariai*，大会主席共 48 人。公元前 600 年，梭伦（Solon）设立了"四百人会议"，从四大部族（tribes）中各选出 100 人参加。关于上述内容，参见 Hansen 1991，27—31；关于梭伦之前的阶级状况，参见 Ober 1989，55—56。在甚至更早的时期，每个城市的统治者可能不止一位（Drews 1983，113，各处可见）。

③ Raaflaub，1996，140："民主平等是通过赋予每个公民参与政治和参与政府管理的权利实现的。"关于雅典民主政治中的个人，参见 Lloyd 1987。

的角度去分析。当然,这一新的政治制度一定程度上是对被战胜的传统的一种积极响应,因为传统构成了变化所需的文化原材料的重要部分。历史渊源问题不应该以是否直接相似来判断,比如美索不达米亚人是否在议事会上讨论行动过程或者通过法案(是,也不是)。我们需要知道早期希腊与近东相似还是不同。希腊的早期统治者(*basileis*)会讨论和通过与少数人权力相抵触的法案吗? 城邦由拥有完全权利和特权的自由市民组成而且不臣服于国王的这一希腊理念的历史到底有多久? 更具重要意义的是,有人认为希腊社会与同时代的美索不达米亚社会有许多不同之处。那么,早期希腊的司法制度已经完全以人的名义构建而没有借助神的权威吗? 将希腊和黎凡特(Levant)地区以及美索不达米亚地区区别开来的基本文化差异又是什么?①

事实上,确实有证据显示在部落芮苏会谈中人们可以辩论而且还可以批评领导者。叙利亚的王权已不再像希腊那样被认为是神圣的或者天赐的,众多小政权争夺支配地位这一玛里独特的政治景观与东方盛行君主专制和中央集权的说法并不相符。美索不达米亚地区中央集权制占支配地位是后来发生的事情,但是在较早历史时期的大部分时间里,该地区则由许多小政体构成,根本上就与希腊古典时期之前的情形不同。

从古代近东人的视角来看,民主政治之前的希腊在广义的政治和社会层面与其东方邻居有着许多相同的文化特征。我这里强调了"广义的",因为我完全承认我们不仅有可能发现最基本的希

238

---

① Günter Kopcke 在其论文"Mycenaean Kingship, or Why Mycenaean Greece is Different"(2002)中对此问题进行了深入的探讨,我非常欣赏文中深刻的见解。Kopcke 认为,迈锡尼艺术向我们展示了真正当地土生的花瓶风格与通过征服、起源于克里特岛的宫廷风格的显著差异。他发现本土风格的特点是能够愉悦感官且具有个体独特性,使得希腊的基本文化有别于近东或者其他邻近地区。非常感谢文章作者让我得到了该文的初稿。

腊特点而且认为很有必要这么做。但同时,在研究文化地理时将其视为边界绝对分明的各个单一民族国家的总和是行不通的。

希腊民主制之前,集体政治形式的强大影响力尤其引人关注。古风时期的希腊与玛里时期相比似乎更加偏爱集体决策。在一本关于统治者(*basileus*,希腊语)的专著中,罗伯特·德鲁斯(Robert Drews)论述道:"公元前 900 至前 800 年期间,有证据表明这一时期的多数共同体——特别是那些在古典时期被我们称作城邦的共同体——由世袭的领导者小群体统治。"(1983,5)一方面,他没有发现几何时期(公元前 900—前 700 年)的希腊城邦有国王存在的可靠证据;另一方面,他断言几何时期和古风时期希腊早期统治者们一般是以精英领导者集体的形式出现的。"统治者(*basileus*)"一词大概一直到公元前 7 世纪末之前都不适用于排他性领导者。

在对早期希腊社会进行初步研究时,伊恩·莫里斯曾尝试确认公元前 8 世纪开始时希腊社会发生了基本价值观的转变——转向一种城邦公共价值观,他的依据是墓葬模式的变化(1987,3)。[1] 即使莫里斯将早期希腊历史上(约公元前 750 年社会变革开始之前)正式公墓的管制看作是"贵族"社会的特征,他也还是承认精英阶层占据着总人口中很大一部分,大约 25% 至 50%。[2] 该群体的正式公墓位于一栋栋房屋的周围,那里的土地属于公共用地,此观点与德鲁斯有关早期希腊领导形式的观点相吻合。在一位古典学家的眼中,这样的政治制度看起来与民主制相去甚远以至于似乎与民主制无关;然而,对一个研究早期近东并习惯于君主统治这一普遍模式的学生来说,看到的则是古典时期之前的希腊与美索不达米亚的政治模式之间的可比性。

---

[1] 关于城邦(*polis*),另可参见 Hansen 1997,11。城邦可以发动战争、讲和、加入同盟、铸币、支付费用、修筑城墙、颁布法律等等。相比美索不达米亚的城镇,希腊语词 *polis* 可从事的活动更多,不过它们在政治和集体特征方面非常相似。

[2] 得出该结论的依据是公元前 11 至前 5 世纪墓地尺寸的对比研究结果(p. 94)。

当然，为了民主政治的出现，集体政治生活的非包容性形式必须被抛弃。那么，我的问题是，这些被抛弃的形式在本质上与早期叙利亚和美索不达米亚的集体传统有何不同？除非有证据表明让希腊民主制萌芽的文化土壤从根本上就与叙利亚和东方的文化土壤不同，否则了解更多东方广泛的集体领导传统无疑是有用的。与近东的历史实践进行比较研究甚至可以帮助我们确定，到底是什么关键的希腊文化特性使完全非美索不达米亚的历史新生事物可以被称作民主政治。

叙利亚-美索不达米亚传统有一个特征似乎与希腊政治传统中的一个要素非常相似。民主制的政治载体必须是"城镇"或者"城邦（*polis*）"这一点看起来不是那么明显，但是城邦是确定雅典民主政治覆盖人群范围的界定单位。在某种程度上，雅典的公民身份必定会取代具有部落身份特征的梭伦"四百人议事会"。城邦的概念并非仅为服务一个民主政治制度而产生，而是对原有用法做了适应性改编。希腊城邦最本质的理念是一个由全体公民组成的共同体，从意识形态上说，这些公民在城邦集体政治活动中是平等的。希腊政治的基本构件似乎在美索不达米亚城镇的概念中早有体现，不管是阿卡德语词 *ālum* 或者苏美尔语的 uru，甚至安纳托利亚地区的*happira-*。就玛里文书档案而言，最常见的集体政治行动的证据是关于城镇的，这类城镇的基本特征就是没有首领或者国王的绝对个人领导。是否有可能，作为构筑希腊民主的原材料之一的 *polis*（城镇）从广义上来说在地中海和近东文化传统中也是很常见的？但无论如何，承认这一点并不意味着城镇的概念就是民主制的直接前身。此外，识别共同的文化特征有助于我们精确定位塑造了完全崭新的政治制度的独一无二的希腊特性。

相信我的观点其实也是古典学家们早就认识到的。科特·拉弗劳（Kurt Raaflaub）将"荷马时代的"城邦（*polis*）描述为"一个自

239

由人或者'公民'构成的共同体，实际上就是几乎自治的家庭聚集地，只有在紧急状况时才会联合起来"。这种城邦组织松散，没有正式组织机构，但却奉行了一个核心原则——平等，"公民"在战争中要同样英勇、在议事会中有同等的话语权，以及拥有与他人同等的社会地位。"荷马时代的"城邦"没有排斥社会、经济和政治上持续的差异性；这种差异性依然存在，植根于议事会和公民自卫队中，但是在各个城邦有着不同的发展……"（1996，150—152）。与古代叙利亚-美索不达米亚城镇的集体政治传统相比，上述关于早期希腊城邦的分析反映的是一种程度上的而非本质上的差异。拉弗劳认为荷马向我们大致记述了公元前9至前8世纪的希腊社会状况（2000，26—27）。

最后，古代美索不达米亚也许是以国王统治著称，但也正是他们为我们留下了宝贵的王室文书档案。在希腊，给我们留下典籍的是民主主义者。无论如何，希腊与美索不达米亚并非分属两个世界，而且希腊南部古城迈锡尼与玛里所熟悉的世界相距并不遥远。我希望会有针对地中海东部周边所有民族的研究分析，这样就可以确定他们的文化连续性和独特性。民主制之前，集体政治生活的地区传统似乎确实存在已久，它们始终在与强势的君主统治进行着不同程度的对抗。

古代词汇表

本词汇表中的词语分别来自苏美尔语、阿卡德语、西闪语、赫梯语、胡里安语以及希腊语。除苏美尔词语，其他词语均以斜体字形呈现，源语言在括号中加以标示说明。西闪语词和（东）阿卡德语词的鉴别并非总有可靠的依据，某种程度上来说存在着任意性，特别是在两种语言直接接触的语境中。苏美尔语词未用斜体的做法依循了亚述学研究的惯例，即阿卡德语词和苏美尔语词需严格加以区分。未按苏美尔语发音的苏美尔语文字则以大写字母标示（例如，DUMU，"儿子"）。

abu bītim（阿卡德语）"管事"。君主政体中行政区总督的副手或助手。

ālum（阿卡德语）音译"阿卢木"，意思是"城、镇"，指规模各异的大城市或者小村庄；该词带有鲜明的政治特征，可表示行动的集体。

amurrû（阿卡德语）"Amorrite（亚摩利人）"。东美索不达米亚居民眼中的"西方人"；可用作形容词又可用作专有名词。

archai（希腊语）"地方法官"。指完全的雅典民主政治之前的权力集体。

athû（阿卡德语）"兄弟关系"。指亚姆波和西米莱特两大部落

群体之间的密切关系。

basileus（希腊语）"统治者，高级领导人"。最终指称"国王"，但早期指称统治者小群体中的一员。

binū yamina and binū sim'al（西闪语）"右手之子和左手之子"。参见 DUMU，"儿子"。古玛里时期在叙利亚占据支配地位的两大部落联盟。

dannatum（阿卡德语）"设防的定居点"。复数形式为 *dannātum*。

darkatum（西闪语）"开始，动身（？）"，意思并不确定，可能从空间名词 *darkum*，"小路，道路"派生而来。

UMU（苏美尔语书写符号）"儿子"，可用于表示阿卡德语词 *mārum* 或者西闪语词 *binum*。复数形式 DUMU. MEŠ 的意思为"儿子们，孩子们"。与地理名称一起使用时，指该地居民；与部落名称一起使用时，指该部落组织成员。

É（苏美尔语书写符号）"房子"，与阿卡德语词 *bītum* 同义。

elēnum（阿卡德语）"高地（upper country）"。指上游地区还是远离河谷的区域尚不清楚。

en（苏美尔语）音译"恩"。"统治者或管理者"。为公元前三千纪的用语，在东部和西部其用法不同；原指神职人员，在公元前两千纪的南美索不达米亚该词指大祭司。

endan（胡里安语）"统治者或管理者"。

ensi(k)（苏美尔语）音译"恩西"，"城市统治者"。美索不达米亚国王，被认为由执政的神委任。

eupatridai（希腊语）"出身高贵的阶层"。雅典民主政治之前，地方领导者出自该阶层。

[lú]GAL. KU₅（苏美尔语书写符号），参见 *rabi pirsim*。

gayum（西闪语）音译"伽羽"，意思为"分支、部门"。部落社会组织类别；西米莱特部落联盟中的第一层级部落组织。

gerseqqum（阿卡德语）"王宫出生的？宫廷侍臣"。指生活在王宫里的一群人,他们也许生来就是王宫仆从。

ḥadannum（阿卡德语词 *adannum* 的西闪语形式）。"约定的日期,约定"。

ḥalṣum（阿卡德语,源自西闪语?）"行政区,附属地区"。较大国家中的附属行政区。

ḥana（西闪语）音译"哈奈",意思为"住帐篷的?"（其词根很可能是 *ḥny*,"宿营,扎营"）。该词用于定义部落群体中流动的游牧民们;"我们的 *ḥana*"常用于特指西米莱特部落联盟中的游牧民。*ḥana* 一词的标准形式不易解释,而其形容词 *ḥanûm* 的使用十分罕见。

ḥappira-（赫梯语）"城镇"。大致相当于苏美尔语词 uru 和阿卡德语词 *ālum*,指各种规模的定居点。最初可能表示进行买卖的地方。

ḥayatum（西闪语）"营地"。包括营地上的人和牲畜。

ḥazzannum（阿卡德语）"国王的代表"。通常被译为"市长、镇长",但是他并非当地领导者,而是外部王权派遣至被征服城镇的代表。

ḥibrum（西闪语）音译"赫布如",意思是"游牧群体"。特别指亚米纳特部落联盟中的游牧民。

iku（阿卡德语）"地块"。一种面积测量单位,形容词形式为 *ikû*。

izbum（阿卡德语）"先天畸形的羊羔"。新生羊羔往往与神的启示联系在一起。

kadûm（西闪语）音译"卡顿",意思是"（地方首领）"。亚米纳特游牧民群体（*ḥibrum*）中的地方性首领。也可能会被解读为 *qudûm*。

kalam（苏美尔语）"（苏美尔）国"。公元前两千纪时,词义相

当于阿卡德语词 *mātum*，但是最初的概念并不相同；仅适用于苏美尔人。

kaprum（阿卡德语）"村庄"。指较大中心定居地周边从属的小型定居点；复数形式为 *kaprātum*。

kārum（阿卡德语）"（商业的、贸易的）码头"。商人团体或者领导团体，以停泊船只的地点定义。

ki（苏美尔语）"地方、位置"。用于表示地名。

kidûtum（西闪语）"（分封仪式）"。

kirhum（西闪语）"城堡、堡垒"。一座较大城镇中位置高、筑有防御工事的建筑物。

kispum（阿卡德语）"悼念死者的仪式"。

kur（苏美尔语）"苏美尔之外的土地、山地、高地"。与 kalam 不同，该词指地形低洼以灌溉良田为主的苏美尔国。

laputtûm（阿卡德语）"（行政区的）副手，（军队的）队长"。该词通常指行政区总督的副手。

libbi mātim（阿卡德语）"乡村、乡下居民"。尤其指中心都城之外的居民。

li'mum（西闪语）音译"里穆"，意思为"部落、民族"。亚米纳特部落联盟中的第一层级部落组织。

LÚ（苏美尔语书写符号）"男子"。用作不发音的限定词，表示各社会阶层的男性或者男女混合的群体，还可以表示阿卡德语词 *awīlum*。复数形式为 LÚ. MEŠ。

lugal（苏美尔语）音译"卢伽尔"，意思是"国王"。与"en"不同，没有神职色彩。

ma-da（苏美尔语）"国"。从阿卡德语词 *mātum* 借用而来。

mahrêtum（西闪语?）"长老、长辈"。

malkum（西闪语）"国王、统治者"。其阿卡德语的对应词为 *šarrum*。

mār šiprim（阿卡德语）"使节、大使"。高级别的外交官。

mar-tu（苏美尔语）"亚摩利人"。参见 *amurrû*。该词可能是最初的表达形式。

mārum（阿卡德语）"儿子"。参见 DUMU。

maskanū（西闪语）"居民们"。为复数形式，其动词形式为 *sakānum*，"定居某地"。

mātum（阿卡德语）音译"麻敦"，意思是"（政治的）国家、国土"。该词表示古代美索不达米亚的基本政区，但并非总是表示王国。

merhûm（西闪语），意思为"牧场首领"。牧场首领是流动的游牧民群体的主要领导者，通常充当国王与游牧群体之间的调解人。

MEŠ（苏美尔语书写符号）为复数标记，在阿卡德语文书中使用时通常不发音。

muškênum（阿卡德语）音译"穆什根努"，意思为"平民"。指不直接依靠王宫施舍的大批民众。

namlakātum（西闪语）"领土、统治权"。其动词形式为 *malākum*，意思为"统治"。指生活在大王国中心城邦外围被统治的民众。

naukrariai（希腊语）雅典民主制度之前的议会、大会。

nawûm（西闪语）音译"瑙乌"，意思是"大草原或者偏远的高地；牧群；游牧民群体"。为游牧民势力范围的基本定义。

niKhum（西闪语）"放牧区？"意思并不确定，可能指西米莱特和亚米纳特部落联盟游牧活动的领土范围。

nīš ilim（阿卡德语）"誓约、誓言"。意思为"神的生活"。

nišū（阿卡德语）音译"尼粟"，意思是"依赖他人者，依附者"。通常被译为"居民、民众"，但并非政治术语。

nūbalum（西闪语）"轿子？"某种供权贵们出行的交通工具。

oikos（希腊语）"房屋、家庭"。基本社会单位。

pahārum（阿卡德语）"开会、集会（不及物动词）；聚集、集会（及物动词，词形为 *puhhurum*）"。

paqādum"管理、治理"。该词的应用范围很广。

pirsum（阿卡德语）"（军队的）部门"。地位较低的队伍、营。

polis（希腊语）"城市"。通常被与"城邦（city-state）"联系在一起；民主制雅典的界定单位。

politai（希腊语）"市民、公民"。源于 *polis* 一词。

puhrum（阿卡德语）音译"普伦"，意思为"会议、议会、大会"。一般被认为指一个正式机构，但常常作为表示任何会议的通称。

pursātum（西闪语）"分支"。指大型部落组织之间的家系或血统关系。

qaqqadum（阿卡德语）"首领、领袖"。复数形式为 *qaqqadātum*，表示一个政体的"领导们"；也许指家庭的户主们。

rabiānum（阿卡德语，源于西闪语?）"城镇统治者，市长"。夺取了南美索不达米亚城市中心的一些早期亚摩利统治者们也使用该头衔。

rabi pirsim（阿卡德语）"（军队的）首领"。军衔较低的指挥官，相当于一个营长。书写形式为 ^{lú}GAL. KU$_5$。

rāmum（西闪语）"石碑"。用于纪念性仪式。

rihsum（西闪语）音译"芮苏"，意思为"会谈、商谈"。尤指涉及部落群体的政治协商、部落会谈。

ṣābum（阿卡德语）"（军事的）军队、部队；（劳动的）一群人"。集结的小分队，（也许通常）仅指男性，既有服兵役的义务又要承担非军事义务。

šadûm（阿卡德语）"山脉、高原上的草原"。

sakānum（西闪语）"迁居至……"。

šakkanakkum（阿卡德语）音译"萨卡纳库"，"（被指定的）统治者、管辖者"。公元前三千纪末、与乌尔第三王朝同时期的玛里国

王们的头衔。

šāpiṭum（西闪语）"行政区总督、法官"。负责管辖国王治下的行政区（特别是*ḥalṣum*）。

sarrārum（西闪语）"抵抗者、反抗者"。定居点中逃避人口登记和效忠誓约的那些人。

šarrum（阿卡德语）音译"萨鲁"，意思是"国王"。阿卡德语中表示人人向往的个人政治地位的词语，尤指*mātum*的统治者。

ša sikkatim（阿卡德语）"登记员、管理员?"另见*abu bītim*；行政区总督（*šāpiṭum*）的行政助理。

šībum（阿卡德语）"长老、见证人"。"长老"指一个群体中地位较高、资深的领导者；其引申词义为"见证人"。书写形式为 ᴸᵘŠU. GI，复数标记为 MEŠ，相当于阿卡德语词*šībūtum*。

siniqtum（西闪语?）"系统的检查、控制?"王宫发起的行政管理。

šiprum（阿卡德语）"消息；信使，使节"。

sīrum（西闪语）"效忠税"。封臣或附属国向宗主或宗主国缴纳的税赋。

sugāgum（西闪语）"领导者、头领"。指城镇、村庄或流动的部落单位的领导者，该词的使用范围较广。

sugāgūtum（西闪语）"领导权；头领费"。指头领的地位和向国王支付的表示认可头领地位的费用。

ᴸᵘŠU. GI（苏美尔语书写符号）"长老、见证人"。参见*šībum*；复数标记为 MEŠ。

ṣuḥārum（阿卡德语）"从属的、下属的"。书写符号为 ᴸᵘTUR。

taḥtamum（西闪语）音译"塔赫塔蒙"，意思为"会议、议事会"。该词特别用于伊玛和图特尔；为一个固定团体。

tēbibtum（阿卡德语）"人口普查、统计"。

teli puri（赫梯语）"行政区"。与阿卡德语词*ḥalṣum*意思相近。

ṭuppum（阿卡德语）"泥板"。用于楔形文字的书写。

ubbubum（阿卡德语）"进行普查"。

ūg（苏美尔语）"人民、民众"。

ukkin（苏美尔语）"会议、议会"。参见 *puḫrum*。在早期书写符号中，UKKIN 指会议或议会，GAL∶UKKIN 似乎表示"会议、议会的领导者"。

uru 当其基本含义的解读不确定为苏美尔语时则书写为 URU。"城镇"。基本上与阿卡德语词 *ālum* 意思相同。

utne（赫梯语）"（政治的）国"。大致相当于阿卡德语词 *mātum*，苏美尔语书写形式为 kur。

warkûm（阿卡德语）"助手、副官"。

wašābum（阿卡德语）"居住某处"。基本词义为"坐、停留"；可用于描述任何变换居所或居住地的人。其分词形式 *wāšibūtum* 表示定居的人，至少也是暂时定居的人。

wedûtum（阿卡德语）"要人，高官权贵"。

yarrādum（西闪语）词义不确定。显然指那些"下来的"人，也许就是从高原迁移至河谷地带的游牧民。

专有名词表

　　本词汇表包括地区、民族、神、国王等的名称或姓名。和我刚开始本研究时一样，大多数读者将发现其中的大部分名称或姓名不太熟悉。本词汇表虽然不够详尽，但是提供了一些重要的专有名词的基本释义或参考依据。为方便查找，将其分类如下。

A. 地理名词

1. 地区

　　Ah Purattim 音译"阿普莱蒂"，意思是"幼发拉底河两岸地区"。指玛里城周边幼发拉底河河谷地区以及玛里王国主要的定居居民。

　　Anatolia 安纳托利亚，古代土耳其，美索不达米亚西部和北部地区。

　　Jezireh 现代叙利亚东北部地区，横跨哈布尔河流域上游。

　　Mesopotamia 美索不达米亚，"两河之间"。指底格里斯河和幼发拉底河之间的土地。两条河流发源于土耳其中西部山区，流经叙利亚和伊拉克，最后汇合流入波斯湾。有时"美索不达米亚"

一词被用于指称古代伊拉克，但实际上还应包括叙利亚北部的大部分地区和土耳其南部的某些地区。

Near East 近东，研究古代美索不达米亚的学者们某种程度上仍然在使用"近东"一词的古代（或者"东方学专家"的）范畴，即亚洲西南部的所有国家和地区，主要包括阿拉伯国家、伊拉克、以色列、约旦、黎巴嫩、叙利亚和土耳其。埃及和伊朗则不包括其中。

Sumer 苏美尔，美索不达米亚东南部地区，其特征是共用苏美尔语。

2. 公元前三千纪（不详尽，仅来自参考文献）

Southern Mesopotamian Sumer 美索不达米亚南部苏美尔地区
Lagaš 拉伽斯
Larsa 拉莎
Nippur 尼普尔
Puzriš-Dagan 普瑞斯-达甘（又 Drehem）
Sippar 斯帕
Umma 乌玛
Ur 乌尔
Uruk 乌鲁克

East-central Mesopotamia 美索不达米亚中东部
Agade 阿卡德（又 Akkad）
Akšak 阿萨克
Kiš 基斯

Northern Mesopotamia 美索不达米亚北部

Aššur 亚述

Gasur 伽素（又 Nuzi）

Nineveh 尼尼微

Tell al-Raqā'i 阿罗恰丘

Tell 'Atij 阿提耶丘

Tell Leilan 雷兰丘

Urgiš 乌吉斯（又 Urkesh）

Western Syria 叙利亚西部

Ebla 埃卜拉

Tell Banat 巴纳丘

3. 玛里文书档案所属时期（公元前两千纪初）

Southern Mesopotamia 美索不达米亚南部

Isin 伊辛

Larsa 拉莎

Nippur 尼普尔

Sippar 斯帕

Uruk 乌鲁克

East-central Mesopotamia 美索不达米亚中东部

Babylon 巴比伦

Ešnunna 埃什努纳

Shemshara 希姆斯哈拉

East-northern Mesopotamia 美索不达米亚东北部

Andarig 安达瑞格

Aššur 亚述

Ekallatum 埃卡兰特姆

Karanâ 卡莱纳/Qaṭṭarâ 恰塔莱

Kasallu(k)卡萨鲁（克）

Kurdâ 库达

Niniveh 尼尼微

Qabrâ 恰卜拉

Razamâ 拉扎马

Šubartum 苏巴土（国王同盟）

Tillâ 提莱

Middle Euphrates valley 幼发拉底河流域中部

Abattum 阿巴图

Ḫît 希忒

Imar(Emar)伊玛

Mari 玛里

Suḫûm 苏胡木

Terqa 忒卡

Tuttul 图特尔

Ḫabur River basin 哈布尔河流域

Apum 阿普木

Chagar Bazar 查加巴萨

Šubat-Enlil 苏巴-恩里（Šeḫna 塞那，Tell Leilan 雷兰丘）

Tadum 塔杜

Urgiš 乌吉斯

Ida-Maraṣ 伊达-马若斯（同盟）：

Ašlakkâ 阿斯拉卡

Ašnakkum 阿斯纳库

Ḫurrâ 胡洛

Ilan-ṣurâ 伊蓝-苏拉

Isqâ-and-Qâ 伊斯恰-恰

Kaḫat 卡哈特

Naḫur 纳胡

Qirdaḫat 克达哈

Susâ 苏萨

Šuduḫ(ḫ)um 苏杜胡木

Šunâ 苏纳

Talḫayûm 塔哈玉

Tamarzi 塔马兹

Zalluḫan 扎鲁汉

Northwestern Mesopotamia (Baliḫ River basin, Euphrates, and west) 美索不达米亚西北部（巴里河流域，幼发拉底河，及西部）

Alalaḫ 阿拉莱（＝Alaḫtum 阿拉图？）

Carchemish 卡切米希

Der 德尔

Ḫarran 哈伦

Zalmaqum 扎玛昆（同盟）：

Ḫanzat 汉扎特

Ḫarran 哈伦

Niḫriya 尼瑞亚

Šudâ 苏达

Western Syria 叙利亚西部

Aleppo 阿勒颇（Ḫalab 哈拉比；Yamḫad 亚姆哈德王国）

Amurrum 阿姆如

Qatna 恰特纳

4. 辛里-利姆治下的玛里王国

The district of Mari 玛里行政区

Mari 玛里

Mišlan 米斯兰（Yaminite 亚米纳特）

Ṣuprum 苏普木

The district of Terqa 忒卡行政区

Dabiš 达彼斯（Yaminite 亚米纳特）

Ḫišamta 希萨塔

Samanum 萨马努

Terqa 忒卡

The district of Saggaratum 萨嘎拉图行政区

Dur-Yaḫdun-Lim 杜-亚顿-利姆

Saggaratum 萨嘎拉图

The district of Qattunan 恰图南行政区

Qaṭṭunan 恰图南

Ṭabatum 塔巴图

The Suḫûm 苏胡木

Sapiratum 萨皮莱图

B. 居民,社会群体,语言范畴

1. 部落名称

gayum"divisions" of the Binu Sim'al（Sim'alite）tribal confederacy 西米莱特部落联盟的伽羽分支

    Amurrum 阿姆如

    Niḫadû 尼哈杜

    Yabasu 亚巴苏

    Yumaḫammû 宇马哈穆

    ※As military duality（两大军事分支）：Ašarugayum 阿萨如盖姆；Yabasu 亚巴苏

"Tribes" of the Binu Yamina（Yaminite）tribal confederacy 亚米纳特部落联盟的 5 个部落

    Amnanû 阿纳努

    Rabbû 拉布

    Uprapû 乌拉普

    Yaḫrurû 亚胡如

    Yariḫû 亚利胡

Tribal groups outside the left／right hand duality 西米莱特和亚米纳特两大部落联盟以外的部落群体

    Mutiabal 穆提巴（Mutebal 穆特巴）

    Numḫâ 纳姆哈（中心在库达）

    Turukkû 土卢库（中心在底格里斯河以东的希姆斯哈拉）

    Yamutbal(um)亚姆波（中心在安达瑞格；等同于拉莎的埃姆

巴（Emutbal））

2. 非部落性质的社会范畴

Amorrite 亚摩利人，意思是"西部的（人）"。该词最初指美索不达米亚东南部（特别是苏美尔）地区居民眼中来自西部地区的人；后被用于描述这些"西部人"所组成的各种政治和文化实体。

Ḫana 哈奈人，"帐篷居民"群体（不论部落性质或者政治关系）的泛称。

Sutû 苏图人，幼发拉底河以南沙漠中的游牧民族；不属于西米莱特和亚米纳特两大部落联盟范畴；并非一个独立的政治实体（与土卢库不同）。

3. 语言

Akkadian 阿卡德语，闪语族"东北"闪语分支，根据公元前三千纪的阿卡德帝国定义。后来还包括了美索不达米亚东部的亚述、巴比伦和埃什努纳及其控制地区的方言。它后来取代了苏美尔语。

Hittite 赫梯语，属印欧语系的古代安纳托利亚语族。

Hurrian 胡里安语，为公元前三千纪晚期居住于美索不达米亚地区一支民族使用的语言，尤其以乌吉斯城为中心。操胡里安语的人遍及美索不达米亚北部的大部分地区。与美索不达米亚或者安纳托利亚任何其他语言均无关联。

Old Babylonian 古巴比伦语，公元前两千纪初美索不达米亚东南部地区占支配地位的阿卡德语的方言；也是美索不达米亚西部和北部大部分地区（甚至在有母语的情况下）的抄写标准。

Semitic 闪语，该语系包括阿拉伯语和希伯来语，还包括古代阿卡德语、亚拉姆语、腓尼基语、乌加里特语以及与这些语言相关的各种方言。

Subarian(Subarû)苏巴里语,玛里王国时期一种不同于苏美尔语、阿卡德语和亚摩利语的语言名称;很可能是胡里安语的一种方言。

Sumerian 苏美尔语,美索不达米亚东南部两河流域平原地区的早期语言;为一种孤立语言,不与任何一种已知语言有关联。

West Semitic 西闪语,我使用该术语泛指公元前两千纪初的一组方言,这些方言的特征后来逐渐为乌加里特语、希伯来语和亚拉姆语等"西部"语言所共有。西闪语语支包括但又不局限于玛里文书档案中"亚摩利"族群使用的几种方言。

C. 个人

1. 神

Addu 阿杜,西闪语的风暴之神,等同于阿卡德语中的阿达德(Adad)。

Annunitum 安努尼忒姆,玛里王宫中的女眷崇拜的女神;被认为就是埃丝塔(Eštar)。

Dagan 达甘,公元前三千纪和前两千纪幼发拉底河中游(尤其指玛里沿河上溯至忒卡、图特尔和伊玛)地区的众神之主。

Enlil 恩里尔,公元前三千纪末至前两千纪初美索不达米亚南部众神之主。神殿位于尼普尔。

Eštar 埃丝塔,形象为年轻女子的女神的西闪语名字,为爱与死亡之神,等同于苏美尔语中的艾南娜(Inanna)。

Marduk 马尔都克,巴比伦主神,随着巴比伦第一王朝的崛起其地位突然变得极为重要。

Nergal 奈伽尔，美索不达米亚战争与死亡之神。

Šamaš 撒马斯，阿卡德太阳神，尤其负责主持正义。太阳神在整个闪语地区为人们所崇拜，不过在乌加里特，太阳女神为萨普苏（Šapšu）。

2. 统治者们（始于 *DCM*，参考依据为所谓的中期年表）

Adal-šenni 阿达尔-塞尼，辛里-利姆统治时期布伦杜国王。

Ammi-ṣaduqa 阿米-萨杜卡，巴比伦第一王朝的倒数第二位国王；在位时间约公元前 1646—1626 年。

Amut-pi-el 阿穆特-皮-埃尔，辛里-利姆统治时期恰特纳国王。

Asdi-takim 阿斯帝-塔科姆，辛里-利姆统治时期哈伦国王，也是扎马昆同盟领袖之一。

Asqur-Addu 阿斯屈-阿杜，辛里-利姆统治后期恰塔莱/卡莱纳国王。

Aštamar-Addu 阿斯塔马-阿杜，亚顿-利姆统治时期库达国王。

Atamrum 阿塔如姆，辛里-利姆统治后期安达瑞格国王（在位时间极为短暂）。

Bunu-Eštar 布努-艾斯塔，辛里-利姆统治中期库达国王，其前任和后继者分别为希马-伊兰（Simaḫ-ilanê）和汉谟拉比。

Dadi-ḫadûn 达迪-哈顿，辛里-利姆治下亚米纳特部落联盟中拉布部落首领。驻扎于伊玛附近的阿巴图。

Enmetena 恩美特那，公元前三千纪中叶拉伽斯（Lagaš）的一位国王。

Ḫamman 哈曼，巴里河流域德尔（Der）城的地方统治者，被称作"头领"。

Ḫammi-ištamar 哈米-伊斯塔马,辛里-利姆治下亚米纳特部落联盟中乌拉普部落首领。

Ḫammi-kun 哈米-坤,辛里-利姆统治时期、继亚塔-马利科(Yatar-malik)之后伊达-马若斯同盟中的苏杜胡木国王。

Ḫammurabi of Aleppo 阿勒颇的汉谟拉比,辛里-利姆统治时期阿勒颇/亚姆哈德最后一位国王。

Ḫammurabi of Babylon 巴比伦国王(约公元前1792—前1750年),以武力迫使辛里-利姆退位,之后摧毁了玛里城的公共建筑物。

Ḫammurabi of Kurdâ 库达的汉谟拉比,辛里-利姆统治时期库达最后一位国王,后背叛辛里-利姆,投靠了巴比伦。

Ḫatnu-rabi 哈忒努-莱比,辛里-利姆统治初期卡莱纳/恰塔莱国王。

Ḫaya-sumu 哈亚-苏木,辛里-利姆统治时期伊达-马若斯同盟中伊蓝-苏拉国王。

Ibal-Addu 伊巴-阿杜,阿斯拉卡国王,阿斯拉卡为辛里-利姆统治时期伊达-马若斯同盟的主要中心城镇之一。

Ibal-pi-el II of Ešnunna,埃什努纳的伊巴-皮-埃尔二世,美索不达米亚中南部埃什努纳王国的国王,约公元前1779—前1765年在位。

Ibni-Addu 伊尼-阿杜,辛里-利姆统治时期塔杜国王,塔杜城位于哈布尔河流域苏巴-恩里/塞那以南。

Ila-kabkabu 伊拉-卡喀布,美索不达米亚北部王国国王萨姆斯-阿杜之父;曾是底格里斯河流域埃卡兰特姆(Ekallatum)城统治者。

Irikagina 伊卡基纳,公元前三千纪中叶拉伽斯的一位国王。

Išbi-Erra 伊萨比-埃拉,苏美尔王国乌尔第三王朝衰亡之后的伊辛王朝第一位国王(约公元前2017—前1985年)。

Išme-Addu 伊斯米-阿杜,辛里-利姆统治末期、埃兰人入侵美索不达米亚北部期间伊达-马若斯同盟中阿斯纳库国王(在位时间极短)。

Išme-Dagan 伊斯米-达甘,萨姆斯-阿杜统治的北美索不达米亚王国东部和埃卡兰特姆的国王,为萨姆斯-阿杜的长子;公元前1775 年萨姆斯-阿杜去世,伊斯米-达甘在埃卡兰特姆继续为王,不过权力范围大大缩小。

Kabiya 卡比亚,辛里-利姆统治后期伊达-马若斯同盟卡哈特国王(在位时间很短)。

Kudur-mabuk 库杜-马布克,亚姆波部族首领,大约于公元前1835 年占领了拉莎城。其子沃拉德-森(Warad-Sîn)和瑞姆-森(Rim-Sîn)均为重要的拉莎国王。

Lugalzagesi 卢伽扎格斯,阿卡德的萨尔贡创建帝国之前不久苏美尔城市乌玛(Umma)的国王(约公元前 2400 年)。

Qarni-Lim 恰尼-利姆,辛里-利姆统治初期附属国安达瑞格国王,自始至终效忠辛里-利姆。

Rim-Sîn 瑞姆-森,以库杜-马布克为首的亚姆波部族在拉莎的第二位国王(约公元前 1822—前 1763 年在位),他是库杜-马布克的儿子以及沃拉德-森(Warad-Sîn)的兄弟。

Samsi-Addu 萨姆斯-阿杜,玛里王(约公元前 1792—前 1782年在位),都城为苏巴-恩里(塞那/雷兰丘);萨姆斯-阿杜以底格里斯河流域埃卡兰特姆城为根据地统治着幅员辽阔的北美索不达米亚王国(直至公元前 1775 年)。

Samsi-erah 萨姆斯-艾拉,辛里-利姆统治时期提莱城(Tillâ)统治者,提莱位于杰贝·辛加(Jebel Sinjar)西北。

Samsu-iluna 萨姆苏-伊卢那,巴比伦国王汉谟拉比的继任者(约公元前 1749—前 1712 年在位),当时为巴比伦第一王朝的鼎盛时期。

Sargon 萨尔贡,阿卡德帝国的开国君主,约公元前 2335—前 2279 年在位。

Simah-ilanê 希马-伊兰,辛里-利姆统治初期库达国王。

Sîn-gamil 森-伽米尔,森-卡斯的继任者、乌鲁克的亚米纳特阿纳穆王朝的第二位国王;约公元前 1826—1824 年在位。

Sîn-kašid 森-卡斯,来自亚米纳特部落联盟阿纳穆部落,在乌鲁克创建了一个新王朝;统治时期为约公元前 1865/1860—前 1833 年(?)。

Sumu-dabi 苏穆-达比,辛里-利姆统治初期亚米纳特部落联盟的一位首领,后发起反叛。

Sumu-epuḫ 苏穆-艾普,玛里王亚顿-利姆统治时期的阿勒颇/亚姆哈德国王。

Sumu-yamam 苏穆-亚曼,玛里的西米莱特国王,约公元前 1793—前 1792 在位。

Ṣurahammû 苏拉哈姆,辛里-利姆统治时期亚米纳特部落联盟的阿纳努部落首领。

Šadum-labua 萨德姆-拉布阿,辛里-利姆统治末期伊达-马若斯同盟的阿斯纳库国王。

Šar-kali-šarri 萨-卡利-萨芮,阿卡德末代国王,约公元前 2217—前 2193 在位。

Šubram 苏巴姆,辛里-利姆统治时期的克达哈国王,后又为伊达-马若斯同盟的苏萨国王。

Terru 忒鲁,辛里-利姆统治末期的乌吉斯国王;其国力弱小,依赖着玛里王的支持。

Warad-Sîn 沃拉德-森,库杜-马布克统领的亚姆波部族成员,拉莎城第一位国王,在位时间约公元前 1834—1823 年。

Yaggid-Lim 亚格得-利姆,西米莱特部落王,亚顿-利姆的父亲。

Yahdun-Lim 亚顿-利姆,西米莱特部落王,定都玛里城,在位时间约公元前 1810—前 1794 年。

Yarim-Lim of Aleppo 阿勒颇的亚姆-利姆,亚斯马-阿杜和辛里-利姆统治时期的阿勒颇/亚姆哈德国王。

Yarim-Lim of the Binu Yamina 亚米纳特部落联盟的亚姆-利姆,辛里-利姆统治时期的亚胡如部落首领。

Yarkab-Addu 亚卡伯-阿杜,辛里-利姆统治时期扎马昆同盟的汉扎特国王。

Yasmah-Addu of the Binu Yamina 亚米纳特部落联盟的亚斯马-阿杜,辛里-利姆统治时期的亚利胡部落首领。

Yasmah-Addu of Mari 玛里的亚斯马-阿杜,萨姆斯-阿杜的次子,玛里以及萨姆斯-阿杜统治的北美索不达米亚王国西部的国王,约公元前 1782—前 1775 年在位。其父死后不久战败。

Yatar-ami 亚塔-阿米,辛里-利姆统治末期的卡切米希国王,在位时间极短。

Yatar-malik 亚塔-马利科,辛里-利姆统治初期伊达-马若斯同盟的苏杜胡木国王。

Yawi-el 亚威-艾尔,辛里-利姆统治中期的塔哈玉国王。

Zaziya 扎兹亚,辛里-利姆统治时期底格里斯河以东土卢库 (Turukkû)部落王。

Zimri-Lim 辛里-利姆,西米莱特部落王,定都玛里,约公元前 1774—前 1762 年在位。

3. 其他重要的男人和女人

Asqudum 阿斯曲杜,亚斯马-阿杜在位时的占卜师,违抗班纳姆的意愿进入了辛里-利姆统治的核心集团。

Bahdi-Lim 巴迪-林,辛里-利姆治下玛里行政区总督。

Bannum 班纳姆,辛里-利姆称王之前西米莱特牧场首领;玛里城事实上的征服者,将辛里-利姆推上了王位后成为其大臣。死于辛里-利姆统治的第二年。

Buqaqum 布恰库,辛里-利姆治下苏胡木地区两位主要领导者之一。

Dariš-libur 达瑞斯-利布,辛里-利姆手下的一位高官,被派往阿勒颇/亚姆哈德王国的使节。

Gašera 格瑟拉,阿勒颇/亚姆哈德王国的王后,亚姆-利姆的妻子,阿勒颇的汉谟拉比统治时期的王太后。

Ḫali-ḫadum 哈里-哈顿,辛里-利姆统治初期的西米莱特哈奈人首领。

Ḫaqba-Ḫammu 哈巴-哈穆,辛里-利姆统治时期恰塔莱/卡莱纳国王阿斯屈-阿杜的内弟,地位仅次于阿斯屈-阿杜。

Ibal-el 伊巴-埃尔,辛里-利姆统治后期的两位西米莱特牧场首领之一。

Ibal-pi-el 伊巴-皮-埃尔,辛里-利姆统治后期的两位西米莱特牧场首领之一。

Ilušu-naṣir 伊苏-纳瑟,辛里-利姆治下恰图南行政区总督。

Itur-Asdu 以图-阿斯杜,辛里-利姆统治的核心集团成员之一。

Kibri-Dagan 基布瑞-达甘,辛里-利姆治下弑卡行政区总督。

Kirû 吉茹,辛里-利姆的女儿,曾嫁给伊蓝-苏拉国王哈亚-苏木,后离异。

Lanasûm 莱纳苏,辛里-利姆派驻西部城镇图特尔的国王代表。

Meptûm 梅普图,辛里-利姆治下苏胡木地区的两位主要领导者之一。

Rip'i-Dagan 瑞皮-达甘,辛里-利姆治下一个享有较高地位与名望的西米莱特人。

Sumḫu-rabi 苏胡-拉比，辛里-利姆治下萨嘎拉图行政区总督。

Sumu-ḫadû 苏穆-哈杜，辛里-利姆治下的一位高官，在玛里和萨嘎拉图行政区身居要职。

Tarim-šakim 塔瑞木-萨基姆，亚斯马-阿杜在位时期玛里的两位身居要职的大臣之一。

Yaqqim-Addu 亚齐姆-阿杜，大约辛里-利姆统治后半期的萨嘎拉图行政区总督。

Yarim-Addu 亚姆-阿杜，很可能是亚斯马-阿杜统治末期和辛里-利姆统治初期的西米莱特两位牧场首领之一（另一位是班纳姆）。

Yasim-el 亚斯姆-艾尔，辛里-利姆治下玛里的一位高官。

Zakira-Ḥammu 扎科拉-哈穆，辛里-利姆治下恰图南行政区总督。

索 引

（本索引所注页码为原书页码）

A

E

I

J

K

L

M

T

U

Z

参考文献

Abrahami, Philippe. 1992. "Yabisa/Yabasa/Yabusu." *N.A.B.U.*, no. 29, pp. 25–6.

Adams, Robert McC. 1972. "Patterns of Urbanization in Early Southern Mesopotamia." Pp. 735–49 in Peter J. Ucko et al. (eds.), *Man, Settlement and Urbanism*. London: Duckworth.

———. 1974. "The Mesopotamian Social Landscape: A View from the Frontier." Pp. 1–11 in Charlotte B. Moore (ed.), *Reconstructing Complex Societies*. Cambridge, Mass.: American Schools of Oriental Research.

———. 1981. *Heartland of Cities: Surveys of Ancient Settlement and Land Use on the Central Floodplain of the Euphrates*. Chicago: University of Chicago.

———. 1982. "Property Rights and Functional Tenure in Mesopotamian Rural Communities." Pp. 1–14 in J. N. Postgate (ed.), *Societies and Languages of the Ancient Near East: Studies in Honour of I. M. Diakonoff*. Warminster: Aris and Phillips.

———. 1988. "Contexts of Civilizational Collapse: A Mesopotamian View." Pp. 20–43 in Norman Yoffee and George L. Cowgill (eds.), *The Collapse of Ancient States and Civilizations*. Tucson: University of Arizona Press.

Alp, Sedat. 1991. *Hethitische Briefe aus Maşat-Höyük*. Ankara: Türk Tarih Kurumu Basimevi.

Anbar, Moshe. 1985. "La distribution géographique des Bini-Yamina d'après les archives royales de Mari." Pp. 17–24 in Jean-Marie Durand and Jean-Robert Kupper (eds.), *Miscellanea Babylonica: Mélanges offerts à Maurice Birot*. Paris: Éditions Recherche sur les Civilisations.

———. 1991. *Les tribus amurrites de Mari*. Göttingen: Vandenhoeck und Ruprecht.

———. 1996. "L'origine tribale de Zimri-Lim, roi de Mari." Pp. 7–10 in Ö. Tunca and D. Deheselle (eds.), *Tablettes et images aux pays de Sumer et d'Akkad, Mélanges offerts à Monsieur H. Limet*. Liège: Université de Liège.

Archi, Alfonso. 1979/80. "Les dieux d'Ebla au IIIe millénaire avant J. C. et les dieux d'Ugarit." *AAAS* 29–30: PP.

———. 1985. "Mardu in the Ebla Texts." *Or* 54: 7–13.

———. 1990. "Imâr au IIIème millénaire d'après les archives d'Ebla." *M.A.R.I.* 6: 21–38.

———. 1993. "Fifteen Years of Studies on Ebla: A Summary." *OLZ* 88: 461–71.

_____. 1995. "Polity Interaction in the Age of Ebla." Pp. 13–17 in Farouk Ismail (ed.), *Proceedings of the International Symposium on Syria and the Ancient Near East 3000–300 B.C.* Aleppo: University of Aleppo.

_____. 1996. "Chronologie relative des archives d'Ebla." *Amurru* 1: 11–28.

Aynard, J.-M., and Agnès Spycket. 1987–90. "Mari.B.Archäologisch." *RlA* 7: 390–418.

Bailey, F. G. 1965. "Decisions by Consensus in Councils and Committees: With Special Reference to Village and Local Government in India." Pp. 1–20 in *Political Systems and the Distribution of Power.* London: ASA Monographs no. 2.

Balandier, Georges. 1970. *Political Anthropology.* New York: Random House.

Beckman, Gary. 1999a. "The City and the Country in Ḫatti." Pp. 161–69 in Horst Klengel and Johannes Renger (eds.), *Landwirtschaft im alten Orient.* RAI 41. Berlin: Dietrich Reimer.

_____. 1999b. *Hittite Diplomatic Texts,* 2nd ed. Atlanta: Scholars Press.

Birot, Maurice. 1953. "Trois textes économiques de Mari (I), (II)." *RA* 47: 121–30, 161–79.

_____. 1955. "Trois textes économiques de Mari (III)." *RA* 49: 15–31.

_____. 1985. "Les chroniques 'assyriennes' de Mari." *M.A.R.I.* 4: 219–42.

_____. 1990. "La lettre de Yarîm-Lim N° 72–39 + 72–8." Pp. 127–35 in Ö. Tunca (ed.), *De la Babylonie à la Syrie, en passant par Mari.* Mélanges Kupper. Liège: Université de Liège.

Blanton, Richard E. 1998. "Beyond Centralization: Steps Toward a Theory of Egalitarian Behavior in Archaic States." Pp. 135–72 in Gary M. Feinman and Joyce Marcus (eds.), *Archaic States.* Santa Fe: School of American Research.

Blanton, Richard E., Stephen A. Kowalewski, Gary M. Feinman, and Laura M. Finsten. 1981. *Ancient Mesoamerica: A Comparison of Change in Three Regions.* Cambridge: Cambridge University Press.

Blanton, Richard E., Gary M. Feinman, Stephen A. Kowalewski, and Peter N. Peregrine. 1996. "A Dual-Processual Theory for the Evolution of Mesoamerican Civilization." *Current Anthropology* 37: 1–14.

Bonechi, Marco. 1992. "Relations amicales syro-palestiniennes: Mari et Haṣor au XVIIIᵉ siècle avant J.-C." *FM* I: 9–22.

_____. 1993. *I nomi geografici dei testi di Ebla.* Wiesbaden: Dr. Ludwig Reichert.

_____. 1997. "Lexique et idéologie royale à l'époque proto-syrienne." *M.A.R.I.* 8: 477–535.

_____. 1998. "Remarks on the III Millennium Geographical Names of the Syrian Upper Mesopotamia." Pp. 219–41 in *Subartu* IV, vol. 1.

Bonechi, Marco, and Amalia Catagnoti. 1994. "Compléments à la correspondance de Yaqqim-Addu, gouverneur de Saggarâtum." *FM* II: 55–82.

Bonte, Pierre. 1979. "Pastoral Production, Territorial Organisation and Kinship in Segmentary Lineage Societies." Pp. 203–34 in P. C. Burnham and R. F. Ellen (eds.), *Social and Ecological Systems.* London: Academic Press.

Bottéro, Jean. 1958. "Lettres de la salle 110 du palais de Mari." *RA* 52: 163–76.

Braun, David P., and Stephen Plog. 1982. "Evolution of 'Tribal' Social Networks: Theory and Prehistoric North American Evidence." *American Antiquity* 47: 504–25.

Buccellati, Giorgia. 1966. *The Amorites of the Ur III Period.* Naples: Istituto Orientali di Napoli.

————. 1977. "The 'Urban Revolution' in a Socio-Political Perspective." *Mesopotamia* 12: 19–39.

————. 1988. "The Kingdom and Period of Khana." *BASOR* 270: 43–61.

————. 1990. "'River Bank,' 'High Country,' and 'Pasture Land': The Growth of Nomadism on the Middle Euphrates and the Khabur." Pp. 87–117 in Seyyare Eichler, Markus Wäfler, and David Warburton (eds.), *Tall al-Ḥamīdīya 2.* Göttingen: Vandenhoeck und Ruprecht.

————. 1991. "A Note on the *muškēnum* as 'Homesteader.'" *Maarav* 7: 91–100.

————. 1992. "Ebla and the Amorrites." *Eblaitica* 3: 83–104.

————. 1998. "Urkesh as Tell Mozan: Profiles of the Ancient City." Pp. 11–34 in Buccellati and Marilyn Kelly-Buccellati (eds.), *Urkesh and the Hurrians: Studies in Honor of Lloyd Cotsen.* Bibliotheca Mesopotamica 26. Malibu, Calif.: Undena.

Buccellati, Giorgio, and Marilyn Kelly-Buccellati. 1995/6. "The Royal Storehouse of Urkesh: The Glyptic Evidence from the Southwestern Wing." *AfO* 42–3: 1–32.

————. 1996. "The Seals of the King of Urkesh: Evidence from the Western Wing of the Royal Storehouse Ak." *WZKM* 86: 65–97.

————. 1997a. "Terqa." Pp. 188–90 in OEANE.

————. 1997b. "Urkesh: The First Hurrian Capital." *BA* 60: 77–96.

————. 1999. "Das archäologische Projekt Tall Mozan/Urkeš." *MDOG* 131: 7–16.

————. 2001. "Überlegungen zur funktionellen und historischen Bestimmung des Königspalastes von Urkeš. Bericht über die 13. Kampagne in Tall Mozan/Urkeš: Ausgrabungen im Gebiet AA, Juni-August 2000." *MDOG* 133: 59–96.

Cartledge, Paul. 1998. "Writing the History of Archaic Greek Political Thought." Pp. 379–99 in Nick Fisher and Hans van Wees (eds.), *Archaic Greece: New Approaches and New Evidence.* London: Duckworth.

Cassin, Elena. 1973. "Note sur le '*puḥrum*' des dieux." Pp. 111–18 in André Finet (ed.), *La voix de l'opposition en Mésopotamie.* Brussels: Institut des Hautes Études Belgique.

Catagnoti, Amalia, and Marco Bonechi. 1992. "Le volcan Kawkab, Nagar et problèmes connexes." *N.A.B.U.*, no. 65, p. 52.

Chambon, Grégory. 2002. "Trois documents pédagogiques de Mari." *FM* VI: 497–503.

Charpin, Dominique. 1984. "Inscriptions votives d'époque assyrienne." *M.A.R.I.* 3: 41–81.

————. 1987a. "Tablettes présargoniques de Mari." *M.A.R.I.* 5: 65–127.

————. 1987b. "Šubat-Enlil et le pays d'Apum." *M.A.R.I.* 5: 129–40.

————. 1987c. "Mallanum et Mallanate." *N.A.B.U.*, no. 38, pp. 21–2.

————. 1990a. "A Contribution to the Geography and History of the Kingdom of Kahat." Pp. 67–85 in *Tall al-Ḥamīdīya 2.* Göttingen: Vandenhoeck und Ruprecht.

————. 1990b. "Conclusions et perspectives: Tell Mohammed Diyab, une ville du pays d'Apum." Pp. 117–22 in Jean-Marie Durand (ed.), *Tell Mohammed Diyab, Campagnes 1987 et 1988.* Cahiers de *N.A.B.U.* 1. Paris: SEPOA.

————. 1990c. "Une alliance contre l'Elam et le rituel du *lipit napištim.*" Pp. 109–18 in François Vallat (ed.), *Mélanges Jean Perrot, Contribution à l'histoire de l'Iran.* Paris: Éditions Recherche sur les Civilisations.

————. 1991a. "Les mots du pouvoir dans les archives royales de Mari (XVIIIème av.J.-C.)." Pp. 3–17 in *Cahiers du Centre G. Glotz II.* Paris: De Boccard.

———. 1991b. "Un traité entre Zimri-Lim de Mari et Ibâl-pî-El II d'Ešnunna." Pp. 139–66 in Mélanges Garelli.

———. 1992a. "Les champions, la meule et le fleuve, ou le rachat du terroir de Puzurrân au roi d'Ešnunna par le roi de Mari Yahdun-Lim." *FM* I: 29–38.

———. 1992b. "De la vallée du Tigre au 'triangle du Habur': Un engrenage géopolitique." Pp. 97–102 in Jean-Marie Durand (ed.), *Recherches en Haute Mésopotamie*. Mémoires de NABU 2. Paris: SEPOA.

———. 1992c. "Hanéens et Sim'alites." *N.A.B.U.*, no. 31, pp. 26–7.

———. 1992d. "Les légendes de sceaux de Mari: Nouvelles données." Pp. 59–76 in G. D. Young (ed.), *Mari in Retrospect.* Winona Lake, Ind.: Eisenbrauns.

———. 1993a. "Données nouvelles sur la poliorcétique à l'époque paléo-babylonienne." *M.A.R.I.* 7: 193–203.

———. 1993b. "Un souverain éphémère en Ida-Maraṣ: Išme-Addu d'Ašnakkum." *M.A.R.I.* 7: 165–91.

———. 1993/4. "Compte rendu de: CAD volume S (1984)." *AfO* 40/41: 1–23.

———. 1994. "Compte rendu de: Mario Liverani (ed.), *Akkad: The First World Eurpire.*" *RA* 88: 181–3.

———. 1995a. "La fin des archives dans le palais de Mari." *RA* 89: 29–40.

———. 1995b. "'Lies natürlich . . .': À propos des erreurs de scribes dans les lettres de Mari." Pp. 43–56 in Manfried Dietrich and Oswald Loretz (eds.), *Vom Alten Orient zum Alten Testament.* Festschrift Wolfram von Soden. Neukirchen-Vluyn: Neukirchener.

———. 1997a. "Manger un serment." *Méditerranées* 10–11: 85–96.

———. 1997b. "Sapîratum, ville du Suhûm." *M.A.R.I.* 8: 341–66.

———. 1997c. "La version mariote de l'insurrection générale contre Narâm-Sîn.'" *FM* 3: 9–18.

———. 1998. "L'évocation du passé dans les lettres de Mari." Pp. 91–110 in Jiri Prosecky (ed.), *Intellectual Life of the Ancient Near East.* CRRAI 43. Prague: Oriental Institute.

———. 2000. "Lettres et procès paléo-babyloniens." Pp. 69–111 in Francis Joannès (ed.), *Rendre la justice en Mésopotamie.* Saint Denis: Presses Universitaires de Vincennes.

———. 2001. "Ešnunna (rois)." Pp. 314–18 in Francis Joannès (ed.), *DCM.*

———. forthcoming a. "Mari et le Proche-Orient à l'époque amorrite: Essai d'histoire politique. Le règne de Zimrî-Lîm (1775–1761)." In *FM* V.

———. forthcoming b. "Mari und die Assyrer." CDOG.

———. forthcoming c. "Nomades et sédentaires dans l'armée de Mari du temps de Yahdun-Lîm." CRRAI 46. *Amurru* 3.

Charpin, Dominique, and Jean-Marie Durand. 1985. "La prise du pouvoir par Zimri-Lim." *M.A.R.I.* 4: 293–343.

———. 1986. "'Fils de Sim'al': Les origines tribales des rois de Mari." *RA* 80: 141–81.

———. 1997. "Aššur avant l'Assyrie." *M.A.R.I.* 8: 367–91.

Charpin, Dominique, and Martin Sauvage. 2001. "Sippar." Pp. 782–4 in *DCM.*

Childe, V. Gordon. 1936. *Man Makes Himself.* London: Watts.

———. 1942. *What Happened in History.* London: Max Parrish.

Cohen, Raymond, and Raymond Westbrook, eds. 2000. *Amarna Diplomacy: The Beginnings of International Relations.* Baltimore: Johns Hopkins University Press.

Cooper, Jerrold S. 1973. "Sumerian and Akkadian in Sumer and Akkad." *Or* 42: 239–42.

———. 1983. *The Curse of Agade.* Baltimore: Johns Hopkins University Press.

———. 1986. *Sumerian and Akkadian Royal Inscriptions, I: Presargonic Inscriptions.* New Haven: American Oriental Society.

Dalley, Stephanie, C. B. F. Walker, and J. D. Hawkins. 1976. *The Old Babylonian Tablets from Tell al Rimah.* British School of Archaeology in Iraq.

Dandamayev, Muhammed. 1982. "The Neo-Babylonian Elders." Pp. 38–41 in Dandamayev et al. (eds.), *Societies and Languages of the Ancient Near East.* Warminster: Aris and Phillips.

———. 1995. "Babylonian Popular Assemblies in the First Millennium B.C." *BCSMS* 30: 23–9.

DeMarrais, Elizabeth, Luis Jaime Castillo, and Timothy Earle. 1996. "Ideology, Materialization, and Power Strategies." *Current Anthropology* 37: 15–31.

Diakonoff, I. M. 1991. "General Outline of the First Period of the History of the Ancient World and the Problem of the Ways of Development." Pp. 27–66 in Diakonoff (ed.), *Early Antiquity.* Chicago: University of Chicago Press.

Donlan, Walter. 1997. "The Relations of Power in the Pre-State and Early State Polities." Pp. 39–48 in Lynette G. Mitchell and P. J. Rhodes (eds.), *The Development of the Polis in Archaic Greece.* London: Routledge.

Dossin, Georges. 1939. "Benjaminites dans les textes de Mari." Pp. 981–96 in *Mélanges syriens offerts à M. René Dussaud.* Paris.

———. 1955. "L'inscription de fondation de Iahdun-Lim, roi de Mari." *Syria* 32: 1–28.

———. 1957. "Kengen, pays de Canaan." *RSO* 32: 35–9.

———. 1959. "Le palais – documents et monuments." In *MAM* II/3.

———. 1972a. "*Adaššum* et *kirhum* dans les textes de Mari." *RA* 66: 111–30.

———. 1972b. "Le *madârum* dans les archives royales de Mari." Pp. 53–63 in *Gesellschaftsklassen im Alten Zweistromland.* CRRAI 18. Munich.

———. 1974. "Le site de Tuttul-sur-Balih." *RA* 68: 25–34.

Drews, Robert. 1983. *Basileus: The Evidence for Kingship in Geometric Greece.* New Haven: Yale University Press.

Driver, G. R., and John C. Miles. 1952. *The Babylonian Laws.* Oxford: Clarendon.

Durand, Jean-Marie. 1985a. "La situation historique des Šakkanakku: Nouvelle approche." *M.A.R.I.* 4: 147–72.

———. 1985b. "Les dames du palais de Mari à l'époque du royaume de Haute-Mésopotamie." *M.A.R.I.* 4: 385–436.

———. 1986. "Fragments rejoints pour une histoire élamite." Pp. 111–28 in Léon de Meyer et al. (eds.), *Fragmenta Historiae Elamicae.* Mélanges M.-J. Stève. Paris: Éditions Recherche sur les Civilisations.

———. 1987a. "Documents pour l'histoire du royaume de Haute-Mésopotamie I." *M.A.R.I.* 5: 155–98.

———. 1987b. "Villes fantômes de Syrie et autres lieux." *M.A.R.I.* 5: 199–234.

———. 1987c. "Questions de chiffres." *M.A.R.I.* 5: 605–10.

———. 1988. "Les anciens de Talhayûm." *RA* 82: 97–113.

———. 1989. "L'assemblée en Syrie à l'époque pré-amorite." Pp. 27–44 in *Miscellanea Eblaitica* 2. Florence: Università di Firenze.

———. 1990a. "ARM III, ARM VI, ARMT XIII, ARMT XXII." Pp. 149–77 in Ö. Tunca (ed.), *De la Babylone à la Syrie, en passant par Mari.* Mélanges Kupper. Liège: Université de Liège.

———. 1990b. "La cité-État d'Imâr à l'époque des rois de Mari." *M.A.R.I.* 6: 39–92.

_____. 1990c. "Documents pour l'histoire du royaume de Haute Mésopotamie II." *M.A.R.I.* 6: 271–301.

_____. 1990d. "Fourmis blanches et fourmis noires." Pp. 101–8 in François Vallat (ed.), *Mélanges Jean Perrot, Contribution à l'histoire de l'Iran.* Paris: Éditions Recherche sur les Civilisations.

_____. 1990e. "Problèmes d'eau et d'irrigation au royaume de Mari: L'apport des textes anciens." Pp. 101–42 in Bernard Geyer (ed.), *Techniques et pratiques hydroagricoles traditionelles en domaine irrigué.* Paris: Paul Geuthner.

_____. 1991. "Précurseurs syriens aux protocoles néo-assyriens: Considérations sur la vie politique aux Bords-de-l'Euphrate." Pp. 13–71 in *Mélanges Garelli.*

_____. 1992a. "Espionnage et guerre froide: La fin de Mari." *FM* I: 39–52.

_____. 1992b. "Unité et diversités au Proche-Orient à l'époque amorrite." Pp. 97–128 in Dominique Charpin and Francis Joannès (eds.), *La circulation des biens, des personnes et des idées dans le Proche-Orient ancien.* CRRAI 38. Paris: Éditions Recherche sur les Civilisations.

_____. 1993a. "Mythologèmes d'époque amorrite." *N.A.B.U.,* no. 114, pp. 96–7.

_____. 1993b. "Le mythologème du combat entre le Dieu de l'Orage et la Mer en Mésopotamie." *M.A.R.I.* 7: 41–61.

_____. 1994. "Administrateurs de Qaṭṭunân." *FM* II: 83–114.

_____. 1997, 1998, 2000. *Documents épistolaires du palais de Mari, Tomes I, II, III.* LAPO 16–18. Paris: du Cerf.

_____. 1999–2000. "Apologue sur des mauvaises herbes et un coquin." *AuOr* 17–18: 191–6.

_____. 2002. *Le culte d'Addu d'Alep et l'affaire d'Alahtum. FM* VII.

_____. forthcoming. "Les BenSim'alites dans la documentation de Mari." CRRAI 46. *Amurru* 3.

Durand, Jean-Marie, and Michaël Guichard. 1997. "Les rituels de Mari." *FM* III: 19–78.

Earle, Timothy. 1987. "Chiefdoms in Archaeological and Ethnohistorical perspective." *Annual Review of Anthropology* 16: 279–308.

_____. 1991. "The Evolution of Chiefdoms." Pp. 1–15 in Earle (ed.), *Chiefdoms: Power, Economy, and Ideology.* Cambridge: Cambridge University Press.

_____. 1997. *How Chiefs Come to Power: Political Economy in Prehistory.* Stanford, Calif.: Stanford University Press.

Edzard, Dietz Otto. 1987–90. "Martu (Mardu). B. Bevölkerungsgruppe." *RlA* 7: 438–40.

Eidem, Jesper. 1987/88. "The Tell Leilan Tablets 1987 – A Preliminary Report." *AAAS* 38/39, p. 118.

_____. 1994. "Raiders of the Lost Treasure of Samsī-Addu." *FM* II: 201–8.

_____. 1998–2001. "Nagar." *RlA* 9: 75–7.

_____. 2000. "Northern Jezira in the 18th Century BC: Aspects of Geopolitical Patterns." Pp. 255–64 in Rouault and Wäfler (eds.), *Subartu* VII.

Eidem, Jesper, and F. Hoejlund. 1997. "Assyria and Dilmun Revisited." Pp. 25–31 in H. Waetzoldt and H. Hauptmann (eds.), *Assyrien im Wandel der Zeiten.* CRRAI 39. Heidelberg: Heidelberger Orientverlag.

Eidem, Jesper, and Jorgen Laessøe. 2001. *The Shemshara Archives 1: The Letters.* Royal Danish Academy of Sciences and Letters.

Englund, Robert K. 1998. "Texts from the Late Uruk Period." Pp. 15–233 in Pascal Attinger and Markus Wäfler (eds.), *Mesopotamien: Späturuk-Zeit und Frühdynastische Zeit.* Göttingen: Vandenhoeck und Ruprecht.

Evans, Geoffrey. 1958 "Ancient Mesopotamian Assemblies." *JAOS* 78: 1–11.

Evans-Pritchard, E. E. 1940. *The Nuer.* Oxford: Clarendon.

Fales, Frederick Mario. 1990. "The Rural Landscape of the Neo-Assyrian Empire: A Survey." *State Archives of Assyria Bulletin* 4: 81–142.

Falkenstein, Adam. 1963. "Zu den Inschriftenfunden der Grabung in Uruk-Warka 1960–1961," *BaM* 2: 1–82.

_____. 1966. "Zu 'Gilgameš und Agga.'" *AfO* 21: 47–50.

Feinman, Gary M. 1998. "Scale and Social Organization: Perspectives on the Archaic State." Pp. 95–133 in Feinman and Joyce Marcus (eds.), *Archaic States.* Santa Fe: School of American Research.

Finet, André. 1996. "Adalšenni, roi de Burundum." *RA* 60: 17–28.

_____, ed. 1973. *La voix de l'opposition en Mésopotamie.* Brussels: Institut des Hautes Études Belgique.

Finkbeiner, Uwe. 1999–2000. "Emar and Balis 1996–1998. Preliminary Report of the Joint Syrian-German Excavations with the Cooperation of Princeton University." *Berytus* 44: 5–34.

Finkbeiner, Uwe, et al. 2001. "Emar 1999 – Bericht über die 3. Kampagne der syrisch-deutschen Ausgrabungen." *BaM* 32: 42–120.

_____. 2002. "Emar 2001: Bericht über die 4. Kampagne der syrisch-deutschen Ausgrabungen." *BaM* 33: 2–41.

Finkelstein, J. J. 1966. "The Genealogy of the Hammurapi Dynasty." *JCS* 20: 95–118.

Flannery, Kent V. 1998. "The Ground Plans of Archaic States." Pp. 15–57 in Gary M. Feinman and Joyce Marcus (eds.), *Archaic States.* Santa Fe: School of American Research.

Fleming, Daniel E. 1992a. "A Limited Kingship: Late Bronze Emar in Ancient Syria." *UF* 24: 59–71.

_____. 1992b. *The Installation of Baal's High Priestess: A Window on Ancient Syrian Religion.* Atlanta: Scholars Press.

_____. 1998. "Mari and the Possibilities of Biblical Memory." *RA* 92: 41–78.

_____. 1999. "Recent Work on Mari." *RA* 93: 157–74.

_____. 2000. *Time at Emar: The Cultic Calendar and the Rituals from the Diviner's Archive.* Winona Lake, Ind.: Eisenbrauns.

_____. 2002. "Schloen's Patrimonial Pyramid: Explaining Bronze Age Society." *BASOR* 328.

_____. forthcoming. "The Sim'alite *gayum* and the Yaminite *li'mum* in the Mari Archives." CRRAI 46. *Amurru* 3.

Fortin, Michel. 2000. "Économie et société dans la moyenne vallée du Khabour durant la période de Ninive 5." Pp. 111–36 in Rouault and Wäfler (eds.), *Subartu* VII.

Fox, Richard G. 1977. *Urban Anthropology: Cities in Their Cultural Settings.* Englewood Cliffs, N.J.: Prentice-Hall.

Frangipane, Marcella. 1998. "Changes in Upper Mesopotamian/Anatolian Relations at the Beginning of 3rd Millennium B.C." Pp. 195–218 in *Subartu* IV, vol. 1.

Frayne, Douglas. 1990. *Old Babylonian Period (2003–1595 BC).* RIME 4. Toronto: University of Toronto.

———. 1993. *Sargonic and Gutian Periods (2334–2113 BC)*. RIME 2. Toronto: University of Toronto.

Fried, Morton H. 1967. *The Evolution of Political Society*. New York: Random House.

———. 1975. *The Notion of the Tribe*. Menlo Park, Calif.: Cummings.

Fukuyama, Francis. 1992. *The End of History and the Last Man*. New York: Free Press.

Gasche, H., J. A. Armstrong, S. W. Cole, and V. G. Gurzadyan. 1998. *Dating the Fall of Babylon: A Reappraisal of Second-Millennium Chronology*. University of Ghent and the Oriental Institute of the University of Chicago.

Gelb, I. J. 1986. "Ebla and Lagash: Environmental Contrast." Pp. 157–67 in Harvey Weiss (ed.), *The Origins of Cities in Dry-Farming Syria and Mesopotamia in the Third Millennium B.C.* Guilford, Conn.: Four Quarters.

Geyer, Bernard. 1985. "Géomorphologie et occupation du sol de la moyenne vallée de l'Euphrate dans la région de Mari." *M.A.R.I.* 4: 27–39.

———. 1990. "Une ville aujourd'hui engloutie: Emar. Contribution géomorphologique à la localisation de la cité." *M.A.R.I.* 6: 107–20.

Giddens, Anthony. 1981. *A Contemporary Critique of Historical Materialism*, vol. 1: *Power, Property and the State*. Berkeley: University of California Press.

———. 1984. *The Constitution of Society: Outline of the Theory of Structuration*. Berkeley: University of California Press.

Glassner, Jean-Jacques. 2000. "Les petits États mésopotamiens à la fin du 4e et au cours du 3e millénaire." Pp. 35–53 in Mogens Herman Hansen (ed.), *A Comparative Study of Thirty City-State Cultures*. Copenhagen: C. A. Reitzels.

Goetze, Albrecht. 1947. Review of H. Bozkurt et al., IBoT, 1944. *JCS* 1: 87–92.

Grayson, A. Kirk. 1987. *Assyrian Rulers of the Third and Second Millennia BC (to 1115 BC)*. RIMA 1. Toronto: University of Toronto.

Groneberg, Brigitte. 1990. "La culture matérielle à Mari, II: 'Der *nūbalum* und seine Objekte.'" *M.A.R.I.* 6: 161–80.

Guichard, Michaël. 1994. "Au pays de la dame de Nagar." *FM* II: 235–72.

———. 1997. "Le sel à Mari (III): Les lieux du sel." *FM* III: 167–200.

———. 2002. "Le Šubartum occidental à l'avènement de Zimrî-Lîm." *FM* VI: 119–68.

Guillot, Isabelle. 1997. "Les gouverneurs de Qaṭṭunân: Nouveaux textes." *FM* III: 271–90.

Güterbock, Hans G. 1954. "Authority and Law in the Hittite Kingdom." *JAOS* Supplement 17/3: 16–24.

Hallo, William W. 1971. "Antediluvian Cities." *JCS* 23: 57–67.

Hallo, William W., and William Kelly Simpson. 1998. *The Ancient Near East: A History*, 2nd ed. Fort Worth: Harcourt Brace.

Hansen, Mogens Herman. 1991. *The Athenian Democracy in the Age of Demosthenes*. Oxford: Basil Blackwell.

———. 1997. "The Copenhagen Inventory of *Poleis* and the *Lex Hafniensis de Civitate*." Pp. 9–23 in Lynette G. Mitchell and P. J. Rhodes (eds.), *The Development of the Polis in Archaic Greece*. London: Routledge.

———. 2000. "Introduction: The Concepts of City-State and City-State Cultures." Pp. 11–34 in Hansen (ed.), *A Comparative Study of Thirty City-State Cultures*. Copenhagen: C. A. Reitzels.

Heimpel, Wolfgang. 1974. "Sumerische und addadische Personennamen in Sumer und Akkad." *AfO* 25: 171–4.

————. 1992. "Herrentum und Königtum im vor- und frühgeschichtlichen Alten Orient." *ZA* 82: 4–21.

Helms, Svend W. 1987. "Jawa, Tell Um Hammad and the EB I/Late Chalcolithic Landscape." *Levant* 19: 49–81.

Heltzer, Michael. 1981. *The Suteans*. Naples: Istituto Universitario Orientale.

Hoftijzer, J., and K. Jongeling. 1995. *Dictionary of the Northwest Semitic Inscriptions*. Leiden: E. J. Brill.

Hole, Frank. 1991. "Middle Khabur Settlement and Agriculture in the Ninevite 5 Period." *BCSMS* 21: 17–29.

————. 2000. "The Prehistory of the Khabur." Pp. 17–27 in Rouault and Wäfler (eds.), *Subartu* VII.

Huehnergard, John. 1987. *Ugaritic Vocabulary in Syllabic Transcription*. Atlanta: Scholars Press.

Jacobsen, Thorkild. 1943. "Primitive Democracy in Ancient Mesopotamia," *JNES* 2: 159–72.

————. 1957. "Early Political Development in Mesopotamia," *ZA* 52: 91–140.

Jeffery, L. H. 1976. *Archaic Greece: The City-States c. 700–500 B.C.* New York: St. Martins.

Joannès, Francis. 1985. "Nouveaux mémorandums." Pp. 97–113 in Jean-Marie Durand and Jean-Robert Kupper (eds.), *Miscellanea Babylonica: mélanges offerts à Maurice Birot*. Paris: Éditions Recherche sur les Civilisations.

————. 1991. "Une mission secrète à Ešnunna." Pp. 185–93 in Mélanges Garelli.

————. 1996. "Routes et voies de communication dans les archives de Mari." *Amurru* 1: 323–61.

————. 1997. "Palmyre et les routes du désert au début du IIe millénaire av. J.-C." *M.A.R.I.* 8: 393–408.

Joannès, Francis, ed. 2000. *Rendre la justice en Mésopotamie*. Saint Denis: Presses Universitaires de Vincennes.

Jones, G. I. 1971. "Councils among the Central Ibo." Pp. 63–79 in Audrey Richards and Adam Kuper (eds.), *Councils in Action*. Cambridge: Cambridge University Press.

Kamp, Kathryn A., and Norman Yoffee. 1980. "Ethnicity in Ancient Western Asia during the Early Second Millennium B.C.: Archaeological Assessments and Ethnoarchaeological Prospectives." *BASOR* 237: 85–104.

Katz, Dina. 1987. "Gilgamesh and Akka: Was Uruk Ruled by Two Assemblies?" *RA* 81: 105–14.

Khazanov, A. M. 1984. *Nomads and the Outside World*. Cambridge: Cambridge University Press.

Khoury, Philip S., and Joseph Kostiner. 1990. "Introduction: Tribes and the Complexities of State Formation in the Middle East." Pp. 1–22 in Khoury and Kostiner (eds.), *Tribes and State Formation in the Middle East*. Berkeley: University of California Press.

Klein, Jakob. 1998–2001. "Nippur.A. I.Sum. Nibru, Akk. *Nippuru*." *RlA* 9: 532–9.

Klengel, Horst. 1960. "Zu den *šībūtum* in altbabylonischer Zeit." *Or* 29: 357–75.

————. 1965. "Die Rolle der 'Ältesten' (LÚ.MEŠ ŠU.GI) im Kleinasien der Hethiterzeit." *ZA* 57: 223–36.

Kopcke, Günter. 2002. "Mycenaean Kingship, or Why Mycenaean Greece is Different." October Melammu conference.

von Koppen, Frans. 1997. "L'Expédition à Tilmun et la révolte des bédouins." *M.A.R.I.* 8: 417–29.

Kouchoukos, Nicholas. 1998. "Landscape and Social Change in Late Prehistoric Mesopotamia." Ph.D. dissertation, Yale University.

Kraus, F. R. 1958. *Ein Edikt des Königs Ammi-ṣaduqa von Babylon.* Leiden: E. J. Brill.

─────. 1970. *Sumerer und Akkader: Ein Problem der altmesopotamischen Geschichte.* Amsterdam: North Holland.

─────. 1973. *Vom Mesopotamischen Menschen der altbabylonische Zeit und seiner Welt.* Amsterdam: Netherlands Royal Academy.

Krebernik, Manfred. 1998. "Die Texte aux Fāra und Tell Abū Ṣalābīḥ." Pp. 235–427 in Pascal Attinger and Markus Wäfler (eds.), *Mesopotamien: Späturuk-Zeit und Frühdynastische Zeit.* Göttingen: Vandenhoeck und Ruprecht.

Kuhrt, Amélie. 1995. *The Ancient Near East c. 3000–330 BC.* London: Routledge.

Kuper, Adam. 1971. "Introduction: Council Structure and Decision-Making." Pp. 13–28 in Audrey Richards and Kuper (eds.), *Councils in Action.* Cambridge: Cambridge University Press.

─────. 1982. "Lineage Theory: A Critical Retrospect." *Annual Review of Anthropology* 11: 71–95.

Kupper, Jean-Robert. 1957. *Les Nomades en Mésopotamie au temps des rois de Mari.* Paris: Les Belles Lettres.

─────. 1990. "Une lettre du général Yassi-Dagan." *M.A.R.I.* 6: 337–47.

─────. 2002. "Dans les jardins de Carkémish . . ." *FM* VI: 195–200.

Lacambre, Denis. 1997a. "La bataille de Hirîtum." *M.A.R.I.* 8: 431–54.

─────. 1997b. "La gestion du bronze dans le palais de Mari: Collations et joints à ARMT XXII." *FM* III: 91–123.

Lachenbacher, Sylvie. 1987. "*madinâtum.*" *N.A.B.U.*, no. 81, p. 43.

Lafont, Bertrand. 1984. "Le roi de Mari et les prophètes du dieu Adad." *RA* 78: 7–18.

─────. 1985. "Le ṣâbum du roi de Mari au temps de Yasmah-Addu." Pp. 161–79 in Jean-Marie Durand and Jean-Robert Kupper (eds.), *Miscellanea Babylonica: mélanges offerts à Maurice Birot.* Paris: Éditions Recherche sur les Civilisations.

─────. 1992a. "Messagers et ambassadeurs dans les archives de Mari." Pp. 167–83 in Dominique Charpin and Francis Joannès (eds.), *La circulation des biens, des personnes et des idées dans le Proche-Orient ancien.* CRRAI 38. Paris: Éditions Recherche sur les Civilisations.

─────. 1992b. "Nuit dramatique à Mari." *FM* I: 93–101.

─────. 1994. "L'admonestation des Anciens de Kurdâ à leur roi." *FM* II: 209–20.

─────. 1997a. "Corps social et pouvoir politique dans les sociétés de l'ancienne Mésopotamie." *Méditerranées* 12: 25–48.

─────. 1997b. "Le fonctionnement de la poste et le métier de facteur d'après les textes de Mari." Pp. 315–34 in G. D. Young et al. (eds.), *Crossing Boundaries and Linking Horizons, Studies in Honor of M. C. Astour.* Bethesda, M.D.: CDL Press.

─────. 1999. "Le Proche-Orient à l'époque des rois de Mari: Un monde sans frontières?" Pp. 49–55 in L. Milano et al. (eds.), *Landscapes: Territories, Frontiers and Horizons in the Ancient Near East.* CRRAI 44. Padova: Sargon srl.

─────. 2000a. "Cheval, âne, onagre et mule dans la haute histoire mésopotamienne: Quelques données nouvelles." *Topoi* Suppl. 2: 207–21.

─────. 2000b. "Irrigation Agriculture in Mari." Pp. 129–45 in R. M. Jas (ed.), *Rainfall and Agriculture in Northern Mesopotamia.* Te Istanbul: Nederlands Historisch-Archaeologisch Instituut.

————. 2001a. "Relations internationales, alliances et diplomatie au temps des royaumes amorrites." *Amurru* 2: 213–328.

————. 2001b. "Ur III." Pp. 878–82 in *DCM*.

Lafont, Sophie. 2000. "Considérations sur la pratique judiciaire en Mésopotamie." Pp. 15–34 in Francis Joannès (ed.), *Rendre la justice en Mésopotamie*. Saint Denis: Presses Universitaires de Vincennes.

————. 2002. "Un cas d'exécution sommaire à Tuttul." *FM* VI: 89–101.

Lambert, Wilfrid G. 1985. "The Pantheon of Mari." *M.A.R.I.* 4: 525–39.

Lapidus, Ira M. 1990. "Tribes and State Formation in Islamic History." Pp. 25–47 in Philip S. Khoury and Joseph Kostiner (eds.), *Tribes and State Formation in the Middle East*. Berkeley: University of California Press.

Larsen, Mogens Trölle. 1976. *The Old Assyrian City-State and Its Colonies*. Copenhagen: Akademisk.

————. 2000. "The City-States of the Early Neo-Babylonian Period." Pp. 117–27 in Mogens Trolle Hansen (ed.), *A Comparative Study of Thirty City-State Cultures*. Copenhagen: C. A. Reitzels.

Leach, E. R. 1968. *Pul Eliya: A Village in Ceylon. A Study of Land Tenure and Kinship*. Cambridge: Cambridge University Press.

Lebeau, Marc. 1990. "Esquisse d'une histoire de la Haute Mésopotamie au début de l'Age du Bronze." *ZA* 80: 241–96.

————. 2000. "Les voies de communication en Haute Mésopotamie au IIIe millénaire avant notre ère." Pp. 157–62 in *Subartu* VII.

Lees, Susan H., and Daniel G. Bates. 1974. "The Origins of Specialized Nomadic Pastoralism: A Systemic Model." *American Antiquity* 39: 187–93.

Lieberman, Stephen J. 1977. *The Sumerian Loanwords in Old-Babylonian Akkadian*. Missoula, Mont.: Scholars Press.

————. 1992. "Nippur: City of Decisions." Pp. 127–36 in Maria deJong Ellis (ed.), *Nippur at the Centennial*. CRRAI 35. Philadelphia: University Museum.

van Liere, W. J. 1963. "Capitals and Citadels of Bronze-Iron Age Syria in Their Relationship to Land and Water." *AAAS* 13: 109–22.

van Liere, W. J., and J. Lauffray. 1954-5. "Nouvelle prospection archéologique dans la Haute Jézireh syrienne." *AAAS* 4/5: 129–48.

Limet, Henri. 1978. "Étude sémantique de ma.da, kur, kalam." *RA* 72: 1–12.

Lion, Brigitte. 2001. "Les gouverneurs provinciaux du royaume de Mari à l'époque de Zimrî-Lîm." *Amurru* 2: 141–209.

Liverani, Mario. 1974. "La royauté syrienne de l'âge du Bronze Récent." Pp. 329–56 in Paul Garelli (ed.), *Le palais et la royauté*. CRRAI 19. Paris: Paul Geuthner.

————. 1975. "Communautés de village et palais royal dans la Syrie du IIème millénaire." *JESHO* 18: 146–64.

————. 1983. "Communautés rurales dans la Syrie du IIe millénaire a.c." Pp. 147–85 in *Les communautés rurales*. Paris: Dessain et Tolra.

————. 1997. "'Half-Nomads' on the Euphrates and the Concept of Dimorphic Society." *AoF* 24: 44–8.

Lloyd, G. E. R. 1987. *The Revolutions of Wisdom: Studies in the Claims and Practice of Ancient Greek Science*. Berkeley: University of California Press.

Luciani, Marta. 1999. "Zur Lage Terqas in schriftlichen Quellen." *ZA* 89: 1–23.

Luke, J. T. 1965. "Pastoralism and Politics in the Mari Period". Ph.D. dissertation, University of Michigan.

Lupton, Alan. 1996. *Stability and Change: Socio-Political Development in North Mesopotamia and South-east Anatolia, 4000–2700 B.C.* Oxford: Tempus Reparatum.

Lyonnet, Bertille. 1998. "Le peuplement de la Djéziré occidentale au début du 3e millénaire, villes circulaires et pastoralisme: Questions et hypothèses." Pp. 179–93 in *Subartu* IV, vol. 1.

――――. 2000. "Méthodes et résultats préliminaires d'une prospection archéologique dans la partie occidentale du Haut-Khabur, depuis le Néolithique jusqu'à la fin du IIe millénaire av.n.è." Pp. 241–53 in Rouault and Wäfler (eds.), *Subartu* VII.

――――. forthcoming. "Le nomadisme et l'archéologie: Problèmes d'identification. Le cas de la partie occidentale de la Djéziré aux 3e et début du 2e millénaire avant notre ère." CRRAI 46 (*Amurru* 3).

Malamat, Abraham. 1967. "Aspects of Tribal Societies in Mari and Israel." Pp. 129–38 in André Finet (ed.), *Actes de la 15e Rencontre Assyriologique Internationale*. Liège: Les Belles Lettres.

――――. 1979. "*Ummatum* in Old Babylonian Texts and Its Ugaritic and Biblical Counterparts." *UF* 11: 527–36.

Mann, Michael. 1986. *The Sources of Social Power*, vol. 1: *A History of Power from the Beginning to A.D. 1760*. Cambridge: Cambridge University Press.

Marello, Pierre. 1992. "Vie nomade." *FM* I: 115–25.

Margueron, Jean-Claude. 1990. "L'aménagement de la région de Mari: Quelques considérations historiques." Pp. 171–91 in Bernard Geyer (ed.), *Techniques et pratiques hydro-agricoles traditionelles en domaine irrigué*. Paris: Paul Geuthner.

――――. 1994. "Mari au IIe millénaire." Pp. 313–20 in H. Gasche et al. (eds.), *Cinquante-deux réflexions sur le Proche-Orient ancien, offertes en hommage à Léon de Meyer*. Leuven: Peeters.

――――. 1996a. "Mari à l'époque des Shakkanakku." Pp. 95–103 in Ö. Tunca and D. Deheselle (eds.), *Tablettes et images aux pays de Sumer et d'Akkad, Mélanges offerts à Monsieur H. Limet*. Liège: Université de Liège.

――――. 1996b. "Mari, reflet du monde syro-mésopotamien au IIIe millénaire." *Akkadica* 98: 11–30.

――――. 1997. "Mari." Pp. 3.413–17 in *OEANE*.

――――. 2000. "Mari et le Khabur." Pp. 99–110 in Rouault and Wäfler (eds.), *Subartu* VII.

Matthews, Victor H. 1978. *Pastoral Nomadism in the Mari Kingdom (ca. 1830–1760 B.C.)*. Cambridge, Mass.: American Schools of Oriental Research.

Matthiae, Paulo. 1997. "Tell Mardikh, 1977–1996: Vingt ans de fouilles et de découvertes: La renaissance d'Ebla amorrhéenne." *Akkadica* 101: 1–29.

McClellan, Thomas L. 1995. "Irrigation in Dry-Farming Syria: Agricultural Intensification in the Bronze Age." Pp. 51–76 in Farouk Ismail (ed.), *Proceedings of the International Symposium on Syria and the Ancient Near East 3000–300 B.C.* Aleppo: University of Aleppo.

McClellan, Thomas L., Rodger Grayson, and Cliff Ogleby. 2000. "Bronze Age Water Harvesting in North Syria." Pp. 137–55 in *Subartu* VII.

McCorriston, Joy. 1995. "Preliminary Archaeobotanical Analysis in the Middle Habur Valley, Syria and Studies of Socioeconomic Change in the Early Third Millennium BC." *BCSMS* 29: 33–46.

――――. 1997. "The Fiber Revolution: Textile Intensification, Alienation and Social Stratification in Ancient Mesopotamia." *Current Anthropology* 38: 517–49.

McIntosh, Roderick. 1999. "Western Representations of Urbanism and Invisible African Towns." Pp. 56–65 in Susan Keech McIntosh (ed.), *Beyond Chiefdoms: Pathways to Complexity in Africa.* Cambridge: Cambridge University Press.

McIntosh, Susan Keech, 1999a. ed. *Beyond Chiefdoms: Pathways to Complexity in Africa.* Cambridge: Cambridge University Press.

——. 1999b. "Pathways to Complexity: An African Perspective." Pp. 1–30 in McIntosh (ed.), *Beyond Chiefdoms.*

——. 1999c. "Modeling Political Organization in Large-Scale Settlement Clusters: A Case Study from the Inland Niger Delta." Pp. 66–79 in McIntosh (ed.), *Beyond Chiefdoms.*

Michalowski, Piotr. 1986. "Mental Maps and Ideology: Reflections on Subartu." Pp. 129–56 in Harvey Weiss (ed.), *The Origins of Cities in Dry-Farming Syria and Mesopotamia in the Third Millennium B.C.* Guilford, Conn.: Four Quarters.

——. 1995. "The Men from Mari." Pp. 181–8 in K. van Lerberghe and A. Schoors (eds.), *Immigration and Emigration within the Ancient Near East: Festschrift E. Lipiński.* Leuven: Peeters.

——. forthcoming a. "The Ideological Foundations of the Ur III State.".

——. forthcoming b. "Literary Works from the Court of King Ishbi-Erra of Isin." Festschrift for Jacob Klein. Bar Ilan University Press.

Michel, Cécile. 1992. "Les 'diamants' du roi de Mari." *FM* I: 127–36.

——. 2000. "Les Litiges commerciaux paléo-assyriens." Pp. 113–39 in Francis Joannès (ed.), *Rendre la justice en Mésopotamie.* Saint Denis: Presses Universitaires de Vincennes.

Millet-Albà, Adélina. forthcoming. "La localisation des terroirs benjaminites du royaume de Mari." CRRAI 46 (*Amurru* 3).

de Montmollin, Olivier. 1989. *The Archaeology of Political Structure: Settlement Analysis in a Classic Maya Polity.* Cambridge: Cambridge University Press.

Moran, William L. 1963. "The Ancient Near Eastern Background of the Love of God in Deuteronomy." *CBQ* 25 : 77–87.

——. 1992. *The Amarna Letters.* Baltimore: Johns Hopkins University Press.

Morris, Ian. 1987. *Burial and Ancient Society: The Rise of the Greek City-State.* Cambridge: Cambridge University Press.

——. 1991. "The Early Polis as City and State." Pp. 25–58 in John Rich and Andrew Wallace-Hadrill (eds.), *City and Country in the Ancient World.* London: Routledge.

——. 1996. "The Strong Principle of Equality and the Archaic Origins of Greek Democracy." Pp. 19–48 in Josiah Ober and Charles Hedrick (eds.), *Dēmokratia: A Conversation on Democracies, Ancient and Modern.* Princeton, N.J.: Princeton University Press.

——. 1997. "An Archaeology of Equalities? The Greek City-States." Pp. 91–105 in Deborah L. Nichols and Thomas H. Charlton (eds.), *The Archaeology of City-States: Cross-Cultural Approaches.* Washington, D.C.: Smithsonian Institution Press.

Nakata, Ichiro. 1989. "A Further Look at the Institution of *sugāgūtum* in Mari." *JANES* 19: 113–18.

Oates, David, and Joan Oates. 2000. "Recent Excavations at Tell Brak." Pp. 91–7 in *Subartu* VII.

Oates, Joan. 1983. "Urban Trends in Prehistoric Mesopotamia." Pp. 81–92 in *La ville dans le Proche-Orient ancien.* Leuven: Peeters.

Ober, Josiah. 1989. *Mass and Elite in Democratic Athens.* Princeton, N.J.: Princeton University Press.

Oppenheim, A. Leo. 1936. "Zur keilschriftliche Omenliteratur." *Or* 5: 199–228.

Orthmann, Winfried. 1986. "The Origins of Tell Chuera." Pp. 61–70 in Harvey Weiss (ed.), *The Origins of Cities in Dry-Farming Syria and Mesopotamia in the Third Millennium B.C.* Guilford, Conn.: Four Quarters.

Parrot, André. 1936. "Les fouilles de Mari: Deuxième campagne (hiver 1934–35)." *Syria* 17: 1–31.

_____. 1950. "Les tablettes de Mari et l'Ancien Testament." *RHPR* 30: 1–11.

Peltenburg, Edgar. 2000. "From Nucleation to Dispersal: Late Third Millennium BC Settlement Pattern Transformations in the Near East and Aegean." Pp. 183–206 in Rouault and Wäfler (eds.), *Subartu* VII.

Peters, Emrys L. 1967. "Some Structural Aspects of the Feud among the Camel-Herding Bedouin of Cyrenaica." *Africa* 37: 261–82.

Pettinato, Giovanni. 1991. *Ebla: A New Look at History.* Baltimore: Johns Hopkins University Press.

Pettinato, Giovanni, and Hartmut Waetzoldt. 1985. "Dagan in Ebla und Mesopotamien nach den Texten aus dem 3. Jahrtausend." *Or* 54: 234–56.

Pinnock, Frances. 2001. "The Urban Landscape of Old Syrian Ebla." *JCS* 53: 13–33.

Podany, Amanda. 2002. *The Land of Hana: Kings, Chronology, and Scribal Tradition.* Bethesda, Md.: CDL Press.

Porter, Anne. 2000. "Mortality, Monuments and Mobility: Ancestor Traditions and the Transcendance of Space." Ph.D. dissertation, University of Chicago.

_____. 2002. "The Dynamics of Death: Ancestors, Pastoralism, and the Origins of a Third-Millennium City in Syria." *BASOR* 325: 1–36.

_____. forthcoming. "The Urban Nomad: Countering the Old Clichés." CRRAI 46 (*Amurru* 3).

Possehl, Gregory L. 1998. "Sociocultural Complexity without the State: The Indus Civilization." Pp. 261–91 in Gary M. Feinman and Joyce Marcus (eds.), *Archaic States.* Santa Fe, N.M.: School of American Research.

Postgate, J. N. 1992. *Early Mesopotamia: Society and Economy at the Dawn of History.* London: Routledge.

_____. 1994. "In Search of the First Empires." *BASOR* 293: 1–13.

Prechel, Doris, and Thomas Richter. 2001. "Abrakadabra oder Althurritisch: Betrachtungen zu einigen altbabylonischen Beschwörungstexten." Pp. 333–71 in Richter et al. (eds.), *Kulturgeschichten: Altorientalistische Studien für Volkert Haas zum 65. Geburtstag.* Saarbrücken: Saarbrücker Druckerei und Verlag.

Raaflaub, Kurt A. 1996. "Equalities and Inequalities in Athenian Democracy." Pp. 139–74 in Josiah Ober and Charles Hedrick (eds.), *Dēmokratia: A Conversation on Democracies, Ancient and Modern.* Princeton, N.J.: Princeton University Press.

_____. 2000. "Poets, Lawgivers, and the Beginnings of Political Reflection in Archaic Greece." Pp. 23–59 in Christopher Rowe and Malcolm Schofield (eds.), *The Cambridge History of Greek and Roman Political Thought.* Cambridge: Cambridge University Press.

Rappaport, Roy A. 1968. *Pigs for the Ancestors: Ritual in the Ecology of a New Guinea People.* New Haven: Yale University Press.

Reviv, Hanoch. 1989. *The Elders in Ancient Israel.* Jerusalem: Magnes.

Richards, Audrey. 1971. "Introduction: The Nature of the Problem." Pp. 1–12 in Richards and Adam Kuper (eds.), *Councils in Action.* Cambridge: Cambridge University Press.

Richards, Audrey, and Adam Kuper, eds. 1971. *Councils in Action.* Cambridge: Cambridge University Press.

Roaf, Michael. 1998–2001. "Ninive-5-Kultur (Ninevite 5)." *RlA* 9: 434–9.

Römer, Willem H. Ph. 1980. *Das sumerische Kurzepos "Bilgameš und Akka."* AOAT 209. Neukirchen-Vluyn: Neukirchener.

Rouault, Olivier. 1993. "Tell Ashara – Terqa." Pp. 185–90 in Rouault and Maria Grazia Masetti-Rouault (eds.), *L'Eufrate e il tempo: Civiltà del medio Eufrate e della Gezira siriana.* Milan: Electa.

———. 2000. "Quelques remarques sur la société de Terqa." Pp. 265–77 in *Subartu* VII.

Rouault, Olivier, and Markus Wäfler, eds. 2000. *La Djéziré et l'Euphrate syrien de la protohistoire à la fin du IIe millénaire av. J.-C. Subartu* VII. Turnhout: Brepols.

Rowton, Michael B. 1967. "The Physical Environment and the Problem of Nomads." Pp. 109–21 in André Finet (ed.), *Actes de la 15e Rencontre Assyriologique Internationale.* Liège: Les Belles Lettres.

———. 1973a. "Autonomy and Nomadism in Western Asia." *Or* 42: 247–58.

———. 1973b. "Urban Autonomy in a Nomadic Environment." *JNES* 32: 201–15.

———. 1974. "Enclosed Nomadism." *JESHO* 17: 1–30.

———. 1976a. "Dimorphic Structure and Topology." *OrAn* 15: 17–31.

———. 1976b. "Dimorphic Structure and the Tribal Elite." *Studia Instituti Anthropos* 28: 219–57.

———. 1977. "Dimorphic Structure and the Parasocial Element." *JNES* 36: 181–98.

Rubio, Gonzalo. 1999. "On the Alleged Pre-Sumerian Substratum." *JCS* 51: 1–16.

Safren, J. 1982. "*Merḫûm* and *merḫûtum* in Mari." *Or* 51: 1–29.

Sahlins, Marshall. 1968. *Tribesmen.* Englewood Cliffs, N.J.: Prentice-Hall, 1968.

Sallaberger, Walter. 1997. "Nippur als religiöses Zentrum in historischen Wandel." Pp. 147–68 in Gernot Wilhelm (ed.), *Die Orientalische Stadt: Kontinuität, Wandel, Bruch.* Saarbrücken: Saarbrücker Druckerei und Verlag.

Salzman, Philip Carl. 1978. "Ideology and Change in Middle Eastern Tribal Societies." *Man* 13: 618–37.

———. 1980. "Introduction: Processes of Sedentarization as Adaptation and Response." Pp. 1–20 in Salzman (ed.), *When Nomads Settle: Processes of Sedentarization as Adaptation and Response.* New York: Praeger.

———. 2000. *Black Tents of Baluchistan.* Washington, D.C.: Smithsonian Institution Press.

Sasson, Jack M. 1998a. "About 'Mari and the Bible.'" *RA* 92: 97–123.

———. 1998b. "The King and I: A Mari King in Changing Perceptions." *JAOS* 118: 453–70.

Schlechter, E. 1968. "Gouvernés et gouvernants en Mésopotamie depuis les origines jusqu'à la fin de la Ière dynastie de Babylone." *Recueils de la Société Jean Bodin* 23: 72–86.

———. 1970. "Les assemblées en Mésopotamie ancienne." Pp. 3–12 in *Liber Memoralis Georges de Lagarde.* Louvain: Nauwelaerts.

Schloen, J. David. 2001. *The House of the Father as Fact and Symbol: Patrimonialism in Ugarit and the Ancient Near East.* Winona Lake, Ind.: Eisenbrauns.

Schneider, David M. 1984. *Critique of the Study of Kinship.* Ann Arbor: University of Michigan Press.

von Schuler, Einar. 1965. *Die Kaskäer.* Berlin: Walter de Gruyter.

Schwartz, Glenn M. 1986. "Mortuary Evidence and Social Stratification in the Ninevite V Period." Pp. 45–60 in Harvey Weiss (ed.), *The Origins of Cities in Dry-Farming Syria and Mesopotamia in the Third Millennium B.C.* Guilford, Conn.: Four Quarters.

————. 1994. "Before Ebla: Models of Pre-State Political Organization in Syria and Northern Mesopotamia." Pp. 153–74 in Gil Stein and Mitchell S. Rothman (eds.), *Chiefdoms and Early States in the Near East.* Madison, Wis.: Prehistory Press.

Schwartz, Glenn M., and Hans H. Curvers. 1992. "Tell al-Raqā'i 1989 and 1990: Further Investigations at a Small Rural Site of Early Urban Northern Mesopotamia." *AJA* 96: 397–419.

Selz, Gebhard J. 1992. "Enlil und Nippur nach präsargonischen Quellen." Pp. 189–225 in Maria deJong Ellis (ed.), *Nippur at the Centennial.* CRRAI 35. Philadelphia: University Museum.

————. 1998. "Über Mesopotamische Herrschaftskonzepte. Zu den Ursprüngen mesopotamischer Herrscherideologie im 3. Jahrtausend." Pp. 281–344 in Manfried Dietrich and Oswald Loretz (eds.), *dubsar anta-men. Studien zur Altorientalistik,* Festschrift Willem H. Ph. Römer. AOAT 253. Münster: Ugarit-Verlag.

Service, Elman R. 1975. *Origins of the State and Civilization: The Process of Cultural Evolution.* New York: W. W. Norton.

von Soden, Wolfram. 1964. "*muškēnum* und die Mawālī des frühen Islam." *ZA* 56: 133–41.

Sommer, F. 1932. *Die Ahhijava-Urkunden.* Munich: Verlag der Bayerischen Akkadamie der Wissenschaften.

Soubeyran, Denis. 1984. "Textes mathématiques de Mari." *RA* 78: 19–48.

Southall, Aidan. 1988. "Segmentary State in Africa and Asia." *Comparative Studies in Society and History* 30: 52–88.

van der Spek, R. J. 1987. "The Babylonian City." Pp. 57–74 in Amélie Kuhrt and Susan Sherwin-White (eds.), *Hellenism in the East.* Berkeley: University of California Press.

Steible, Horst. 1982. *Die altsumerischen Bau- und Weihinschriften.* Wiesbaden: Franz Steiner.

Steible, Horst, and Fatma Yildiz. 1993. "Ki'engi aus der Sicht von Šuruppak: Eine frühdynastische Regio nach Fara-zeitlichen Urkunden." *Istanbuler Mitteilungen* 43: 17–26.

Stein, Gil. 1994a. "Introduction Part II. The Organizational Dynamics of Complexity in Greater Mesopotamia." Pp. 11–22 in Stein and Mitchell S. Rothman (eds.), *Chiefdoms and Early States in the Near East: The Organizational Dynamics of Complexity.* Madison, Wis.: Prehistory Press.

————. 1994b. "Segmentary States and Organizational Variation in Early Complex Societies: A Rural Perspective." Pp. 10–18 in Glenn M. Schwartz and Steven E. Falconer (eds.), *Archaeological Views from the Countryside: Village Communities in Early Complex Societies.* Washington, D.C.: Smithsonian Institution Press.

Steiner, Gerd. 1982. "Der Gegensatz 'Eigenes Land': 'Ausland, Fremdland, Feindland' in der Vorstellungen des alten Orients." Pp. 633–4 in Hans-Jörg Nissen and Johannes Renger (eds.), *Mesopotamien und Seine Nachbarn.* CRRAI 25. Berlin: Dietrich Reimer.

————. 1988. "Die Bezeichnungen für den Begriff 'Land' in den Texten aus Ebla." Pp. 333–43 in Hartmut Waetzoldt and Harald Hauptmann (eds.), *Wirtschaft und Gesellschaft von Ebla*. Heidelberg: HSAO 2.

Steinkeller, Piotr. 1993. "Early Political Development in Mesopotamia and the Origins of the Sargonic Empire." Pp. 107–29 in Mario Liverani (ed.), *Akkad: The First World Empire*. Padova: Sargon srl.

————. 1995. Review of M. W. Green and H. J. Nissen, *Zeichenliste der Archaischen Texte aus Uruk. BiOr* 52: 689–713.

————. 1998. "The Historical Background of Urkesh and the Hurrian Beginnings in Northern Mesopotamia." Pp. 75–98 in Giorgio Buccellati and Marilyn Kelly-Buccellati (eds.), *Urkesh and the Hurrians: Studies in Honor of Lloyd Cotsen*. Bibliotheca Mesopotamica 26. Malibu, Calif.: Undena.

————. 1999. "On Rulers, Priests and Sacred Marriage: Tracing the Evolution of Early Sumerian Kingship." Pp. 103–37 in Kazuko Watanabe (ed.), *Priests and Officials in the Ancient Near East*. Heidelberg: Carl Winter.

Stol, Marten. 1976. *Studies in Old Babylonian History*. Te Istanbul: Nederlands Historisch-Archaeologisch Instituut.

————. 1997. "Muškēnu." *RlA* 8: 492–3.

Stone, Elizabeth C. 1995. "The Development of Cities in Ancient Mesopotamia." Pp. 235–48 in Jack M. Sasson (ed.), *CANE*.

————. 1997. "City-States and Their Centers: The Mesopotamian Example." Pp. 15–26 in Deborah L. Nichols and Thomas H. Charlton (eds.), *The Archaeology of City-States: Cross-Cultural Approaches*. Washington, D.C.: Smithsonian Institution Press.

Stone, Elizabeth C., and Paul Zimansky. 1992. "Mashkan-shapir and the Anatomy of an Old Babylonian City." *BA* 55/4: 212–18.

Strommenger, Eva. 1997. "Bi ʿa/Tuttul." Pp. 112–13 in Harvey Weiss, "Archaeology in Syria." *AJA* 101.

Strommenger, Eva, and Kay Kohlmeyer. 2000. *Ausgrabungen in Tall Bi ʿa/Tuttul, Bd. III. Die Schichten des 3. Jahrtausends v. Chr. im Zentralhügel E*. Saarbrücken: Saarbrücker Druckerei und Verlag.

Talon, Philippe. 1978. "La Taxe *sugāgūtum* à Mari." *RA* 73: 143–51.

————. 1982. "La *sugāgūtum* à Mari." Pp. 54–68 in André Finet (ed.), *Les pouvoirs locaux en Mésopotamie*. Brussels: Institut des Hautes Études Belgique.

————. 1985. "Quelques réflexions sur les clans hanéens." Pp. 277–84 in *Miscellanea Babylonica: Mélanges offerts à Maurice Birot*. Paris: Éditions Recherche sur les Civilisations.

————. 1986. "Les nomades et le royaume de Mari." *Akkadica* 48: 1–9.

Tapper, Richard. 1990. "Anthropologists, Historians, and Tribespeople on Tribe and State Formation in the Middle East." Pp. 48–73 in Philip S. Khoury and Joseph Kostiner (eds.), *Tribes and State Formation in the Middle East*. Berkeley: University of California Press.

Van De Mieroop, Marc. 1999. *The Ancient Mesopotamian City*. Oxford: Oxford University Press.

Vansina, Jan. 1999. "Pathways of Political Development in Equatorial Africa and Neo-Evolutionary Theory." Pp. 166–72 in Susan Keech McIntosh (ed.), *Beyond Chiefdoms: Pathways to Complexity in Africa*. Cambridge: Cambridge University Press.

Veenhof, Klaas R. 1972. *Aspects of Old Assyrian Trade and Its Terminology*. Leiden: E. J. Brill.

Villard, Pierre. 1986. "Un roi de Mari à Ugarit." *UF* 18: 387–412.

———. 1987. "Un conflit d'autorités à propos des eaux du Balih." *M.A.R.I.* 5: 591–96.

———. 1990. "Documents pour l'histoire du royaume de Haute-Mésopotamie III." *M.A.R.I.* 6: 559–84.

———. 1992. "Parade militaire dans les jardins de Babylone." *FM* I: 137–51.

———. 1993. "La place des années de 'Kahat' et d''Adad d'Alep' dans la chronologie du règne de Zimri-Lim." *M.A.R.I.* 7: 315–28.

———. 1994. "Nomination d'un scheich." *FM* II: 291–7.

———. 2000. "Les textes judiciaires néo-assyriens." Pp. 174–200 in Francis Joannès (ed.), *Rendre la justice en Mésopotamie.* Saint Denis: Presses Universitaires de Vincennes.

———. 2001. "Les administrateurs de l'époque de Yasmah-Addu." *Amurru* 2: 9–140.

Walther, Arnold. 1917. *Das altbabylonische Gerichtswesen.* Leipzig: J. C. Hinrichs.

Wasserman, Nathan. 1994. "The Particle *assurre/ē* in the Mari Letters." *FM* II: 319–35.

Weiss, Harvey. 1986. "Introduction: The Origins of Cities in Dry-Farming Syria and Mesopotamia in the Third Millennium B.C." Pp. 1–6 in Weiss (ed.), *The Origins of Cities in Dry-Farming Syria and Mesopotamia in the Third Millennium B.C.* Guilford, Conn.: Four Quarters.

———. 1988. "The Origins of Tell Leilan and the Conquest of Space in Third Millennium North Mesopotamia." Pp. 71–108 in Norman Yoffee and George L. Cowgill (eds.), *The Collapse of Ancient States and Civilizations.* Tuscon: University of Arizona Press.

———. 1990. " 'Civilizing' the Habur Plains: Mid-Third Millennium State Formation at Tell Leilan." Pp. 387–407 in Paolo Matthiae, Maurits van Loon, and Harvey Weiss (eds.), *Resurrecting the Past: A Joint Tribute to Adnan Bounni.* Te Istanbul: Nederlands Historisch-Archaeologisch Instituut.

———. 2000. "Causality and Chance: Late Third Millennium Collapse in Southwest Asia." Pp. 207–17 in Rouault and Wäfler (eds.), *Subartu* VII.

Weiss, Harvey, and Marie-Agnès Courty. 1993. "The Genesis and Collapse of the Akkadian Empire: The Accidental Refraction of Historical Law." Pp. 131–55 in Mario Liverani (ed.), *Akkad: The First World Empire.* Padova: Sargon srl.

Westenholz, Aage. 1999. "The Old Akkadian Period: History and Culture." Pp. 15–117 in Pascal Attinger and Markus Wäfler (eds.), *Mesopotamien: Akkade-Zeit und Ur III-Zeit.* Göttingen: Vandenhoeck und Ruprecht.

Whiting, Robert M. 1995. "Amorite Tribes and Nations of Second-Millennium Western Asia." Pp. 1231–42 in Jack M. Sasson (ed.), *CANE.*

Wilcke, Claus. 1990. "Orthographie, Grammatik und literarische Form. Beobachtungen zu der Vaseninschrift Lugalzagesis (*SAKI* 152–156)." Pp. 455–504 in I. Tzvi Abusch et al. (eds.), *Lingering over Words.* Festschrift William L. Moran. Atlanta: Scholars Press.

———. 1998. "Zu 'Gilgameš und Akka.' Überlegungen zur Zeit von Entstehung und Niederschrift, wie auch zum Text des Epos mit einem Exkurs zur Überlieferung von 'Šulgi A' und von 'Lugalbanda II.' " Pp. 457–85 in Manfried Dietrich and Oswald Loretz (eds.), *dubsar anta-men: Studien zur Altorientalistik*, Festschrift Willem H. Ph. Römer. AOAT 253. Münster: Ugarit-Verlag.

Wilhelm, Gernot. 1982. *Grundzüge der Geschichte und Kultur der Hurriter*. Darmstadt: Wissenschaftliche Buchgesellschaft.

Wilkinson, T. J. 1994. "The Structure and Dynamics of Dry-Farming States in Upper Mesopotamia." *Current Anthropology* 35: 483–520.

Yamada, Masamichi. 1993. "Division of a Field and Ninurta's Seal: An Aspect of the Hittite Administration in Emar." *UF* 25: 453–60.

Yoffee, Norman. 1988. "The Collapse of Ancient Mesopotamian States and Civilization." Pp. 44–68 in Yoffee and George L. Cowgill (eds.), *The Collapse of Ancient States and Civilizations*. Tuscon: University of Arizona Press.

Young, Dwight W., and Victor H. Matthews. 1977. "The *raison d'être* of the *sugāgum* in Mari." *Or* 46: 122–6.

Zagarell, Allen. 1989. "Pastoralism and the Early State in Greater Mesopotamia." Pp. 280–302 in C. C. Lamberg-Karlovsky (ed.), *Archaeological Thought in America*. Cambridge: Cambridge University Press.

Zarins, Juris. 1990. "Early Pastoral Nomadism and the Settlement of Lower Mesopotamia." *BASOR* 280: 31–65.

Zeder, Melinda A. 1994. "Of Kings and Shepherds: Specialized Animal Economy in Ur III Mesopotamia." Pp. 175–91 in Gil Stein and Mitchell S. Rothman (eds.), *Chiefdoms and Early States in the Near East*. Madison, Wis.: Prehistory Press.

――――. 1995. "The Archaeobiology of the Khabur Basin." *BCSMS* 29: 21–32.

Ziegler, Nele. 1999. *Le harem de Zimrî-Lîm*. *FM* 4. Paris: SEPOA.

――――. 2002. "Le Royaume d'Ekkalâtum et son horizon géopolitique." *FM* VI: 211–74.

Ziegler, Nele, and Dominique Charpin. 2001. "Mari (rois)." Pp. 496–501 in *DCM*.

图书在版编目(CIP)数据

民主的古代先祖/(美)丹尼尔·E·弗莱明(Daniel E. Fleming)著;杨敬清译.
--上海:华东师范大学出版社,2017.2
 ISBN 978-7-5675-5949-3

Ⅰ.①民… Ⅱ.①丹… ②杨… Ⅲ.近东—古代史—研究 Ⅳ.①K370.2

中国版本图书馆 CIP 数据核字(2016)第 299380 号

华东师范大学出版社六点分社
企划人 倪为国

民主的古代先祖

著　　者　(美)丹尼尔·E·弗莱明(Daniel E. Fleming)
译　　者　杨敬清
责任编辑　徐海晴
封面设计　崔　楚
出版发行　华东师范大学出版社
社　　址　上海市中山北路 3663 号　邮编　200062
网　　址　www.ecnupress.com.cn
电　　话　021-60821666　行政传真　021-62572105
客服电话　021-62865537
门市(邮购)电话　021-62869887
地　　址　上海市中山北路 3663 号华东师范大学校内先锋路口
网　　店　http://hdsdcbs.tmall.com

印　刷　者　上海景条印刷有限公司
开　　本　890×1240　1/32
印　　张　15.5
字　　数　300 千字
版　　次　2017 年 2 月第 1 版
印　　次　2017 年 2 月第 1 次
书　　号　ISBN 978-7-5675-5949-3/K·479
定　　价　68.00 元

出 版 人　王　焰

(如发现本版图书有印订质量问题,请寄回本社客服中心调换或电话 021-62865537 联系)

This is a Chinese simplified language edition of the following title published by Cambridge University Press:
Democracy's Ancient Ancestors (Mari and Early Collective Governance)
ISBN 9781107404939
© **Daniel E. Fleming 2012**
This Chinese simplified language edition for the People's Republic of China (excluding Hong Kong, Macau and Taiwan) is published by arrangement with the Press Syndicate of the University of Cambridge, Cambridge, United Kingdom.
© Cambridge University Press and East China Normal University Press Ltd, 2016
This Chinese simplified language edition is authorized for sale in the People's Republic of China (excluding Hong Kong, Macau and Taiwan) only. Unauthorised export of this Chinese simplified language edition is a violation of the Copyright Act. No part of this publication may be reproduced or distributed by any means, or stored in a database or retrieval system, without the prior written permission of Cambridge University Press and East China Normal University Press Ltd.
All rights reserved.

上海市版权局著作权合同登记 图字:09 - 2015 - 209 号